아동·청소년 임상 면담

조수철 · 신민섭 · 김붕년 · 김재원 공저

학지사

머리말

이 책은 벌써 출판되었어야 했다. 우리나라에서 소아정신과가 시작된 지 벌써 30년이 되어 가는데 소아·청소년들에 대한 진단, 치료에 가장 기본이 되는 면담술에 관한 책이 출판되지 않은 것은 어떤 면에서는 상당히 부끄러운 일이다. 필자는 2006년도에 『소아정신병리의 진단과 평가』라는 책을 학지사에서 출판한 바 있다. 그러나 이 책은 소아의 정신병리에 대한 객관적인 평가를 기술한 책으로 면담술과는 상당한 차이가 있다. 이에 필자들은 현장에서 아동이나 청소년 또는 가족들과의 면담에서 어떤 원칙을 지켜야 하며, 또 어떠한 방법으로 면담을 해야 할 것인가에 대한 필요성을 느껴 이 책을 집필하게 되었다.

이 책은 총 5개 장으로 이루어진다. 제1장은 면담의 일반적인 원리 및 정보제공자와의 면담에 대한 내용으로, 주로 이론적인 면을 다룬다.

제2장에서는 발달적 측면을 고려한 면담술을 다룬다. 즉, 연령 및 발달단계에 따른 특성들에 대한 내용으로, 발달의 기본 개념과 영유아기부터 학령전기, 학령기 그리고 청소년기에 이르는 과정에서 인지, 정서, 행동의 발달단계에 따라 어떠한 면담이 이루어져야 하는가를 다룬다.

제3장에서는 임상적 면담의 기법에 대하여 논한다. 언어적 또는 비언어적인 면담 기법, 정신상태 검사, 신경과적 면담 및 검사에 대하여 다루고, 저항 등 정신과적 평가 시 특수 상황에서 어떻게 면담을 할 것인가에 대해서도 논한다. 이를 바탕으로 마지막 부분에서는 포괄적인 정신과적 사례 이해에 대하여 기술한다. 한 개인에 있어서 과거-현재-미래를 논하고 개

인-가족-사회 간의 상호 관계가 아동 또는 청소년의 정신병리에 어떤 영향을 미치는가에 대하여 논한다.

제4장에서는 주요 대상별 면담을 다룬다. 부모-아동 초기 면담, 부모 면담, 아동 면담의 전략, 아동의 활동, 학교생활, 친구들 그리고 가족관계, 자기-인식, 감정, 청소년기 문제 등에 대하여 논한다.

제5장에서는 주요 임상적 문제를 고려한 면담술에 대한 내용을 다룬다. 증상의 특성, 즉 내현화 증상, 외현화 증상에 따라 면담의 기법이 어떻게 달라지는가에 대하여 논하고 아동 학대, 자살 등 특수한 상황에서의 면담 원칙 등에 대하여 논한다.

이 책이 비단 소아 또는 청소년 정신과 의사들뿐만이 아니라 아동이나 청소년을 도와주어야 하는 모든 분야, 임상심리, 사회사업가, 간호사, 특수교육가, 더 나아가서는 소아청소년과를 전공으로 하는 분들께도 유용하게 사용될 수 있는 지침서가 되기를 바란다.

항상 부드러우면서도 따뜻하게 대해 주시는 학지사의 김진환 사장님, 그리고 항상 열과 성을 다하여 출판에 임해 주시는 직원들께 깊은 감사의 말씀을 전한다.

2010년 10월

然谷齋에서

曺洙哲

나의 스승, 코헨선생을 추모하며

IN MEMORIAM

Donald J. Cohen, M.D.

September 5, 1940 – October 2, 2001

차례

3장 임상적 면담의 기법 • 185

1장 임상 면담의 기본 개념

1. 면담의 일반적인 원리
2. 정보제공자와의 면담: 기초

1
면담의 일반적인 원리

면담은 임상가, 아동 그리고 아동의 가족이 참여하는 협동적인 과정으로, 면담의 목적은 포괄적인 치료 계획의 기초를 형성할 수 있는 진단적인 체계를 세우기 위함이다.

1) 면담 환경(Interview Setting)

면담은 대개 적절히 준비된 진료실에서 시행되는 것이 이상적이지만 다른 곳에서도 가능하다(예: 학교, 병실 내 침상 옆 등). 면담 공간은 아동이나 임상가를 둘러싼 공간의 특징이나 환경적 특징보다는 면담의 의도, 목적, 대상에 따라 결정된다. 즉, 면담 공간의 가장 주된 요소는 임상가가 만들어 내는 수용적이고, 따뜻하고, 협조적인 관심뿐만 아니라, 아동과 가족이 환영받고, 존중되며, 이해받고 있다고 느낄 수 있도록 하는 동시에 희망과 도움을 주려는 임상가의 태도다.

안정감은 모든 면담실에서 고려해야 할 사항이다. 진료실에 있는 모든 물건은 아동의 놀이에 이용될 수 있지만, 아동이 스스로를 통제하지 못하는 경우에는 무기로 사용될 수도 있다. 임상가는 평가실이나 진료실을 정할 때 이런 위험 요소를 염두에 두어야 한다. 또한 부모와 면담하는 동안 아동(특히 학령기 전의 아동)을 성인의 보호 없이 혼자 두지 않도록 한다. 특히 아동이 충동적, 파괴적 행동의 병력이 있을 경우 더욱 유념해야 할 사항이다.

2) 정신과적 면담을 위한 준비

아동 및 청소년은 정신과적 면담을 받을 준비가 되어 있어야 한다. 임상가는 부모가 아동에게 정신과적 면담에 대해 어떻게 말해야 할지를 안내해 줄 필요가 있다. 만약 아동이 우울해한다면 부모는 아동에게 이렇게 이야기 할 수 있다. "우리는 소아정신과에 진료를 받으러 갈 텐데, 그건 네가 왜 우울한지 알아내고, 도움을 받기 위해서란다." 혹은 "네가 왜 학교나 집에서 어려움을 겪게 되는지 알 수 있도록 의사 선생님이 도와줄 거야."라고 말할 수도 있다.

부모들은 종종 정신과적 면담이 필요하다는 것에 관해서 아동들에게 솔직하지 못한 경우가 많다. 그것은 부모 자신들이 일반적으로 정신과에 대해 잘못 인식하고 있는 경우가 많기 때문이다. 특히 부모가 위협을 당한다고 느끼거나 아동의 반응을 두려워할 때 덜 솔직해질 수 있다. 한편, 위기상황이나 응급상황에서는 면담을 위한 준비를 생략할 수 있다.

실제 일부 아동이나 청소년들은 자신의 증상에 대해 뚜렷한 관심을 나타내지 않을 수 있다. 아동들은 자신이 아무런 문제가 없다고 생각할 수도 있고, 자신들은 별문제가 없는데 오히려 부모가 더 문제가 많다고 생각하는 경우에도 이런 태도를 보일 수도 있다. 그러나 이런 경우에 그들에게 적절한 사람과 환경이 제시되면 달라질 수 있다. 만약 아동에게 이런 기회가 제공된다면, 면담과 치료 과정에 참여하려는 정도가 높아질 것이다.

일부 아동에게는 면담 자체가 그들의 삶에서 전환점이 되고, 장기적으로 긍정적인 효과를 낳기도 한다. 따라서 단편적이고도 즉각적인 관점보다는 넓은 시각을 가지고 장기적인 안목으로 면담에 임할 필요가 있다.

3) 면담 과정

부모와 아동에게 직접적인 면담을 하기 전에, 평가를 촉진시키는 문제의 본질을 분명히 하는 것이 중요하다. 이를 위하여 의뢰기관(학교나 다른 기관)과 사전접촉하는 것은 임상가가 평가 동안에 다뤄야 할 문제들을 가려내는 데 도움을 줄 것이다. 의뢰기관은 추가적인 정보를 제공하거나 즉시 그 문제를 분명하게 밝혀 줄 수 있다. 누구 때문에 혹은 무엇 때문에 평가를 받게 되었는지를 아는 것은 중요하다. 만약 가족을 통해 이루어진 것이 아니라 외부기관(학교, 법정)을 통해 먼저 이루어진 것이라면, 초기부터 정보를 수집하는 데 있어서 많은 어려움이 따를 수 있다.

(1) 가족 평가

면담 초반에 아동과 부모를 함께 만나는 것이 좋다. 이것은 임상가가 아동과 다른 가족 구성원이 상호작용하는 방식을 관찰하고, 가족 역동의 중요한 측면과 양육 행동을 관찰할 수 있게 해 준다. 특히 양육의 질에 대한 평가는 정신과적 평가에 있어 중요한 부분이 된다. 평가를 시작할 때 모든 가족과 함께하는 것은 가족 간의 상호작용을 관찰할 수 있는 기회를 제공하며, 가족 구성원들과 좋은 치료적 관계를 형성하는 데도 유용하다. 또한 가족이 도움을 받고자 하는 문제에 대해서도 관찰할 수 있다. 뿐만 아니라, 가족 면담은 가족 내에서 증상을 유지하게 하는 무의식적 동기와 방어를 이해할 수 있도록 돕는다.

가족과의 첫 만남에서 관찰해야 할 것은 다음과 같다. 가족의 대변인이 누구인가? 가족이 관심, 사랑, 애정을 표현하는가? 아니면 무관심하고 소원한가? 누가 가정 내의 규칙을 정하는가? 가족 내에서 지배적 하위체계(dominant subsystem)는 무엇인가? 가족 분위기는 어떠한가? 양육적인 하위체계가 얼마나 강한가? 세대 간의 경계는 어떻게 이루어지는가? 이러한 관찰들은 부모와 가족의 역동 평가에 도움을 준다.

종종 아동이나 청소년 외에 다른 가족 구성원의 정신병리를 관찰해야 할 때도 있다. 즉, 실제 평가를 받아야 할 사람이 환자라고 데리고 온 아동이나 청소년이 아닐 수도 있다. 예를 들어, 아동이나 청소년이 기분장애인 경우에는 보통 다른 가족 구성원 또한 기분장애를 보일 수 있다. 그 외 불안장애, 약물남용, 정신증적 장애, 행동장애 등의 경우도 비슷하다.

다음은 중요한 가족 역동의 문제가 진단적 면접 동안 명백하게 드러나는 경우의 예시다.

사례 1 12세 소녀인 은희는 엄마에 대한 공격적 행동에 대한 평가를 위해 내원하였는데 그녀의 이러한 행동은 최근 2개월 동안 악화되었다. 엄마에게 욕을 하고, 밀치고, 때리고, 발로 차서, 운전 중인 엄마가 차 사고를 내게 할 뻔한 적도 있었다. 수차례 엄마를 죽이겠다고 위협하였고 엄마를 토막내고 싶다고 말했다. 평가 전날 화가 나서 문을 차 부숴 버렸고 심하게 행동이 조절되지 않을 때에는 죽겠다고 위협하며 자해하기도 하였다.

은희의 위협으로 은희의 엄마는 그녀를 두려워할 정도에 이르렀다. 은희의 엄마는 잠시도 잘 수 없었고 자신의 목숨을 잃을까 두려워하였다. 은희는 "밤에 아버지가 와서 나를 해치려 할지 모른다."라고 하면서 자신을 보호하기 위해 칼을 머리맡에 두고 옷을 입은 채로 잠을 잤다.

은희는 최근 성적이 떨어지긴 하였으나 머리가 매우 좋은 학생이었다. 그녀는 집중할 수 없었고, 마음이 심란했으며, 매우 우울하였고, 예민했다. 밤에 자주 깨고 다시 잠들기가 어려워 아침에는 늘 피곤하고 개운하지가 않았다.

은희는 1~2세 때에 키우기 어려운 아이였고 이식증이 있었다. 그녀의 엄마는 그 당시에 은희에게 아주 엄격했던 것에 대해 후회하였다. 6~7세 사이에는 학교에서 선택적 함구증을 보였고, 간헐적으로 야뇨증을 보였다.

가족 면담시간에 은희는 아버지와 더 가까이 앉아 있었고 엄마에게는 명백하게 적개심을 보였다. 엄마가 무엇을 말하자마자 은희는 말로 엄마를 공격하였고, 아버지는 똑같은 말을 해도 은희의 방해를 받지 않고 할 수 있었다. 말로 공격을 당했을 때 엄마는 당황하였고, 절망하였으며, 어찌할 바를 몰랐다. 이것이 은희를 더욱 화나게 하였으며 엄마에게 더욱 적개심을 보였다. 은희는 엄마에게 '엄마는 약하고, 절대로 엄마를 좋아하지 않을 것'이라고 말했다. 이것을 듣고 엄마는 울음을 터뜨렸고 더욱 혼란스러워하며 어찌할 바를 몰라했다. 그러나 어떤 시점에서도 은희는 아버지에 대해서는 부정적인 감정을 얘기하지 않았다. 은희의 엄마가 매우 취약해 보여 엄마는 개별적으로 평가되었다.

은희 엄마의 개별 면담 | 18개월 전 그녀의 남편은 군에서 근무하고 있었고, 그녀는 음악 선생님이었지만 직업을 구하기가 어려웠다. 그녀는 1년 전에 우울증을 앓았었고 세상이 무너지는 것 같았다고 보고하였다. 5개월 전에 은희의 아버지는 군에서 승진에 실패하였다. 은희가 문제를 보이기 시작했을 때 그녀는 세상이 더욱 산산조각 나는 것 같았다고 말하면서, 은희에게 치료가 필요한 것인지 자신이 문제의 원인인지 궁금해하였다. 그녀는 은희가 어렸을 때 엄격하게 다룬 것에 대해 지나치게 죄책감을 느꼈고 딸 문제의 원인에 집착을 보였다. 면담시간 동안 엄마는 아주 무력하였고 쉽게 울음을 터뜨렸으며 지속적인 지지가 필요하였다. 그녀는 절망적으로 자신이 무엇을 해야 하는지 딸에게 어떻게 행동해야 하는지 말해 달라고 물었다.

검사자는 은희의 엄마에게 그녀가 딸에게 양가감정을 품고 있으며 화가 났다는 사실과, 딸에게 화가 난 것과 어린 딸에게 했던 자신의 양육 태도에 얼마나 죄책감을 느끼고 있는지를 알게 하였다. 또한 은희를 해칠지도 모른다는 두려움과 그녀의 죄책감이 어떻게 효과적인 양육을 방해했는지를 알게 하였고, 이러한 감정이 은희의 공격적 행동을 엄격하게 통제할 능력을 차단하고 있다고 말하였다. 딸에 대한 그녀의 화가 정당화되었을 때 그녀는 안정감을 되찾고 웃음을 보이기 시작했다. 그녀는 은희를 해칠까 봐 두려워하고 있으며 딸이 겁난다고 말하였다. 또한 당분간 은희와 떨어져 있고 싶다고 말하였다. 검사자는 그녀가 우울하다는 것과 전반적인 정신과적 평가가 필요하다는 것을 알게 되었다.

은희는 기분장애와 불안장애가 있으며, 심한 적대적 반항장애가 있는 것으로 진단되었다. 성적 학대가 의심되었으나 입증되지는 않았다.

치료에 대한 권유에서 엄마의 정서 상태와 그녀의 비효과적인 양육이 고려되었다. 가족 평가와 엄마의 개별적 평가 없이 은희에 대한 치료 권유는 불완전하다. 은희에 대한 포괄적인 치료 계획은 가족의 기능 이상과 가정에서의 다른 발달 방해 요인에 대한 치료가 포함되어야 한다..

(2) 개인 면담

가족 평가가 끝나면 아동과 개별 면담을 시행한다. 아동 면담의 중요한 목표는 아동이 문제에 대해 스스로 표현할 수 있도록 격려해서 인식하고 있는 어려움이나 방법의 본질을 아동 자신의 말로 표현하게 하는 것이다. 아동과 직접 면담을 시행하는 것은 진단 및 치료적 동맹을 형성하는 데 도움이 된다.

(3) 관계형성 및 연대감 유지

임상가는 민감하고 공감적인 환경, 따뜻하고 수용적인 환경을 만들어야 한다. 아동들이 편안한 마음으로 면담에 응할 수 있는 분위기의 면담 환경을 만드는 것이 중요하다. 아동들은 항상 존중받고 이해받는다고 느낄 필요가 있다. 학령기 전 아동을 제외하고는 자연스러운 목소리와 억양으로 이야기하여야 한다. 그렇지 않으면 어른에게 조종당한다고 느끼거나, 인위적인 태도로 대한다고 느낄 수 있다.

관계형성은 면담 동안 생겨나는 아동과 임상가 간의 정서적 분위기에 있다. 연대성을 유지(engagement)하는 것은 의사-환자 관계(Rapport)를 효과적으로 형성하는 수단이 되기도 한다. 이를 위하여 인간적인 따뜻함, 수용, 즐거움, 유머, 연민, 공감적 조율이 필요하며, 아동의 발달, 인지, 감정적 수준을 잘 인식하고 있어야 한다. 가족과의 관계도 마찬가지이며, 임상가는 평등하고 열정적이며 가족들의 실수를 참을 수 있어야 한다. 또한 광범위한 개인적 경험이 중요하다.

경험이 많은 임상가는 아동과 면담할 때 자동적으로 적응적인 행동과 자세를 취한다. 예를 들어, 그들은 자세, 어휘, 목소리의 높낮이, 심지어 표정까지 거의 자동적으로 조절한다. 이러한 언어적, 비언어적 의사소통의 조절을 통해, 임상가는 아동의 발달단계에 맞춰서 아동과 효과적으로 접촉할 수 있게 된다.

(4) 비언어적인 개입

언어적 대화가 가장 바람직한 기술이지만, 비언어적인 대화 역시 신뢰를 형성하고 진단적인 치료적 동맹을 형성하는 과정에 기초가 된다. 다음 사례를 살펴보자.

사례 1 5세 6개월 된 힘찬이는 공격 행동과 관련된 평가를 받기 위해, 소아정신과에 의뢰되었다. 그는 규칙을 무시하고 반항적이었다. 2세경부터 외조모가 힘찬이를 양육하면서 엄마는 오랫동안 힘찬이를 방치하였고, 힘찬이 누나에게 어린 동생을 맡겼다.

개인 면담 동안에 힘찬이는 말없이 거리를 둔 채 걱정하고 수줍어하는 것처럼 보였다. "너의 이름이 뭐니, 몇 살이니?"라는 아주 간단한 질문에도 대답하지 않아서 임상가는 힘찬이와 놀이를 시도하였다. 힘찬이에게 동물 세트, 공룡과 인형들을 가지고 놀자고 하였으나, 힘찬이는 장난감에 흥미를 보이지 않았다. 여러 번의 시도 끝에 임상가는 힘찬이가 같이 참여하기를 바라면서 둥근 원 안에 동물들을 갖다 놓기 시작하였다.

임상가가 테니스공을 집어서 책상 위로 굴리자 힘찬이가 집어서 다시 굴려 보냈고, 이것을 몇 번 반복하자 소원하고 활기 없던 아동이 웃음을 보이기 시작하였다. 조금 후에 힘찬이는 점점 강하게 공을 던지기 시작했고 나중에는 다소 공격적으로 던졌다. 두 번이나 임상가의 가슴을 맞추었고, 힘찬이는 좀 더 정서적으로 이 게임에 임하였다. 몇 번이나 공을 주고받은 후 면담은 끝이 났다. 힘찬이는 "다음 번에는 좀 더 오래 놀아요." 하고 말했다.

이 면담에서 중요한 점은 힘찬이가 말을 하였다는 것이다.

이 사례는 언어를 통한 면담이 실패하여 비언어적 면담이 이루어진 예다. 치료실의 낯선 분위기 또는 혼자서 평가를 받는 상황이 아동에게 매우 위협적일 수 있다. 불안장애, 학대, 발달적 언어장애 또는 인지발달의 저하 등이 동반된 경우에는 힘찬이와 비슷한 반응을 보일 가능성이 크다. 그리고 면담에서 언어적으로 반응하는 것이 어려울 수 있다.

4) 정신과적 평가의 질

임상가와 아동, 그리고 아동-가족 간의 관계가 좋아야 정확한 진단이 가능하며 아동이 치료자의 치료 방침을 잘 따르게 된다. 좋은 면담은 임상가가 아동이나 그 가족들로 하여금 능동적으로 참여하도록 이끄는 과정이다. 면담은 임상가를 포함하여 참여하는 모든 사람에게 매우 스트레스가 되는 일이다. 만약 면담이 자연스럽게 이루어진다면, 아동과 가족은 '불편한 자리에 있다.' 라는 생각을 최소화시킬 수 있다.

먼저 임상가는 아동의 발달 수준에 맞추어 언어를 사용해야 한다. 특히 전문적인 언어 사용을 피해야 한다. 또한 임상가들은 아동이나 가족이 '우울증' 과 같은 평범한 단어를 사용할 때, 그 단어의 의미가 임상가가 가지고 있는 단어의 의미와 같지 않다는 것을 이해해야만 한다.

임상가는 아동이 언어적 상호작용을 이해하고 있는지, 만약 그렇지 않다면 청각장애, 섬망, 수용성 언어장애가 있는지를 확인해야만 한다. 수용 언어에 어려움이 있는 아동과 함께할 때, 임상가는 의사소통 방법을 바꿔야 할 것이다. 느리게 말하고 눈을 맞추며, 얼굴을 맞대어 의사소통해야 한다. 임상가는 또한 놀이나 그림 등을 통하여 의사소통을 할 수 있다. 만약 아동이 임상가의 소리에 반응하지 않는다면 임상가는 아동의 청각 기능이 괜찮은지, 자폐적인 성향은 없는지를 확인해야 한다.

임상가가 갖추어야 할 기본적인 태도는 다음과 같다.

• **민감성**

민감성(sensitivity)은 아동에게 공감하고 아동의 발달 수준에 맞춰서 접근할 수 있는 임상가의 능력이다. 이것은 아동의 불안 수준을 주의 깊게 살펴서 가능한 한 최소한의 스트레스로 평가가 이루어지도록 하는 것이다. 아동의 정서 상태에 적절하게 반응하고 최대한 공감적인 태도를 취하는 것이 민감성의 가장 훌륭한 지표가 된다.

• **유동성**

임상가는 아동의 언어적, 비언어적 의사소통이 자연스럽고 원활하게 이루어지도록 해야 한다. 유동성은 하나의 주제로부터 다음 주제로 부드럽게 넘어가도록 하는 것이다. 즉, 아동의 의사소통과 감정 표현의 맥락을 주의 깊게 따라감으로써 결속감(sense of cohesion)과 유동성(sense of fluidity)을 촉진시킬 수 있다.

• **깊이**

임상가는 다음 주제로 넘어가기 전에 당면한 주된 주제 및 그 주제로부터 파생된 문제와 의미 등을 분명하게 파악하여야 한다. 또한 임상가들은 아동의 정서에 대한 언어적, 비언어적 표현에 특별히 주의를 기울여야 한다. 감정이 드러날 때마다 아동이 무엇 때문에 그렇게 느끼는지 말로 표현하게 한다. 같은 맥락에서 자연스러운 환경에서 감정이 유발되는 사건이 주어졌는데도 아동이 정서적인 반응을 보이지 않는다면, 임상가는 이를 관찰할 수 있어야 한다. 임상가는 아동의 억압된 감정을 이끌어내도록 해야 한다. 이러한 접근은 면담의 깊이(depth)를 깊게 할 수 있는 태도라고 할 수 있다.

• 일관성

임상가(coherence)는 면담 동안 모은 정보를 연결시키고 통합하여 상호 연결성과 일관성을 유지하여야 한다. 경험이 별로 없는 임상가의 경우 면담 과정이 일관적이지 못한 경우가 많다. 관찰자는 의사소통이 분명하지 않거나 대화가 잘 이루어지지 않는다면, 특정한 영역이 충분히 탐색되지 못했거나 특정 주제를 놓쳤는지를 살펴봐야 한다. 일관성이 결여되어 있는 경우에는 아동이 초조해지거나 임상가가 잘못 이해하고 있다고 느낄 것이다.

• 특이성

면담의 특이성(specificity)은 현재의 호소 내용을 이해하고 확인하는 것이며 그 증상이 나타나는 맥락을 명료화하는 것을 말한다. 추가적으로 기능적 평가의 의미도 있다. 정신병리와 적응의 문제가 직접적인 것은 아니기 때문에 임상가는 어떻게 정신병리가 아동의 적응 능력을 방해하고 있는지를 명확히 해야 한다.

• 포괄성

포괄성(comprehensiveness)은 주어진 문제가 아동의 발달력과 아동의 가족 및 학교 상황에서 경험한 모든 사건과 어떤 관계가 있는가에 대하여 총괄적으로 보는 태도를 의미한다. 정신의학적 내지는 내과적인 문제까지도 포함하여 관찰하는 태도를 이른다.

• 의미

면담은 전체적인 통합감이 있어야 한다. 하나의 주제를 끝까지 끈기있게 따라감으로써 그 의미(meaningfulness)의 깊이와 넓이를 획득하고 완벽에 가까운 이해를 할 수 있다.

• 융통성

융통성(versatility)은 다양하게 나타나는 아동과 가족 역기능에 대하여 대처하는 태도를 이른다. 진단적 면담은 아동과 가족의 요구에 맞추어 시행해야 한다. 신뢰를 쌓고 이해하는 분위기를 형성하기 위해서는 아동과 가족이 제시하는 문제와 관련된 구체적인 주제를 다루어야 한다. 증상에 관한 단조롭거나 기계적인 태도는 피해야 융통성을 유지할 수 있다.

• 효율성

임상가는 진단적 자료를 모으는 과정에서 부지런하고 시간적 효율성(efficiency)이 있어야만 한다. 효율성을 획득하기 위해 유연하지만 명백한 계획을 가지고 있어야 한다. 임상가는 필수적인 것과 중요하지 않은 것을 구분하여 최소한의 시간으로 최대한의 정보를 얻어야 한다. 경험이 많은 임상가는 한 시간 반에서 두 시간 안에 아동과 아동 가족을 완전히 포괄적으로 평가한다. 완전한 진단적 면담을 한 번에 시행할 수도 있지만 환경에 따라 부가적인 면담 계획을 세울 수도 있다.

5) 면담 단계

면담 단계를 6단계로 자세히 정리하면 다음과 같다.

(1) 면담의 시작

면담의 시작은 임상가와 아동 간의 최초의 접촉이 된다. 목표는 아동과 가족이 가능한 한 안심하고 편안하게 느끼도록 돕는 것이다. 이렇게 되면 그들이 면담에 협조적인 태도를 지닐 수 있으며 불안과 저항을 감소시킬 수 있다. 일반적으로 이 단계는 나이가 어리고, 미성숙하고, 퇴행된 아동일

표 1-1	면담 단계
1. 면담 시작하기
2. 현재 문제를 정교화하기
3. 정보 수집의 확장
4. 정신상태 평가의 마무리
5. 면담의 종결
6. 결과 해석하기

수록 시간이 오래 걸린다. 청소년기 아동의 경우 이 단계는 길지 않을 수 있다. 이 단계의 정도와 기간은 정신 병리의 정도, 증상으로 인해 불편한 정도, 변화할 필요성에 대한 아동의 인식에 따라 달라질 수 있다.

이 단계에서는 임상가로 하여금 아동과 가족의 개방성과 진단 과정에 참여하려는 정도를 판단할 수 있다. 또한 가족과 아동 또는 청소년들과의 관계에 대한 특성을 파악할 수 있게 해 주는 단계다.

가족의 문제가 어느 정도 밝혀지면 임상가는 가족에게 잠시 자리를 비켜 달라고 부탁하고, 아동 평가를 시작한다.

정신과적 평가에서 아동을 처음으로 만나는 거라면 따뜻한 인사말과 자기소개로 시작해야 한다. 임상가는 '이름은 뭐니?' '몇 살이니?' '학교는 어디에 다니니?' 와 같은 간단한 질문을 할 수 있다. 임상가는 아동에게 여기가 어딘지, 임상가가 어떤 의사인지, 왜 지금 병원에 와 있는지, 왜 정신과 의사를 만날 필요가 있는지를 물을 수도 있다. 그다음에 구체적인 면담을 시작한다.

의사-환자 관계(Rapport)는 임상가가 아동에게 적절한 반응을 보임으로써 촉진될 수 있다. 예를 들어, 과잉행동과 파괴적 행동의 과거력이 있는 5세 남아를 평가할 때, 임상가는 아동이 면담이 끝날 때까지 잘 듣고 사용한 놀잇감을 잘 정리한다면, 이를 적절하게 칭찬해 줌으로써 관계를 촉진시킬 수 있다.

아동에게 운동선수, 가수 등 평범해 보이거나 평가의 주된 관심과는 별 상관이 없어 보이는 주제들에 대해 이야기함으로써 면담에 쉽게 응하게 할 수 있다. 아동의 공상이나 관심사에 주의를 기울임으로써 임상가는 다음과 같은 이득을 얻을 수 있다. ① 아동과의 치료적 동맹이 증가된다. ② 아동의 심리적 세계의 중요한 측면에 대해서 알게 된다. ③ 아동의 의사소통 내용과 과정에 주의를 기울이면서, 임상가는 아동의 인지적 능력, 언어 기능, 관계 방식, 현실검증력, 심리적 적응기능에 대한 상당한 통찰력을 얻을 수 있다.

면담의 시작 단계는 가능한 한 비구조화할 필요가 있다. 이 단계 동안은 아동이 원하는 것은 무엇이든지 얘기할 수 있고 마음에 떠오르는 것은 무엇이든 논의할 수 있도록 허용해야 한다. 임상가는 경청하면서, 아동의 불안을 감지하는 감각과 이해를 발달시킨다. 임상가는 특히 아동의 감정 표현과 어려움을 표현하는 방식에 주의를 기울인다. 이렇게 하여 임상가는 아동의 기분, 인지적 조직화, 적응능력이 어느 부분에 존재하는가 등을 평가할 수 있다.

관찰을 통하여 면담의 시작 단계 동안 초보 단계의 임상적 인상을 갖게 되고, 이런 인상들이 앞으로의 탐색과 수많은 진단적 범주를 증명하는 데 기초가 된다. 주의 깊게 듣고 관심과 공감을 표현함으로써 아동의 걱정이 진지하게 받아들여지고 있다는 것을 아동에게 전달할 수 있다. 아동은 임상가가 걱정을 하고 있으며, 민감하고, 아동이 이야기하는 것에 관심을 가지고 있다고 인지한다.

이는 문제를 정의하고 해결하는 방법을 찾도록 아동과 가족의 참여를 촉진시킨다. 만약 모든 것이 잘 수행되고 평가의 해석 단계까지 지속된다면, 문제가 무엇이고 그들에게 무엇이 필요한지에 대한 아동, 부모, 임상가의 관점이 한 방향으로 모아질 것이다.

(2) 현재의 문제를 정교화하기

탐색 단계에서의 주된 목적은 가능한 한 풍부하게 현재의 문제를 탐색하는 것이다. 이 단계에서는 가장 먼저 현재 문제에 대한 분명하고 자세한 내용을 얻는 것이다. 임상가는 무엇이, 어떻게, 언제, 어디서 현재의 문제가 일어났는지 알아야 한다. 여기에서 질문들은 사실, 사건, 환경과 관련된 것이다. 이런 탐색이 끝난 후에는 우선 주어진 문제점에 대한 명확하고 자세한 설명을 얻어야 하고, 주어진 문제들의 빈도나 강도, 유발인자 등에 대한 질문들을 하게 된다. 이러한 탐색 후에 주된 문제를 일으킨 심리적 요인들을 찾아봐야 하는데, 이 단계에서는 '왜'라는 질문이 자주 사용된다. '왜'라는 질문은 심리학적인 설명, 합리성, 신념과 관련된 것이다.

예를 들어, 만약 현재의 문제가 분노 통제의 어려움이라면 임상가는 다음과 같은 질문들을 할 수 있다.

1. 통제력을 잃으면 어떻게 되는가? 어떤 방식으로 공격성이 나타나는가? 파괴적인가? 자학적인가? 다른 사람들을 때린 적이 있는가?
2. 얼마나 자주 통제력을 잃는가?
3. 어디서 그러한가?
4. 다시 괜찮아지려면 얼마나 시간이 걸리는가?
5. 어떤 요인들이 통제력을 잃도록 하는 데 영향을 미치는가?
6. 통제가 되지 않을 때 어떤 일이 벌어지는가? 어떤 치료를 받은 적이 있는가? 치료의 반응은 어떤가?
7. 아동 자신은 통제력 상실에 대해 어떻게 생각하고 있는가? 이를 문제로 인식하고 있는가?

분석적인 질문일수록 나중에 한다. 특히 자살이나 타살 같은 문제들이 쟁점이 된다면 자살하려고 계획을 세워 봤는지, 누구를 죽이려고 했는지, 지금 누군가를 죽이려는 어떤 계획을 가지고 있는지 등을 물어보아야 하며, 임상가는 누군가를 해칠 수 있다는 잠재적인 위험성에 대해서 알리고 희생자가 될 위험이 있는 사람에게도 알려야 할 의무가 있다.

단순히 자살사고를 보인다는 점을 확인한 데에 만족할 것이 아니라 자살과 관련된 모든 생각들을 알아보아야 한다.

(3) 정보 수집의 확장

이 단계는 정보를 더 자세하게 얻는 과정이 된다. 그리하여 현재 문제와 연결될 수 있는 다른 위험 요인들을 찾는 것이다.

예를 들어, 만약 12세 여아가 가정에서 분노 조절이 되지 않아 평가받으러 왔다면 학교나 이웃에게는 어떤지, 학교에서 다른 문제는 없는지, 학교 성적은 어떤지, 교우관계는 어떤지 등을 물어보아야 한다. 탐색은 반항적 행동과 행동장애, 비행집단 소속, 약물 사용과 관련된 질문들로 이어질 수 있다.

자살이나 타살, 약물 사용 같은 예민한 부분에 대해서는 다각적인 접근이 도움이 된다. 임상가는 아동이 즉각적으로 부인한다고 해서 그 대답에 만족해서는 안 된다. 질문을 반복하거나 조금 어감을 다르게 물어봐도 상당히 다른 대답을 들을 수 있기 때문이다.

때로는 아무리 노력해도 진단을 확증할 만한 근거를 찾지 못할 때도 있다. 자살, 가족 살해, 정신증 그리고 기타 영역의 문제와 관련해서는 명확한 증거가 없더라도 임상적인 의미가 있기 때문에 조심스럽게 정보를 수집해야 한다. 이런 문제들에 대해서 아동은 부인하지만 임상가가 편치 않은 감정이 느껴진다면, 그러한 측면에 주의를 기울여야 하며 이를 명확히 하고자 노력해야 한다. 예를 들어, 어떤 아동들은 민감한 정보를 끈질기게 숨기려고 한다. 이들은 특정한 비밀(예: 자살 의도, 가족 살해 계획, 정신증적 경험, 약물남용, 신체적이거나 성적인 학대, 성적인 활동)을 숨기는 데 능숙하다. 임상가는 역전이 반응을 깨달아야 하며, 이는 진단적 과정에 도움을 줄 것이다.

그 외 탐색이 필요한 부분은 가족과의 관계, 훈육 형태, 신체적/성적 학대의 과거력, 학교생활, 교우관계, 약물 사용 여부, 비행, 성적 행동 등이다. 약물 사용에 대해서는 일반적으로 "약물을 사용해 본 적이 있니?"라고 물으며, 대개 아동들은 바로 '아니.'라고 대답한다. 보다 상세히 질문하는 것이 좋은데, 그 예로는 "어떤 약물을 복용해 봤니? 일주일에 몇 번이나 복용했니? 맥주는 마셔 봤니? 얼마나 자주 마시니? 술 때문에 어떤 문제가 있었니? 술을 마시고 힘든 경험은 없었니? 술 마시면서 어떤 약물을 같이 하니? 술을 마시고 성관계를 가져 본 적이 있니?" 등이 있다.

약물남용과 관련해서는 마리화나, 진정제, 스테로이드, 흡입제, 환각제 등에 대해서 하나하나 구체적으로 물어보는 것이 좋다. 체계적으로 "언제 처음 시작했니?" "어느 정도의 양을 사용하니?" "마지막으로 한 것이 언제니?" 와 같은 질문을 한다. 각각의 약물에 대해서도 체계적인 개별 질문을 반복해야 한다.

또한 금단 증상이나 섬망, 정신증의 경험이 있는지, 약물을 복용한 상태에서 판단력이 흐려져서 문제를 일으킨 적은 없는지, 약물을 복용한 상태에서 성관계를 가져 본 적이 있는지, 성병에 걸려 본 적이 있는지 등에 대해서 질문해야 한다.

성 행위에 관해서도 자세히 탐색해야 하는데, "성관계를 가져 본 적이 있니?" 라고 묻는 것은 좋지 않으며, 청소년들이 성과 관련된 활동이 가능한 시기임을 염두하여 임신 경험이나 피임 여부 등과 연관시켜 문제를 탐색하는 것이 좋다. 성관계를 가진 여학생에게 "임신해 본 적이 있니?" 라고 묻거나 남학생에게 "임신시킨 적이 있니?" 라고 물을 수 있다.

"학대를 받아 본 적이 있니?" 와 같이 신체적 학대와 관련된 직접적인 질문에 대해, 아동은 보호자를 보호하기 위하여 부인하는 경우가 많으니 주의해서 관찰하여야 한다.

또한 이 단계에서는 의학적인 과거력이 탐색되어야 한다. 두부외상, 간질, 내과적 문제, 신경학적 문제의 과거력이 진단과 관련될 수 있다. 가족력과 발달력 역시 진단을 설명하는 데 도움을 줄 수 있다.

(4) 정신상태 평가의 마무리

정신상태 평가의 마무리 단계에서는 이전에 밝혀지지 않았던 아동의 정신상태에 대한 탐색을 마쳐야 한다. 만약 임상가가 아동에 대해 확실하게 이해했다면, 이에 대해 재탐색할 필요는 없다. 예를 들어, 면담 시에 아동이 장소, 날짜, 자신의 과거력에 대해 정확하게 말하고 있다면, 아동에게 최근 기억 손상이 없음을 확신할 수 있다. 만약 아동이 학교에서 수학 점수가 우수하다면, 굳이 계산능력을 평가할 필요가 없다. 또한 같은 맥락에서, 만약 임상가가 아동이 환청을 경험하고 있다는 점을 탐색을 통해 알게 되었고 이를 확신한다면, 환청과 관련된 질문을 다시 할 필요가 없다.

아동의 감각능력과 지적 능력을 탐색하기 시작할 때 "지금부터는 너의 기억력이나 지남력 등을 알아보는 질문을 할 거야."라고 아동에게 말해 줌으로써 질문의 종류가 달라질 것이라는 점을 미리 알려 주는 것이 좋다. 신경학적인 손상이 있는 아동의 경우에는 이러한 평가에 민감할 수 있다. 만약 아동이 이를 염려하고 수치심을 느낀다면 이러한 탐색을 중단하고 다음으로 미뤄 두도록 한다.

(5) 면담의 종결

평가는 임상가가 아동의 문제에 대해 다 이해했다고 느끼고, 증상의 맥락과 범위를 명료화할 수 있을 때 끝이 난다. 그리고 객관적인 평가가 이루어진 다음에 아동에게 어떻게 도우면 좋을지를 물어본다. 이는 아동이 자신의 문제를 통찰할 수 있는 통로를 제공해 준다. 또한 아동에게 변화의 동기를 부여해 주기도 한다. 또한 가족이나 아동에게 임상가가 미처 묻지 않았거나 더 논의해야 할 것이 있는지에 대하여도 묻는 것이 좋다. 예를 들어, "아이와 가족에 대해 이해하는 데 도움이 될 만한 것들이 또 있나요?" 라고 물을 수 있다. 추가적인 다른 중요한 정보를 얻게 된다면 진단적 평가를 할 때 도움이 된다.

(6) 결과 해석하기

해석 단계에서 임상가는 가족과 아동에게 평가를 통한 인상과 권고, 앞으로의 치료 계획을 설명해 주어야 한다. 해석 단계에서 특히 신경을 써야 하는 두 가지는 소견을 어떤 식으로 전달해야 하는지와 가족과 아동 면담을 통해 어떤 예상 결론을 내릴 수 있는지다. 임상가는 관찰과 인상을 바탕으로 적극적인 논의를 시작하고 아동과 가족의 강점과 약점을 균형 있게 설명해야 하며, 특히 아동 문제의 요인이 될 만한 가족 요인에 대해서는 조심스럽게 접근하여야 한다. 임상가는 비판적이거나 부정적인 태도를 취하는 것이 아니라 신중을 기해야 한다. 또한 증상의 적응적인 가치를 염두에 두고 아동과 가족이 그들이 할 수 있는 한 최선을 다할 수 있도록 도와야 한다.

임상가가 가족에게 결론을 전달할 때는 권고와 평가에 대한 반응에 주의를 기울여야 한다. 즉, 진단적이고 치료적인 제안을 했을 때 부모가 진단과 치료 계획에 동의하는지 혹은 희망적으로 생각하는지 주의를 기울여야 한다. 예를 들면, 그러한 작업을 원하는지 작업에 대해 의심하는지, 침묵하는지, 이해를 잘하지 못하는지, 기분이 언짢은지, 무관심한지, 혹은 적대적으로 느끼는지에 주목해야 한다. 이전에는 양육 갈등이 없어 보였어도 이 단계에서는 드러날 수 있으며, 이제껏 잠재되어 있던 저항이 드러날 수도 있다.

임상가는 아동과 가족이 진단적인 상황에서 벗어날 때까지 진단적인 관찰을 해야 한다. 왜냐하면 현재 문제와 관련된 행동 패턴을 관찰할 수 있는 추가적인 기회가 되기 때문이다. 이러한 관찰은 치료 계획을 수행하면서 직면하게 되는 어렵고 복잡한 문제에 주의를 기울일 수 있게 해 준다.

임상가는 문화, 개인문제, 가족문제에 균형을 이루어야 한다. 너무 형식적이거나 지나치게 진지하게 면담할 필요는 없다. 적절한 유머는 면담과정에 활기를 부여한다. 또한 무엇보다도 임상가는 아동과 가족에게 문제에 대한 이해와 희망을 심어 줘야 하고 문제해결 모델로 작용해야 한다.

면담은 진단 과정에서 매우 중요한 전문적 활동이다. 임상가는 특히 신뢰를 줄 수 있는 분위기를 만들도록 노력하여야 한다.

6) 정신과적 평가 모형

정신과적 평가는 가능한 모든 정신병리가 검토되는 '총체적'인 평가와 아동의 삶이나 정신상태의 어떤 특정영역만 탐색되는 '국소적'인 평가로 이루어진다.

(1) 비구조화된 면담

임상가가 면담 과정을 설계할 때 기존에 정해진 도식에 따르지 않는다면 비구조화된 면담이라고 볼 수 있다. 여기에서 임상가는 중요한 문제나 정신상태를 평가할 때 미리 정해진 순서에 따르지 않는다. 이 모델은 임상가에게 융통성을 많이 부여하며, 평가 도중에 나타나는 중요한 문제나 가장 주목할 만한 점에 초점을 맞춰 평가를 수정할 수 있다. 임상가는 계속적으로 나오는 자료들에서 어떤 일관적인 특징을 찾아내야 하고, 아동의 감정상태를 잘 평가하여 아동의 내적 갈등의 본질을 이해해야 한다.

비구조화된 면담에서 임상가는 감정적 처리 과정과 변화를 강조하고, 아동이 면담 내용과 자신이 경험하는 정서적 어려움을 연결시킬 수 있도록 도와야 한다. 여기에서의 주된 목표는 공감과 정서적 처리 과정을 강조하고, 치료적 관계를 형성하며, 치유적 동맹을 이루는 것이다. 임상가와 아동의 관계는 충분한 자료와 완벽한 평가보다 더욱 중요한 부분이다. 그러나 비구조화된 모델은 일관적이고 체계적인 방식으로 중요한 정신과적 평가를 모두 포함하지 못하며, 다루지 못하는 중요한 영역이 늘 있을 수 있다는 단점이 있다. 더 나아가 비구조화된 면담은 관찰과 진단에 대한 주관적인 추론이 생길 수 있다.

(2) 구조화된 면담

구조화된 면담은 일관적이고 체계적으로 정보를 수집하고, 상당히 신뢰성 있는 정신과적 평가와 진단을 할 수 있도록 한다. 대부분 구조화된 면담에서 임상가는 표준화된 질문을 이용한다. 임상가는 면담이 끝날 때까지 변함없이 미리 정해진 평가 형식에 따른다. 따라서 구조화된 면담에서 임상가의 개입은 비구조화된 면담에 비하여 유의미하게 줄어든다.

구조화된 면담은 고도로 구조화된 면담과 반구조화된 면담으로 분류된다. 고도로 구조화된 면담의 예로는 아동과 청소년을 위한 진단적 면담(Diagnostic Interview for Children and Adolescent: DICA)과 아동을 위한 진단적 면담평가(Diagnostic Interview Schedule for Children: DISC)가 있다. 반구조화된 면담의 예로는 학령기 아동의 정신분열병과 정서장애 아동을 위한 평가(K-SADS), 아동 면담 평가 등이 있다.

구조화된 면담은 임상현장에 적절하지 않은 많은 제한점을 가지고 있다. 예를 들어, 딱딱해 보이는 질문들로 구성되어 있고 시간 소모적이다. 이러한 절차가 아동이나 가족에게 주어질 때, 그들은 임상가가 자신의 문제에 귀를 기울이는 것이 아니라 평가도구를 완성하는 데 더 관심이 있다고 생각할 수 있다. 다른 구조화된 도구들은 병리적인 관점에서 많은 제한을 가지고 있는데 이런 도구들에는 품행, 과잉활동, 불안, 우울, 향정신성 약물 평가를 위한 평가가 포함되며, 그 예로는 아동기 장애와 정신분열병을 위한 면담, 아동 및 청소년을 위한 사회적응 평가도구들이 있다.

임상현장에서 행동평정척도, 체크리스트, 증상평가도구는 보편적으로 사용되어 왔다. 부모, 교사, 아동, 임상가, 보조 협력자들이 이 평가를 실시할 수 있으며, 다양한 부모평정척도가 있다. 어떤 평정형식은 과잉활동 같은 구체적인 특정 장애에 초점을 두기도 하고(코너스 부모 질문지) 성격장애나 품행장애 같은 보다 광범위한 영역의 장애를 평정하기도 한다(Quay와 Peterson의 부모행동문제 체크리스트). 교사평정척도도 다양하며, 아동불안척도, 상태불안척도 그리고 Beck의 우울척도와 같은 자기-보고형 평정척도도 있다.

7) 청소년 전기 아동 면담을 위한 전략

면담 공간은 아동의 마음에 들어야 하고 아동이 편안하게 놀 수 있을 정도로 넓어야 한다. 면담 장소에는 놀이와 진단 및 치료적 활동에 필요한 적당한 의자와 중간 크기의 탁자가 있어야 한다. 청소년 전기의 아동들은 임상가와 얼굴을 마주 보며 탁자를 두고 앉는 것을 더 편하게 느낀다.

'성인과 유사한 치료장면'에서 이루어지는 일대일 상호작용은 청소년 전기 아동에게는 어색할 수 있다. 따라서 임상가는 새로운 상황과 환경에서 아동이 불안을 느끼는지를 민감하게 살펴야 한다. 아동이 마음의 준비를 충분히 했을지라도 면담에 대해 공포와 부정적인 반응을 보일 수 있다.

아동과 임상가가 테이블을 두고 마주 앉아 있는 구도는 편안함을 제공해 주며, 만약 놀이방에서 면담을 한다면 아동이 좀 더 편안함을 느낄 수 있을 것이다. 나이 어린 아동일수록 놀이나 비언어적인 매체(예: 그리기, 게임, 인형극)와 같은 비언어적인 접근이 좀 더 요구된다. 어떤 매체를 선택할 것인지에 관해서는 아동의 발달 수준, 임상가의 유형, 선호도, 임상적 경험 등에 따라 정한다.

아동이 평가실에 제대로 착석한 후에 임상가는 아동을 면담에 끌어들이려 노력해야 하고 아동이 어느 정도 관심을 보인다면 임상가는 아동에게 현재의 문제에 대해 알고 있는 것을 말한 다음에 그 문제에 대해 아동과 논의한다. 대부분의 아동은 이미 알려진 문제에 대해 얘기하자고 하면서 이야기를 시작할 것이다. 대개 그들은 큰 어려움 없이 문제에 대한 자신의 생각을 표현할 것이다. 탐색은 거기서부터 시작된다.

임상가가 이미 알고 있는 문제에 대해서 아동에게 묻는 것은 솔직하지 못한 방법으로 그리 바람직하지 않다. 차라리 아동에게 문제에 대해 알고 있는 점을 밝히고, 아동이 자신의 관점을 표현할 수 있도록 격려하는 것이 더욱 좋다.

• **의사소통 문제**

유도질문(예: "너 진짜로 죽고 싶은 것은 아니지?")이나 '예' 혹은 '아니요' 로 답하게 하는 질문(예: "매일 밤마다 잠은 잘 자니?")은 하지 않도록 주의한다. 대신 개방형 질문(예: "왜 약을 먹었니?" "잠자는 것은 어때?")을 하는 것이 좋다. 그리고 아동의 반응과 파생되는 연상, 흐름, 감정의 변화에 주의를 기울여야 한다. 일반적으로 개방형 질문은 폐쇄형 질문보다 더욱 생산적이다. 폐쇄형 질문은 감정표현을 막는다. 이는 간략한 사실에 의존할 뿐 아니라, 임상가가 이미 무엇이 중요한지를 결정해 버리기 때문이다.

공감의 표현은 호의적인 분위기를 더 강화시켜 주며, 문제에 대한 직접적인 진술을 통해 임상가의 배려를 전할 수 있다. 이러한 애정 어린 반응들이 감정과 느낌이 표현된 뒤에 나타날 때, 아동은 더욱 용기를 내어 계속해서 감정을 나타낼 수 있다.

단정적인 진술은 질문보다 더 많은 정보를 이끌어 내고 저항을 덜 유도한다. 이는 아동이 아직 이야기할 준비가 되어 있지 않은 문제에 대해 탐색하는 질문인 경우 특히 그러하다. 예를 들어, 감정적 상황에서는 "너 지금 화났니?"라고 질문하는 것보다 "너 지금 화가 났구나."라고 진술하는 것이 더 좋다. "난 네가 가정에서 문제가 있다는 걸 이해해."라는 진술은 "넌 집에서 문제가 있니?"라는 진술보다 더 좋다.

만약 임상가가 아동에게 특정한 문제가 있음을 알게 된다면, 그 문제를 아동 앞에서 진술해야 한다. 이는 처음부터 문제를 직접적으로 드러내고 핵심에 이를 수 있는 좋은 방법이다. 예를 들어, "나는 네가 스스로를 통제하는 데 어려움이 있다는 것을 이해해." 혹은 "너는 더 이상 살고 싶어 하지 않는 것처럼 보이는구나."라고 말하면서 면담을 시작한다.

청소년 전기 아동과 대화할 때 사용하는 어휘의 복잡성 수준은 아동의 발달 및 인지적 수준에 맞춰야 한다. 물론 똑똑하고 언어적으로 뛰어난 아동은 정교한 언어기술과 풍부한 어휘를 가지고 있겠지만, 이는 모든 아동에게 해당되는 점이 아니며 교육을 잘 받은 아동들에게도 마찬가지다. 또한 기술적인 전문용어도 피해야 한다.

8) 청소년 평가 전략

청소년 평가에서는 부모와 청소년을 함께 평가하는 것이 좋다. 이러한 면담은 여러 가지 장점을 가지고 있다. 예를 들어, 임상가는 부모의 관심사에 대해 직접적으로 들을 수 있다. 또한 청소년이 부모와 어떠한 관계인지와 부모가 다른 구성원과 어떠한 관계인지를 관찰할 수 있는 기회를 가질 수 있다. 가족 면담을 하는 동안 현재의 문제와 청소년의 기능 수준에 대한 예비적인 탐색과 전반적인 평가가 대부분 완성된다. 임상가는 학교와 가족 기능을 탐색하고, 아동의 약물중독이나 심각한 다른 문제에 대해 부모가 어떻게 인식하고 있는지를 평가한다. 이러한 문제들이 다루어질 때 청소년의 참여가 촉진되고 이루어질 것이다. 청소년과 부모 사이의 갈등이 어떻게 다루어지는지를 보면 그들 간의 갈등의 강도와 문제해결 능력을 알 수 있게 해 준다.

부모가 고민을 얘기한 후에 임상가는 그들에게 나가 있어 줄 것을 부탁한다. 그 후에 청소년에게 부연 설명하거나, 부모의 걱정에 대해 자신의 입장을 표명할 기회를 준다. 청소년은 부모들이 알고 있지 않은, 예를 들어 자살사고, 학교 무단결석, 약물 사용, 금지 행동, 성 생활, 폭력 참여 등 현재의 문제와 관련된 기타 문제들에 대한 질문을 받게 된다. 청소년과의 개별 면담이 진행되는 동안 전반적인 정신상태 평가가 이루어진다.

만약 청소년이 비협조적이고 적대적이거나 면담의 초기부터 매우 저항적인 경우에는 〈표 1-2〉와 같은 전략을 세운다.

| 표 1-2 | 청소년의 정신과적 평가 전략

1. 임상가는 청소년에게 낯선 사람이 될 수 있는데, 자신의 역할에 대해 명확히 하도록 한다.	청소년이 불신감을 느끼고 있다고 여겨지면, 임상가는 청소년에게 낯설고 믿기 어려워하고 있음을 알고 있다고 언급해 주면서 불신감에 대해 수용적인 반응을 보여야 한다.
2. 청소년의 상태를 분석한다.	청소년 때문에 임상가가 무엇인가 불편감을 느낀다면, 이러한 상황을 이야기하고 도움을 청하는 것이 좋다. 종종 청소년들은 도움이 되는 정보를 가지고 있다.
3. 청소년을 공감할 수 있는 기회를 찾는다.	임상가는 가능한 한 빨리 청소년의 관점에서 보는 태도를 보여야 한다.
4. 즉각적인 도움을 주도록 노력한다.	청소년들은 무력감에 사로잡혀 마지못해 병원을 찾아오는 경우가 많기 때문이다. 경우에 따라서는 임상가가 자신감을 가지고 도와줄 수 있음을 보여 주는 것도 도움이 될 수 있다.
5. 청소년과 역할을 바꿔 본다.	임상가는 청소년에게 임상가의 역할을 해 보라고 하고, 임상가는 청소년의 역할을 한다. 임상가가 된 청소년은 자신의 문제를 알게 되고 도움이 되는 방식을 찾을 수 있다.
6. 적응적인 행동을 지지하도록 한다.	임상가는 청소년의 정상적인 행동을 인정해 주고 칭찬해 주며 이를 촉진시킨다.

인건이의 사례 16세의 인건이는 통제 불능과 점점 더 심각한 문제를 일으키는 것을 주소로 엄마와 함께 정신과적 진찰을 위해 방문하였다. 부모님은 6년 전 이혼하였고, 아버지가 자신과 어린 동생에 대한 양육권을 가지고 있었으나 여름에는 정기적으로 어머니와 생활하였다. 부모는 둘 다 모두 재혼하였다.

인건이는 내원 4개월 전부터 어머니에게 보내져 엄마와 같이 생활하고 있었으며, 아버지와는 4차례에 걸쳐서 신체적인 충돌을 일으킬 만큼 심각한 관계였다. 결국 아버지는 경찰을 불렀고, 인건이는 수주 동안 수용시설에서 지내게 되었다. 인건이는 교내에서도 불법적인 약물복용을 하는 등 문제가 심각하였다. 아버지는 너무 화가 나서 그와는 같이 지내고 싶어 하지 않았다.

엄마와 같이 지낸 이후로도 인건이는 계속 가정과 학교 내에서 문제를 일으켰으며 출석미달과 무단결석으로 작년에는 유급까지 당했다. 가정 내에서 그는 반항적이고 적대적이었으며, 규칙을 지키지 않고 혼자 있는 것을 좋아하였다. 수차례에 걸쳐서 외박을 거듭하였으며, 엄마는 방에서 부탄가스 통을 발견하고 그가 약물복용을 하는 것이 아닌가 의심하였다. 인건이는 그가 원할 때는 무단으로 가출을 하였고, 여름에는 일자리를 구했으나 무단결근으로 인해 해고되었다.

정신상태 검사상 실제 나이보다 외관적으로 더 들어 보였고, 매우 방어적이면서 비협조적이었다. 거의 모든 면담에 참여하려 하지 않았으며, 자신은 '정신병자가 아니며, 미치지 않았다. 환청이나 환시는 없다.' 고 하였다. 그리고 '도움은 필요 없고 아버지가 있는 집에 가고 싶다.' 고 하였다. 검사자가 아버지가 자신을 엄마와 같이 살도록 보낸 것에 대해 어떻게 생각하냐고 묻자 울음을 터뜨렸다. 그는 놀랐다고 하면서, '도저히 믿을 수 없다.' 고 하였다. 그는 엄마와 같이 살게 되면서 얼마나 많은 친구를 잃었고 어떻게 자신이 불행하게 되었는지를 여러 차례 언급하였다. 부모님의 이혼에 대해 어떻게 생각하느냐는 검사자의 질문에 '이혼 이후에 자신의 인생은 완전히 망가졌다.' 고 하였다. 그는 부모가 자신을 불행에 빠뜨렸기에 나쁘게 생각한다고 하였으며, 부모의 이혼이 그에게 어떤 영향을 미쳤는지에 관하여 이야기할 때 점점 더 크게 울었다.

검사자가 자신의 문제를 다루려고 하자 인건이는 다시 방어적이 되었고 자신에게는 아무런 문제가 없으며 집에 가고 싶다고 하였다. 인건이가 어떠한 제안도 받아들일 자세가 되어 있지 않았기에 그에게 도움을 주겠다고 제안하는 것을 중단하였다.

검사자는 인건이에게 자리를 바꾸자고 제안한 후에 "이제 네가 의사다.

항상 문제를 일으키는 아이가 너에게 도움을 요청하면 어떻게 하겠니? 지난해 낙제를 하였고, 양쪽 부모 모두와 잘 지내지 못하는 아이를 어떻게 도와줄 수 있겠니? 학교에 가기 싫어하는 아이에게 어떻게 도와줄 수 있겠니?"라고 물었다. 소년은 깊게 생각해 보더니 엄마와 같이 살 수 있는 방법을 배우는 것이 좋겠다고 하였다. 인건이는 비록 어떤 정신과적인 도움도 받지 않겠다고 하였지만, 추가적인 평가를 위하여 다시 방문하는 것에는 동의하였다.

9) 면담 과정

면담에는 두 가지 요소가 있는데, 하나는 면담의 내용이며 다른 하나는 면담 과정이다. 면담의 내용은 의사소통의 외적 측면과 관련 있는 반면, 의사소통 과정은 의사소통이 보여 주는 내적 측면과 관련된다. 의사소통 과정을 평가하기 위해, 임상가는 특히 아동의 의사소통 방식에 주의를 기울여야 한다. 무언가를 전달하는 방식은 말하는 내용보다 더 중요하다. 예를 들어, 아동은 단어를 통해 한 가지를 말하지만, 신체언어나 목소리를 통해서 여러 가지 다양한 것들을 말할 수 있다. 임상가는 언어적 행동과 비언어적 행동 사이의 불일치에 주목해야 하고, 비전형적인 비언어적 의사소통에 대하여 주의를 기울여야 한다. 언어적 및 비언어적 행동 사이에 나타나는 모든 비일관성에 대해서도 항상 주의를 기울여야 한다. 아동의 억압된 감정이 표현될 때, 임상가는 그러한 정서를 불러일으키게 된 아동의 감정이나 기억에 대해 질문해야 한다. 아동이 자신의 이야기를 중단하거나 사고 내용에 예상치 않은 변화가 발생했을 때, 임상가는 이런 중단이나 변화에 대해 질문해야 한다. 면담 과정에서 임상가는 많은 것들이 이야기되고 관찰될 수 있다는 점을 알아야 한다.

은희의 사례 16세 소녀 은희가 우울증과 자살사고를 주소로 방문하였다. 은희의 우울증은 7~8세경부터 시작되었고, 오랜 기간 동안 자살충동을 느꼈다고 하였다. 은희의 엄마와 외할머니는 정신분열병 진단을 받았으며, 외숙모가 초기 아동기 이후 줄곧 은희를 양육하였다. 은희는 입원치료와 장기간의 통원치료를 받았으나 효과는 제한적이었다.

평가 시점 당시, 외숙모는 더 이상 은희의 치료 비용을 감당하기 어려워 법원에 양육권 포기 신청을 하고 있는 중이었다. 은희는 자신보다 세 살 많은 여자와 동성애 관계를 가졌으며, 학교와 가정에서 심각한 행동적 문제점을 보여 주었다. 다양한 형태의 약물도 복용하였다.

은희는 학교에서 똑똑하고 뛰어난 아이로 여겨졌다. 지난해 학업 성취에 문제가 있었지만, 생활기록부에는 재능 있고 창조적인 학생으로 기술되어 있었다.

은희는 말쑥하고 단정해 보였으나 매력적이진 않았고, 위축되어 있었으며 눈 맞춤을 하지 않았다. 거리감이 느껴졌고, 면담에 자발적이지 않았다. 그녀의 정신활동성과 기분은 매우 저하되어 있었고 두드러진 정동의 위축을 보여 주었다. 은희는 철학적인 언어를 사용하였으며, 반응은 주지화와 정동의 결여로 나타났다. 검사자가 질문을 하면 대답하기까지 아주 오랜 시간이 걸렸다. 검사자가 은희에게 숙모(그녀가 엄마라고 부르는 그리고 자신의 양육권을 포기한)에 대해 어떤 감정을 가지고 있냐고 물었을 때 그녀는 무덤덤하게 별다른 감정을 드러내지 않았다. 검사자는 그녀가 반응하는 방식에 대해 피드백을 주었고 그녀의 생각을 기술하였다. 은희는 놀라움을 표현하면서 치료를 하는 동안 여태껏 아무도 자신의 사고방식에 대해 이야기하지 않았다고 하였다. 그녀는 자신의 생각이 다른 사람들과는 다른 채널에 존재하며 항상 공허감을 느낀다고 하였다. 검사자가 은희에게 다른 사람들과 다른 채널에 사고가 존재하는 이유를 묻자 그녀는 사람들로부터의 장벽이 필요하다고 하였다. 이후 은희는 자신의 편집성, 사람을 믿지 못하는 것과 사람에게 가깝게 다가가지 못하는 느낌에 대하여 토론하였다.

10) 신체적 접촉

면담 중 신체적 접촉에 아동의 발달 수준을 고려할 필요는 있지만 정해진 규칙은 없다. 그러나 적절한 신체적 접촉에 대한 결정을 내릴 때 염두에 두어야 할 사항들이 있다.

일반적으로 임상가는 취학 전 아동을 제외하고는 초반에는 신체적 접촉을 피하는 것이 좋다. 하지만 때로는 편안함과 안전감을 주기 위해 아동의 팔이나 어깨를 잡아야 하는 경우도 있다. 나이 든 청소년의 경우 처음에는 손을 흔들면서 악수를 하는 것이 좋다.

어린 아동에게는 신체 접촉이 정서적인 접촉으로 이어지기도 한다. 예를 들어, 어린 아동들은 임상가의 손을 잡거나 신체 접촉을 하면서 편안함을 찾기도 한다. 이런 경우의 적절한 신체 접촉은 긍정적으로 받아들여질 수도 있다. 이때 임상가는 아동에게 말로도 감정을 표현할 수 있다는 것을 상기시켜 주는 것이 좋다. 확신과 지지가 필요한 어린 아동은 어깨를 툭툭 치거나 머리를 살짝 만지는 것만으로도 충분하다.

좀 더 나이 든 아동의 경우 임상가는 신체적 접촉을 적절하게 수용할 수 있을 때가 언제인지, 언제 피해야 하고 언제 한계를 두어야 하는지를 판단 내릴 수 있도록 훈련해야 한다. 임상가와 아동이 동일한 성별이 아닐 때, 특히 성적 학대 소견이 있을 때는 이를 더욱 주의해야 한다. 이러한 경우에는 아동의 나이에 상관없이 신체적 접촉을 피해야 한다.

11) 정신과적 평가 시의 활동과 구조화 및 지지

임상가는 아동과 가족에게 진단적 평가와 관련된 의미 있는 정보를 얻기 위해 질문이나 격려를 할 수 있다. 그러나 과도한 격려는 아동의 자발성을 낮추고 면담을 건조하게 만들 수 있다. 이는 아동과 가족에게 불만을 살 수 있고, 감정을 억지로 주입당하는 느낌을 심어 주어 오히려 오해를 살 수도 있다. 너무 구조화된 면담의 경우에는, 아동과 가족이 기회만 주어진다면 더 많은 말을 할 수 있었을 것이라고 여기게 한다. 반대로 비구조화된 면담의 경우, 면담 내용이 불충분할 수도 있다. 따라서 면담은 너무 적극적이지도 또 너무 소극적이지도 않아야 한다. 중간 정도로 적절한 것이 가장 이상적이다.

구조화는 수많은 변인을 통제한다. 임상가는 면담 장소(예: 제한된 영역에서 아동의 행동 등을 제한하는 것), 놀이 유형이나 장난감, 탐색 방식(예: 개방형 질문을 사용할지, 구조화된 면담을 할지), 비언어적 행동의 질과 정도(예: 신체적 접촉의 여부) 등을 통제해야 한다.

말을 할 수 있는 아동의 경우는 의사소통의 내용과 과정에 대해 지시를 내릴 수 있다. 적극적인 구조화와 한계 설정은 과활동성, 충동성, 공격성, 자해를 보이는 경우와 유혹적이거나 와해된 아동(예: 정신증적 아동)의 경우에 필요하다. 구조화 정도는 각 면담마다, 아동의 발달 수준에 따라, 정신병리의 강도와 질에 따라, 증상에 대한 아동의 경직성에 따라, 아동이 면담에 참여하고자 하는 의지에 따라, 자신의 문제에 대한 아동의 관심에 따라 달라진다. 적절한 구조화가 없다면 안전적이고 효과적이며 생산적인 면담을 기대하기 어렵다. 무엇보다도 아동이 통제력을 다시 획득하여 탐색적인 면담으로 되돌아갈 수 있도록 도와야 한다. 가족들이 언어화하는 모든 것에 대해 허용해야 하고, 격려하는 분위기에서 진행된다는 점을 전하도록 한다. 만약 아동이 통제력을 잃게 된다면 다시 통제력을 회복하도록 도와야 한다. 만약 아동이 공격 행동이나 자기학대적인 행동을 보인다면 그러한 행동이 시작된 근원적인 맥락에 주의를 기울여야 한다. 또한 치료실에서 아동들이 사용할 수 있는 물건들과 실내 장식에 더욱 세심하게 주의를 기울여야 한다. 평가가 진행되는 동안 임상가는 스스로 안전한 상황인가를 항상 모니터링해야 한다.

아동은 지지를 받지만 필요에 따라서는 도전을 받을 필요도 있다. 임상가는 면담의 어느 부분에서는 지지적이고 공감적인 태도를 취하는 반면,

어느 부분에서는 아동이 도전하고 직면시킬 수 있어야 한다. 또한 아동의 정서적 고통에 대해서 공감해 주어야 한다. 그러나 동시에 아동의 비적응적 행동에 대해서는 적절한 통제가 필요하다. 아동이 충동적인 행동을 하려고 할 때는 스스로 통제할 수 있도록 도와야 한다. 공감과 도전이 조화를 이루는 것은 아동과 청소년을 다루는 데 아주 중요한 기술이다.

12) 정신상태 평가에서의 한계 설정

임상가가 면담 과정을 방해받지 않고 안전하게 진행시키는 것은 어려운 일이다. 충동적인 아동은 종종 공간이나 사적인 경계를 위반한다. 또한 파괴적이거나 공격적인 행동 탓에 면담 과정이 안정적으로 이루어지지 못할 수도 있다. 이러한 경우, 임상가는 그러한 행동을 반드시 그만두어야 한다는 점을 분명하게 전달해야만 한다.

필요한 경우에는 적절한 통제를 하는 것이 바람직하다. 이런 태도는 아동이나 청소년에게 안정감을 가져다준다.

적절한 구조화와 시간적인 한계 설정은 어떤 면담에서든 기본이 되는 필수조건이다. 한계 설정을 적절하게 하지 못하게 되면 아동과 임상가 모두에게 위험하고, 전반적인 진단 계획을 세우는 데 어려움이 생길 수 있다.

2 정보제공자와의 면담: 기초

정신적 문제나 정서 문제를 가지고 있는 아동, 청소년들을 자세히 조사하는 것은 아주 중요한 일이다. 그러나 병력 청취 과정에서 다루어야 할 다양한 단계적 문제들의 중요 순위를 정한다면, 여러 정보원에게서 신뢰 있는 정보를 얻는 일이 첫째가 될 것이다. 어린 아동에 대해 관찰자들이 갖는 견해는 각기 다를 수 있다. 심지어 문제의 심각성에 대한 부모의 기술이나 관점도 차이가 날 수 있다. 또한 교사와 학부모 간에 견해가 다를 수도 있다. 그러나 아동을 잘 아는 이러한 사람들의 다양한 견해가 없다면 정확한 진단과 적절한 치료 대책의 수립이 어려울 수 있을 뿐 아니라, 최악의 경우에는 아예 불가능해질 수도 있다.

1) 면담 유형

면담의 기본 유형은 지시적 면담과 비지시적 면담이다. 대체로 나이 어린 아동들은 지시적인 구조화된 간단한 질문들에 보다 잘 반응하는 반면, 비지시적인 개방형 질문에는 반응하기 어려울 수 있다. 그러나 이들은 놀이에 잘 반응한다. 두 가지 기법 모두 아동, 청소년에 대한 정보를 제공해주는 정보원으로부터 정보를 얻는 데 유용하다.

(1) 비지시적 면담

비지시적 면담은 전반적으로 정보원에게 최대한의 통제권을 부여한다. 비지시적인 면담은 '예' 혹은 '아니요' 식의 대답을 요구하지 않고, 문항 중에 선택하게 하는 형식을 제시하지도 않는다. 이 면담은 개방형 질문들로 이루어져 있으며, 이는 응답자에게 다양한 사실들을 충분히 이야기하게 한다. 또한 자유롭게 이야기하는 동안 가족들과 함께 자신에 대한 감정과 깊은 생각들을 공유하게끔 격려한다. 비지시적인 면담을 할 때는 몇 가지 중요한 목표를 달성해야 한다.

- 특정 정보에 대한 한정된 답을 요구하지 않기 때문에 그만큼 가능한 답변의 범위를 넓힐 수 있으며, 그중 일부는 임상가가 매우 만족할 만한 답변일 수 있다.

- 답변의 정확성을 증가시킨다. 이것은 필연적인 것이다. 상세하면서 자신만의 단어로 이야기하는 경우에는 한두 단어로 답변해야 하는 경우보다 훨씬 더 자신의 생각을 잘 표현할 수 있기 때문이다.
- 비지시적인 면담은 라포를 증진시킨다. 정보제공자들은 더 많이 이완되고 자신에 대하여 자발적으로 무언가를 드러낼 기회를 바탕으로, 임상가가 자신뿐 아니라 논의되는 모든 어린 아동에게 관심을 가지고 있음을 느끼게 된다.

실제적인 예를 살펴보자. 다음은 병동에 입원한 민수라는 17세 청소년에 대한 사례다.

임상가: 잘 지냈니? 병원에는 왜 오게 되었니?

민 수: 자살에 대한 생각 때문에요. 뾰족한 것으로 찌르려고 했어요. 환청이 들리기 시작했고요.

또 다른 비지시적 질문의 예로는 "무슨 이유로 아이를 데리고 오셨나요?" "학교에서는 어떤 어려움을 겪고 있나요?" 등이 있다.

(2) 지시적 면담

지시적 면담은 임상가가 특히 중요하다고 생각하는 문제에 대하여 응답자가 주의를 기울이게 할 수 있으며, 이를 통해 얻을 수 있는 정보의 양도 늘어나게 된다. 주목할 점은 임상가의 각 질문이 민수의 다음 대답 방향을 결정짓는 역할을 한다는 것이다.

임상가: 그 자살 생각에 대해 말해 줄래?

민 수: 정확히 기억나지 않아요. 사촌 집에 갔을 때 사촌에게 처음으로 그 이야기를 했고, 치료자를 만나고 싶다고 말했어요.

임상가: 왜 치료자를 만나고 싶었니?

민 수: 자살에 대해 생각하는 게 지겨워졌거든요.

임상가: 자살에 대해서 줄곧 생각해 왔구나. 그게 얼마나 오래되었니?

민 수: 4~5년 정도 됐어요. 그리고 그 뒤에 환청이 들리기 시작했고요.

지시적 질문을 이용해서 임상가는 민수의 '자살' '치료자'와 같은 주요 단어나 구를 놓치지 않고 추적해 갔다. 청소년들이 전형적으로 그렇듯이 민수도 질문에 짧게 대답하였기 때문에 임상가가 이미 알고 있는 기초적 사실에 추가될 수 있는 정보를 많이 얻지는 못했다.

(3) 개방형 및 폐쇄형 질문

아동이나 다른 정보제공자들에게서 정보를 얻기 위해 임상가가 사용하는 대부분의 질문은 개방형이다. 즉, 이를 통해 응답자가 적당하다고 여겨지는 만큼 답할 수 있는 최대한의 자유를 허용하는 것이다. "그것에 대해 좀 더 말해 주세요." "아이의 병에 대해서 말씀해 주세요." "그다음 무슨 일이 일어났죠?"와 같은 질문이 이에 속한다. 그러나 폐쇄형 질문 역시 면담의 한 부분을 차지하고 있다. 이 방법은 이전의 비지시적인 면담 동안 다루어지지 않았던 중요한 부분에 대한 정보를 얻어 내는 데 유용하다. 또한 '예-아니요' 식의 답변을 요구함으로써 면담의 속도를 빨리 할 수도 있다.

위의 사례에서 임상가의 마지막 질문은 구체적인 답을 얻기 위한 폐쇄형 질문이다.

(4) 혼합된 형식의 면담

이상에서 볼 수 있는 바와 같이 면담의 초기에는 두 가지 면담 형식이 모두 중요하다. 일반적으로 비지시적인 개방형 질문은 초기 면담의 초반에 특히 중요한데, 이는 아동과 청소년 응답자가 자신의 행동과 정서적 생활에 대한 중요한 면들을 최대한 직접 이야기할 수 있도록 하는 데에 사용된다. 이후 임상가는 응답자가 관심을 갖는 영역에 대하여 이해하게 되었을 때, 차츰 단답형 질문을 하여 더 자세한 정보를 얻는다.

아동이나 청소년의 가장 핵심적인 어려움(주호소)이 무엇인지 알아내기 위하여 보호자에게 하는 첫 번째 질문은 지시적이며 동시에 개방형이어야 한다. "철수가 평가받으러 온 이유가 무엇이죠?" 와 같은 것이 적당한 예가 된다. "너무 우울해 보여요." 라든가 "교실에서 가만히 앉아 있질 못해요." 와 같은 구체적인 언급도 나올 수 있다. 또한 "조금 더 이야기해 주세요." 와 같이 개방형으로 설명을 더 하도록 격려할 수 있는데, 이후 면담이 진행이 안 될 수도 있고 더 이어질 수도 있다. 때로는 주호소에 대하여 말해 달라는 요구에도 아동 또는 청소년 자신이 이에 대한 충분한 정보를 제공해 주지 못할 수 있다. "엄마가 오자고 해서 왔어요." 혹은 "선생님이 가라고 했어요." 식의 대답이 이에 속한다. 이런 경우에는 성장, 발달, 정서, 학업 성취, 기분이나 사회적 관계에 대한 구체적인 질문을 통해 정보제공자의 생각을 이끌어 내어야 한다. 핵심적인 주제를 알아낸 다음에는 정보제공자가 스스로 이를 최대한 충분히 기술할 수 있도록 한다. 면담 초기에는 아동뿐 아니라 가족, 또래를 포함한 가정과 학교의 환경 등에 대한 최대한의 정보를 얻어야 한다.

또한 정보제공자와 신뢰 있는 관계를 맺는 것이 중요하다. 이를 위해서는 정중한 태도를 유지하고, 정보제공자의 말을 주의 깊게 경청하면서 고개를 끄덕이며 동의를 표하거나, 몸을 숙여 다가가거나, 미소를 짓는 등의 신체언어를 사용하여 수용과 이해하는 태도를 보여야 한다. 아동들의 경우에는 질문을 간단하게 하는 것이 좋다. 예를 들어 주어야 하며, "네가 말하기 어려운 것을 잘 안단다. 지금 잘하고 있어." 와 같은 칭찬을 하는 것이 좋다. 또한 다음에 제시된 중요한 임상영역과 관련된 문제의 징후를 놓치지 않도록 유념해야 한다.

• 사고의 어려움(인지장애)

- 물질 사용
- 정신증
- 정서장애(우울 혹은 조증)
- 불안, 회피 행동과 각성
- 신체 호소
- 발달 지연
- 학교와 가정에서 보이는 사회화 문제
- 성격 문제

면담 후반에는 적극적인 탐색이 필요하기 때문에 이 영역에 대해 주목해야 한다. 그러나 초반에는 아동 또는 청소년들이 스스로 말을 하도록 두면서 나중에 정보가 더 필요한 부분에 대해서는 메모를 남겨 두는 것이 좋다.

2) 격려와 명료화

임상가가 무슨 말을 하게 되면 응답자의 주의를 분산시킬 수 있기 때문에, 아동의 상태에 대한 자료를 얻는 동안에는 가만히 듣는 것이 바람직하다. 응답자가 흐름에서 벗어나거나 조언을 구하면서 임상가의 얼굴만 바라보는 경우에는 언어적 혹은 비언어적 방법으로 면담 과정을 촉진할 수 있는데, 비언어적 방법이 좀 더 효과적인 방법이 될 수 있다. 웃거나 고개를 끄덕임으로써 면담이 잘 진행되고 있으며 임상가가 더 듣기를 원한다는 뜻을 전할 수 있다. 눈 맞춤을 유지하는 것도 이러한 공감과 친밀감의 유대를 만드는 데 도움이 된다. 어떤 임상가는 스트레스가 되었던 것들을 말하는 응답자를 향해 몸을 앞으로 숙이는 것만으로도 자신의 지지를 나타낼 수 있다. 민수와의 면담 상황으로 돌아가 보자.

임상가: 환청?

민　수: 3년 정도 됐어요.

임상가: 아.

민　수: 사촌이 정신과 의사 선생님 성함과 다른 모든 것들에 대해서 이야기해 줬어요. 전화번호도 줬는데 그건 잃어버렸어요. 그리고 난 뒤 함께 사촌의 친한 친구네 집에 갔는데 사람들이 술을 마시기 시작했죠. 그러면서 일이 걷잡을 수 없게 됐어요.

주목할 점은 위의 사례에서 비언어적인 동의가 더 많은 이야기를 끌어냈다는 것이다. 여기에서 임상가는 몇 가지 아주 짧은 단어로 상당한 정보를 얻었다. 때때로 "그래, 알아." 혹은 "어, 그래." 와 같은 한두 어절로도 충분할 수 있다. 특히 면담이 막힌 것 같다면 조금 더 생각을 명료화(clarification)시킬 필요가 있다. 몇 가지 방법을 살펴보자.

1. 정보를 직접적으로 요구한다.

임상가: 뭐가 걷잡을 수 없게 되었다는 거지?

민　수: 죽으라는 소리가 들리기 시작했어요. 전 칼을 쥐고 저를 찌르려고 했어요.

이러한 질문을 하는 또 다른 방법은 "무엇이 잘못되고 있는지 조금 더 말해 줄래?" 라고 묻는 것이다.

2. 만약 임상가가 아동 또는 청소년들이 한 말을 이해하지 못했다면, 주저하지 말고 다시 질문을 해야 한다. "아직 이해가 안 가는데……." 라고 이야기를 해서 질문처럼 보이는 면을 줄일 수 있다.

3. 정보제공자가 말하려고 하는 것이 무엇인지에 대한 대략의 윤곽을 이

해하고 있음을 확인시키기 위해 때로는 짧게 요약을 해 줄 수도 있다. 이 경우 한두 문장으로 표현을 하며 일반적으로는 "네 말은 ~이구나."라든가 "그래서 ~하게 느꼈구나." 등으로 반응할 수 있다.

임상가: 네 말은, 즉 자살을 시도했었다는 것이구나.

3) 주제 전환

자유롭게 한 주제에서 다른 주제로 옮겨 간다면 면담은 더욱 수월하게 진행될 것이다. 따라서 한 주제에서 다른 주제로 옮겨 가는 다리와 같은 연결을 제공해 줄 필요가 있다. 가능하다면 늘 정보제공자가 이끄는 대로 따라가도록 노력해야 한다. 그러한 과정을 통해 아동이나 청소년들은 그들이 충분히 평가에 참여하고 있다고 느껴 중요한 모든 정보를 제공하게 된다.

면담 초기의 '자유로운 면담 형식'으로부터 점차 벗어나 면담이 진행되어 가면 임상가는 보다 지시적인 기법을 사용할 필요가 있다. 그중 몇 가지 방법은 좀 더 편안하게 한 주제에서 다른 주제로 옮겨 가게 도와줄 수 있다. 다음의 대화는 적절히 주제를 전환시키지 못한 예다.

임상가: 누구와 살고 있니?
민 수: 엄마랑 할머니요.
임상가: 아빠는?
민 수: 돌아가셨어요.
임상가: 그러니깐 너는 1981년생이고, 6세 때 학교에 가기 시작한 거구나?

임상가가 주제를 갑자기 바꾼 것은 민수의 두 번째 반응에 임상가가 불편함을 느꼈다는 점을 여실히 보여 주고 있다. 이후 더 많은 상세한 내용들을 끌어내기 위해 임상가가 어떻게 민수의 말을 이용하는지 주목하라.

임상가: 방금 목소리를 들었다고 했는데.

대화의 흐름을 부드럽게 유지하기 위해서 장소, 시간, 활동이나 가족관계와 같이 공통적인 주제를 통해 한 주제에서 다른 주제로 옮겨 갈 수 있다.

민　수: 네 가지 목소리가 들려요. 항상 무언가 하라고 말해요. 지금은 "지옥에나 나가 떨어져!"라고 소리를 지르고 있어요.

임상가: 다른 가족들은 어때? 그렇게 소리치는 목소리를 들어 본 적이 있다고 하니?

만약 갑작스럽게 주제를 바꿔야 한다면, 이런 메시지를 정보제공자에게 전하는 것이 좋다. 만약 정보제공자가 첫 번째 주제에 대해서 할 말이 많은 것처럼 보이면, 시간이 있을 때 다시 그 주제로 돌아가자고 이야기할 수 있다. 민수의 사례에서 이와 관련된 가능한 방법이 제시되어 있다.

임상가: 환청과 관련된 문제가 있구나. 그럼, 이제 음주 문제에 대해 들어보고 싶구나.

4) 정보 탐색하기

평가 동안 아동 또는 청소년의 자유로운 생각을 경청한 뒤에는 대개 면담의 전체적인 틀이 잡힌다. 주요 관심 분야가 최소한이라도 다루어졌다는 것을 확인하기 위해 다뤄지지 않은 또 다른 중요한 문제 영역이 있는지 물어보는 것이 좋다. 만약 없다면, 이미 확인된 영역을 좀 더 면밀히 조사해 나가기 시작한다.

물론 어떤 증상이든지 탐색이 필요한 독특한 특성을 가지고 있다. 하지만 모든 증상과 행동에 대한 공통사항은 좀 더 정확하고 자세하게 알기 위한 탐색이 필요하다는 점이다. 예를 들어, 아동의 공격적인 행동에 대해 어떻게 접근할 수 있는가를 살펴보자.

- **유형**: 신체적인가 아니면 언어적인가?
- **심각도**: 주먹다짐이었는가 혹은 완전한 난투였는가?
- **빈도**: 매일 또는 매주마다 벌어진 일이었는가 혹은 한두 번에 그친 일이었는가?
- **지속기간**: 얼마나 오래전에 시작된 일인가?
- **맥락**: 자발적이었는가 아니면 부모의 모욕과 학대 등으로 유발된 것인가?

확인된 모든 문제 영역에 대한 내용들을 모두 평가하고 기록한다. 구체적인 세부사항들을 찾아감에 따라 얻어 내야 할 정보들을 조정할 필요가 있다. 이때 이용할 수 있는 몇 가지 기법이 있다.

① 폐쇄형 질문을 사용한다.
"민수는 이전에 침대에 오줌을 싼 적이 있나요?" "그것은 몇 살 때 중단되었나요?"
② 짧은 대답을 얻을 때는 미소나 끄덕임으로 동의를 표현할 수 있다.
③ 무엇이 필요한지 명료하게 말하도록 한다.
"이제는 짧게 답할 수 있는 질문을 몇 가지 할 거예요."

자신, 부모, 다른 가족 구성원, 상황에 대한 감정을 평가하고자 할 때는 개방형 질문이 가장 정확하고 완성된 정보를 제공해 줄 수 있다.

5) 기타 정보

질문을 하는 방식에서 답을 암시하지 않도록 유의해야 한다. 예를 들어, "철수는 마약을 한 적이 없죠. 그렇지요?"라는 질문은 그렇지 않다는 대답을 암시하고 있다. 질문은 짧게 하는 것이 바람직하다. 너무 많은 설명을 담고 있는 복잡한 문장은 혼란스럽고 시간만 낭비하는 것이다. 두 가지 질문을 해서 시간을 아끼려고 하지 않는 것이 좋다. 그것 역시 정보제공자를 혼란스럽게 할 수 있다. 만약 "철수는 이전에 가출한 적 있나요? 아니면 학교에 가지 않으려고 꾀를 부린 적은요?"라고 물어보면 응답자는 질문 하나에만 초점을 맞추게 된다. 양쪽 모두 중요한 정보를 놓치고 있다는 것을 깨닫지 못할 것이다. 민수와의 면담에서 잘못된 사례가 하나 있다.

임상가: 너와 엄마가 할머니와 함께 이사 왔을 때 넌 몇 살이었니?
민　수: 두 살이나 세 살쯤요.
임상가: 할머니한테 문제는 없었니? 그리고 넌 그 이후로 계속 거기서 살았니?

명확히 답할 수 있게 해야 한다. 모호하게 말한다면, 날짜, 시간 간격, 숫자 등을 물어보라. 어떻게 질문하는 것이 보다 생산적인지 다음 사례에 나와 있다.

임상가: 법적 문제가 있니?
민　수: 확실하진 않아요.
임상가: 무슨 말이지?
민　수: 실제로 체포된 적은 없어요.
임상가: 음……. 그럼 무슨 법적 문제가 있었니?
민　수: 자동차 강탈, 약탈이요.

임상가: 이전에 한 번도 잡힌 적이 없는 범죄만 저지른 것이구나?

민 수: 예.

임상가: 그게 어떤 거지?

민 수: 도둑질이요.

임상가: 강도 같은 건?

민 수: 두 번 정도 해 봤어요.

임상가: 강도짓을 두 번이나 했다고?

민 수: 아뇨. 가게만 털었어요.

임상가: 가게 털기라……, 돈 때문에?

민 수: 한 번 해 보세요. 스릴 만점이에요.

임상가: 다른 건?

민 수: 칼로 찌르기요.

임상가: 얼마나 많은 사람에게 그렇게 한 거지?

민 수: 아마 다섯 명이나 여섯 명쯤.

임상가: 누구 죽여 본 적도 있니?

민 수: 글쎄요.

임상가: 칼로 찌른 사람들이 죽었는지 모르는구나?

민 수: 예.

임상가: 얼마나 많은 사람을 찔러 봤니?

민 수: 3명 정도요.

임상가: 칼로 찌른 사람 중 아는 사람이 있었니?

민 수: 몇몇은요.

임상가: 동물을 잔인하게 괴롭힌 적은 있니?

민 수: 칼로 찔러 보았어요. 그러나 지금은 안 해요. 어렸을 때만 했어요.

임상가: 불을 질러 본 적은?

민 수: 있어요. 그것도 어렸을 때요.

일련의 구체적인 많은 질문을 통해서 과거력에서 반사회적이거나 폭력적인 행동이 분명히 드러났음에도 민수가 이에 정직하게 대답했는지는 알 수 없다. 임상가에게 강한 인상을 주려고 과장되게 말하였을 가능성도 있다. 진단을 위해서 이러한 정보는 민수의 엄마나 선생님으로부터 얻어진 법적인 기록이나 진술을 통해서 다시 확인해야 한다.

6) 초기 면담의 일부분

면담은 전통적으로 여러 영역으로 나뉘어 있으며, 각 영역에 대한 명칭과 내용은 임상가와 아동에 따라 달라진다. 여기서는 '현병력' '개인적 배경' '사회적 배경' '민감한 주제를 가진 아동들' '의학적 병력' '가족력' '정신상태 평가' 와 같은 내용들이다.

(1) 현병력

정보 수집 과정에서 확인된 각 문제 영역에 대해 다음과 같은 질문들을 해야 한다.

① 증상이 나타나기 전에 어떤 스트레스 요인이 있었는가? 유발요인이 증상이 나타나기 전에 선행했는지를 이해해야 한다.
② 기분장애 아동의 경우에, 특히 수면과 식욕의 변화에 대한 정보를 얻는다.
③ 삽화적 특성(특히 기분장애에서)을 보이는 장애의 경우 언제 증상이 시작되었는가? 증상이 매번 같은가? 특정한 순서로 일어나는가? 제일 처음 어떤 증상을 보였는가? 그다음 증상은 무엇인가? 삽화 사이에 증상들은 완전히 사라지는가?
④ 증상의 기간에 상관없이 과거 치료력에 대해서도 알아야 한다. 약물치료를 받은 적이 있는가? 약물 효과는 어땠는가? 아동과 가족이 치

료 처방에 얼마나 잘 순응하고 있는가? 개인상담이나 가족상담을 하게 될 경우 얻을 수 있는 이점은 무엇인가? 어떤 문제가 여전히 해결되지 않은 채로 남아 있는가?

⑤ 장애가 학교 출석, 형제관계, 친구관계를 형성하고 유지할 수 있는 아동의 능력에 어떤 영향을 미치는가? 법적 문제는 없었는가? 관심사(예: 취미, 독서, TV 시청 등)가 변했는가?

다음은 임상가가 환청과 관련한 세부 사항들을 추적해 가는 과정을 보여주는 사례다.

임상가: 3년 전부터 환청을 듣기 시작했다고 말했는데…….

민 수: 중학교 때부터였던 것 같아요. 여름이었던 걸로 알고 있고요.

임상가: 그때 몇 살이었지?

민 수: 음, 잘 모르겠는데……. 13세 아니면 14세 때였던 것 같아요.

임상가: 어떤 소리니?

민 수: 처음에는 부드러운 목소리로 중얼거리는 소리를 들었어요. 제가 성장하면서 목소리도 점점 더 강해졌고 더 오랫동안 지속되었어요.

임상가: 그 소리가 어디서 나왔니?

민 수: 마음속에서요.

임상가: 밖에서 들리는 것은 아니니?

민 수: 전혀 그렇지는 않아요.

임상가: 또 무얼 하라고 말하니?

민 수: 사람들에게서 약탈을 해라, 다른 사람을 때려라, 그리고 고통 받는 것을 지켜봐라. 그런 것들이에요.

임상가: 나한테 그 목소리를 좀 더 구체적으로 설명해 줄 수 있겠니?

민 수: 소리치는 목소리가 네 개예요.

임상가: 그 사람들끼리 너에 대해서 이야기하기도 하니?

민　수: 예, 날 동성애자라고 생각해요. 그리고는 계속해서 그 짓을 하라고 말해요.

임상가: 무슨 짓?

민　수: 지금도 선생님이 나를 잡아 가두고 싶어 하니까 선생님을 잡고 목을 졸라 죽이라고 하고 있어요.

지시적 면담 방법은 이런 환청에 대해서(청각이라면) 소리의 유형, 위치, 강도, 목소리의 수, 내용, 언제 소리가 들리는지 그리고 처음 증상이 시작되었을 당시의 나이와 같은 많은 것을 밝힐 수 있다. 이 사례에서 소리는 지시적인 환청이다. 이런 경우 추가적 탐색이 필요하다.

임상가: 그래서 지금 너에게 소리를 치고 있니?

민　수: 예.

임상가: 나를 잡아채라고 하니?

민　수: 잡아채고 여기서 나가래요.

임상가: 지금은 그 목소리를 제어해 볼 수 있니?

민　수: 지금은 제어할 수 있어요.

임상가: 제어할 수 없으면 말해 주렴.

민　수: 예.

물론 민수가 자신의 반사회적 행동에 대해서 설명할 때와 마찬가지로 이런 목소리의 성격을 다소 과장한 것처럼 보일지라도, 임상가는 민수가 위험할 수 있다는 가능성에 민감하게 반응하였다. 아동이 임상가를 해칠 의도가 있는지 없는지를 물어보는 것이 중요하다. 만약 '예.' 라고 대답하면 임상가는 도움을 청하거나 면담을 종료해야 한다. '아니요.' 라고 대답한다면 면담을 진행한다.

임상가 : 가끔 목소리가 말한 대로 하기도 하니?

민 수: 가끔은요.

임상가: 어떤 종류의 일을 하라고 하니?

민 수: 사람들의 물건을 뺏거나, 사람이 다가와서 말을 걸면 '젠장'이라고 말하거나 혹은 이따금 기억이 나지 않을 때도 있어요.

임상가: 얼마나 자주 그러지?

민 수: 셀 수 없이 많이요.

임상가: 얼마나 오랫동안?

민 수: 가끔은 몇 시간 동안, 간혹 하루 종일 그럴 때도 있고요.

임상가: 그게 언제 시작됐지?

일시적인 기억상실은 기질적이거나 중독과 관련된 원인이 있음을 신호로 알려 주는 것일 수 있다. 따라서 임상가는 가능한 원인을 찾기 위해서 면담의 방향을 바꾸게 된다. 하지만 민수는 이러한 코스의 변화를 거의 눈치챌 수 없어야 한다.

민 수: 2~3년 전이요.

임상가: 목소리가 들리던 시기와 동시에?

민 수: 아마 그전일걸요. 아니면 조금 후에요.

임상가: 다른 이유로 의식을 잃은 적은?

민 수: 없어요.

임상가: 머리를 다친 적은?

민 수: 없어요.

임상가: 사고를 당한 적은?

민 수: 없어요.

임상가는 민수의 기억상실에 대하여 알아보기 위해 여러 가지 많은 폐쇄형 질문을 했다. 뇌손상이나 사건에 대해서 물어보는 것이 불필요하게 장황할 수도 있지만, 이러한 반복적인 질문이 때로는 민수의 기억을 되살릴 수도 있다.

(2) 개인적 배경, 가족 배경 그리고 사회적 배경

현병력의 세세한 정보들을 추적해 가다 보면 개인, 가족, 사회적 배경에 대한 더 많은 자료를 얻을 수 있다. 이 중요한 세부 정보들 중 많은 부분은 부모나 다른 가까운 친척들로부터만 얻을 수 있다. 아동의 출생지, 형제자매의 수와 출생 순위에 대하여 물어보는 것도 중요하다. 발달력에 대해서도 알아야 한다. 발달적 이정표와 이사, 죽음 그리고 그 외 다른 상실과 관련된 가능한 외상적 사건에 대해서도 초점을 맞춰야 한다. 몇 살 때 앉고, 걷고, 단어와 문장을 말하였는가? 만약 이 중 지연된 것이 있다면 부모가 조언을 구한 바가 있는가? 원인에 대하여 알게 된 바가 있었는가?

종교적 배경과 가족의 문화적 가치는 무엇인가? 부모의 관계는 어떠한가? 별거나 이혼을 한 적은 있는가? 부모가 재혼한 적이 있는가? 계모와의 관계는 어떠한가? 법적으로 자식에 대한 친권이 없는 부모와 함께 시간을 보냈는가? 아동은 어떻게 훈육되었는가? 집안에서 신체적으로나 언어적으로 폭력이 있었는가? 집에서 술이나 마약을 남용한 적이 있는가?

가족들은 여가시간을 어떻게 보내는가? 저녁시간은 어떤가? 누구와 함께 식사를 하는가? 취침시간에 정기적으로 하는 일이 무엇인가?

청소년일 경우에는 사춘기가 시작된 나이를 파악해야 한다(예: 변성기나 초경 등). 이성과의 데이트가 시작되었다면 몇 살 때였는가? 성적 발달은 어떠한가? 성행위가 있다면 피임약은 정규적으로 사용했는가?

학교는 거리가 얼마나 되는가? 등교를 거부한 적은 있는가? 학업문제가 있는가? 학교에서 행동상의 문제가 있는가? 무단결석을 한 적이 있는가? 정학이나 제적을 당한 적이 있는가? 학교에서 선생님과 상담가로부터 부차적인 정보를 얻을 수 있었는가? 친구들은 어떤가? 외박, 스포츠, 여름 캠

프에 참가하는가? 그 강도는 어느 정도였으며 긍정적 결과는 무엇이었는가? 친구들 간에 인기가 많은가? 다른 영역에 비해 어떤 영역을 더 잘 수행하는가? 어떤 활동이 아동에게 기쁨과 만족감을 주는가? 자기존중감은 어떤가?

만약 아동이 입양이 되었다면 환경은 어떠했나? 가족 내에서 입양이 이뤄졌는가 아니면 가족이 아닌 다른 곳에 입양되었는가? 몇 살에 입양되었는가? 친부모에 대해 아는 것이 있다면 무엇인가? 아동이 이 일에 대해서 어떻게 알고 있는가? 아동 양육에서 확대가족의 역할은 무엇인가? 아동이 이전에 수양부모에게 양육을 받았거나 대리 양육자에게 길러진 적이 있는가?

(3) 민감한 주제

어린 아동에 대해서 질문을 할 때에도 몇 가지 민감한 주제들을 다루어야 한다. 이에는 다음과 같은 내용들이 포함된다.

① 마약과 알코올 남용

정보제공자를 통해 아동이 물질을 사용한 적이 있는지, 즉 알코올, 마리화나, 진통 마취제, 진정제, 환각제 남용 등과 관련된 구체적인 질문을 해야 한다. 만약 사용한 과거력을 인정한다면 복용량, 사용하기 시작한 연령, 사용기간, 효과, 그로 인한 결과(의학적 문제, 통제력 상실, 개인적 측면이나 대인관계적 측면에서의 결과, 학교나 직업적 · 법적 · 재정적인 측면에서의 결과)와 치료를 시도한 적이 있는지 등을 확인해 봐야 한다.

임상가: 환각제를 사용해 본 적 있니?

민　수: 아뇨.

임상가: 올해만 사용하지 않았다는 거니? 아니면 한 번도 시도해 본 적이 없다는 거니?

민　수: (질문에 고개를 저었다.) 각성제는 전에 해 본 적이 있어요.

임상가: 몇 번이나?

민　수: 딱 한 번요.

임상가: 그게 언제였지?

민　수: 1년 전에요.

임상가: 딱 한 번?

민　수: 예, 딱 한 번요.

임상가: 그것이 의학적 문제 같은 어떤 문제를 일으킨 적은 없니?

② 자살사고와 시도

평가하는 아동이 자해에 대한 생각을 했던 증거가 있는가? 실제적인 자살시도가 가장 분명한 증거가 되겠지만, 죽음에 대한 바람이나 정신적 혹은 신체적 고통을 통해 위안을 얻을 가능성이 있다. 우울하고 학대받고 거부되거나 마약이나 술에 연루된 적이 있는 아동에게서 이러한 행동이나 진술이 나타날 확률이 높다. "아무도 나 따위에 신경 쓰지 않아요." "내 강아지를 친구에게 주고 싶어요." 혹은 "친구가 그러는데요. 차에 거의 치일 뻔했대요."와 같은 말은 종종 어린 아동들에게 나타나는 자살사고의 간접적인 단서가 된다.

③ 폭력과 비행

좀 나이가 든 아동 혹은 청소년의 경우 특히 과도한 싸움이나 재산 파괴 혹은 동물에게 잔인하게 구는 것과 같은 폭력의 과거력이 있는지 물어봐야 한다. 무단결석, 도주, 도둑질과 다른 법적 곤란을 포함한 법적인 문제에 연루된 적이 있는지 물어봐야 한다. 범죄를 저질렀는지와 그 결과는 어떠했는지 그리고 정보제공자는 아동이 깨닫지 못하고 있는 다른 불법 행동에 대해서 아는 것이 있는지 등을 물어볼 수 있다.

④ 성적, 신체적 학대

주제의 민감성 때문에 학대와 관련된 정보는 쉽게 얻기 어려운 경우가 많다. 정보제공자의 저항을 최소화하기 위해서는 부드러우면서도 직접적인 접근법을 사용하여야 한다. 성학대의 경우 "성행위의 가능성이 있었니?"라고 물어보거나 "네가 생각하기에 또래나 어른이 성적인 목적으로 접근한 적이 있었니?"라고 물어볼 수 있다. 긍정적인 답변은 더욱 주의 깊고 자세하게 다루어져야 한다. 실제로 무슨 일이 일어났는가? 신체 접촉이 있었는가? 몇 번이나 일어났는가? 몇 살 때였는가? 가해자는 누구였는가? 혈연관계의 사람이었는가? 아동은 어떻게 반응하였는가? 부모가 어떻게 알게 되었는가? 부모는 어떻게 반응했는가? 그 후 이 사건이 아동과 가족에게 어떤 영향을 미쳤는가?

신체 학대의 경우에는 "너무 심하게 처벌을 받는 것 같다는 느낌을 받은 적이 있니?"라고 물어볼 수 있다. 다시 한 번 관련되어 있는 모든 세부 사항들을 추적해 볼 필요가 있다.

어떤 임상가들은 이러한 학대에 대하여 이야기해야 한다는 것을 모든 아동에게 미리 통고하기도 하며 어떤 임상가들은 그러한 학대가 의심되는 경우 그것에 대하여 간단히 언급하기도 한다. 우리는 "이런 종류의 정보를 알게 되었을 때 이것을 보고해야 할 법적인 의무가 있단다. 보고는 죄가 있음을 뜻하는 것이 아니야. 단지 조사를 시작하게 되는 것일 뿐, 이것은 모든 사람의 안전을 위한 것이란다."와 같이 가능한 한 개방적이고 정직한 방법을 택하도록 한다.

(4) 의학적 병력

임신기에는 어떠했는가? 건강했는가? 자연분만 혹은 제왕절개로 낳았는가? 아이가 바로 숨을 쉬었는가? 황달이 있었는가? 있었다면 왜 그랬는가? Rh- 양성인 아이인가 또는 음성인 아이인가? 수혈이 필요했는가? 어머니와 아이가 함께 퇴원했는가?

다음으로는 수술, 입원을 포함한 생후 아동의 신체적 건강상태에 대해서 기술한다. 또한 정신뿐만 아니라 신체적 상태를 치료하기 위해 복용한 현재 및 과거의 약물 사용에 대해서도 기술해야 한다. 각 약물에 대해서 복용량과 빈도는 어땠는가도 알아야 한다.

(5) 가족력

부모는 어떤 사람인가? 만약 부모 중 한 명에 대한 정보가 다른 한 명에게 들은 것이라면 이혼이나 다툼과 관련한 감정으로 왜곡될 가능성도 염두에 두어야 한다. 부모나 다른 친척들의 정신장애 과거력이 있는가? 가족 구성원들에게서 정신건강상의 문제가 있었는지의 여부에 대해서도 자세하게 물어보아야 한다.

친척(부모, 형제, 자매, 조부모, 삼촌, 이모, 조카딸이나 조카 등을 의미)들 중에서 어느 누구라도 정신분열증, 우울증을 보인 적이 있는가? 약물이나 알코올 남용으로 인한 문제, 자살이나 자살시도, 비행 행동을 보이거나 체포된 적이나 경찰과 마찰이 생겼던 적이 있는가? 건강염려증, 정신과 입원이나 정신질환으로 치료를 받은 적이 있는가?

정보제공자의 지적 수준에 따라 이들 용어 중 일부는 설명이 필요할 수도 있다.

(6) 정신상태 평가

여러 가지 면에서 청소년과 성인의 정신상태 평가는 공통점이 많다. 하지만 특히 청소년 전기의 아동과 같은 어린 아동의 정신상태 평가의 경우 성인과 차이가 있는 경우가 많다. 그 차이는 다음과 같다.

- 어린 아동들은 연령과 발달단계가 다양하므로, 임상가는 각각의 연령에 맞는 정상 행동 스펙트럼에 대해서 잘 알고 있어야 한다.
- 임상가는 연령에 적절한 행동을 도출해 내기 위해 사용할 수 있는 자

료들을 가지고 있어야 한다.

- 아동의 평가 시, 일부는 다른 가족 구성원과 함께하고 일부는 아동과만 하게 된다.
- 아동의 연령에 따라 의사소통을 촉진하기 위해서 연령에 적합한 투사적 재료나 다양한 장난감이 사용될 수 있다.

평가의 종결시기가 되면 임상가는 아동과 아동의 가족과 상호작용하고 직접 관찰한 행동을 모두 정리하여 정신상태보고서 형태로 작성해야 한다. 정신상태 평가는 외양, 말과 언어, 운동 활동, 감각능력, 정서와 기분, 사고, 지능, 주의력, 지남력, 임상가와의 관계와 그 외 다른 중요한 참여자와의 관계 등으로 구분된다.

2장 발달적 측면을 고려한 면담

1. 연령 및 발달단계에 따른 특성

2. 연령에 따른 면담

1
연령 및 발달단계에 따른 특성

이 장에서는 분야별로 연령에 따라 어떤 발달을 보이는가에 대한 내용을 다룬다.

1) 1세

(1) 신체기능: 신경학적, 감각적, 운동 통합적 기능

정신 및 심리 기능과 관련된 아동의 신체적인 면에 대한 특징적 관찰, 대근육 및 소근육 운동 통합, 지각 운동 통합, 새로이 발달되는 인지능력 등 중추신경계의 통합 수준에 특히 관심을 둔다.

소리 자극을 향해 고개 돌리기, 물건의 중간을 잡는 능력, 앉기, 뒤집기, 서기와 걷기 시작하기, '아빠' '엄마' 와 같은 한두 단어 사용, 생물과 무생물 구별 등 생후 4개월까지는 내적 감각보다는 사회적 단서에 반응하는 모습을 점차적으로 보여 주기 시작한다. 발달이 진행됨에 따라 초점을 맞추고 이해하며 집중하는 능력이 점차로 증가하고, 이는 만지기, 소리 내기, 보기, 움직이기와 같이 연령에 적절한 모든 감각에 관심을 갖게 되는 것과도 연관된다. 이러한 각각의 감각 양식의 발달에 따라 점차로 증가하는 복잡한 정보들도 처리할 수 있게 된다.

(2) 관계 패턴

대인관계를 맺는지 맺지 않는지(예를 들어, 자폐적인)와 같은 특정 형식이 포함된다. 관계 맺지 않는 패턴, 관계 맺기, 집단 내에서 관계를 맺거나 공유하는 능력, 자기중심적인 관계 스타일 등등이 있다.

일반적으로 이 시기는 대인관계에서 보호를 받는 시기다. 이에 따라 세상에 대한 다양한 관심이 점차 매우 개인화되고 대인관계에서 즐거움을 추구하게 되며 주요 양육자와 상호 교환적인 정서적 관계를 맺게 된다.

(3) 전반적인 기분이나 정서적 톤

아동이 이야기하는 테마나 주제뿐만 아니라 특정 정서를 직접 관찰하는 것을 바탕으로 판단한다. 이는 매우 다양한데, 직접적으로는 배고픔과 같은 내적 상태와 관련되며 6개월이 넘어가게 되면서 외부의 사회적 단서와도 밀접한 관계를 맺는다. 내적으로 편안해지면 주변과 주요 양육자에 대한 관심과 즐거움이 점점 더 강해진다.

(4) 정서

다음과 같은 것들을 고려해야 한다.

- **정서의 범위와 다양성**: 초기 발달단계에서는 아동이 표현하는 정서의 범위와 다양성이 제한된다. 이후 점차 그 범위는 더 확장되며 격분, 시기, 분노, 공감, 사랑 등 정서의 특정 유형도 포함된다.
- **정서 표현의 깊이**: 표현된 정서의 실제적 성질이 피상적인가 아니면 실제적인 깊이가 있는가?
- **정서의 적절성 여부**: 전반적인 기분과 내용의 관계에 있어서의 적절성을 고려해야 한다.
- **정서의 변별력**: 어느 정도의 수준에서 정서는 특정한 감정상태와 구별되는 높은 변별력을 갖는가?
- **정서 조절능력 혹은 자극에 대한 정서 강도 사이의 관련성**

주변에 대해 무관심하거나 또는 아주 예민하게 반응하는 양상을 보이는데, 이러한 다양성은 점차로 조직화되며 사회적 상호작용의 통제 아래에 있게 된다. 쾌락적 흥분을 하는가 불쾌감을 표현하는 항변을 하는가의 초기 영향에 따라 쾌락과 항변과 염려의 강도 수준이 보다 분화되며 의존, 기쁨, 자기주장, 탐색, 분노, 두려움 그리고 불안을 타협하는 동작도 포함하게 된다. 정서 시스템은 여전히 매우 다양하며 관계에 따라 쉽게 영향을 받는다.

(5) 불안과 두려움

아동이 느끼는 불안과 두려움은 아동의 직접적인 언어적 표현을 통하거나 혹은 간접적으로 놀이를 통하여 관찰하는 것이 가장 좋다. 불안한 아동은 놀이나 대화 도중에 주제가 자주 바뀌거나 놀이가 중단된다. 불안의 수준은 불안에 잇따라 나타나는 주제나 놀이를 중단시키는 자극의 성질에 의해 나타난다. 신체적 상해에 대한 두려움을 둘러싼 불안이나 상실에 대한 두려움, 세계가 파괴될 것이라는 두려움, 혹은 자기 자신의 자아의 분열에 대한 두려움과 같은 보다 전반적이고 분화되지 않은 유형의 것도 있다.

(6) 주제적 표현

잘 조직화되고 발달상 적절하고 풍부한 주제를 표현하는 능력을 포함한다. 아동이 간접적으로는 놀이를 통해, 직접적으로는 언어적 표현을 통해서 다른 사람들과 얼마나 잘 의사소통하는가? 분명 몇몇 아동은 그러한 능력을 시기적절하게 발달시킨다. 왜냐하면 주변 세계에 대한 기본적인 신뢰감과 자기 자신의 내부 통제력에 대한 안정감과 공상적 세계를 활용하는 능력을 통해 풍부한 감정과 자신에 대한 만족감을 전달할 수 있기 때문이다. 하지만 반대로 어떤 아동들은 주제적 표현이 조직화되어 있지 못하고 때로는 매우 제한되거나 분열되고 충동적이기도 하다. 주제적 표현은 다음과 같이 세분화할 수 있다.

- **주제적 표현의 조직화**: 조직화된 사고인가 혹은 분열된 사고인가?
- **주제 발달의 깊이와 풍부함**

- **연령에 적절한 맥락상의 관련성**: 주제의 내용이 연령에 적절한 관심사에 얼마나 전형적인가?
- **주제의 순서**: 각 연령의 아동들을 묘사하는 데 이용될 수 있다.

내적 단서와 관련된 행동으로부터 점차로 간단한 사회적 인과관계적인 행동으로 발전된다. 예를 들어, 엄마가 웃으면 아이는 엄마로부터 비슷한 반응을 이끌어 내기 위해 손을 뻗는 것 같은 행동을 한다. 또한 엄마가 웃으면 아이도 웃는 것처럼 잘 조직화되고 상호 호혜적인 상호작용 능력은 생후 1년이 되어 갈 즈음까지 점차로 보다 복잡한 상호작용의 형태로 발전된다. 사회적 상호작용에는 즐거움, 탐색, 항변의 주제가 모두 포함된다.

2) 2세

(1) 신체기능: 신경학적, 감각적, 운동 통합적 기능

걷기는 양호하게 발달되는 반면에 뛰기, 기어 올라가기는 다소 서투르다. 소근육 운동능력이 증가한다. 복잡한 몸짓이나 단순한 단어와 구에 대한 이해가 증가하고, 동작을 사용하며, 동작으로 설명 불가능한 부분은 단어를 섞어 가면서 의사소통하는 능력이 점차로 증가하게 된다. 꽤 많은 물건의 이름을 대거나 두 단어로 욕구를 표현하는 능력에 있어서 발성능력이 꽤 명료해지며 2세가 거의 지나 3세가 될 무렵이면 문장도 구사하게 된다. 기존 행동으로부터 새로운 행동을 만들어 내는 능력(독창성의 발달)이나 인형을 가지고 노는 것, 자신과 타인을 묘사하는 단어를 사용하는 것과 같은 상징적 놀이를 하는 능력도 생겨나기 시작한다. 집중하는 능력이나 자기조절능력 등도 다양해진다.

(2) 관계 패턴

초기 양육자와의 2자간 상호 관계는 점차로 발전하여서 욕구 충족적인

관계와 자기 스스로 조절하는 능력 간에 점차로 균형을 이루게 된다. 어떤 경우 반항이 나타나기도 한다. 욕구 및 분리에 대한 염려와 관련된 주제는 여전히 이 시기에 정점을 이룬다.

(3) 전반적인 기분이나 정서적 톤

역시 다양하기는 하지만 점차로 조직화되고 보다 더 오랜 시간 동안 일정한 상태를 유지한다. 안전감, 호기심 그리고 탐색이 정서적 배고픔, 매달리는 경향, 반항, 두려움 혹은 염려와 같은 전반적인 기분보다 우위에 있게 된다. 기본적인 기분(mood)이 나타나기 시작한다.

(4) 정서

정서는 보다 분화된다. 흥분하여 주위를 탐색하는 행동, 쾌락을 추구하는 행동, 새로운 발견에서 기쁨을 나타내는 행동이 관찰된다. 의존성, 주장성, 분노와 자기 한계 설정을 하는 등 보다 복잡한 의사 표현 간의 조정을 하는 것, 달려가서 포옹하기, 웃음 짓기나 부모에게 뽀뽀하기와 같이 사랑을 보다 조직화하여 표현하는 능력뿐만 아니라 뒤돌아서기, 울기, 쿵쾅거리기, 발로 차기와 같은 항변을 보다 조직화하여 나타내는 능력도 나타난다. 반항과 매달리며 요구하는 행동도 나타난다. 관찰, 자발성과 사랑에 있어서 즐거움을 조직화된 방식으로 표현하는 방향에서 균형이 존재해야 한다. 가족에 대한 편안함과 낯선 사람에 대한 경계가 점차로 나타난다.

(5) 불안과 두려움

이 시기에는 불안이나 두려움을 말로 표현하거나 놀이를 통하여 표현하기도 한다. 놀이나 대화에서 주제가 갑자기 바뀌는 경우는 아동이 불안이나 두려움을 느낀다는 것을 의미한다.

신체적 상해에 대한 두려움을 둘러싼 불안이나 상실에 대한 두려움, 세계가 파괴될 거란 두려움 혹은 자기 자신의 자아 분열에 대한 두려움과 같은 보다 전반적이고 분화되지 않은 유형의 것도 있다.

사랑해 주는 양육자의 상실과 관련된 불안은 아마도 혼란스러움에 가까운 불안일 것이다.

(6) 주제적 표현

잘 조직화되고 발달상 적절하고 풍부한 주제를 표현하는 능력을 포함한다. 아동이 간접적으로는 놀이를 통해, 직접적으로는 언어적 표현을 통해서 얼마나 다른 사람들과 잘 의사소통하는가? 분명 몇몇 아동은 그러한 능력을 시기적절하게 발달시킨다. 왜냐하면 주변 세계에 대한 기본적인 신뢰감과 자기 자신의 내부 통제력에 대한 안정감과 공상적 세계를 활용하는 능력을 통해 풍부한 감정과 자신에 대한 만족감을 전달할 수 있기 때문이다. 하지만 반대로 어떤 아동들은 주제적 표현이 조직화되어 있지 못하고 때로는 매우 제한되거나 분열되어 있고 충동적이기도 하다. 주제적 표현은 다음과 같이 세분화할 수 있다.

- **주제적 표현의 조직화**: 조직화된 사고인가 혹은 분열된 사고인가?
- **주제 발달의 깊이와 풍부함**
- **연령에 적절한 맥락상의 관련성**: 주제의 내용이 연령에 적절한 관심사에 얼마나 전형적인가?
- **주제의 순서**: 각 연령의 아동들을 묘사하는 데 이용될 수 있다.

복잡한 인과적 고리를 만들며 행동을 조직화하는 능력이 발전한다(엄마의 손을 잡고 냉장고로 데려가서 원하는 음식을 보여 주는 것). 행동 수준에서의 자발성과 독창성뿐만 아니라 주도적인 행동도 증가한다. 행동 수준에서 사랑, 호기심, 탐색과 항변, 분노, 거부, 질투와 같은 주제들을 모두 조직화된 양식으로 반영하게 된다(전자는 아버지에게 달려가고 껴안고 뽀뽀를 하는 것이 하나의 잘 조직화된 연속적 행동으로 이루어지며, 후자는 고개를 돌리고 장난감을 던지고 소리를 지르는 것 역시 또 하나의 조직화된 연속적 행동으로 이루어진다.). 사랑과 분노, 수동성과 적극성 같은 두 가지 양극단을 반영하는 주제들을 통합하는 능력도 2세 후반이 되면 점차로 나타나게 된다. 이를테면 한 가지 게임에서 "인형은 나빠."라고 하면서 엉덩이를 찰싹 때리고는 다시 인형을 껴안는 행위와 같은 것이 그러하다. 또한 관계에 있어서 표상 능력 혹은 상징적 능력과 함께 정서적 주제도 나타나기 시작한다.

3) 3세

(1) 신체기능: 신경학적, 감각적, 운동 통합적 기능

잘 협응된 대근육 운동을 보이게 된다(달리고, 붙잡지 않고 혼자 계단을 걸어 오르내리는 것 등). 소근육 협응능력도 보다 분화되어 원을 휘갈겨 그리거나 숟가락, 젓가락을 잡기도 한다. 구와 단순한 문장 그리고 복잡한 몸짓도 이해할 수 있게 된다. 많은 물건의 이름을 댈 줄 알며 사건을 묘사하기 위해서 대명사와 문장을 사용하기도 한다. 보다 넓은 공상적 세계(꿈, 두려움, 가장 놀이와 이야기)에서 증명되듯이 상징화 능력이 확대되며 집중력과 자기조절능력도 일정하지는 않으나 향상을 보인다.

(2) 관계 패턴

여전히 양자적이며 욕구 충족적인 패턴이지만 표상적 혹은 상징적 수준에서 보다 더 조직화되고(예를 들면, 생각이나 기억의 관점에서 자신과 다른 사람에 대한 감각이 구분되어 나타나게 됨), 환상을 사용하기도 한다. 의존과 자율성 사이의 균형이 짧은 시간이기는 하지만 전자 쪽으로 옮겨 갈 수도 있다. 힘을 얻기 위한 투쟁과 거부가 종종 관계 패턴을 좌우한다. 주된 이슈는 여전히 기본적인 의존과 안전에 대한 필요 그리고 분리에 대한 두려움이다. 힘, 통제, 공격성과 관련된 상징적인 상호작용과 관계에서 얻어지는 다른 유형의 즐거움도 나타나게 된다. 이 시기에는 내적 심상이 사용되기 시작하기 때문에 보다 복잡한 상호작용 능력이 생기게 된다(예를 들어, 어떤 복잡한 게임에서 욕구를 나타내기 위하여 사용하는 언어나 인형 등이 그러하다.).

(3) 전반적 기분이나 정서 톤

시무룩하거나, 까다로운 그리고 안정되게 탐색하는 행동과 함께 매달리는 행동을 보이는 등 초창기에는 꽤 다양하게 나타나지만 점차로 안전에 대한 기본적인 감각이 발달됨으로써 조직화된 패턴으로 안정을 찾게 된다. 흥분, 부정, 수동성, 매달리는 경향 등이 여전히 존재하지만 뚜렷하게 나타나지는 않는다.

(4) 정서

정서는 표상적 수준 혹은 상징적 수준에서 점차로 더 많은 '의미'를 갖게 된다. 퇴행적으로 매달리며 분노와 의존성을 표현하는 것과 같은 언어 이전 수준의 정서도 나타난다. 또한 언어적 수준에서 모두 표현되는 사랑, 불행, 질투, 시기심과 같은 보다 복잡한 정서를 가지는 것이 가능해지며 조직화된 정서도 표현된다. 정서 시스템은 여전히 피로나 배고픔 등 기본적인 신체적 욕구의 만족 여부에 따라 쉽게 영향을 받는다. 정서는 대부분 '날 위해 뭐가 준비되어 있지?' 라는 식의 자기중심적 수준에 머무른다.

(5) 불안과 두려움

사랑을 받고 의존할 수 있는 사람을 상실하는 것과 관련된 불안감뿐만 아니라 인정과 수용을 상실하는 것에 대한 불안감이 생긴다. 어쩌면 여전히 혼란스러움을 느끼겠지만, 이전 나이에 비해서 불안을 더 잘 견뎌 낼 뿐 아니라 정신적 심상, 즉 공상에서 이를 바꾸어 가면서 불안에 잘 대처하게 된다.

(6) 주제적 표현

3세에는 행동이 여전히 조직화된 수준을 유지하면서 동시에 보다 복잡한 상호작용이 가능해진다. 나, 너 등의 대명사 사용을 통해 증명되듯이 상징적 능력 혹은 표상능력이 나타나며, 아이가 인형 하나를 갖고 엄마는 또 다른 인형을 가지고 노는 등 언어와 행동을 통해서 환상을 정교화시키는 능력도 나타나게 된다. 행동이 조직화되는 것과 반대로 상징적 의사소통은 처음으로 체계를 잃게 된다(예를 들면, 가장놀이나 언어적 의사소통이 외견상 서로 연관 없는 따로 떨어진 섬처럼 보이기도 함). 경험이 점차로 정교화되는데 단순히 반복적인 주제, 즉 "저거 갖고 싶어." 혹은 인형을 끌어안는 가장놀이 등은 힘, 즐거움, 의존성, 두려움 등과 관련된 보다 넓은 범위의 주제들로 이어지게 된다. 인형을 안고 뽀뽀하는 것같이 주제는 점차로 보다 복잡해지게 된다. 주제는 보이고 들리는 것을 반복하는 것을 포함하여, 새로운 상징화 능력을 가지고 생물계와 무생물계를 탐색하는 것 그리고 정서적 상호작용을 위해서 상징적인 양식을 사용하는 것을 포함하게 된다. 아이들은 자기 자신을 내세우기 위한 시도와 퇴행적인 의존적 관심 사이를 왔다 갔다 하게 된다. 전자는 통제하려고 애쓰거나, 힘을 얻기 위해 투쟁하기, 거부하기 그리고 새로운 행동과 사고를 즐겁고 흥분되게 발전시켜 나가는 것(상징적 수준에서의 발견) 등을 통해서 이루어지며, 후자는 잡고 매달리는 것 등으로 마찬가지로 이 역시 통제의 요소를 가지고 있다. 자기 통제에 대한 능력이 향상된다. 3세 말기로 가면서 우주 항공기, 힘센 영웅, 괴물인 척하거나 괴물을 무서워하는 것 등 힘의 주제에 대한 흥미가 점차 나타나게 된다.

4) 4세

(1) 신체기능: 신경학적, 감각적, 운동 통합적 기능

대근육 운동 협응능력이 계속해서 향상된다. 아이들은 달리고 점프하고 깡충깡충 뛰고 정확하게 공을 던지기도 한다. 소근육 운동 협응능력도 마찬가지로 향상되어 아이들은 신발끈을 묶거나 원을 정확하게 그리고 기구를 매우 정확하게 잡을 수 있다. 두 개 이상의 연관된 개념이나 사고를 이해하게 된다. '하지만' '왜냐하면' 과 같은 단어를 사용해서 생각을 연결시키는 등 완전한 문장으로 이야기를 할 수 있다. 인형을 가지고 복잡한 놀이를 하는 등 상징화 능력이 확대될 뿐만 아니라 환상과 현실을 구별하는 등 현실에 대한 오리엔테이션도 증가하게 된다. 집중력과 자기 조절도 적절한 맥락과 지지를 받아 가능해진다.

(2) 관계 패턴

양육자와의 일대일 관계에서 벗어나 삼각관계를 다루는 능력과 라이벌, 음모, 비밀, 이대일(2:1)의 관계, 질투와 시기심 등 보다 복잡한 패턴이 생겨나게 됨에 따라 관계의 패턴도 언어, 상징화 양식 등 내용면에서뿐만 아니라 형식면에서도 더 복잡해지게 된다.

또래관계 형성능력도 함께 증가하게 되며, 심리적 안정감도 더 증가한다. 4세 말기에 이르면 대상을 내면화하는 능력이 발달됨에 따라 분리에 대해서도 어느 정도 견디는 능력이 나타난다. 단순히 필요를 충족시키는 것이 아니라 관계에서 친밀감을 형성하는 능력도 보다 충분히 나타나게 된다.

(3) 전반적인 기분이나 정서 톤

기분이나 정서가 점차 복잡해지며 조직화된다. 좌절에 대해 어느 정도 견딜 수 있는 능력을 갖추게 된다. 불안전감이나 거부와 관련된 주제는 그 중요성이 떨어지게 되며, 자신에 대한 기본적인 태도가 점차 안정된다.

(4) 정서

심리적이고 신체적인 자기에 대한 자긍심과 기쁨이 더 많이 나타나게 된다. 힘에 대한 관심이 증가하고 수치심, 모멸감과 관련된 정서도 분명히 표현된다. 질투와 시기심도 점차 증가된다. 보다 분화된 가학 및 피학적 경향도 생기게 된다. 다른 사람에 대하여 관심을 갖거나 공유하는 능력도 생기게 되며, 공감과 다정다감함도 증가하게 된다. 정서 시스템은 잘 조직화되어 점차로 생겨나는 자기 자신에 대한 감각과 관련된 다양한 정서상태를 보여 주게 된다.

(5) 불안과 두려움

사랑하는 사람으로부터 거부당하지 않을까 하는 불안과 신체적 상해에 대한 불안감은 때때로 파괴적이긴 하지만 항상 있는 것은 아니다. 강도당하고 유괴당하고 다치는 것 혹은 부모가 떠나 버리거나 다칠까 봐 두려워하는 것은 '단지 꿈' 이거나 '실제가 아닌' 것으로 이해된다.

(6) 주제적 표현

행동 수준에서 주제의 조직화는 계속해서 더욱더 풍부해지고 복잡화된 방식으로 진행된다. 하지만 이제는 상징적 수준에서의 복잡한 주제들이 점점 더 조직화되며 이것은 3세에서 보이는 방식과는 구별되는 것이다. "괴물이 나와서요, 나를 공격했어요. 근데 내가 그놈의 코를 주먹으로 갈겼어요." 처럼 이제는 꿈을 이야기할 때도 언어를 통해 조직화된 방식으로 환상을 정교화하는 것이 가능해진다. 또한 상징적 놀이에서도 다양한 괴물로부터 인형을 보호하기 위해서 요새를 짓는 것이라든가, 다양한 음식을 만들어서 손님에게 대접하는 식의 놀이가 가능해진다. 이러한 조직화된 주제와 비조직화된 주제 사이에서 동요되기는 하지만 이는 풍부하고 조직화된 내적 세계의 존재를 보여 주는 것이기도 하다. 주제의 내용은 내적 상상 세계의 산물이며 "저건 가장놀이일 뿐이야." 라고 말하는 등 현실지향 능력도 존재하게 되지만 이러한 경향은 짧은 순간이나마 환상에 의해 소멸되기도 한다. 한정된 영역에서지만 환상이 오랜 시간 동안 현실보다 우세할 수도 있다(예를 들어, 잠을 자러 갈 때 느껴지는 두려움에 휩싸이는 것). 공격성과 쾌락에 의해 유발된 힘 그리고 신체에 대한 관심이나 두려움과 관련된 주제가 우세하게 되는데 이와 함께 호기심, 발견, 자신감이나 자신과 타인에 대한 찬양 및 수치감과 관련된 걱정도 나타나게 된다. 안전에 대한 걱정, 사랑을 잃는 것과 분리에 대한 두려움 그리고 권력 투쟁과 통제에 대한 주제들도 생기게 된다.

5) 5~6세

(1) 신체기능: 신경학적, 감각적, 운동 통합적 기능

좀 더 정확하게 던지기, 로프를 사용한 점프, 발차기(예를 들어, 축구와 같은 것)로 알 수 있는 대근육 협응이 향상된다. 신발 끈 매기, 편지 쓰기, 동그라미 · 네모 · 세모 그리기와 같은 소근육 협응이 발달된다. 길고 완전하며 복합적인 문장으로 말하고 현재 생각을 표현할 수 있는 능력이 생긴다.

(2) 관계 패턴

일일 연속극에 나오는 수준과 비슷한 음모, 경쟁, 동맹 등의 관계와 같은 복합적 삼각구도(남녀 삼각관계)를 흔히 경험하게 된다. 단순한 욕구 충족적인 일대일 관계는 조금 줄어들게 된다. 또래나 교사 등 타인과 좀 더 편안하게 관계할 수 있는 능력이 증가된다. 내면적으로 자아개념이 보다 분명해진다.

(3) 전반적인 기분이나 정서 톤

표현과 호기심으로 특징지어진다. 두려움, 억압, 타협을 꺼리는 것 등과 같은 감정의 변화가 있으나, 전반적으로 감정이 조직화되고 안정감이 생긴다.

(4) 정서

포용력, 호기심, 자부심, 흥분, 즐거움, 부끄러움, 수줍어함, 두려움, 질투 그리고 부러움 등 정서가 다양해진다. 그러나 아직 수치심과 굴욕감이

지배적이다. 공감과 사랑의 능력이 발달되지만, 경쟁적이거나 질투심을 유발하는 투쟁이 급증하기 때문에 쉽게 없어지거나 사라지기 쉽다.

(5) 불안과 두려움

신체적 상해와 존중, 사랑, 자기존중감의 상실에 대한 불안과 두려움을 느끼고 죄책감이 생기게 된다.

(6) 주제적 표현

주제능력이 풍부해지고 조직화되고 복잡해지며 상징적으로 이루어진다. 반면에 환상에 의한 것은 사라지고 현실에 기반을 둔 내용들이 잘 형성된다. 때때로 공포 등과 같은 감정이 생길 때 "그건 진짜가(현실이) 아니야."라고 말할 수 있게 된다. 성, 공격성, 힘, 호기심, 발견 등의 주요한 세상 문제들에 대해 풍부하고 복합적인 관심을 표현하는 내용의 주제가 나오게 된다. 예를 들면, 처음에는 사랑을 주는 방식으로 형제자매를 돌보다가, 나중에는 괴물이 되어 공격을 하고 그런 뒤 보복을 걱정하는 게임과 같이 사랑, 기쁨, 공격성의 양극단은 콤플렉스로 존재하고 통합되어야 한다. 주제 표현에서 처음으로 삼각관계가 나타나는데, 예를 들면 감정이 남고, 누군가 떠나길 바라고, 삼각관계에서 '나 말고 다른 사람'이 없어지는 게임이나 환상을 가지게 되는 것 등이다. 인정과 분리의 상실에 대한 초기 공포는 아직 남아 있지만, 신체적 상해에 대한 두려움은 더 커진다. "나는 나쁜 애야." 혹은 "난 잘하는 게 하나도 없어."와 같은 자기존중감 상실에 대한 두려움이 생기게 된다.

6) 7~8세

(1) 신체기능: 신경학적, 감각적, 운동 통합적 기능

달리고, 뛰어내리고, 깡충깡충 뛰고, 뛰어넘고, 던지는 등 모든 활동을

할 수 있을 정도로 대근육 협응이 발달하게 된다. 좀 더 유창하게 쓸 수 있게 되고 그림 그리기가 향상되는 등 소근육 협응도 향상된다. 밀접한 관계가 있는 생각과 개념들을 이해하고 의사소통할 수 있게 된다. 언어로 현재 희망, 요구와 환상이 표현되고, 상호 호혜적인 관계의 관점에서 논리가 형성된다. 자기규제, 규칙 준수, 주의 집중 등의 능력이 생기게 된다.

(2) 관계 패턴

또래와 같은 가족 외부의 그룹에 관심이 생기고, 규칙에 따른 게임과 같이 다른 사람들과 관계를 맺는 능력이 생긴다. 그러나 힘겨루기, 수동적인 무기력감, 가족 내에서의 경쟁, 삼각관계와 같은 초기 특성이 여전히 남아 있다. '친한 친구' 및 가장 친한 친구 몇 명과 친밀감 등이 생긴다.

(3) 전반적 기분이나 정서의 톤

또래 그룹, 가족 그룹이나 선생님과 같은 성인의 인식에 기초한 자신, 타인, 세상에 대한 평가에 의해 안정되고 조직화된 감정이 생기게 된다. 분별력 있는 방대한 호기심도 생긴다.

(4) 정서

인정, 성공, 완수를 통한 기쁨이 생기고, 실패와 굴욕감과 앞에 제시된 감정들의 방대하고 경쟁적인 정서를 균형 잡을 수 있는 능력이 생긴다. 아직 수많은 정서가 있지만, 특정한 정서에서 변화가 작아진다. 그리고 바른 길로 가는지에 대한 시도에서 불안정성이 있고, 초기의 방대하고 경쟁적인 불안정이 있게 된다. 때때로 시샘, 부정주의, 자기중심적 정서반응이 뚜렷하게 나타나기도 하다. 타인을 배려하고, 공감하며, 걱정하는 것도 증가한다.

(5) 불안과 두려움

굴욕감이나 수치심, 관심의 상실, 비인정에 대한 공포가 생기고 사랑, 분리, 신체적 상해의 상실로 인한 초기 공포가 아직 남아 있는 상태다. 죄책감이 남아 있지만 상황에 따라 다를 수 있다.

(6) 주제적 표현

상대적으로 풍부하고 조직화된 의미의 발달과 함께, 5~6세 시기보다는 약간 덜 풍부하고 덜 넓지만 좀 더 조직화되어 있다. 세상과 삼각관계, 음모, 인간의 신체, 뒤에서 어떤 일이 일어나는지 그리고 다양한 공격적인 주제들에 대하여 관심을 나타낸다. 정서의 양극단성이 어느 정도 균형을 이루게 된다. '역할'에 대한 관심이 분명히 나타나기도 한다. 자기를 조절하고 규율을 따르는 것과 같은 행동은 아직도 좀 더 다듬어져야 한다. 때로는 수동적으로 따르기도 하며, 규칙과 조직 구조에 대한 관심이 나타나기도 한다. 또래와 그룹에 대한 관심이 증가하는 반면에 가족과 성인에 대한 관심은 약간 감소하게 된다.

7) 9~10세

(1) 신체기능: 신경학적, 감각적, 운동 통합적 기능

상당한 근육의 힘이 대근육 협응을 향상시킨다. 복잡한 운동(예를 들어, 농구, 축구, 테니스 등)도 가능해진다. 새로운 학습이 좀 더 정립되는 시기로, 쓰기와 사물을 능숙하게 분리시키는 것과 같은 소근육 협응도 향상된다. 수에 관련된 복합적인 개념을 이해하고 표현할 때 언어를 사용하는데, 예를 들어 "걔가 그렇게 해서 나도 그렇게 했어. 그리고 그 애는 그 여자애가 그렇게 하라고 해서 그렇게 했어."와 같이 말할 수 있다. 환상을 주도하기 위한 논리적인 탐구 경향성, 도덕성 발달, 규칙이나 순서에 대한 증가된 관심, 자기 조절에 대한 능력 증가, 집중력이 증가하게 된다.

(2) 관계 패턴

또래관계에 있어서 중요성과 복합성이 계속 증가하게 된다. 가족관계와 친구관계가 역할 모델과 함께 조직화되어 간다. 가족, 또래, 교사 및 다른 성인과의 관계를 통합하고 즐길 수 있는 능력이 생긴다. 역할 모델로서 동성의 부모(예를 들어, 삼각관계, 힘의 경쟁, 수동적인 조종)와의 특별한 관계가 이루어진다. 동성 및 이성 친구들과 관련된 특별한 유형과 함께 관련된 청소년기의 모습을 준비하게 된다. 가족, 또래, 친구—'가장 친한 친구'를 포함하여—와의 장기적 관계를 유지하는 능력이 생기며, 10세 말이 되면 일상적인 또래관계 변동에 크게 반응을 보이지 않게 된다.

(3) 전반적인 기분이나 정서의 톤

좌절, 복합적인 대인관계 등을 다루는 능력과 함께 호기심과 실제적으로 낙천주의에서 나타나는 정서의 안정성, 깊이, 조직화가 더욱 발달하게 된다. 적절한 스트레스가 주어지는 환경에서 때때로 당황스러운 슬픔, 부정주의, 수동적인 무기력감 그리고 감정적인 위축이 나타나기도 한다.

(4) 정서

공감, 사랑, 동정심, 공유에 대한 능력이 잘 발달되고, 구체적인 규율의 맥락에서 슬픔과 상실의 능력이 나타난다. 내면의 자기존중감이 매우 중요해지며, 죄책감과 내면화된 공포가 존재하게 된다. 과대한 욕망, 배고픔, 질투심이 생기고 성적인 차이점에 대한 새로운 감정이 유발되게 되는데, 예를 들어 성적 주제와 관련하여 흥분과 부끄러움을 보일 수 있다.

(5) 불안과 두려움

내면화된 갈등과 관련된 불안은 일반적으로 파괴적인 특성을 보이지 않으며 우울감으로 나타날 수 있다. 존중감, 창피함, 수치심과 관련된 자기존중감 상실에 대한 두려움은 아직 남아 있다. 또한 자신에 대한 죄책감으로 두려움이 커진다("난 그걸 할 수 없어. 내 기분이 나빠질 거야.").

(6) 주제적 표현

의미를 해석하는 능력은 꽤 잘 조직화된다. 예를 들어, 경찰에게 잡힌 강도의 이야기를 강도의 계획과 경찰이 어떻게 그들을 잡았는지 비교적 체계적으로 이야기할 수 있다. 5세에서 6세 시기에 나타나는 통제, 규율, 조직화 그리고 더 높은 수준의 주도-종속 주제에 대한 관심을 버리고, 정서적 풍부함과 복합성이 증가하게 된다. '역할'과 '내가 무엇이 될 것인지' '내가 이것을 얼마나 잘하는지' 혹은 '이것을 내가 얼마나 못하는지' 그리고 소년과 소녀의 차이를 발견하게 된다. 수줍어하기는 하지만 또래와 성에 관해 이야기하는 것에 대한 다양한 관심을 보이게 된다(예를 들면, 지저분한 농담을 듣고 킥킥거리는 행동이 나타난다.). 자신에 대한 관심과 다른 사람의 배려에 대한 관심이 현저하게 발달한다. 내면적 도덕성은 '흑백 논리'로 상대적으로 잘 정립되나, 여전히 규칙을 어기기 쉽다. 사실과 옳고 그름에 대한 지대한 관심 때문에 합리화하고 규율을 피하는 좀 더 세련된 능력을 가지게 되며, 자기통제와 지시를 따르는 능력도 꽤 잘 발달된다.

2 연령에 따른 면담

1) 발달의 기본 개념

발달이론에서 발달이란 특정한 의미를 갖는다. 수많은 발달이론 학자들이 수많은 발달이론을 주장하고 있으며, 사용하는 용어, 설명하는 방법, 발달의 내용 등이 모두 다르다. 그러나 이 수많은 학자의 의견이 일치되는 기본적인 가정이 있다. 그것은 다음과 같다.

첫째, 발달은 직선적인 발달이 아니라 계단식으로 이루어진다는 점, 둘째, 각 단계마다 반드시 성취하여야 할 발달과제가 있다는 점, 셋째, 각 단계에서 성취되어야 할 발달과제가 성취되지 않으면 다음 단계의 발달에 지장을 초래한다는 점 등이다.

또한 발달에는 몇 가지의 기본적인 개념이 있다. 첫째, 성장(growth)은 순전히 물리적, 신체적인 의미로만 사용된다. 즉, 세포의 크기가 커진다거나 세포의 개수가 많아지는 과정만을 의미한다. 즉, 심리적, 사회적인 변화 과정에서는 사용하지 않는 용어다. 둘째, 성숙(maturation)은 내적 잠재력을 의미한다. 즉, 태어날 때부터 이미 지니고 있는 개체의 기능, 능력, 구조의 자연스러운 전개를 의미한다. 목적론적인 의미가 많이 포함되는데 태어날 때 지니고 있는 각 능력이 가장 효과적인 방법으로 환경적인 자극에 대하여 반응하는 능력을 의미한다. 타고난 능력을 의미하기 때문에 환경적인 요인은 배제된 개념이다. 셋째, 발달(development)은 타고난 능력과 환경적인 자극의 상호작용 결과를 의미한다. 즉, 성숙은 자극(stimulus)의 영향이 포함된 개념이고, 발달은 자극에 대한 반응의 결과로 일어난다는 기본 개념이 바탕이 된다. 예를 들어, '성숙' 의 과정에서 언어발달, 인지발달 등이 일어나지만 이러한 능력의 발달이 사회적인 환경에 따라서 변화될 수 있다는 내용이 발달의 개념에 포함된다. 넷째, 분화(differentiation)다. 분화란 성장, 성숙과 발달을 통하여 신체적, 심리적 또는 사회적인 측면에서 특수한 자극에 대하여 특수한 반응을 일으키는 과정을 뜻한다. 자극과 반응(stimulus-response)의 과정에 있어 생의 초기 단계에서는 이러한 분별이 일어나지 않는다. 예를 들면, 시각적인 자극에 대하여 태어날 때부터 반응할 수 있는 능력이 갖추어져 있지만 초기에는 다른 자극에 대해서도 동일한 반응을 보이다가 시간이 지나면서 자극의 종류에 따라 다른 반응을 보이게 된다. 즉, 생후 약 2개월 정도까지는 사람이 가서 어르면 유아들이 웃는 반응을 보이는데, 5~6개월이 경과되면 자신이 잘 아는 사람이 가서 자극을 주면 웃는 반응을 보이지만 낯선 사람이 어르면 경계하는 반응(낯가리기라고 한다)을 보인다. 자극이 달라짐에 따라 다른 반응을 보이게 되는 것이다. 이것이 분화과정이다. 다섯째, 통괄(integration)이란 여러 가지의 기능이 한 가지 목적을 위하여 서로 협조하는 과정을 의미한다. 예를 들어, 유아가 우유를 먹는 행동을 살펴보자. 우유를 먹는다는 목적을 달성하기 위하여 여러 가지의 기능들이 필요하다. 즉, 우유를 볼 수 있어야 하고, 손을 뻗어 우유병을 잡아야 하며, 입으로 가져가야 하고, 빨아야 하며, 삼키고 소화시켜야 한다. 이 모든 유아의 행동, 즉 우유를 먹는다는 하나의 목적을 위하여 협조하는 과정이 바로 통괄이다. 마지막은 계층적 재조직화(hierarchical reorganization)이다. 이것은 발달의 단계에서 새로운 단계는 그 이전 단계의 기능만으로는 설명되지 않는 새로운 차원의 기능이 일어나는 과정을 의미한다.

'결정적 시기'(critical period)라는 개념도 중요하다. 이것은 일정한 단계에서 발달과제가 정상적으로 성취되기 위해서는 적절한 시기에 적절한 자극이 필요하다는 의미의 개념이다. 특히 이러한 개념은 언어의 발달에 있어서 적절하게 적용된다. 정상적인 언어의 발달이 일어나기 위해서는 만 1~3세 시기에 적절한 언어의 자극이 필요하다는 의미다. 외국어를 배울 때에도 이러한 개념이 적용된다. 외국어를 모국어처럼 완벽하게 구사할 수 있으려면 늦어도 8~9세 이전에는 외국어 공부를 시작해야 한다. 10세 이후에 외국어를 배우기 시작한다면 외국어를 모국어처럼 자연스럽게 구사할 수 있는 능력을 갖추기가 매우 힘들기 때문이다. 그 이유는 8~9세 이전에 외국어를 습득하는 경우에는 뇌의 한 부위에서 외국어와 모국어를 통제하는데, 10세 이후에 외국어를 배우기 시작하는 경우에는 2개의 센터에서 언어를 통제하게 되기 때문이다.

(1) 영아기(출생~생후 1년)

출생 후 첫돌까지의 기간은 발달 연령 중에서 가장 커다란 변화가 있는 시기다. 이 시기는 절대적인 의존에서 처음으로 자율성의 신호에 이르는 시기이자, 외적 조절에서 내적 조절의 시작에까지 이르는 시기다. 이 기간에 영아는 애착행동을 나타낸다.

지난 몇십 년 동안 주목할 만한 신생아의 능력에 대해 알려져 왔다. 신생아의 두뇌는 인간의 신호를 인식하기 위해 미리 준비되어 있음이 밝혀졌다. 시각적 예민성의 발달이 급속하게 이루어지는데, 2주째에는 시력이 20/200이었다가, 5개월째에는 20/70으로, 5세에는 20/20이 된다. 생후 일주일 된 영아들은 젖을 먹이는 엄마의 냄새와 친숙하지 않은 여성의 냄새를 분간할 수 있다. 또한 이들은 시각적으로 자기 엄마의 얼굴을 알아 볼 수 있고, 음성적으로는 엄마의 목소리를 다른 사람의 목소리와 구별할 수 있다. 이러한 감각의 선호도는 유아가 자기 부모와 인연을 맺도록 도와주고, 이로 말미암아 애착 과정이 시작된다.

생애 초기에 적절한 보살핌이 없다면 아이는 생존할 수 없다. 애착 체계는 아이에게 안전과 보호와 호기심과 탐색 간의 균형을 맞춰 줌으로써 생존을 보장해 준다. 민감하고 일관적인 어른의 보호를 받지 못하는 아이들은 흔히 어른과 안정된 애착을 이루기 어려워지고 사회적으로 덜 민감해지게 되며, 이런 아이들은 어른에게 미소 짓기나 얘기하기, 웃기, 다가가기 등을 거의 하지 않는다. 어떤 아이들은 이 어른 저 어른 가리지 않고 옮겨 다니면서 끊임없이 관심을 갈구하는 무차별적인 모습을 보인다. 그런 행동은 만성수용기관에서 자란 아이들과 고립된 채 길러진 원숭이에게 발견되는 것과 같다.

애착 관계의 특성은 Ainsworth의 낯선 상황 실험(Strange Situation)과 같은 실험실 패러다임을 통해 1세 영아에게서 측정할 수 있다. 낯선 상황에는 부모(대개 엄마)와 있을 때와 낯선 사람이 존재할 때, 그리고 친숙하지 않은 방에 아기 혼자 남겨졌을 때의 일련의 분리와 재결합이 포함된다. 엄마와 떨어졌을 때는 약간의 불안감만 보이고, 엄마가 되돌아오면 엄마를 찾으며, 엄마로 인해 쉽게 편안해지는 아동은 안정 애착이 형성된 것으로 추정된다. 반대로 다음의 두 가지 경우에는 불안정 애착이 형성된 것으로 추정할 수도 있다. 엄마와의 분리를 알아차리지 못하고, 엄마가 없는 동안에 별다른 탈 없이 놀고, 엄마가 되돌아와도 무시하는 아이는 불안정-회피(avoidant) 애착을 형성한 것으로 본다. 반면, 엄마와 떨어질 때 극도로 동요되고, 엄마가 돌아와서 보듬어 주면 저항하고, 안정되기 어려운 아이은 불안정-저항(resistant) 애착을 형성한 것으로 본다. 생애 첫 2년간 안정 애착을 보이는 아이들은 불안정 애착을 보이는 아이들에 비해 이후의 아동기에 정서적으로 보다 안정되어 있고 사회적으로도 보다 외향적인 경향이 있다. 또한 불안정 애착을 보이는 아동들이 이후의 아동기에 사회적인 문제나 정서적인 문제를 보일 위험이 더 크다.

① 발달학적 측면

발달은 복잡한 과정을 통해 일어난다. 기능의 복잡성에 의해 전체적인 발달은 신체 크기의 증가, 신경계의 성숙 그리고 환경 변화의 단순한 합 이상이다.

- **생리기능(physiology)** 생후 일 년 동안의 주요 과업은 섭식 및 수면을 부모가 조절해 주는 것에서 자기 조절로 이동하는 것이다. 어린 아기는 밤낮 구분 없이 하루의 4분의 3 정도의 시간을 잠으로 채운다. 생후 첫해의 끝 무렵에 성인의 수면 패턴이 형성된다. 어린 아기일지라도 예리한 감각을 지니고 있다. 유아는 엄마의 가슴 패드 냄새와 다른 여자의 수유기 냄새를 구별할 수 있고, 엄마의 얼굴을 시각적으로 변별할 수 있으며, 겨우 1주 된 아기도 엄마의 목소리를 구별할 수 있다. 물론 초기 아동기를 거치면서 이러한 초기 기억 연합은 수차례 강화를 받는다.
- **기질(temperament)** 아기가 생활리듬에 얼마나 빨리 그리고 얼마나 잘 적응해 가는지는 어느 정도 아이와 부모 사이의 기질의 적합성에 달려

있다. 기질은 개인의 특성에 영향을 미치는 타고난 성격으로, 그러한 기질은 선천적이며, 어느 정도 생물학적으로 결정된다는 것이 1960년대에 Stella Chess와 Alexander Thomas에 의해 밝혀진 바 있다. 그들은 기질을 9가지 기본 차원, 즉 활동 수준(activity level), 생물학적 기능의 주기(rhythmicity of biological function), 새로운 자극에 대한 접근 대 회피(approach versus withdrawal to novel stimuli), 적응성(adaptibility), 자극에 대한 반응의 자극역치, 반응의 강도, 기분의 질, 주의 분산성, 주의 폭/지속(persistence)으로 서술하였다. Chess와 Thomas는 '순한(easy)' 아이는 적응적이고, 새로운 자극에 쉽게 접근하며, 규칙적인 생물학적 기능을 하고, 적당한 강도의 정적 기분을 보이는 것이 특징이라고 하였다. 순한 아기가 양육의 과업을 어느 정도 촉진시킬 수 있다는 것은 분명하다. 전체의 10%에 해당하는 '까다로운(difficult)' 아이는 불규칙적인 생물학적 기능을 보이고, 자극으로부터 회피하며, 느리거나 빈약하게 적응하고, 강렬하고 종종 부정적인 기분을 보인다. 또한 이들은 '적응이 느린 아동(slow-to-warm-up)'의 경우 새로운 상황에 대한 반응이 경미하게 부정적이고, 반복적으로 접촉한 경우에도 적응이 느리다고 설명한다. 그러나 아기에게 관찰되는 개별적인 기질적 성격으로 반드시 이후의 행동을 정확하게 예측할 수 있는 것은 아니다.

- **운동 행동(motor behavior)** 조직화된 첫 운동 행동은 빨기(sucking)로, 이는 태어나기 전에도 존재하며 생존을 위한 필수요소다. 생애 초기에 아기들은 자기 머리를 가누어 관심이 가는 자극에 대하여 반응한다. 이는 바로 운동발달의 속도와 정도를 결정하는 요인으로서 양육 자극의 중요성을 시사하는 것이다. 운동 발달은 머리에서 발로, 몸의 중앙에서 말초로(예를 들면, 팔–손–손가락) 진행된다. 손에 닿는 물건을 잡는 것과 같은 본능적인 행동에서 아이가 처음엔 젖병을 들고, 나중에는 컵과 숟가락으로 음식을 먹는 법을 배우는 것처럼 의도적인 행동으로 점진적 발달을 한다. 부모의 미소나 칭찬 같은 언어적 및 비

언어적 격려도 발달에 상당한 영향을 미칠 수 있다. 아이들이 관심을 가질 수 있는 재료의 제공 또한 아기가 잡기, 옮기기, 가리키기를 점진적으로 연습하게 해 줌으로써 소근육 운동 협응력의 발달을 촉진시킬 수 있다.

- **정서 행동(affective behavior)** 8주 정도 되면 아동은 미소 반응을 나타내나 선택성은 없다. 그러나 10개월 정도 되면 아동은 부모, 형제, 유모 등의 다른 사람들과 선택적으로 애착을 형성한다. 낯가림은 8~12개월에 나타나는데, 친숙하지 않은 사람이 아동과 상호작용하려고 할 때 경계하는 것이 특징이다. 몇 개월 후(생후 12개월경) 분리불안이 시작되고, 이는 부모와 떨어질 때 관찰된다. 또한 이 연령대의 아동은 부모와 정서적 경험을 공유하기 시작하고 가까운 사람들의 감정에 영향을 받기 시작한다. 이를 '사회적 참여 행동(social referencing)'이라 한다. 기어 다님으로써 행동의 범위가 넓어지면 아동은 환경에 대한 탐색을 시작할 수 있다. 부모가 부를 때 기어가는 것은 부모와 아이 사이의 애착을 강화시킨다. 발달상의 순서는 누운 자세에서 '여기저기 이동하는' 직립 자세로 이어진다. 기본적인 생존 메커니즘인 애착 관계는 스트레스가 있을 때의 안락함과 근접함 그리고 건강할 때의 탐색과 호기심 간에 균형을 이룬다. 또한 애착의 발달은 인접한 사물과 사람들, 자기 자신을 구분하는 과정과도 관련이 있다. 아기들은 먼저 시각적으로 세상을 탐색한 다음에 움직이고, 그다음에는 자기 입을 사물에 대거나 탐색한다. 자기-자극이 4개월째에 시작되고, 8개월째에는 진정한 놀이의 일부가 된다.
- **의사소통(communication)** 유아는 미소 짓고, 재잘거리는 어떤 소리를 내고, 구구하는 소리를 내서 부모의 관심을 사로잡는다. 이러한 초기의 사회적 자극들은 보살핌과 놀이를 중심으로 하는 긍정적인 상호작용을 유도하게 된다. 그러나 유아기에 내는 의미 없는 소리의 양과 2세 아동이 말하는 언어의 양이나 질 간의 관계는 적다. 언어발달은 아동이

성인과의 상호작용을 통해 언어 및 인지적 자극에 노출되는 과정을 통해서 일어나지만, 두뇌 발달과 밀접한 관계가 있다. 발성은 구구하는 소리를 내는 것과 불규칙적인 소리에서부터 의미 있는 말을 시작하는 것으로 진행된다. 단 3개월만 되어도 아기는 인간의 언어에 반응하여 소리를 내기 시작한다. 이는 부모의 인정을 받게 하고, 이렇게 되면 아동이 점점 더 언어로 의사소통하려는 노력을 강화받게 된다.

② 정보 수집

물론 그 누구도 언어발달이 되어 있지 않은 아동과 실제로 면담을 하지 못한다. 대부분의 정보는 부모로부터 얻는다. 임상가는 부모로부터 직접적으로 정보를 얻을 수 있고, 이에 더해 어른과 상호작용하는 유아를 관찰함으로써 추가적인 정보를 얻을 수 있다. 유아를 평가하는 것은 언제나 유아와 부모가 함께 있을 때 이루어져야 한다.

유아의 평가 시 특히 관심을 가지고 물어보아야 할 질문들은 다음과 같다.

> 이 아기는 계획된 아이인가? 임신했을 때 평온했는가? 아기가 얼마나 과민한가? 잘 달래지는가? 먹고 자는 게 얼마나 규칙적인가? 부모가 미성숙한 출생이나 신체적인 이상이 있는 아동들을 어떻게 다루는가? 그러한 아동의 상태를 수용하는가, 아니면 죄책감을 느끼거나 양육의 실패로 받아들이는가? 아이에 대한 부모의 기대가 연령에 적절하고 현실적인가? 아이가 반복된 실패의 결과로 결국 열등감과 죄책감을 느낄 위험이 있는가?

유아로부터 직접적으로 얻을 수 있는 대부분의 정보는 아기가 다른 사람과 상호작용하는 것을 관찰하고, 발달상 적절한 운동, 감각, 인지 평가를 수행함으로써 얻게 된다. 유아는 흔히 부모의 무릎에 앉아 있을 때 대부분 편안함을 느낀다. 이때 임상가들은 응시 행동, 시각 고정 및 주시(following) 능력, 청각 반응, 미소 짓기, 회피하기, 울기와 같은 사회적 반응 등의 성숙도를 점검해야 한다. 즉, 이 아기가 정상이고 건강하게 보이는지, 발달이 정지되거나 성장이 부진한 증거가 있는지, 다운증후군 같은 명백한 신체적 특성이 있는지, 나이가 든 아기가 나이에 어울리지 않게 까꿍놀이와 같은 단순한 게임을 너무 재미있어 하지는 않는지 등과 같은 것들을 알아보아야 한다. 유아/아동의 부모와의 분리는 어린아이들의 표준적인 평가의 일부다. 아동이 어떻게 반응하는지(예: 가볍게 훌쩍이고 금세 주의가 분산되는지, 슬프게 울부짖는지, 아니면 무관심한지) 알아봐야 한다.

끝으로 아주 어린 아동은 빨리 피곤해지므로, 초기 평가가 한 차례 이상 필요한 경우가 많다.

③ 증상

증상으로 바뀔 수도 있는 여러 성격들이 생애 첫해에도 나타날 수 있다. 물론 그 대부분은 이후의 발달단계에서 명백해질 수 있다.

- 성장 부진(체중과 신장)
- 사회적 반응의 결여(미소 짓기의 부족, 친해지기 위해 팔을 내뻗지 못함)
- 섭식 문제(새로운 음식에 대해 식성이 까다로움, 복합적인 음식 알레르기, 식사 시의 과민함, 빈번하게 음식을 역류시키거나 곱씹음, 음식이 아닌 것을 먹는 것 등)
- 수면 조절 문제(주간 리듬 형성 실패, 낮 동안의 과도한 수면, 밤 시간에 과도하게 깨어 있는 것)
- 상대적인 발성 부족
- 오랜 시간 본 낯선 사람에 대해 과도하게 공포스러워하거나, 격렬하게 반응하는 것, 낯선 사람과 친숙한 보호자 간의 차이점을 인식하는 데 실패하는 것

④ 이 시기에 처음으로 내려지는 DSM-IV 진단

아래에 언급한 진단들은 이 연령대에 처음 나타나는 대표적인 것들이다.

- 정신지체(지적 장애): 심각도가 심도(severe)이거나 극심한 정도(profound)인 것
- 다운증후군과 같은 특정 증후군
- 반추장애(rumination disorder)
- 유아나 소아의 섭식장애(성장 부진)
- 유아나 소아의 반응성 애착장애
- 부모-자녀 관계 문제(V-code)

(2) 걸음마기(1~3세)

아동은 양육자와 사회적 유대를 형성하기 시작하면서 바로 독립을 향한 투쟁을 시작한다. 걸음마기(toddlerhood)는 '미운 두 살배기' 단계로, 처음으로 '아니요.' 라고 말하게 되며 심지어 거짓말을 처음 하게 되는 때이기도 하다("누가 우유를 쏟았니?" "난 아니에요."). 이는 아동이 부모에게서 분리되고 개별화되며 유일무이한 존재가 되려는 중요하고 긍정적인 초기 발달 지표다.

① 발달학적 측면

이때는 가능한 일들을 발견하는 데 상당한 호기심과 즐거움을 갖는 시기다. 감정을 표현하는 것도 중요하지만 통제를 받아들이는 것 역시 중요하다. 그러므로 부모는 탐색과 일관적인 훈육 간에 균형을 촉진시킬 필요가 있다. 걸음마기 아동들은 다치지 않도록 보호를 받아야 하며 조명 소켓이나 뜨거운 것, 위험한 것을 피하는 방법을 배워야 한다. 이 시기 동안 아동은(예: 가게 선반 위의 물품을 그대로 두기, 크리스마스 트리 손대지 않고 구경하기 등) 자기규제에 대한 기반을 다져 나간다.

이 시기의 아동들은 거의 완전히 자기중심적이다. 그러므로 부모는 이

시기에 다른 사람과 공유하기, 차례 지키기, 인내력 있게 기다리기 등을 가르쳐야 한다. 유아들은 '자기가 아닌 것'으로부터 '자기'(self)를 구별하기 시작한다. 두 돌이 되면서 그들은 거울에 비친 자기를 인식하게 되고 거울에 비친 자기상이나 타인상을 가리킬 수 있게 된다. 또한 그들은 다른 아동들에게 흥미를 갖게 된다. 이 시기 동안 유아에게 새로운 형제가 생기기도 하는데, 이는 고정적인 놀이친구가 생길 가능성을 제공하기도 하고 형이나 누나가 되는 기회가 되기도 하지만 부모의 주의에서 벗어나게 되는 단계가 되기도 한다. 변덕을 많이 부리고, 성질을 부리며, 보채며 울기도 하는 등 불쾌한 기분 반응을 자주 나타낸다. 그리고 한계 설정에 대해 부정적으로 반응하기도 한다.

이 시기부터 2년에 걸쳐 언어 습득이 이루어지는데, 하루에 몇 개씩 새로운 단어를 습득하고 어휘는 1~2개에서 거의 1,000개까지 증가한다. 동시에 언어 사용은 낱개의 단어에서 기본적인 문법을 갖춘 완전한 문장으로 발달한다. 이 시기 끝에 가면 대부분의 아동은 가리키기나 울음으로 요구하는 행동이 서서히 없어지면서 언어로 표현하는 법을 배우게 된다.

언어 습득과 병행하여, 걸음마기 유아의 운동성은 불안정하고 휘청거리는 걸음에서 벗어나 달리기, 깡충 뛰기, 세발자전거 페달 밟기에 이르기까지 발달하게 된다. 운동 기술이 발달해 감에 따라 자기관리(self-care)가 시작된다. 걸음마기 아동들은 양말 벗기와 같은 옷을 입고 벗는 것을 거들고, 먹을 수 있는 음식 가려내기를 배우며 숟가락과 컵을 사용하여 먹기 시작한다. 놀이의 형태가 발달되어 상상 놀이가 나타나기 시작한다. 영유아기의 말기에 이르면, 장난감은 단지 갖고 노는 대상이 아닌 성인 세계 내에 있는 중요하게 지각되는 어떤 대상을 의미하게 된다.

② 정보 수집

걸음마기의 아동들로부터 신뢰 있는 정보를 획득하기는 어렵다. 그럼에도 다양한 진단을 하려면 여러 차례의 면담이 반드시 필요하다. 모든 과거력은 부모를 통해 얻을 수 있다. 면담실에서 대부분의 아동은 부모가 염려하는 증상적인 행동을 나타내지 않는데, 이는 10대 혹은 때로 그 이상의 연령에서도 비슷하게 나타난다. 편안함과 친숙함을 촉진시키기 위해 반복적으로 면담실에 방문하게 하거나 경우에 따라서는 증상을 발생시켰다고 여겨지는 가정 혹은 보육원을 방문할 필요가 있다.

아동이 가족과 상호작용하는 모습을 관찰하고 부모가 잠깐 방을 비웠을 때에 아동의 반응을 주목하는 것이 중요하다. 부모가 없는 동안 임상가는 아동을 놀이에 끌어들일 수 있다. 이때 아동의 관계 맺기, 새로운 장난감에 대한 탐색, 낯선 이에 대한 반응 등을 관찰할 수 있다. 부모가 돌아왔을 때 아동이 어떻게 반응하는가에 대해서도 자세히 살펴보고 기술하여야 한다. 이 연령대에서 정상적인 분리불안에 대한 평가는 모든 평가에서 이루어져야 할 부분이다. 이전에 질병, 입원 혹은 다른 이유로 분리를 경험해 본 아동이라면 단독 면담에 강력히 저항할 수 있다. 초반에 부모가 없을 경우 아동과의 면담이 불가능할 수 있다.

걸음마기 아동과 대화를 유지하는 것은 어려운 일로, 놀이를 하면서 언어의 발달 상태를 관찰할 수 있다. 질문을 하거나 놀이를 할 때 다양한 선택권을 제공해 주면 반응에 대하여 더 자세히 관찰할 수 있을 것이다. 아동의 언어 사용 능력(어휘력, 문장 구조의 복잡성)을 잘 관찰하고 기술하여야 한다. 숫자, 네모, 다이아몬드를 그리도록 하면서 소근육 운동 기술을 평가한다. 공을 잡고 던지고 차게 함으로써 오른손잡이인지 왼손잡이인지 또는 오른발잡이인지 왼발잡이인지 등을 평가해야 한다.

③ 증상

유아 때 처음 확인되는 대부분의 증상이 1~2년 후에도 여전히 문제시될 수 있다. 게다가 새로운 증상들로 부모는 걱정하게 된다.

• 실어증

- 집중력장애
- 과도한 울음, 몽유병, 혹은 밤에 잠자기 거부하기
- 극단적인 옳지 못한 행동: 떼쓰기, 거짓말, 정당한 요구에 대한 협조 거부하기, 장난감 파손, 학대, 폭력
- 부적절한 사회적 상호작용(시선 접촉이나 신체언어, 흥미나 즐거움에 대한 공유능력이 저조하고, 부적절한 상상 놀이를 하거나 대화를 지속하지 못함)
- 언어 지연(예: 18개월까지 언어 사용이 없거나 30~36개월까지 절 사용이 없는 경우)
- 과잉행동
- 부모에게서 분리되는 것을 거부하거나 보모와 함께 있기를 거부하고 주의를 끌려는 필사적인 욕구를 가진 '응석받이'
- 상동증적인 움직임
- 배변 훈련 혹은 낯선 음식에 대한 거부반응
- 부모의 통제에 대한 거부반응

④ 이 시기에 처음으로 내려지는 DSM-IV 진단

- 경도 혹은 중등도 정신지체(지적장애)
- 자폐성 장애
- 레트씨 장애
- 유아 및 초기 아동기의 반응성 애착장애
- 부모-아동 관계 문제(V-code)

(3) 취학 전 아동(3~6세)

① 발달학적 측면

발달이 진행됨에 따라, 아동들은 부모나 조부모 이외의 다른 성인들이 있다는 사실을 깨닫게 된다. 처음에는 상호작용 및 욕구 충족을 위해 부모

와의 관계가 주된 초점이었다면, 이 시기의 아동들은 차차 놀이터나 보육원, 이웃집에 사는 또래 친구들에게 흥미를 갖기 시작한다. 점차 생일파티나 다른 가족과 함께하는 이벤트에 참석하기 시작한다. 놀이는 점차 복잡해지고 상징화되어 가며, 보다 폭넓은 사회화의 매개물로 작용한다. 놀이는 긴장을 완화시켜 주고, 문제를 해결하기도 하며, 아동들이 정체감을 확립하거나 갈등을 해결하는 데 도움을 주기도 한다. 성차는 특히 사회적 상황에서 일어날 수 있다. 동성 친구관계가 형성되기 시작하며, 최근에는 어느 정도 혼합적인 놀이가 추세이지만, 아동의 활동은 소녀의 경우 인형을, 소년의 경우 총 등 공격적인 장난감을 갖고 노는 것과 같은 성-특정화가 이루어진다.

취학 전 연령의 끝에 이르면 기본적인 의사소통 기술이 발달된다. 아동은 논리적이며, 문법적으로 정확하고 완전한 문장으로 대화할 수 있게 되고, 시각과 손을 협응하여 필기할 수 있게 되며, 기본적인 숫자나 색깔 개념이 습득되고 그림 그리기도 가능해진다.

모든 대근육 움직임도 보다 잘 협응된다. 이 시기의 아동은 무한한 에너지와 호기심을 가지고 있지만 판단에 제한이 있어 여전히 부모가 다양한 종류의 사고에 대비하여 보호해 줄 필요가 있다. 6세 정도가 되면 충동성은 점차 줄어들게 된다.

학령기에 가까워지면서 처음에는 옳고 그름, 선과 악, 공명정대한 놀이에 대한 지각이 경직되어 있고 부족할 수 있으나 아동들은 도덕적 가치를 서서히 받아들이기 시작한다. 그들은 또한 친구와 부모의 어려움에 대해 공감할 수 있는 능력을 보이기 시작한다. 동시에 아동들은 질투나 경쟁 능력을 발달시키고 비밀에 흥미를 갖게 된다.

② 정보 수집

취학 전 아동들에 대해서는 언어를 통하여 정보를 얻을 수도 있으나 대부분의 정보는 여전히 비언어적인 얼굴 표정, 신체언어 및 면담자와 맺는 상호작용의 특징에서 얻을 수 있다. 언어적인 면담은 종종 대부분 '현재 여기서(here and now)'에 초점을 맞추고 있고 아동들의 반응은 질문에 대한 단일어 혹은 짧은 구로 이루어진다. 연령과 미숙함 때문에 이러한 아동들은 가족력에 대한 주요한 자료를 제공할 수 없다.

면담 초기에는 아동의 나이, 거주지, 함께 살고 있는 사람 등 아동이 쉽게 답할 수 있는 질문을 함으로써 신뢰를 쌓도록 한다. 취학 전 아동의 면담을 지속시키기 위해서는 격려가 필요하다. 라포가 형성될 때까지 기다렸다가 아동이 부모나 형제에게 어떤 감정을 갖고 있는지 묻는 것이 좋다. 아동의 소망, 신체상, 생활 조건, 자기 평가 및 다른 특징을 다루기 위해서는 다음과 같이 묻는 것이 좋다. "너는 네가 어떻게 바뀌었으면 좋겠니?" (만약 "전부 다요."라고 답한다면 심각한 우울증을 반영하는 것일 수 있다.) 아동의 미래에 대한 인식이나 포부는 직접적인 질문을 통해서나 "옛날에 수동이라는 소년이 있었는데 그 아이가 늘 하길 원했던 것은……." 하고 빈칸을 남겨 둠으로써 아동이 스토리를 완성해 보게 하여 다룰 수 있다. 기분 평가를 위해서는 '매우 슬프다, 슬프다, 보통이다, 행복하다, 매우 행복하다'와 같은 간략한 척도를 제시한다. 그러나 만약 아동과 신뢰 있는 관계를 형성하지 못하였다면, 아동은 임상가를 만족시키기 위해서 혹은 정보를 감추기 위해 어색한 반응을 보일 수 있다. 예를 들어, 아동은 시선을 맞추지 못한 채 낮은 목소리로 "매우 행복해요."라고 말할 수 있다.

어린 아동들은 또한 놀이 면담을 좋아하는데, 직접적인 질문은 위협적으로 여겨지기 때문에 놀이를 통해 말로 표현되지 않은 정보들을 얻을 수 있다. 면담자는 아동과 직접적인 상호작용을 할 수도 있고 놀이터에서나 또래와 함께 아동이 자발적으로 노는 것을 관찰할 수도 있다. 주도하는 쪽인지 혹은 따라가는 쪽인지, 사교적으로 집단과 함께하는지 혹은 혼자 고립적으로 지내는지와 같은 아동의 사회적 역할에 대한 특성을 파악하기 위해서는 다른 사람과 상호작용하는 것을 주의 깊게 관찰해야 한다. 놀이에서 아동이 선택하는 장난감, 정서 조절, 활동 수준, 주의 집중, 좌절을 참아

내는 능력 및 과제를 지속하는 정도를 평가하도록 한다.

③ 증상

- 불안 증상(놀이나 꿈에서 나타날 수 있음)
- 부모로부터의 분리불안
- 배설 문제 혹은 생식기와 관련된 호소: 유뇨증, 유분증, 통증, 반복적인 생식기 접촉/자위, 음부 노출(후자의 호소는 특히 성학대 가능성이 있음)
- 새로운 형제에 대한 심한 질투
- 또래 친구가 거의 없음
- 자기 파괴적인 특성의 충동성(거리에서 뛰어다니기, 칼 움켜쥐기, 자살 시도, 약물 혹은 기타 물질 남용)
- 다양한 두려움(과도한 수줍음, 철회된 행동으로 나타날 수 있음)
- 악몽, 어둠을 두려워함
- 지시 따르기를 거부함
- 위험 행동(무모함, 부적절한 대담함)
- 복통, 두통, 슬픔이나 스트레스(상실)에 대한 반응으로서의 신체화
- 말더듬이
- 성질부리기 혹은 공격적인 격분

④ 이 시기에 처음으로 내려지는 DSM-IV 진단

- 표현성 언어장애 혹은 혼재 수용-표현성 언어장애
- 말더듬이
- 아동기 붕괴성 장애
- 이식증
- 특정 공포증
- 호흡 관련 수면장애

- 야경증
- 아동 신체 학대, 성적 학대, 방임(V-code)

(4) 학령기(6~12세)

아동이 대인 간 접촉과 강화를 위해 가정 밖으로 이동하면서 또래와의 사회적 관계가 주를 이루게 된다.

① 발달학적 측면

초등학교 저학년 때까지는 성에 따라 놀이 형태와 행동이 구별되기 때문에 놀이 친구로서 동성 친구를 더 선호한다. 남아들은 공유된 경험 중심의 지향을 보이며 보다 큰 집단 내에서 난폭한 놀이를 하려고 한다. 그들은 환경을 탐색하면서 집에서 멀리 떨어져 논다. 여아들은 공유된 신뢰를 지향하며 보다 작은 집단을 이루어 실내 혹은 집 근처에서 노는 경향이 있다. 대부분의 아동에게 사회화는 스카우트나 축구와 같은 집단 활동을 통해 일어난다. 게임이나 놀이는 보다 더 많이 규칙 위주가 되어 간다. 처음에 활동은 집 근처에서 이루어지지만 좀 더 나이가 들면 캠프 여행, 먼 곳에서 벌어지는 경기 시합 때문에 집에서 멀리 떨어진 곳에서 이루어지게 된다.

이 연령의 아동들은 숙달해야 할 주요한 발달과제들이 있다. 숙달과 경쟁은 이 시기의 중요한 발달과제다. 아동의 초점은 가족에서 벗어나 학업이 포함될 수도 있는데, 이는 이후 삶을 유지시키는 데 필요한 직업적 토대를 마련해 주는 역할을 한다. 중요한 것은 효과적인 학습 기술을 발달시키고 게임, 다른 놀이, 오락 및 취미활동을 하면서 학습에 대한 경험을 긍정적으로 느낄 수 있도록 하는 것이다.

일반적으로 학령기 아동들은 점점 현실과 환상을 구별할 수 있게 되며, 늘어난 경험과 판단에서 얻은 시각으로 세상을 보게 된다. 8세 이전에 아동들은 외관적으로 보이는 외모로 타인을 묘사할 수 있고 이후에는 보다 추상적인 용어를 사용하게 된다. 이 시기의 아동들은 언어적 능력이 발달하여 복잡한 사고와 요소들 간의 관계(인과관계)를 표현할 수 있게 될 뿐 아니라 언어놀이를 통해 향상된 언어를 사용하게 된다.

이 나이의 아동들은 정보를 보유하고 조작하는 능력이 향상된다. 또한 이 시기의 아동은 주어진 기준에 도달하지 못할 경우, 죄책감이나 양심의 가책을 표현할 수 있다. 이 시기 동안 그들은 자신의 정서를 조절할 수 있고 내적으로 느끼는 것과는 다른 감정을 보일 수 있다. 또한 대근육 기술이 완전히 발달하게 되어 뛰기, 점프, 던지기가 가능해지고 정확성 및 강도도 증가하게 된다.

② 정보 수집

아직까지는 부모나 교사와 먼저 얘기를 나눌 필요가 있겠지만, 학령기 아동에게서는 과거력에 대한 상당한 정보를 얻을 수 있다. 평가 이유는 명확하게 설명해야 하고, 대개 기대되는 사항과 비밀 보장에 대해서는 솔직하고 간략하게 의사소통하는 것이 좋다. 일부 아동은 거의 성인처럼 자신에 대해 잘 얘기할 수도 있지만 여전히 놀이가 의사소통에서 유용하다. 게임과 그림 역시 의사소통을 촉진시킬 수 있다. 놀이 내에서의 행동은 아동의 일상 활동과 관심사를 반영한다. 때로는 사무실을 벗어나서 실외로 옮겨서 면담을 하는 것도 아동을 편안하게 만드는 방법일 수 있다.

각각의 평가는 아동이 면담을 하는 이유를 알고 있는지를 묻는 것과 같이 면담에 대해 준비를 하는 것으로 시작한다. 면담 과정에 대한 약간의 설명은 대부분의 어린 아동이 낯선 성인을 접하게 되었을 때 느낄 수 있는 불안을 경감시키는 데 도움을 줄 수 있다. 무엇보다도 우선시 되어야 할 사항은 임상적 면담을 비판단적이고 비위협적인 것으로 아동이 경험할 수 있도록 해야 한다는 점이다. 미소, 눈 맞춤 및 편안한 다른 신체적 신호를 사용함으로써 정보를 제공하더라도 스스로 안전하다고 느끼도록 분위기를 만들어야 한다.

아동이 면담을 이끌도록 하면 아동은 통제감을 가질 수 있고 이것이 의사소통을 촉진시킬 수 있다. 또한 유머 사용도 라포 형성을 도울 수 있다. 아동에게 '세 가지 소원'을 말해 보도록 하는 것은 아동의 판타지 세계와 미래에 대한 생각과 관련된 측면들을 드러낼 수 있게 해 준다.

놀이 혹은 언어적 상호작용에서 자발성 및 논리적이고 목표지향적인 의사소통의 특징을 평가하는 것은 중요하다. 어린 아동들은 개방형 질문이 주어질 때 보다 정확하게 회상할 수 있지만 그들의 정보는 보다 나이 든 아동들이 제공하는 것만큼 그렇게 완벽하지는 못하다. 10세 이하의 아동들은 '예-아니요'로 답하는 질문이 주어지기만 한다면 자신의 두려움을 정확하게 보고할 수 있다. 만약 아동이 질문에 답하지 않는다면, 면담자는 주제를 바꾸거나 놀이를 통해 답을 얻도록 한다.

조음 결함 혹은 언어 이해 문제와 같은 언어적 증상은 초기 면담 동안의 직접적인 관찰을 통해 평가될 수 있다. 쓰기와 읽기에 대한 평가도 시행되어야 하는데, 면담자는 아동이 그린 가족 그림에 이름을 붙여 보라고 하면서 철자나 쓰기를 테스트해 볼 수 있다.

우울한 정서는 언어적으로 혹은 놀이를 통해 표현될 수 있다. 아동의 기분은 부모보다는 아동이 더 잘 보고할 수 있지만 우울이나 다른 부정적 정서에 대한 진단은 현재 아동에게서 관찰되는 특징 이외에도 부모와 다른 정보제공자를 통해서 과거력과 행동적 자료를 얻은 후에 내릴 수 있다.

많은 면담자들은 아동들에게 부정적 감정이 나타나는 경우 다음과 같은 접근법을 권하고 있다.

- 다른 많은 아동도 똑같이 느낄 수 있다고 말해 준다.
- "너는 대체로 학교 가는 것이 좋니, 아니면 가지 않는 게 좋니?"와 같이 두 가지 이상의 수용 가능한 구조를 제시해 준다.
- 때로 모든 아동이 형제와 다투는 것과 같은 부정적인 행동을 할 수도 있음을 말해 준다.
- "아마 너는 네가 어떻게 느끼고 있는지를 누군가에게 보여 줄 필요가

있었기 때문에 달아났던 걸 거야."와 같이 옳지 못한 행동을 수용할 수 있는 이유를 제시해 준다.

비록 임상가는 아동에게 동의할 수 없을지라도 면담을 하는 동안 아동의 방어기제를 존중하는 것이 중요하다. 이는 인정에 대한 욕구가 강렬하고도 즉각적인 어린 아동들의 경우 특히 그러하다.

이 연령대의 아동들에게는 세 가지 측면에서 놀이가 이용될 수 있다. 첫째, 아동들이 자신의 갈등과 해결을 투사시킬 수 있는 판타지에 참여하기 때문에 상상력을 발휘하여 노는 치료적 도구로 사용될 수 있다. 둘째, 놀이는 진단적 주제로 이용될 수 있다. 셋째, 임상가와 아동이 대화를 나눌 때 긴장을 완화하는 데 장난감이나 게임이 사용될 수 있다. 대부분 임상가는 놀이를 세 가지 방법으로 사용한다. 즉, 계속 이어지는 놀이, 계속되는 대화, 놀이에 의해 촉진되는 대화를 결합하여 사용하게 된다. 대개 사용해야 할 기법을 정하는 것은 어렵지 않다. 우선 아동이 어떻게 반응하는지 알아보기 위해 세 가지 모두를 시도해 본 후, 아동에게 가장 쉬워 보이는 방법으로 진행시킨다. 만약 한 가지 방법이 잠시 동안만 효과를 줄 뿐 이후에 다루기 힘들게 된다면 다른 방법을 시도한다.

가능한 한 소수의 규칙을 사용하되, 일관되게 적용한다. 만약 행동이 거세진다면 임상가는 환경뿐 아니라 아동도 보호해야 할 상황에 처한다. 이때는 "나는 네가 나를 다치게 하거나 치료실 내의 장난감을 망치게 내버려 두지 않을 거야."라고 말할 수 있다. 만약 행동이 통제되지 않고 아동의 주의가 전환되지 않는다면 면담을 중단시킬 수 있다. 미리 분명하게 한계를 설정하고 개입에 대한 지침을 정의하는 것이 중요하다(아동에게 제시할 수 있는 이와 같은 한계와 방법을 부모에게 알려 주는 것이 좋다.).

놀이에서 주의해서 관찰할 주요 주제는 정신적 상처나 갈등, 상실과 슬픔, 분노, 두려움, 사랑받지 못하는 느낌, 낮은 자기존중감, 고립감 및 소외감 등이며 이는 일반적으로 놀이로 표현된다. 그림의 경우 색상 선택, 모양, 크기, 질서가 있는지 없는지, 주요 대상이 존재하는지 부재하는지가 이를 말해 줄 수도 있다. 종종 아동들은 놀이를 통해 나타내는 것만큼 놀이에서 생략하거나 피하려고 하는 것으로도 많은 것을 말하고 있다. 정상아동들은 다양한 주제, 정서, 선호하는 놀이를 가지고 있고 놀이 면담을 통해 쉽게 상호작용 및 경험을 공유하게 된다. 놀이에서 표현되는 경직되고 고착된 주제, 정서, 선호 놀이로 아동의 정신병리를 평가할 수 있다. 또한 놀이 과정에서 아동은 면담자를 완전히 배제시키거나 부적절하게 순종하는 모습을 보일 수 있고 혹은 유혹적이거나 투쟁적일 수도 있다. 그러므로 놀이 중 정서를 유심히 살피는 것이 중요하다.

③ 증상

- 특정한 사회적 상황에서 함구하는 것
- 화난 기분
- 신체적으로 조숙한 여자아이들이 갖는 불안
- 고의적으로 남을 비난하기
- 우울
- 유뇨증
- 과잉행동, 안절부절못함, 과도한 수다
- 충동성(차례를 기다리지 못하거나 끼어들기)
- 수업 도중 주의 집중하지 못함
- 학습 문제
- 성내기, 말다툼, 반항, 괴롭힘
- 악몽
- 공황 발작
- 기능적이지 못한 반복적인 움직임
- 비합리적인 두려움과 연관된 의식 혹은 마술적인 믿음
- 등교 거부

• 신체화
• 물질 남용
• 말 더듬기와 기타 언어적 유창성에서의 문제들
• 화가 폭발하는 것
• 틱
• 읽기, 산수, 쓰기에 있어서의 어려움
• 철회 혹은 고립

④ 이 시기에 처음으로 내려지는 DSM-IV 진단

• 학습장애
• 아스퍼거 장애
• 반항성 장애
• 품행장애
• 주의력결핍 과잉행동장애
• 뚜렛 장애
• 만성 운동성 혹은 음성 틱 장애, 일과성 틱 장애
• 유분증
• 유뇨증
• 분리불안장애
• 선택적 함구증
• 강박장애
• 범불안장애
• 몽유병

(5) 초기 청소년기(12~15세)

이 시기에는 부모에게서 독립하려는 시도가 나타나며, 이러한 시도가 초기 청소년기 동안에 가속화되기도 하지만 가족은 여전히 청소년에게 현저한 영향을 미친다. 최근 몇몇 연구에서는 대부분의 청소년이 자신의 부모와 심한 의견 차이를 보이지 않는다는 점이 밝혀졌다. 청소년과 부모는 종종 정책, 약물 사용, 성행위와 같은 문제에 대한 의견에서 불일치를 보이지만, 대개 태도의 방향보다는 태도의 강도에서 차이를 보이는 경우가 많다. 대부분의 10대는 자신의 부모와 가깝고 지지적인 관계를 유지한다. 즉, 또래관계에서 그들은 부모의 가치에 반하기보다는 이에 일치하려는 경향이 있다.

청소년기의 시작은 매우 다양하여 정확한 나이를 명시할 수는 없다. 초기 청소년기에 사춘기가 시작되는 것이 특징이며, 이는 일부 소녀들의 경우 10세쯤 시작된다. 중기 청소년기는 보통 2~3년 후에 시작되며, 또다시 몇 년이 지나면 후기 청소년기가 시작된다. 일반적으로 초기 청소년기는 중학교 시기, 중기 청소년기는 고등학교 1 · 2학년, 후기 청소년기는 고등학교 3학년에서 대학 2~3학년 시기를 이른다.

① 발달학적 측면

청소년기는 동성에서 이성에 대한 관심이 커지는 시기다. 청소년은 또래집단에 강렬한 집착을 느끼는데, 동호회 등의 모임을 통해 또래와 접촉을 유지하게 된다.

형제와의 경쟁의식은 때로 강렬할 수 있는데, 특히 동성 형제이거나 비슷한 연령 또는 유사한 흥미를 가지고 있을 때 더욱 그러하다. 가족 밖에서의 경쟁은 운동 경기, 매력, 학업적/지적인 일 등 다양한 영역에서 더욱 강해진다.

초기 청소년기에는 급성장을 경험한다. 남자 청소년은 대략 12세에 시작되며, 여자 청소년은 성장이 일 년 정도 더 빨라서 12세 반 정도에 초경이 온다. 초기에 원숙한 남자 청소년들은 일반적으로 늦게 성숙하는 남자 청소년들보다 더 잘 적응한다. 즉, 그들은 또래나 성인들과 보다 긍정적인 상호작용을 이룬다. 그러나 여자 청소년들은 사춘기가 빨리 오면 오히려 수치감을 느끼는 경우가 많다.

10대 중반에 이르면 지적 발달이 성인과 유사해진다. 이 연령의 아동들은 복잡한 과학적 용어와 이론적 사건 혹은 구성개념에 관한 근거를 정의할 수 있다. 그러나 도덕적 분별이나 타인에 대한(특히 부모) 옳고 선함의 인식이 점차 뚜렷해짐에도 종종 자기 행동에 대한 판단력은 떨어진다. 그러므로 청소년기에 충동적인 행동을 자제하지 못하거나 자신에 대한 시험을 하기 위해서 종종 약물 사용, 성행위 혹은 불법적인 행동을 나타내기도 한다.

② 정보 수집

초기 청소년기 아동에게서는 직접 정보를 얻을 수가 있다. 청소년들은 어린 아동들에 비해 자신의 병력에 대해 더 많이 알고 있고, 보다 동등한 입장에서 대화가 가능하다. 보통 청소년들과 먼저 면담한 후 부모 면담이 이어지는데, 이는 종종 청소년들이 참석한 상황에서 가장 잘 이루어지게 된다.

청소년의 경우에는 신뢰와 치료적 관계를 형성하는 것이 아주 중요하다. 특히 초기에 비밀 보장이나 한계점들에 대해 설명해 주는 것이 중요하다. "네가 말하고 싶지 않은 것은 말하지 않아도 되지만 다만 거짓말은 하지 마. 만약 뭔가에 대한 진실을 말할 수 없다면 나에게 다른 주제로 옮겨 가자고 말해도 된단다."와 같은 진술을 통해 진실의 필요와 신뢰의 필요 간에 균형을 맞추는 것이 유용하다. 때로 청소년들은 자기가 연루되어 있다는 점은 부인하면서 자신의 친구가 겪은 경험에 대해 이야기할 수도 있다.

10대와의 면담에서 임상가들은 우호적이고 흥미를 보여야 하지만, 나이 차를 중요하게 여기도록 한다. 연예인이나, 운동선수, 록스타에 관한 적당한 식견이 도움이 될 수 있다. 그러나 과도하게 친근하거나 너무 '친밀한' 행동을 취하는 것은 피하는 것이 좋다. 왜냐하면 10대 아동들은 이를 가식적인 것으로 받아들일 수 있기 때문이다. 특히 다음과 같은 점을 평가할 필요가 있다.

- 청소년과 부모가 다른 관점을 갖는 데서 오는 가족 상황(즉, 1차 가족이 지지적인 체계인지 아닌지)
- 이성애와 동성애 모두에 관한 성 경험, 임신, 안전한 성행위가 포함된 성 지식
- 담배, 약물 및 알코올 남용
- 비행, 무단결석 및 비행집단 가담
- 또래와의 우정 형성 양상 및 활동
- 사회적 요구를 충족시키기 위한 발달적 준비로서, 의존독립에 관한 문제
- 정체감 형성('나는 누구인가? 이 세상 속에서 나의 위치는 무엇일까?')
- 청소년기 이전과 청소년기 동안의 큰 관심거리인 자기존중감
- 공감(형제 혹은 친구에게 문제가 생겼을 때 얼마나 유감스럽게 여기는가?)
- 자의식(만일 ~한다면 나는 어떻게 할 것인가?)

청소년들과 면담을 끝낼 때는 면담 내용과 그 결과, 면담자의 판단에 대하여 어느 정도 요약을 해 주는 것이 좋다. 또한 대략적인 치료 대책에 대해서도 언급하는 것이 좋다. 앞으로의 만남에 대해서도 함께 의견을 나누는 것이 바람직하다.

③ 증상

- 유행하는 음식, 의류 및 스타일에 집착함
- 사춘기가 늦게 오는 청소년들의 불안 증상
- 충동성
- 외로움, 슬픔, 자살사고
- 과도한 공격성, 재산 파괴, 절도, 규칙 위반
- 저조한 출석(무단결석이든, 회피든)
- 권위자에 대한 불복종

• 신체적 호소

④ 이 시기에 처음으로 내려지는 DSM-IV 진단

• 뚜렛 장애
• 만성 운동성 혹은 음성 틱 장애, 일과성 틱 장애
• 범불안장애
• 신체변형장애(Body Dysmorphic Disorder)
• 병적 도박
• 일주기 리듬 수면장애

(6) 후기 청소년기(15~21세)

후기 청소년기를 21세까지로 제한을 두고 있기는 하지만 현실적으로 더 늦게까지 지속될 수 있어서, 독립적인 생활을 향한 최종 여정은 대학 시기나 대학 졸업 이후까지 확장될 수 있다. 그러나 대체로 이 연령에 이르면 성격이 형성되고 결혼, 출산, 양육 등에 관심을 갖는다.

① 발달학적 측면

청소년들은 자신의 교육이 완수되어 가면 점차 성인으로서의 책임감을 느끼게 된다. 물론 정확한 시기나 일련의 사건들은 매우 다양하다. 청소년의 약 1/3은 늦게 성숙하기도 한다. 이 시기에는 먼저 사회적 환경 및 부모의 도덕관에 따라 이성과의 만남이 시작된다. 10대 후반이 되면 성적 활동이 이루어지며 성숙한 사랑을 할 수 있는 능력이 발달된다. 또한 판단력이 향상되고 일반적으로 직업 혹은 향후 교육에 대해 심각하게 생각하게 된다.

② 정보 수집

나이 든 청소년들은 평가에서 자신을 드러낼 수 있다. 정신상태 평가를 포함하여 적용되는 재료는 성인의 경우와 동일하다.

③ 증상

- 자위, 기타 성행위와 관련된 관심
- 동성애에 대한 관심

④ 이 시기에 처음으로 내려지는 DSM-IV 진단

- 알츠하이머 타입의 치매 및 기억상실 장애를 제외한 성인에게 적용되는 I 축의 모든 진단
- 대부분의 성격장애(반사회성 성격장애는 18세 때 처음 진단 가능함)

2) 영유아기 면담

(1) 영유아기 아동들과의 면담 목표

전반적 발달장애와 몇몇 지적장애를 제외하고는 정신상태 평가에 의뢰된 대부분의 영유아는 DSM-IV 진단 기준을 충족시키지 못한다. 영유아기 아동들은 주양육자가 있을 때에만 적절한 평가가 이루어질 수 있다.

이 시기의 가장 일반적인 문제로는 수면, 울음, 식사 또는 통제(한계 설정)에 대한 것들이다. 대부분의 임상가는 이러한 이상 증상들이 불안장애, 애착장애 및 PDD를 반영하는 것으로 생각할 수 있다. 임상가는 발달상 정상 범주에 속하는 것과 치료적 개입을 통해 이득을 얻을 수 있는 보다 유의미한 장해나 장애를 부모들이 구별할 수 있도록 도와야 한다.

유아와 부모에 대한 평가에는 세 가지 목표가 있다. 첫 번째 목표는 부모와 치료적 관계를 형성하는 것이다. 두 번째 목표는 증상 및 관심사의 특징에 대한 정확한 판단을 하는 것이다. 세 번째 목표는 유아와 부모 간 상호작용에서의 특징에 관한 다양한 단서를 포착하는 것이다.

- 유아는 기쁨이나 고통을 분명하게 신호로 알려 부모가 그 의사를 쉽게 이해할 수 있도록 하는가?

- 부모는 기쁨이나 만족에 대한 아동의 표현뿐 아니라 신호 혹은 주의를 얻으려는 아동의 시도에 얼마나 민감하고 일관적인 반응을 보이는가?
- 상호작용에서 나올 수 있는 좌절감이나 흥미의 결여를 유아가 표현할 때 부모는 이를 어떻게 다루는가?
- 유아가 울 때 분명한 이유가 있는가?
- 잘 웃는 유아인가? 쉽게 달랠 수 있는 유아인가?
- 유아는 특정 개인이나 장난감에 뚜렷한 선호를 보이는가?
- 유아가 큰 소리, 밝은 불빛 혹은 빠른 변화에 과민해 보이는가?
- 유아는 '순한 아이' '까다로운 아이' 혹은 '반응이 느린 아이' 같은 기질적 특성을 가지고 있는 것처럼 보이는가?

걸음마기 아동을 대상으로 한 다음의 면담은 이러한 점들을 많이 나타내고 있다.

(2) 면담 사례

소영이는 막 걸음마를 시작한 14개월 된 여아다. 소영이의 엄마는 아이가 특히 낯선 사람 앞에서 과도하게 수줍어하는 점이 걱정되어 소영이를 데리고 오게 되었다. 의뢰 기록상에는 (영양 결핍, 질병, 약물 혹은 알코올 사용과 같은) 임신기의 주요 문제나 (산후 우울증, 편부모, 낮은 가족 수입과 같은) 주산기 동안의 주요 문제가 없는 것으로 나타났다.

평가실로 그들이 들어오자 임상가는 치료실 바닥에 앉아 근처에 있는 장난감을 가리켰다. 그렇게 아동을 면담에 끌어들인 후 바닥에 앉아 면담을 시작했을 때, 소영이는 엄마의 무릎에 조용히 앉아 조심스럽게 주변을 살폈고 잠시 후 바닥으로 내려와 앉았다. 처음에 임상가는 소영이를 직접적으로 관여시키지는 않았지만 블록을 쌓으면서 약간 거리를 두고 그녀를 관찰하였다. 임상가는 소영이가 그녀의 속도에 따라 합류할 수 있도록 하였다.

임상가: 안녕하세요. 저는 주치의 김 박사입니다. 이쪽은 소영이고 소영이의 어머님이시군요. 소영이가 외출하려고 옷을 예쁘게 입었네요. 요즘 소영이의 발달상태가 어떤지 살펴볼까요. 걷기 중인 것처럼 보이네요.

라포를 형성하고 관찰이 면담의 중요한 부분임을 보여 주기 위한 초반 시도로, 임상가는 환아모가 특별한 노력을 기울여 그녀의 아이를 채비시켜 온 점을 인정해 준다. 임상가는 소영이의 전반적인 발달이 정지하였거나 실패하였거나 과발달이라는 증거가 없는, 정상적이고 건강한 아동의 발달과 같음에 주목한다. 그녀는 (다운증후군 같은) 일부 정신지체의 신체적 특성을 가지고 있지 않았으며 PDD에서 관찰되는 소견들도 관찰되지 않았다. 처음에 수줍어하긴 하였지만, 소영이는 면담 과정에 확실히 관여할 수 있었다. 면담을 시작하면서 임상가는 소영이가 엄마의 무릎 위에 앉아 있을 때 얼마나 안전감을 느끼는지와 소영이 엄마가 얼마나 많은 자극을 제공하는지에 대해 관찰하였다.

어머니: 아이가 걸음마를 시작하긴 했지만, 걷게 내버려 두면 겁내요. 아이는 오랫동안 무언가를 잡고 여기저기 돌아다니고 있지만 혼자 일어서서 걸으려고 하지는 않죠. 만약 선생님이 주의를 딴 데로 돌리면 가끔 혼자 스스로 몇 걸음 걷기도 하겠지만 그래도 뭔가를 잡으려고 할 거예요.

어머니는 즉시 소영이의 발달 진행에 대한 걱정을 표현했다. 어머니가 소영이의 옷을 챙기면서 돌보는 점과 초기에 걱정을 표현하는 점 모두에서 어머니의 불안이 분명해졌다.

임상가: 아이는 스스로 서 있을 수 있는 것처럼 보이는데요. 신체적인 발달

은 적절하게 이루어지고 있나요?

어머니: 예.

과잉행동이 없이 발달적으로 기대되는 연령에서 걷기가 이루어지는 것과 같은 정상적인 운동 발달에 대해 언급하면서, 임상가는 소영이의 발달상 적절한 행동과 장점들을 관찰하고 그 점을 강조하였다. 이러한 태도는 어머니를 안심시키고 치료적인 관계를 촉진하기 위한 것으로, 이로 인해 어머니의 초점을 발달적인 실패나 병적인 것에서 정상적이고 발달적인 것으로 향할 수 있도록 해 준다.

임상가: 아이의 하루 일정은 어떤가요? 규칙적인 시간에 자고 일어나나요?

어머니: 아이는 규칙적으로 식사해요. 밤새 잘 자지만 가끔 낮잠을 자기도 하고 안 자기도 해요. 많게는 최대 한 시간 반씩 두 번의 낮잠을 자고 대부분 밤에 침대에 내려놓으면 소리 내며 울어요. 그러다가 잠에 빠져들지만 늘 앙앙 울지요.

아동의 일상에 관한 질문에 모는 이전처럼 장점보다는 잠재적인 문제점들을 강조한다. 그러는 동안 임상가는 다시 병리적 가능성에서 벗어나 아동이 잘하고 있는 것으로 초점을 맞춰 나가도록 하였다. 다음 내용은 모의 이야기를 이용하여 다른 주제로 넘어가는 과정을 보여 주는데 식사와 배설에 관한 질문은 모든 영유아 면담에서 중요한 부분이 된다.

임상가: 아이의 규칙적인 식사에 대해 말씀해 주세요.

어머니: 아침에는 시리얼을 먹고 우유와 주스를 마셔요. 대체로 무엇이든 잘 먹죠.

임상가 : 무엇이든지요?

어머니: 잘게 간 음식은 꽤 많이 먹어요.

임상가 : 과자는요?

어머니: 아이에게 안 주려고 하는데, 아마 준다면 좋아할 거예요.

임상가: 사탕은요?(한편, 소영이는 혼자 서 있는 자세를 취할 수 있었지만 여전히 모의 어깨에 매달렸고 임상가와의 눈 맞춤을 피하였으며, 바닥에 놓여 있는 연령에 맞는 장난감에 대한 탐색을 시작하지도 못했다.)

임상가는 모가 아동에게 어떤 통제를 가하는지 알아보고자 했다. 유아를 평가할 때, 문제의 일부는 아동과 부모 사이의 양자 관계에 대한 특성과 관련되어 있을 수 있다. 공유된 주의(attention)와 친밀감의 특성은 무엇인가? 아동이 편안한 상태로 되돌아오기까지의 긴장감을 성인은 얼마나 잘 인내할 수 있는가?

어머니: 아이가 사탕을 아주 많이 먹지는 않는데요.

임상가 : 아이가 기질적으로는 어떤지 말씀해 보실래요? 순한 아인가요, 까다로운 아인가요?

어머니: 제 생각엔 아주 약간 섞여 있는 것 같아요. 왜냐하면 아이는 매우 격앙되어 있기도 하고 완고하기도 해서요. 감정은 매우 격렬하죠.

임상가: 그러면 아이가 울 때, 정말 아이가 눈물을 흘리나요?

어머니: TV 채널을 돌리려고 하는 것처럼 만약 아이가 좋아하지 않는 무슨 일이 생기면, 또 자신이 원하는 대로 뭔가를 할 수 없으면 울기 시작해요. 쉽게 달래지지 않죠. 격해질 때를 제외하고는 행복해 보이지만요.

임상가는 '완고한' 과 '격렬한' 이라는 두 가지 형용사에 주목했다. 이 단어들로 소영이의 기질을 평가하는 것이 중요함을 알게 되었다. 그러나 모는 소영이의 기분이 기본적으로 우울함도, 불안도 아닌 기쁨이라는 점을 즉시 알아차리게 되었다. 유아가 자신의 욕구와 감정상태를 분명히 전달할 수 있는지 없는지를 결정하는 것이 중요하다. 소영이는 격렬한 정서를 통해, 의사를 전달하는 것 같지만 이러한 격렬한 정서는 모에게는 곤란한 것으로 여겨질 수 있다. 쉽게 달래기 어려운 유아는 종종 그들의 부모에게 부모로서의 자신감에 회의를 갖게 하고 또한 부적절감을 야기시킬 수 있다.

임상가: 오늘 낯선 상황이라 아이가 조심스러워 보이는데, 집에 있을 때 밖에 나가 주변을 살펴보려고 하나요?

어머니: 집에선 항상 여기저기 살펴보고 돌아다녀요. 음악을 좋아하죠. 춤을 추기 시작했어요.

임상가: 정말요! 아이가 TV는 보나요?

아동이 너무 어리면 형식적인 지능 평가는 그리 신빙성이 없다. 대신 임상가는 호기심, 지속성, 주의력, 과제 숙달과 같은 특성들에 관해 물어봐야 하며, 이를 통해 인지적 발달에 관한 단서를 얻게 된다.

어머니: 예. 아이들을 위한 아침 프로가 있어요. 아이는 하고 있는 것을 멈추고 그것을 보죠.

임상가: 집에선 어때요, 장난감을 갖고 노나요?

어머니: 가장 좋아하는 것이 집을 어지럽히는 거예요. 서랍의 옷이나 선반의 그릇을 모두 꺼내 놓기도 하고 쓰레기통을 샅샅이 뒤지기도 해요.

임상가: (소영이에게) 넌 집에서 놀 때나 뭔가를 살필 때 호기심이 아주 많구나. 여기서 나랑 노는 것에 대해 너는 어떻게 생각하니? 나랑 놀고 싶니?(드디어 소영이는 임상가를 따라, 소심하게 블록을 잡고 컵 속에 집어넣었다. 그녀는 이제 평가과정에 참여하려는 것처럼 보였다. 이때 처음으로 모가 약간 물러섰다. 그러고 난 후, 몇 분 동안 더 물러나는 듯했지만 결국 바닥에서 일어나 의자 근처에 앉았다.)

이러한 상호작용은 어린 아동들이 낯선 이에 대해서 어떻게 반응하는지 또는 장난감을 어떻게 가지고 노는지를 평가할 수 있는 기회가 된다. 관여하기, 기분상태, '주도하기 대 따라하기', 창조성, 자발성, 운동 기술 및 주의력 상태 등은 단순한 게임 과정에서 평가될 수 있다. 놀이에서 임상가는 컵 속에 블록을 옮겨 담으면서 소영이가 주도하는 것을 따라갔다. 이런 종류의 대등한 놀이는 소영이와 같은 억압적이고 불안한 아동에게 덜 위협적이다. 그러나 엄마가 미리 물러나 앉는 것은 아동으로 하여금 불안감을 유도할 수 있다. 따라서 임상가는 모에게 계속적으로 질문함으로써, 모와의 관계를 유지하려고 해야 하며, 이는 또한 아동이 직접적인 관여에 대해 느낄 수 있는 압박감을 줄이는 데 도움이 된다.

임상가: 아이가 책을 좋아하나요?

어머니: 책을 좋아하죠. 그녀는 언제든 제게 책을 읽어 달라고 해요.

소　영: (옹알이)

임상가: (소영이에게) 모든 게 흥미로워 보이지? (모에게) 아이가 아직 말은 하지 못하나요?

임상가는 소영이가 이것저것 살피기 시작하는 것을 관찰하였고, 아동과 상호작용하거나 아동을 몰아내기보다는 약간의 거리를 둔 채 아동에게 의견을 전했다. 그녀의 옹알이로 언어발달에 관한 질문이 이루어졌다. 전언어적 아동일지라도, 임상가는 언어가 늦게 시작된 것 혹은 발음 문제와 같은 언어적 어려움에 대한 초기 증거를 찾을 수 있어야만 한다.

어머니: '엄마' 나 '강아지' 와 같은 몇 가지 단어만 가능해요. 이 아이는 강아지를 좋아해요. 아이는 강아지와 장난감을 갖고 실랑이를 벌이죠.

임상가: 내가 그것을 해 볼 수 있을까요?

임상가는 소영이에게 물건에 대해 질문하면서 그녀와의 상호작용을 시도하였다. 그러나 놀이에 관여하는 과정은 천천히 이루어졌고 이는 수줍음과 억제성을 시사한다. 이러한 점은 기질적인 특성일 수 있고, 모가 이를 문제로 여기고 있을지라도 이러한 특징이 강점이 될 수 있다. 그러나 만약 아동의 억제성이 모의 불안한 상호작용인 과잉통제에 의한 것이라면, 이는 아마 관계 문제를 반영하는 것일 수 있다. 또는 평가실과 같은 낯설고 익숙하지 않은 장면이 적절한 수준의 신중함을 만들 수 있다. 본 사례에서 유아는 '천천히 워밍업'을 하기 시작했다. 임상가의 과제는 소영이의 조심스러운 태도에 대한 몇 가지 가능한 원인을 구별해야 한다.

임상가: 당신은 아이가 하루 종일 여기서 놀 수도 있다고 생각하세요?

이러한 제안은 소영이가 맘껏 즐기기 시작하였다는 사실을 모에게 재확인시키기 위한 것이며 유아에게 역시 상호 비언어적인 사회적 참조를 통해 재확인시킬 수 있을 것이다.

어머니: 아마도 그런 것 같군요.
임상가: 유아원에 다니고 있나요?
어머니: 아니요, 도우미 아주머니와 집에서 지내요.
임상가: (소영이에게) 네가 이 블록들을 컵 속에 넣을 수 있는지 볼까?(좀 더 직접적으로 소영이와 상호작용하기 시작하면서, 임상가는 의도적으로 소영이가 엄마를 보지 못하게 위치를 바꿨다. 소영이는 분리불안을 겪었고 엄마가 가까이에 앉아 있는데도 즉시 울음을 터트렸다.)

아마도 임상가는 너무 빨리 진행시켰는지 모른다. 그러나 평가회기는 보통 시간이 제한되어 있고 부모가 있는 상황일지라도 '분리'에 관한 일부 관찰은 중요하다.

임상가: 소영이는 불안을 참고 있군요.

임상가는 소영이가 평가에 대한 불안을 견디면서 마지못해 참여하고 있다고 설명하였다. 소영이는 임상가에게 충분히 관여하지 못하고 간신히 시도는 하고 있지만, 임상가가 직접적인 상호작용을 시작하려고 하면 즉시 울어 버렸다. 긍정적인 측면에서 볼 때 소영이가 주요한 대상을 구별할 수 있는 능력은 발달되었다고 할 수 있다.

소 영: (소리 높여 슬프게 운다.)
어머니: 소영아! 좋아, 아가야, 넌 놀아도 된단다.
임상가: 소영이가 혼자 놀 수 있는 한, 놀아도 괜찮아요.
소 영: (호명 소리를 무시하고 계속해서 운다. 그녀의 엄마는 아이를 잡고 안심시키려고 하고 결국 아이를 안아 흔들어 주었지만 어떤 것도 소용이 없다.)

지금까지 이 면담에서 가장 눈에 띄는 특징은 소영이의 엄마가 이전에 언급한 것과 같이, 소영이의 강렬한 울음과 아이가 진정되지는 않는다는 점이다. 2~3세의 아동들은 "아뇨, 전 듣지 않을 거예요."와 같은 행동을 나타내면서 한계를 시험해 볼 수 있다. 14개월 된 소영이의 경우, 선택적인 주의와 관여하는 것을 꺼려하는 행동은 반항을 시사하는 것이 아니라, 모든 언어적 자극과 위안을 주는 다른 원천들을 차단하고 과도하게 모에게 초점을 두면서 분리불안을 통제하고 있음을 의미한다.

어머니: 좋아. 아가, 이제 괜찮아. (엄마는 빠르게 소영이를 계속 흔들어 주었지만 아이는 보다 심하게 울고 발길질하고 몸을 굽히면서 위안받는 것에 저항했다.)

이때 모는 잠시 양해를 구하고 자리를 떠서 소영이를 평상시처럼 달랬다. 그녀는 소영이와 자기를 포함해서 모두에게 면담이 얼마나 어려운 것인가에 대해서도 설명했다. 게다가 임상가의 비위를 맞추려고 열심히 그리고 기계적으로 아동을 계속해서 흔들며 질문에 답하였지만 아동의 욕구를 염두에 두지 않는 것처럼 보였다. 결국 소영이는 점점 더 크게 울었다.

매우 어린 아동의 욕구에 대한 양육자의 반응은 영유아기 아동들을 평가하는 임상가가 관찰해야 할 핵심적인 특징이다. 본 사례에서 모는 소영이를 달래는 데 초조했던 것처럼 보인다. 이러한 발달단계에서 새로운 장면 경험, 낯선 이에 대한 스트레스는 예상 가능한 것이지만, 소영이의 고통은 적어도 일정 부분은 엄마의 정서적 신호에 대한 반응일 수 있을 것으로 보인다.

임상가: 만약 집에 낯선 사람이 오면 아이는 어떻죠?

어머니: 누가 오느냐에 달렸어요. 소영이는 제 연배의 여자와 다른 아이들이라면 좋아해요. 만약 그녀가 본 적이 없는 친척과 함께 있다면 익숙해지는 것이 매우 느리지요. 그러나 만약 제가 거기에 있다면 괜찮아요. 일단 소영이가 그들에게 익숙해지면 괜찮아져요.

어떤 유아기 증상은 일시적이고 종종 특정 양육자에게만 나타난다. 다른 부모 혹은 조부모가 있을 때 임상가는 다른 양상을 보게 될 수도 있다. 영유아기 아동들을 평가할 때 결정적인 문제는 행동이 연령에 적절하고 정상적인가(그래서 일시적으로 부모가 걱정하게 되는 것인가)와 의미 있는 향후 문제들을 일으킬 것인지를 결정하는 것이다. 이러한 이유 때문에 임상가는 소영이의 행동이 다양한 맥락과 사회적 상황에서 일어나는 것인지 알고 싶어진다. 아동이 거의 변함없는 매달리기와 탐색하기나 관여하기에 대한 거부를 보일지라도, 이러한 행동이 다른 장면으로 얼마나 일반화될 수 있을지는 불분명하다. 이후에 임상가는 소영이와 도우미 아주머니와의 상호작용에 관해 질문할 필요가 있을 것이다.

임상가: 식품점에 갈 때는 어때요? 그때는 아이가 괜찮은 것 같나요? (임상가는 블록을 서로 부딪쳐 소리를 내면서 가지고 놀기 시작하지만 소영이는 계속 훌쩍이고 있다. 결국 그녀는 우는 것을 멈추긴 하였지만 놀이로 돌아올 만큼 행복해 보이지는 않는다.)

아동의 행동이 다른 장면에서는 어떤지, 아니면 부모의 예상으로는 어떤지 물어보는 것이 중요하다. 식품점에서 쇼핑할 때조차 과도하게 흥분되어 있을 수 있다. 만약 부모가 연령에 적합하지 않은 행동을 예상한다면, 아동의 행동은 부적절한 것으로 판단 내릴 수 있다.

어머니: 사람들이 우리 쪽으로 오긴 하지만 아이를 귀찮게 하지는 않아요. 제가 생각하기에 아이가 화장을 많이 한 70대 여성을 좋아하지 않는 것 같아요. 아이는 그런 사람을 보면 놀라는 것 같아요. 아이는 울기 시작하죠. 그래도 아이는 가게 가는 것에는 익숙해요.

임상가: 좋아요, 오늘은 충분한 것 같습니다.

피곤해지기 쉬운 나이 어린 아동의 경우 주의 폭이 제한되어 있기 때문에 면담 후 요약하는 시간은 가능한 한 짧게 잡는다. 면담 횟수는 1회로 충분한 경우도 많다.

어머니: 당신이 생각하기에 우리 아이는 무엇이 잘못일까요?

임상가: 저는 아이의 격렬한 정서적 반응을 걱정하고 있는 당신을 이해해요. 오늘 여기에서도 그걸 보았죠. 또 얼마나 달래기 어려운 아이인지와 얼마나 고집 센 아이인지에 대해서도요. 그렇지만 저는 기본적으로 소영이에게 잘못된 점이 있다고 확신하지 않아요. 물론 다른 장면에서나 다른 사람들과 함께 있을 때 아이가 어떻게 행동하는지 알아보기 위해 더 많은 평가가 필요할 수는 있어요. 그러나

아이뿐 아니라 당신을 도울 수 있는 방법이 몇 가지가 있어요. (모와 아동은 떠날 준비를 한다. 소영이는 밝아졌다. 소영이의 엄마가 인사를 권해도, 소영이는 작별인사도 하지 않으려 했다.)

이러한 임시적인 결론은 어떤 부모에게는 안심을 줄 수 있지만, 어떤 부모들은 자신의 아이에게서 관찰되는 행동의 심각성에 대한 임상가의 의견에 동의하지 않을 수 있다. 부모는 보다 광범위한 평가가 필요한지 아닌지를 결정하는 데 도움을 주어야 한다. 이러한 평가에는 가정 방문, 유아와 아빠가 함께 방문하기, 유아가 없는 상황에서 양쪽 부모 모두와 면담하기가 포함될 수 있다. 종종 부모들은 아동의 문제에 대해 다른 관점을 가지거나 문제행동을 해결하는 데 있어 다른 접근을 취할 수 있다. 임상가는 항상 신경 써서 부모의 관심거리에 귀를 기울여야 한다. 전반적인 평가를 바라지 않는 부모의 경우, 만약 계속 걱정만 한다면 몇 달 후에 다시 방문하여 다시 한 번 상의할 시간이 있을 수 있다는 사실을 확인시켜 주어야 한다.

3) 6세 여아의 놀이 면담

어린 아동들을 면담하는 임상가들은 상호작용을 향상시키기 위해 놀이를 자주 이용한다. 이는 아동의 신체적, 정서적, 인지적인 능력을 관찰하고, 아동의 갈등 혹은 정신적인 충격이 있는 영역을 이끌어 내기 위함이다. 놀이는 불안을 유발하는 상황을 피하면서 아동과 간접적으로 의사소통할 수 있도록 해 준다. 또한 아동이 놀이를 편안하게 할 때, 가장된 감정이나 경험은 아동이 실제로 경험하는 것과 일치할 수 있을 것이다. 놀이를 통한 면담은 학령기 아동을 평가하는 데 도움이 된다. 또한 걸음마기의 유아나 발달 지체를 갖고 있는 초기 청소년기의 어떤 연령의 아동들에게도 놀이가 효과적일 수 있다.

아동에 따라서 면담 상황에 대하여 즉시 적응이 가능한 아동도 있고, 면담 상황에 익숙해질 시간이 필요하거나 혹은 옆에 부모님이 함께 있어야 하는 아동도 있다. 두 경우 모두에서 아동의 상호작용 유형에 적절한 충분한 시간이 주어져야 한다.

은진이의 사례 6세인 은진이는 학교에서 친구들에게 으스대는 것을 걱정한 담임교사에 의해 평가 의뢰되었다. 또한 교사는 은진이가 또래들만큼 집중을 하지 않고 때때로 자신만의 환상 세계에 몰두해 있는 듯하다고 하였다. 은진이의 어머니 또한 과도한 형제간의 경쟁의식에 대해서 걱정하였다.

임상가: 안녕, 네가 은진이로구나. 난 너의 주치의 최 박사란다. 어머니께서 오늘 여기 왜 오게 되었는지 말씀하셨니? (은진이가 고개를 끄덕인다.) 엄마가 뭐라고 하셨니?

은 진: 선생님이 저를 도와줄 거라고 하셨어요.

임상가: 어떤 문제가 있니?

은 진: 엄마는 내가 여동생과 사이좋게 지내지 않는대요. 근데 전 그렇게 생각하지 않아요.

임상가: 음, 그게 문제든 아니든 간에 선생님이 그 문제에 대해서 이해하는 데 도움이 되길 바란다. 선생님은 아이들과 함께하는 것을 좋아해 그림 그리는 것이 그 문제를 이해하는 데 도움이 될 것 같은데, 그림 그리는 거 좋아하니?

시종일관 임상가는 은진이가 편안하게 놀면서 의사소통을 하도록 도와주고, 미소를 머금고, 눈 맞춤을 하며 비언어적인 신호를 보냈다. 결국 아동은 자신에 대하여 판단하지 않고 위협적이지 않은 한 임상적인 면담을 경험하는 것이다.

아 동: 예.

임상가: 음, 여기 매직펜이 있네. 가족들을 그려 볼까? 이해하겠니?

아 동: 예. (은진이는 밝은색으로 그림을 그리기 시작했고 그녀의 연령에 적절한 그림을 그렸다. 임상가는 관찰만 하고 말은 거의 하지 않았고, 그린 사람이 누구인지 그리고 여동생과 개의 이름이 무엇인지 묻지 않았다. 그런데도 은진이는 그림 옆에 뚜렷하게 여동생과 개의 이름을 써서 자신의 쓰기능력을 과시했다.)

어린 아동들은 종종 '이해하다' 라는 단어의 의미를 정말로 이해하지 못한다. 아동이 이해했는지를 확인하려면 임상가는 과제를 다시 한 번 물어야 한다. 그러나 은진이의 그림에서는 문제가 될 만한 점이 보이지 않았다.

임상가: 정말 멋지다! 누가 이렇게 글씨를 쓰는 것을 가르쳐 주었니?

은 진: 엄마가요.

임상가: 그래? 그리고 이것은 누구니?

은 진: 아빠요.

임상가: 그리고 이건?

은 진: 제 동생 경진이와 아기인 남동생 석진이에요.

임상가: 너희 셋은 몇 살이니? 네 나이를 써 볼 수 있겠니? (은진이는 그 그림 위에 자신은 6, 경진이는 4, 석진이는 6개월이라고 나이를 썼다.)

그리고 나서 얼마간 임상가는 아동에게 쓰기와 가족에 대해 물음으로써 은진이의 발달에 대한 몇몇 측면을 평가하였다.

임상가: 잘 쓰는구나. 이게 너희 집 강아지니?

은 진: 예.

임상가: 몇 살이지?

은 진: 4, 5세 정도예요.
임상가: 어디서 자니?
은 진: 밖에서 기르는 개예요. 뒤뜰에서 살아요.

형제, 친구, 동물의 이름은 다음 이야기에 초점을 맞추는 것을 돕는 계기가 된다. 또한 그것들은 아동과의 대화를 좀 더 현실적으로 해 준다. 동물과의 관계에 대한 정보는 아동의 공감능력을 나타내기도 한다.

(이때까지 은진이는 그림에 색칠하고 옷의 세부까지 다 그려 넣음으로써 그림을 완성시켰다. 임상가는 관찰하고 잘 그렸다고 칭찬을 한 뒤 그림에 대해 물었다. 은진이는 흔쾌히 답해 주었다.)

임상가: 경진이가 안경을 쓴 걸로 그렸네.
은 진: 걔가 선글라스를 좋아해서요.
임상가: 그러니? (선글라스에 대한 정보를 제공하는 대신, 은진이는 종이 한 장을 가져와서 더 많은 사람을 그렸다.)
임상가: 네 친구들이니?
은 진: 예.
임상가: 이름이 뭐니?
은 진: 지혜, 철수, 영식, 상식. 둘은 쌍둥이예요.
임상가: 한 명은 영식이라 이거지?
은 진: 영식이와 상식이는 쌍둥이예요.
임상가: 그 아이들 중 가까이 사는 애들이 있니? (은진이는 그림을 계속 그리면서 끄덕였다.) 모두 옆에 사니? (다시 끄덕였다.) 친구네 집에도 놀러 가니?
은 진: 걔네들이 와서 나랑 놀아요. 내가 걔네 집에 갈 때도 있고요.
임상가: 너희 집 그림을 그려 볼 수 있겠니?

은 진: 예.

임상가: 집에 비가 많이 내렸었지?

임상가는 그 지방에 홍수가 난 것에 대해 묻는다. 임상가는 은진이가 최근 사건을 인식하고 있는지를 평가한다.

은 진: 예.

임상가: 집에 물이 들어갔니?

은 진: 아니요.

임상가: 그림 그리는 것을 좋아하는구나. 학교도 그려 볼래?

은 진: 예.

임상가: 멋진 화가로구나! 또 가족 그림에서 누구를 그릴 거니?

은 진: 경진이요.

이러한 방식으로 짧은 시간 동안 임상가는 가족, 친구, 가정환경에 대한 은진이의 경험에 대해 많은 정보를 얻는다.

임상가: 방을 혼자 쓰니? 아니면 누구랑 같이 쓰니?

은 진: 경진이랑 같이 써야 해요. 그리고 밤에 걔가 코를 골아요.

임상가: 경진이가 밤에 코를 곤다고?

은 진: 예.

임상가: 아! 저런. 경진이는 언제 자니?

은 진: 제가 자는 시간과 같아요. 9시 반이요.

임상가: 그리고는 경진이가 잠들자마자 코를 고는구나. 그리고 넌 잠을 못 자고?

은 진: 경진이가 한밤중에 코를 골아서 저는 깨요.

임상가: 둘이 이층 침대에서 자니 아니면 각각 다른 침대에서 자니?

은 진: 이층 침대요.

임상가: 누가 위에서 자니?

은 진: 저요.

누가 어디서 자고 언제 자는지에 대한 사실은 가족의 전반적인 주제적 구조와 인간관계의 특징을 확인하는 것보다 중요치는 않다. 임상가는 이 면담에서 많은 폐쇄형 질문을 사용하고 있다. 물론, 아동에게 개인적인 경험, 개방형 질문으로 답할 수 있도록 하는 것은 더욱 타당한 정보를 줄 것이다. 그러나 어린 아동의 경우 나이 든 아동이나 청소년들의 경우보다 자유연상으로 얻을 수 있는 정보가 적다.

임상가: 석진이는 어디서 자니?

은 진: 우리 방 옆에요. 걔 방이 따로 있어요.

임상가: 그리고 엄마와 아빠는 큰 방에 있지. 너희 방 옆이니?

은 진: 석진이 옆방이에요.

임상가: (지적하면서) 이건 무엇이니? 울타리니?

은 진: 마당에서 강아지를 지켜주는 거예요.

임상가: 강아지가 뜰 밖으로 나가면, 도망가니?

은 진: 예. 그러면 되게 힘들게 잡으러 다녀요. 이름을 되게 많이 불러야 해요.

임상가: 이층 침대에서 잔다고 했지? 네 방에 대해 좀 더 말해 주렴.

임상가는 은진이의 침대 밑에서 자며 코를 고는 경진이와의 자매 관계에 대해 알아보기 시작한다. 은진이에게 방에 대해 더 묘사하라고 하는 것은 임상가가 아동의 주변에 대한 감정적인 반응에 대해 자료를 얻기 위함이다.

은 진: 예.

임상가: 너만 사용하는 옷장이랑 옷이 있니? (은진이는 '예.' 라며 끄덕였다.) 장난감은(장난감도 네 것이 있니)? 장난감은 어디에 두니?

은 진: 우리 선반에요. 경진이랑 같이 써요.

임상가: 같이 쓴다고?

은 진: 우리 방은 항상 어질러져 있어요.

임상가: 어질러져 있어? 그러면 엄마가 "얘들아, 방 좀 치워라." 하고 말하시니?

은 진: 예.

임상가: 그러면 누가 정리하니?

은 진: 저요! 경진이는 게임을 하기 시작하고 나는 "경진아! 안 돼. 우린 방을 치워야 돼. 게임은 안 돼!"라고 해요. 그러면 경진이는 "난 게임을 하고 싶어. 청소하기 싫어. 흥!"이라고 해요.

임상가: 경진이가 네 말을 전혀 따르지 않는구나? 그렇지?

임상가는 은진이가 말한 것을 되풀이하여 언급하였다. 이러한 언급은 아동이 전문가에게 아동 자신을 괴롭히는 것에 대해 이야기할 수 있고 그의 말을 상대가 들어 준다는 것을 보여 준다.

은 진: 예. 제 말을 전혀 듣지 않아요.

임상가: 한 번이라도 경진이를 때린 적이 있니?

은 진: 없어요.

임상가: 없다고. 경진이가 너를 때린 적은?

은 진: 있어요. 엄청 많아요.

임상가: 동생이 너를 때리고 네 것도 가져갔니?

은 진: 예.

임상가: 그럴 때 기분이 어땠니?

아동 자신은 그들의 감정, 기분, 그리고 내적인 경험들을 가장 정확하게 말로 표현하고, 반면에 부모와 교사는 아동의 행동에 대한 더욱 정확한 정보를 준다. 이러한 사실을 임상가는 미리 잘 알고 있어야 한다.

은　진: 잘 모르겠어요. 아마도, 조금 화난 것 같기도 하고…….

임상가: 선생님 생각에는 네가 언니라서 좋은 본보기가 되어야만 했을 것 같은데. 넌 스스로 예의 바르게 행동해야 하고 문제를 일으켜서는 안 된다고 생각하지?

질문에서 '내 생각에는' 이라고 구조화함으로써 임상가는 은진이가 부정적으로 대답할 수 있는 기회를 준다.

은　진: 전 말썽을 피웠어요.

임상가: 무슨 일이었니?

은　진: 동생이 절 전혀 배려하지 않아서 제가 동생에게 계속 소리를 질렀어요. 동생이 놀이를 계속 했거든요.

임상가: 그러면 네가 말썽을 부린 거니, 아니면 동생이 말썽을 부린 거니?

은　진: 우리 둘 다 말썽 피웠어요.

임상가: 음, 이것 봐봐. 그럼 은진이가 동생 경진이가 되어 보고 선생님은 네(은진)가 될게, 알겠지? 내가 여기서 장난감을 가지고 혼자서 놀고 있고 얌전하게 굴 거야. 여기 작은 '차 마시는 놀이' 를 하는데 경진이는 무엇을 할까?

(이야기를 계속하는 동안 임상가는 소스 두 스푼을 떠서 컵 안에 부어 넣는 시늉을 하였다. 은진이도 바로 지정해 준 역할인 동생 경진이가 되었다.)

은진이에게 경진이가 되어 놀이할 기회를 주는 것은 경진이가 은진이에게 얼마나 성가시고 버거운지에 대해 나타내 준다. 인형 혹은 손가락 인형으로 하는 역할연기 또한 아동이 다른 방식으로는 표현할 수 없는 것들에 대해 드러낼 수 있게 도와주는 데 유용하다. 이 사례에서 임상가는 일찍이 얻은 정보들을 사용하여 놀이의 주제를 설정하였다.

은 진: (경진 역할) 오, 나도 언니랑 놀래.

임상가: 안 돼, 저리 가. 나 놀고 있잖아. 내 거야. 이봐, 나 때리지 마. 뭐 하는 거야? 나도 너를 때릴지도 몰라. 얌전하게 굴어. 내 말 듣고 있어?

경진이 역할을 하면서, 은진이는 즉시 투쟁적으로 변했다. 은진이 역할을 하는 임상가는 정당한 보복으로 위협을 한다(은진이는 전에 자신이 결코 동생을 때린 적이 없다고 말했었다.). 그러나 임상가는 두 가지 가능성을 제안했다. ① 경진이는 약을 잘 올리고 즉시 신체적인 마찰을 불러일으킨다. ② 은진이는 여동생에게 표현하지 못한 상당한 분노를 가지고 있다. 물론 이 가능성은 공존하는 것이다.

은 진: (경진 역할) 알게 뭐야?

임상가: 알게 뭐냐고? 난 상관있어. 내가 여기서 '차 마시는 놀이'를 하고 있잖아. 차 한 잔 줄까?

은진이는 개구쟁이 여동생 역할을 계속하였다. 임상가는 위협하는 태도에서 어울리는 기회를 주는 태도로 방식을 바꾸었다. 변화는 '경진이'가 함께 놀이를 시작하는 것이다. 경진이에 대한 은진이의 방식이 받아들여질까를 관찰한다.

은 진: 응.

임상가: 그래 여기 있어. 그런데 정리해야 해. 지저분하게 어지르지 마!

은 진: 싫어. 차를 쏟았어. 가서 마른 행주 좀 가져올래?

'경진' 이 역할을 하는 은진이는 참으로 달라진 모습을 보인다. 임상가는 즉시 도전을 하고, '경진이' 는 또 다른 즉각적인 약 올리기 행동을 한다.

임상가: 왜 가서 수건을 가져오지 않는 거야?
은 진: 왜냐하면 엄마가 어디다 뒀는지 몰라.
임상가: 그래 수건 여기 있다. 어지럽힌 거 치워. 고맙다 그래. 이제 가서 나 괴롭히지 좀 마.
은 진: 알았어(낄낄 웃음).

은진이는 이 게임을 아주 즐긴다. 이 게임은 동생과의 실제 상호작용을 잘 반영해 주고 있다.

임상가: (은진 역할) 차 한 잔 달라고 했지?
은 진: 응, 그리고 바비 인형 가지고 놀 거야.
임상가: 그런데 그거 내 바비 인형이야. 내거 가지고 놀지 마.
은 진: 내건 내 침대 밑에 있어.
임상가: 자, 내거 가지고 놀지 말라고 말했다. 알았어?
은 진: 응.

은진이가 이러한 주제에 대해 어떻게 조절하고 있는지 주목하라. 임상가는 '차 마시는 놀이' 를 제안했다. 그러나 은진이는 인형 놀이를 원한다. 임상가는 두 자매 사이의 갈등을 일반화하는 시도를 하지만 은진이는 자기 인형에 대해 말함으로써 갈등을 비켜 가고 있다. 놀이가 진행됨에 따라 임상가는 은진이가 계속 조절을 하거나 혹은 공유할 것을 알려 주었다.

은 진: (경진 역할) 내 바비 인형 가지고 나랑 같이 놀자, 응? 응?

임상가: 오, 너 정말 골칫거리구나, 경진아. 근데 난 너랑 정말 조금밖에 놀 수 없어. 알았어? 그래 멋진 바비 인형이네. 엄마놀이 하자.

은 진: 내가 엄마야.

지금 은진이는 경진이 역할에서 엄마 역할로 바꾸었다. 세 마디로 임상가는 전이상태를 만든다.

임상가: 난 경진이야.

은 진: (엄마 역할) 가서 네 방을 깨끗하게 치워!

임상가: (경진 역할) 꼭 그래야 돼, 엄마?

'엄마' 는 지시를 하면서 조금 으스댔다. 임상가는 '경진이' 역할로 시무룩하고 반항적인 행동을 한다.

은 진: (엄마 역할) 해, 지금!

임상가: 왜요? 조금만 더 놀면 안 돼요? 좀 있다 할 거라고요. 알겠죠?

은 진: 한 시간만이야. 한 시간 후에 목욕도 해야지.

임상가: 목욕하기 싫어.

은 진: 너 어제 진흙에서 놀아서 더러워졌잖아.

임상가: 예. 그런데 내일 목욕할 거예요.

은 진: 너 잠자리 깔아야지, 지금!

임상가: 음, 내가 내 자리를 모두 진흙으로 더럽게 하면 은진이가 치워 줄 거예요.

은 진: 언니는 학교에 가야 해서 그럴 수 없어.

임상가: 아니에요, 언니 학교 가면 안 돼. 나랑 놀아야 돼.

임상가는 반항적이고 제멋대로인 여동생 역할을 하면서 어머니와 어떤 식으로 상호작용하는지 평가하기 위해 주제를 통제한다. 어머니와 은진이가 이해, 인내, 호의를 보이고 있다. 이러한 놀이의 상호작용을 통해 볼 때, 신체적인 처벌과 소리 지르는 것보다 오히려 타협과 양보, 문제해결이 은진이 가족의 상호작용 방식인 것 같다.

은 진: (엄마 역할) 안됐지만, 언니는 학교에 가야 돼. 안녕.

임상가: (경진 역할) 안녕, 언니. 학교 잘 다녀와.

은 진: 이제 놀고 목욕도 해야지.

임상가: 이런, 나 욕조 좋아해요. 여기에 어지럽힐 거예요. 더럽히고 지저분하게 만들 거야.

은 진: 너 지금 더럽힐 거라고 말했니?

임상가: 아뇨.

은 진: 깨끗이 치워라.

임상가: 안 치울 거예요. 왜냐하면 여기엔 놀 게 너무 많거든요.

은 진: 남동생과 함께 목욕할 거야.

다시 '엄마'가 '경진'이의 도전으로 논쟁을 하지 않았다. 그러나 남동생이 개입하면서 초점이 변했다.

임상가: (경진 역할) 좋아요. 그런데 난 걔가 싫어요. 완전 아기예요. 내 입에 비누를 넣는단 말이에요.

은 진: (엄마 역할) 네가 똑바로 행동할 수 있잖아. 그렇지 않으면 내가 비누를 네 입에 넣을 거야.

여기서 처음에 '엄마'는 경진이가 남동생에게 위해를 가하면 보복할 것이라고 위협했다.

임상가: 아니에요, 얌전히 있을게요. 그런데 석진이가 날 괴롭혀요.

은 진: 동생이 욕조에서 노는 것 말고 뭐 하는 게 있다고 그러니?

임상가: 울고, 소리 지르고, 날 괴롭히잖아요.

은 진: 당장 나가, 당장!

임상가: 예, 엄마.

짜증나게 하고 화나게 자극하는 은진이의 여동생에 대한 주제는 끊임없이 계속되었고 형제간 경쟁의식을 부추기는 임상가의 역할 연기로 더욱 자극되었다. 그러나 엄마 역할의 은진이는 주제와 말투를 바꾸었다. 마지막에 '엄마'는 마침내 단호하고 고집 세게 행동하였다.

임상가: 엄마?

'경진'이는 다시 시작했다. 임상가와 은진이는 정말로 실제 드라마에 관여하고 있다. 임상가는 행동 통제를 하려고 하고 은진이가 동생의 행동을 통해 놀이 행동을 하는 반응을 관찰하였다.

은 진: (엄마 역할) 왜?

임상가: (경진 역할) 배고파요.

은 진: 저녁 먹었잖아. 라면은 먹으면 안 돼.

임상가: 먹을래요. 네?

은 진: 안 돼.

임상가: 조금만요.

은 진: 안 돼.

임상가: 제발요. 배고파요. 과자 먹으면 안 돼요?

은 진: 당근 먹었잖아.

또 다른 인내와 타협이 이루어진다.

임상가: 아니에요, 당근은 싫어요. 정말 싫어요. 과자 먹을래요.
은　진: 저녁 후에 단 음식은 안 돼!
임상가: 제발요, 엄마. 꼭 이 닦을게요. 약속해요.
은　진: 먹은 후에는 이를 닦아야 한다.
임상가: 알았어요. 과자 한 개랑 우유 조금만 주세요.
은　진: 여기 있어.
임상가: 네가 내 과자를 욕조에 던졌잖아. 모두 젖었어. 이것 좀 꺼내게 도와줘요. 난 안 젖었으니까. 도와줘요, 도와줘요.
은　진: 알았다. 정말 나가야겠다. 가서 자라. 점점 심술궂게 구는구나.
임상가: 그런데 졸리지 않아요. 엄마가 오늘 밤에는 늦게 자도 된다고 했잖아요.
은　진: 자라, 9시야.
임상가: 아니에요, 텔레비전 볼래요. 한 프로만 더요.
은　진: 알았어. 근데 그게 끝이다.

앞서 한 드라마는 일상적인 가족들의 삶에서 전형적으로 드러나는 갈등과 해결, 자극과 타협을 반영한다. 먹는 것, 자는 시간 그리고 청소하는 것에서 오는 갈등은 평범하고 자주 놀이 상호작용에 초점이 된다. 더욱 혼란스러운 아동들에게 폭력은 놀이 초반에 혼합된 주제가 된다.

임상가: (경진 역할) 자기 싫어요. 왠지 알아요?
은　진: (엄마 역할) 왜?
임상가: 언니가 코를 골아서예요.
은　진: 은진이가?
임상가: 예, 언니가요. 언니가 코 골아서 방에 가기 싫어요.

사실상 경진이가 코를 고는 것인데, 은진이는 바꾸는 것을 허용했고 계속해서 엄마로서 반응하였다.

은　진: 동생 방에서 자도록 해 줄게.

임상가: 고마워요. 그런데 그 방에도 가기 싫어요.

은　진: 알았다.

임상가: 엄마 방에 갈래요.

은　진: 그래, 잘 시간이다.

임상가: 엄마 옆에서 잘 거예요.

은　진: (코를 고는 소리를 냄)

임상가: 오 이런, 여기서 잘 수가 없어. 너무 시끄러워. 그만 코 골아!

은　진: 미안, 엄마가 하는 유일한 잠버릇이야.

임상가: 놀랐어요. 천둥 치는 줄 알았어요.

은　진: 천둥 아니야.

임상가: 천둥 같아! (어른 목소리로 바꾸어서) 네가 코를 골면, 그게 뭘 의미하는 줄 아니?

은　진: 뭔데?

임상가: 때때로 그건 코가 막힌 거야. 그리고 어느 땐 잘 때 코 대신에 입을 통해 숨을 쉬는 거란다.

은　진: (계속해서 엄마 역할을 하며) 얘야, 그만 좀 해라!

임상가의 교육적인 개입이 시기상조였거나 놀이가 너무 즐거웠던 것이다. 은진이는 자는 것보다는 오히려 정리하는 것으로 다시 바꾼다.

임상가: 엄마, 엄마가 해 줘요. 정리하기 싫어요. 엄마가 청소해요.

은　진: (엄마 역할) 이거 아빠한테 이른다.

임상가: (아빠 역할) 청소하고 그만 싸워라.

임상가는 권위 있는 말투로 아빠 역할을 한다. 아빠가 놀이에 참여함으로써 은진이는 역할을 확장시키고, 임상가는 어떤 새로운 정보를 얻을 수 있게 된다. 그러한 역할극의 확장과 역할 변경은 활발한 상상력을 가진 아동들에게 흔한 일이고 이것은 그들의 적응에 도움을 주고 집중력을 유지할 수 있게 해 준다.

임상가: (아빠 역할) 과자 먹어라. 주스도 좀 줄까?

은 진: 예.

임상가: 자, 여기 있다. 이제 너희들 방 불 끄고 자렴. 다시 돌아오지 않을 거야. 알겠니?

은 진: 예.

임상가: 잘 자거라. 코 골지 말고.

은 진: (코 고는 시늉을 한다.)

임상가: 아빠가 뭐라고 했지? 코 골지 마!

은 진: 죄송해요, 아빠. 저도 어쩔 수 없어요.

임상가: 경진아, 아빠가 말했잖니. 코를 골지 말라고 말이다.

은 진: (경진 역할) 은진이가 그랬어요.

은진이는 비난을 받아들임으로써 아빠에게 꾸지람을 듣고 있는 여동생을 보호한다. 혹은 어떻게 경진이가 비난을 자신에게로 돌리는지를 보여 준다. 임상가는 모든 네 식구 역할을 하였다.

임상가: 은진이가 코를 고니?

은 진: 아니요, 코를 골지 않으려고 해요. 좀 더 늦게 자도 돼요?

임상가: 안 돼. 학교 가기 전 날이잖아. 내일 학교 가야 하니깐 자야지.

은 진: 누가 못 자게 하죠?

임상가: 아빠가 그랬지. 아빠랑 싸우려고 그러니?

은 진: 엄마한테 물어볼래요?

임상가: (엄마 역할) 누가 불렀지? 은진이, 무슨 일이니?

은 진: 아빠한테 가서 제가 좀 더 늦게 잔다고 좀 말해 주세요.

임상가: (엄마 역할) 은진이가 좀만 있다 자고 싶어 해요. (아빠 역할). 흠, 내가 자야 한다고 했어요. 지금 누구 말을 들어야 하죠? (엄마 역할) 제가 아까 좀 늦게 자도 된다고 말했거든요. (아빠 역할) 그래요, 그럼.

은 진: 엄마, 고마워요.

임상가: 좀 늦게 자도 된다. 그렇지만 어서 자도록 해라.

은 진: 예, 조금만요. 알았어요. 엄마, 과자 먹을래요. 어디 있죠?

임상가: 지금 너무 늦어서 먹으면 안 돼요. 지금 라면을 먹으면 안 돼지. 잘 준비할 시간이다.

은 진: 지금요?

임상가: 알겠지?

은 진: 예.

임상가: 잘 자라, 얘들아. 코 골지 마라. 낼 보자. 그리고 푹 자라. 뽀뽀~.

다른 놀이가 연속됨으로써 아동들을 달래고 잠들게 하여 잠잘 시간은 모두 막을 내린다. 협상과 타협은 통제와 제한 설정 문제들을 해결하게 한다. 은진이는 면담시간이 끝나고 있음을 인식한다. 그러나 놀이를 계속하기를 원한다.

은 진: 다른 놀이를 해요.

임상가: 좋아. 이제 학교 놀이를 하자. 이게 선생님이다(한 인형을 들고 사뭇 다른 목소리로 선생님 역할을 하였다). 자 안녕, 은진아. 반가워.

은 진: (하품함)

임상가: 오, 피곤한가 보구나. 어제 늦게 잔 모양이네, 그렇지? 일찍 잤어야 했는데…….

임상가는 권위적인 태도를 유지한다. 은진이는 혼자 서 있으려고 한다. 그러나 임상가는 고집했다. 결국 전처럼 은진이는 문제에 직면한다.

은 진: 저 안 피곤해요.

임상가: 낮잠 자겠구나. 너희 엄마에게 좀 더 일찍 재우라고 해야겠다. 숙제 해 왔니?

은 진: 아니요, 잤어요.

임상가: 오늘 받아쓰기 시험 있잖아. 준비됐니?

은 진: 예. 그런 것 같아요.

임상가: 어려운 단어 부를 거야. '팔랑거리다'의 철자를 써 봐라.

임상가는 은진이의 인지적인 기능을 평가하려고 한다. 어린 아동과 함께 할 때, 이것은 종종 놀이 맥락에서 유용하다. 선택한 단어는 어떤 아동들의 경우 이미 알고 있으나, 대부분의 6세 아동에게는 어렵다.

은 진: '팔-랑-거-리-다'요.

임상가: (선생님 역할) 참 잘했어.

은 진: (좋아하면서) 오호!

임상가: 이제 '맑다'를 써 봐.

은 진: '맑-다' (낄낄 웃음).

임상가: 7 더하기 6이 뭔지 아니?

은 진: 몰라요.

임상가: 3 더하기 1은?

임상가는 어려운 문제를 내고 나이와 학년에 적절한 문제를 낸다. 자신감을 주기 위해 쉬운 문제를 먼저 낼 수도 있다.

은　진: 4요.

임상가: 6 더하기 2는?

은　진: 8.

임상가: 좋아. '그림 완성하는 놀이'*를 배워 볼래? 내가 이렇게 선을 그으면 네가 그 선으로 그림을 완성하는 놀이야.

임상가: 좋아, 꽃이구나. 이제 네가 선을 만들고 나는 그림을 그릴게. (은진이는 이에 응했다.) 네가 명확하게 하나 그려 보렴. (임상가는 은진이가 스퀴글을 그린 종이를 가지고 그 주위에 그림을 그렸고 그림을 완성하려는 모습을 보이면서 그림을 완성한다.)

대부분의 아동과 같이 은진이는 쉽게 개념을 파악하고(이해하고) 게임을 즐겼다.

은　진: 이게 뭐예요?

임상가: 말을 그렸어. 그러니까 우리가 뭘 그린 거지? 꽃, 그다음은 선생님 차례다. (은진이와 임상가는 꽃, 말, 나무, 곱슬머리 여인, 다이아몬드, 굴뚝에 연기 나는 집을 그렸다. 게임에서 이야기 만들기를 하기 전에 은진이의 엄마가 방에 들어왔다.)

임상가: 흠, 은진아. 시간이 다됐네. 여기까지 해야겠다. 와 줘서 고마워. 잘 가렴.

---

*) 스퀴글 놀이라고 부른다.
스퀴글은 분석가와 아동이 서로의 그림을 다른 것으로 고치는 놀이다. 분석가가 종이에 무언가를 그리면 아동은 그것을 다른 어떤 것으로 바꾸어 놓는다. 그러고 나서 차례를 바꾸어 먼저 아동이 그림을 그리고 분석가가 그 그림을 다른 것으로 고치게 된다. 이러한 과정을 반복하는 놀이를 통해 분석가는 아동의 무의식적 내용을 발견하게 된다.
스퀴글 놀이는 David Winnicott이 최초로 했는데, 이것은 그림 그리는 것을 좋아하는 어린 아동들의 투사평가다. 아동 혹은 임상가는 선 혹은 형태를 비뚤게 그리고, 상대는 그것에 다시 더하면서, 의미 있는 그림을 완성해 가는 것이다. 몇 차례 바꿔서 한 후에 아동은 둘이 함께 만든 스퀴글의 '이야기 만들기'를 한다. 가능하면 임상가의 완성된 스퀴글은 아동의 현재 갈등 영역을 반영하도록 노력해야 한다.

4) 7세 남아의 놀이 면담

정서적 혹은 행동적인 장애를 가진 아동에게서 의미 있는 정보를 얻는 것은 특히 어렵다. 면담을 통해서 의미 있는 관계를 맺고 이를 유지하면서, 산만성과 부주의함, 집중과 충동성, 협동과 통제, 호기심과 억제, 경직과 유연성 그리고 연대감과 고립감과 관련된 정보를 얻어야 한다. 이러한 과정에서 연령에 적합한 놀이 재료들을 사용하는 것이 유용하다.

다음의 놀이 면담은 경험이 있는 임상가조차도 도전적인 아동과의 관계를 유지하는 것이 어렵다는 것을 나타낸다. 다음은 아동의 면담에서 관찰될 수 있는 10가지 중요한 특징을 나열한 것이며, 임상가는 이에 주목해야 한다. 즉, 활동 수준, 주의 폭과 주의산만성, 의사소통 기술, 협응(coordination), 좌절에 대한 내성, 충동성, 상동적이고 특이한 동작, 정서상태, 한계 설정에 대한 반응 그리고 칭찬에 대한 반응이다.

철민이는 7세 남아로 2년간 낮 치료 프로그램(day treatment program)에 다니고 있다. 초기에 철민이는 부모의 이혼 후 버림받을 것이라는 두려움을 경험했다. 현재 의뢰 사유는 약물로 조절되지 않는 틱 증상, 과잉행동, 주의산만성 그리고 공격성 때문이다. 아동의 진단은 주의력결핍 과잉행동장애와 뚜렛 장애다.

호기심이 많고 상당히 활동적인 철민이는 낮 병원에서 치료를 받고 있기 때문에 혼자 진료실에 들어왔다. 바닥에 놓여 있는 장난감 통은 즉시 철민이의 주의를 끌었고, 철민이는 바로 장난감 쪽으로 다가갔다. 먼저 철민이는 장난감들을 던지면서 방을 탐색하였다.

임상가: 안녕 철민아, 나는 주치의 조 선생님이야. 이리 와서 선생님이 들고 있는 것을 봐봐.

임상가는 즉각 철민이의 과잉행동 수준에 주목하고 미소를 머금은 채 아동이 탐색하게 하며 놀잇감을 가지고 놀게 하였다. 이러한 것들은 아동과 쉽게 가까워질 수 있는 하나의 노력이다.

철 민: 이거 뭐예요?

임상가: 내가 알려 줄게. 이건 손가락 인형이야.

철 민: 뭐라고요?

임상가: 이 인형을 손에 끼는 거야.

철 민: (냄새를 맡으며) 냄새 참 이상하네. 이게 뭐예요? (장난감 통에서 인형이 있는 곳으로 움직이면서)

임상가: 이거 말이니?

철 민: 예.

철민이는 여느 아동들과 같이 평범하게 손가락 인형을 집어 들지 않았다. 오히려 냄새를 맡고 즉시 다른 장난감으로 갔다. 그래서 임상가는 아동과 함께 다음 대상으로 이동했다.

임상가: 이게 뭐 같아 보이니?

철 민: 바비 인형 같은데요.

임상가: 신발이 없는 것만 빼면 그렇지. (철민이는 인형을 떨어뜨리고 새로운 장난감을 찾았다. 철민이는 자신이 만지는 각각의 아이템에 대해 연신 질문을 퍼부었다. "이건 뭐예요?" "이거 뭐하는 거죠?" "이거 어떻게 써요?" 그러나 철민이는 임상가의 대답을 듣지는 않았다. 마침내 철민이는 충동적으로 카메라를 집어 들고 비디오의 마이크를 던지고는 전선을 뽑아 버렸다. 즉시 임상가는 통제를 하면서 철민이가 마이크를 만지지 못하도록 요구한다. 철민이는 나가겠다고 반응했다. 임상가가 철민이에게 "선생님이 너와 함께 놀고 싶으니까 조금만 더 놀자."고 요구했다. 철민이는 다시 장난감 통으로 갔지만 계속 마이크에 주의를 두고 있었다.)

철민이의 충동성과 주의력 부족은 일련의 사건들에서 명백하게 드러났다.

철　민: 이 마이크는 뭐하는 거예요?

임상가: 사람들이 비디오를 볼 때 우리가 마이크로 하는 말을 듣는 거지. 만지지 마세요. 안 돼요.

철　민: 예.

임상가: 이게 비디오테이프지?

철　민: (다시 장난감 카메라로 주의를 돌리면서) 여기에 필름이 있었으면 좋겠어요. 이거 어떻게 열죠?

임상가: 카메라 좋아하니?

철　민: 예. 이거 어떻게 열어요?

임상가: (카메라 뒤를 열어 주며) 됐다.

철　민: 저 카메라 좋아해요. 준비됐어요? (아동은 셔터를 탁 누르고는 벽에 마이크를 설치하고 거기에다 소리쳤다.) 준비됐냐고요?

임상가: (철민이가 마이크로부터 주의를 돌리도록 노력하면서) 카메라에 필름이 없어. 그리는 거 좋아하니? 그림 그리는 거 좋아해?

철　민: 필름이 없다고요? 흠, 그럼 사러 가요.

임상가: 흠, 지금은 그럴 수 없어. 다음에 사도록 하자. 이제 마이크를 그만 놔 둬라. 무슨 이야기하고 있었지?

철　민: 잠깐만요. 준비됐냐고요?(마이크에 소리침) 그럼, 저 우리 반으로 다시 갈래요(낮병원 수업).

임상가: 흠, 선생님은 너랑 조금 더 놀고 싶은데, 이것들 좀 봐. (임상가는 장난감 통을 바닥에 쏟는다.)

철민이의 산만성은 그가 관심을 기울이는 것이 녹음기구라는 데서 드러나고 있다. 아동은 임상가와 직접적으로 상호작용하는 것에 저항(반항)하고 계속하여 회기를 끝내고 낮병원으로 돌아간다고 위협했다. 임상가는 아동이 장난감에 관심을 갖도록 계속 노력했다.

임상가: 이것 봐라, 의사랑 간호사야. 여기 또 뭐가 있지?

철 민: 이 사람들 왜 화났어요?

임상가: 화가 났다고?

철 민: 예. (무언가를 혼잣말로 속삭인다.)

임상가: 흠, 잠깐 다시 보자. 알겠니? 선생님은 너와 함께 놀고 싶어.

여러 번 철민이는 다시금 낮병원으로 돌아가고 싶다고 명확하게 말하고 있다. 아동이 면담 초반에 저항하는 것은 이상한 일이 아니다. 어떤 아동은 불안감 때문에 매우 억압되어 있고, 어떤 아동은 울거나 부모의 손 놓기를 거부하기도 한다. 아동이 충분히 면담에 참여할 수 있을 만큼 오랫동안 방에 머물게 하는 데 상당한 끈기와 임상가의 능력이 필요하다.

인형이 화가 났냐는 철민이의 질문은 사실은 자신의 감정 표현이다. 철민이는 왜 화가 났을까? 카메라에 필름이 없어서? 마이크 전선을 만질 수 없어서? 놀이방을 나가 낮병원으로 돌아가지 못해서? 임상가가 다음의 반응을 하기 전에 철민이는 또 다른 것을 참견했다.

철 민: 이건 뭐예요?

임상가: 이건 의사들이 사용하는 것들 중 하나야. 이걸 뭐라고 하지?

철 민: 주사기요. 왜 사람들이 주사를 맞아야 하죠?

임상가: 아프기 때문이지. 넌 주사 맞아 본 적 있니?

철 민: 준비됐어요? (아동은 불을 껐다.)

임상가: 안 돼. 불을 그냥 놔 둬라. 다시 켜 줄 수 있니?

철 민: 불 켤 필요 없잖아요.

임상가: 아니다. 불 켜야지. (엄하게) 불을 다시 켜 줄래? 고맙다.

주사에 대한 물음과 같은 개입으로, 나가려고 하고 불을 켰다 껐다 하는 철민이를 면담에 참여시키는 데 실패했다. 진단을 위해서 상대적으로 광범위한 행동을 허용했음에도 종종 엄격하게 한계를 정해야 하는 경우가 생긴다(장비나 물건인 기구를 치고 손상시키는 아동을 신체적으로 제한하는 것과 같은).

임상가: (다시 인형 쪽으로 가서) 얘들은 아파. 네가 주사를 놔줄래. 알겠니? 그렇게 할래? 의사놀이 할까? 이 애들은 안 울었으면 좋겠다. 울지 마라, 아가야. 넌 아파서 그래. 주사를 어디에 놔 주지? 팔에?

철 민: 내가 이 애 사진 찍을게요.

임상가: 오, 사진을 찍는다고?

철 민: 예. 봐요.

임상가: 하나 더 찍자. 얘 옷옷을 벗기는 게 좋겠다.

철 민: 걔 아파요?

임상가: 팔 찾았다. 여기.

철 민: 걔가 아픈지 어떻게 알아요?

임상가: 나도 몰라. 이야기를 지어 보자. 얘는 뭐가 문제지? (이때 아동을 놀이에 관여시키기 위해서 임상가는 바닥에 완전히 누웠다.)

임상가는 철민이의 문제를 밝히고 가능한 공감능력을 평가하기 위해서 다시금 '아픔' 에 대해 물어보았다.

철 민: 모르겠어요. (철민이는 지금 하고 있던 여러 가지 역할 중에서 역할 바꾸기를 하고 있다.)

임상가: 철민아, 이게 뭐지?

철 민: 뭐냐고요? 몰라요. 뭔데요? 어떻게 하면 되죠?

임상가: 너 바꿀 수 있니?

철 민: 예.

임상가: 좋아, 철민아. 이거 어떻게 하는 건지 알지?

철 민: 이제 알겠어요.

임상가: 좋아. 보여 줄래?

철 민: (그렇게 하고, 역할 바꾸기를 계속 하고 있음)

경험이 있는 임상가는 아동이 물건(장비)을 조작함으로써 전문적인 기술을 보일 수 있게끔 하는 '노하우'를 가지고 있다. 그리고 아동에게 숙달감을 촉진시키고 아동의 자아를 북돋아 준다. 또한 그러한 기술은 아동이 아이템을 보여 주고 말하도록 하는 데 효과적이고, 임상가가 알 수 있는 과학적인 원리 혹은 역사적 사건을 구체화한다. 칭찬에 대한 반응으로 철민이는 질문을 하기 시작했고, 계속해서 역할 바꾸기를 구조화하고 또 재구조화하였다.

임상가: 철민아, 오늘 기분이 어땠니?

철 민: 흠, 좋아요.

임상가: 행복하니?

철 민: 예.

임상가: 좋아. 슬프기도 하니?

철 민: 예.

임상가: 오늘 슬펐니?

철 민: 오늘은 아니에요. 행복해요. 왜냐하면…….

임상가: 뭐 때문에? 여기 와서?

임상가는 철민이가 면담에 참여하는 것을 좋아하지 않는다고 짐작해서 부정적인 반응을 유도해 내려고 했다. 그런데 놀랍게도 긍정적인 반응이 나왔다.

철 민: 예.

임상가: 어제 여기 오길 좋아했었니?

철 민: 예.

임상가: 이봐, 너 역할 바꾸기를 정말 잘한다(역할 바꾸기에 대해 구체적인 토론과 칭찬을 더 해 준 후, 임상가는 철민이의 주의를 더욱 의미 있는 사람들—인형 집에 있는 인형들—에 관해 돌리려고 노력했다. 그러나 이것도 다시 좌절되었고, 결국 접혀 있는 종이에 가위로 모양을 냈다.)

임상가: 가위질 어떻게 하는지 아니? 선생님이 모양을 만들어 볼게.

철 민: 예.

임상가: 마리오 아니?

철 민: 뽀로로 만들어요?

임상가: 그래.

철 민: 다른 애들은 어딨어요?

임상가: 다른 애 이름이 뭐지? 이름 기억나니? 다른 애 이름이……, 선생님이 걔도 만들게.

(임상가는 가위로 접힌 종이를 잘라서 모양을 만들고 그 모양을 철민이에게 보여 주었다. 얼마 뒤에 이들의 놀이는 다양한 닌텐도 캐릭터—마리오, 루이지와 공주—를 주제로 집중됐다.)

아동 정신건강 전문가는 아동에게 인기 있는 게임, 음악, 연예인에 대한 최근 유행(경향)을 알아야 한다.

임상가: 무슨 생각하니?

철 민: 몰라요. 마리오가 행복한가요?

임상가: 얘는 조금 화났어.

임상가는 철민이의 감정과 연관시키려고 노력했다.

철 민: 왜요?

임상가: 나도 몰라. 누군가가 그가 하려고 하는 것을 하지 못하게 했어.

철 민: 왜요?

임상가: 그리고 다른 친구들은 그와 놀고 싶어 하지 않아.

철 민: 친구들이 마리오와 놀고 싶어 하지 않는다고요?

임상가: 응. 그런데 공주는 지금 그와 놀고 싶어.

(임상가가 종이에서 공주를 자르는 동안, 철민이는 역할 바꾸기 놀이를 지속하였다. 그렇지만 놀이 주제에는 관여했다.)

임상가: 멋진 공주다.

철 민: 공주는 행복해요?

임상가: 그래. 그런데 마리오랑 그의 형제 쿠오모는 아니야. 내 생각에 형제 이름이 쿠오모였던 거 같아.

철 민: 전 루이지 같은데…….

임상가: 루이지 맞다. 그게 형제 이름이야. 쿠오모 아니고.

철 민: 예. 루이지요.

임상가: 너 정말 기억력이 좋구나! 마리오와 루이지는 공주와 함께 놀지 않지. 몇 레벨에서 공주가 갇히지?

철 민: 용 단계에서요.

임상가: 왜 공주가 용 단계에서 갇히지?

임상가는 선과 악, 분노, 그리고 분리와 재결합(화해)의 주제로 밀고 나갔다. 철민이는 마침내 이 구성에서 활발하게 관여하는 것 같았다. 아동은 닌텐도를 잘 알고 있었다.

철 민: 네?

임상가: 공주가 갇혔잖아.

철 민: 예.

임상가: 그리고 마리오와 쿠오모, 이름이 뭐였지?

철 민: 루이지요.

임상가: 마리오와 루이지는 공주를 구해야 해. 그런데 가는 길에 적들이 너무 많아. 그렇지?

철 민: 맞아요.

임상가: 내려와서 총을 쏘고 폭탄을 던지는 게 좋겠다. 공주 구출하는 것을 도와줄래?

철 민: 예.

임상가: 구하는 것이라……. 이것 좀 잘라 줄래? 난 못하겠다.

철 민: 할 수 있어요.

임상가: 못하겠다. 내가 구부렸어. 네가 해 보렴. 옆으로 해 봐.

철 민: 하고 있어요.

임상가: 공주를 구출해. (철민이는 마침내 가위로 종이를 자르기 시작했다.) 와, 멋지다. 잘했어. (임상가는 자른 공주를 인형 집에 두었다. 철민이는 인형 집이 있는 탁자로 가서 섰다. 각각 장난감을 택했다.)

임상가는 마침내 철민이와 비구조화된 판타지 놀이를 하고 있다. 지금 철민이는 주제를 소개하고 있다.

철 민: 이거 봐요. 제가 애들이에요.

임상가: 네가 애들이로구나. 난 뭐 할까?

철 민: 선생님이요. 학교에 가는 중이에요.

임상가: 아이의 이름은?

철 민: 상훈이요. 그런데 하늘에 뭔가가 날고 있어요.

임상가: 뭐지? 철민아 뭐지? 날고 있는 게?

철 민: 우주선이요. (철민이는 붕 하고 비행기 소리를 내며 놀이를 하면서 비행기 역할로 다시 역할 바꾸기를 했다.)

임상가: 오, 왠지 친숙한데?

철 민: 예.

임상가: 좋아. 그러면 그게 집 쪽으로 가는 거다. (엄마로서, 임상가는 지금 배우 목소리로 말했다. 철민이는 활발하게 인형 집에서의 놀이에 참여하였다.)

철 민: 비행사 이름은요?

임상가: 조로다.

철 민: 멋진 로봇이에요. (그는 기계적인 비행자의 목소리로 말했다.)

임상가: 와 주셔서 감사합니다. 우주에 가지고 오신 거 있나요, 조로?

철 민: 예. 있어요. 경주용 차요.

임상가: 경주차?

철 민: 맞아요.

임상가: 무슨 일이죠, 조로?

철 민: 무슨 일이 제게 일어났어요.

임상가: 부서졌니?

철 민: 부서졌냐고요? 제가 우주선이 되었어요.

임상가: 오.

철 민: 우주선이 되려고요. 도와주세요.

임상가: 그렇게 해 볼게. 이렇게 로켓 우주선이 되고 싶니?

철 민: 조립해 줄래요?

임상가: 그러도록 하지. 알다시피, 좀 어렵예. 넌 정말 잘하는구나. 선생님은 정말이지 어떻게 하는지 잘 모르겠다. 이건 여기로, 그렇지?

철민이는 지금 참여하고 있지만 역할 바꾸기의 기계적인 조작은 그의 연령에서 부적절한 방식으로 그의 흥미를 억제하고 있다. 그의 언어적 반응은 일반적으로 단순하고, 한 문장으로 제한되어 있다. 명백하게 그의 의사소통 능력은 제한적이다. 처음에 그가 도움을 요청한 것을 주목해야 한다. 그러나 시간이 흐름에 따라 임상가는 정보를 모으기 위해 역할이 바뀌기를 노력했다. 비록 제한적으로나마 이것은 철민이와 협력하는 것이었다.

임상가: 내 이름 기억하니?

철　민: 예, 조 선생님이에요. (그는 바뀐 역할에서 그의 로켓으로 돌아갔다.)

두 가지 활동은 동시에 임상가가 앞으로 철민이의 인지적, 운동 기술 평가에 협력하도록 설득했다.

임상가: 조 선생님을 아니?

철　민: 예. 당신이죠? 저 지금 가야겠어요. 우주로 갑니다. 안녕~.

임상가: 가지 마라. 다시 돌아와.

철　민: 다시 올게요. 저녁 먹고요.

임상가: (인형에게) 철민아 조로가 간데, 지금 학교 버스가 오고 학교 갈 시간이다.

철　민: 전 다시 가야만 해요.

임상가: 네가 보고 싶을 거야. 다시 우주로 가니?

철　민: 지금 가요.

임상가: 오, 철민아. 우린 정말 조로가 보고 싶을 거야. (철민이는 방에서 우주선을 날렸다. 그러나 임상가와 활발하게 놀이했다.)

떠나고 다시 만나는 주제는 특이한 것이다. 철민이는 회기가 거의 끝나는 시간에 임상가의 단서를 포착했다.

임상가: 다시 돌아오는구나. 우주에서 온 거니?

철　민: 예.

임상가: 우후! 조로가 돌아왔다!

철　민: 이제 갈 수 있죠?

임상가: 어디로?

철 민: 저희 반으로요.

임상가: 좋아. 한 가지만 더 할래? 점프할 줄 아니? 여기 뛰어넘을 수 있어?

철 민: 못해요.

임상가: 한 번 시도해 봐.

철 민: 안 해요. 그냥 갈래요. (철민이는 다시 역할을 바꾸어 우주로 날기 시작했다.)

임상가: 그냥 한 번 시도해 봐. (임상가는 재료들을 치우고 한 계단 올라가서 뛰어내렸다.)

다음 평가에서 철민이의 실제 나이는 7세이지만 신체적인 발달과 협응은 1~2세 수준이라는 것이 드러났다.

철 민: 좋아요.

임상가: 맨 위에서 해 봐. 오, 정말 잘 뛰는구나. 잠깐 기다려 봐. 이렇게 한 발로 깡충 뛸 수 있니?

철 민: 여기 위에서 해 볼게요.

임상가: 안 돼. 내려와서 해 봐. 좋아, 이제 반대 발로.

철 민: 오, 이 발로는 못하겠어요.

임상가: 못하겠다고?

철 민: 이 발로 점프하려면(왼쪽 발을 가리키며), 뭔가를 붙잡고 해야 하는데요?

임상가: 자. 날 붙잡으렴. 좋아, 잡았니? 여기 공이 있어. 잠시 역할 바꾸는 것은 그만하고, 공을 선생님에게 줄래?

철 민: (공을 놓치고는 다시 집어 들었다.)

임상가: 좋아요. 다시 한 번 할 수 있다. 다시 해 보자. 여기 있어. 좋아. 잘 잡았다. 이제 던져 봐. 한 번 더.

철 민: (떨어뜨리며) 이제 끝났어요.

임상가: 그래, 마치자. 이제 선생님이 뭐 할지 아니?

철 민: 뭐요?

임상가: 이제 선생님이 필름을 사고 카메라를 가져와서 네가 사진을 찍게 할거야. 그런데 여기까지다.

철 민: 예.

임상가: 알았니? 너희 반에서 뭐 하는지 보자.

철 민: 아니에요. 여기 있을 거예요.

임상가: 이제 안 돼. 끝날 시간이야.

철 민: 지금 끝낼 수 없어요. 놀고 있는 중이잖아요.

임상가: 나도 알아. 그런데 우리에게 시간이 더 없어서 여기서 그만두어야 해. 아무튼 잘 했다.

철 민: 싫어요. 싫어요. 싫어요…….

임상가: 알겠지?

철 민: 내버려둬요.

임상가: 와 줘서 고마워. (철민이를 문으로 데리고 감)

한 시간 동안 임상가는 다루기 어려운 철민이를 계속 회기에 머무르고 놀이하기를 원하도록 다뤘다. 철민이의 현재 문제는 이 놀이 면담에서 드러났다. 불안과 산만성, 장난감이나 임상가와 감정적으로 관여되지 못하는 것, 회기 내내 혼란스러운 것 그리고 동물이나 인간 장난감보다는 기계 장난감을 더 좋아하는 것이다. 철민이의 좌절에 대한 인내력을 관찰할 수 있는 기회는 없었다.

5) 9세 여아의 놀이 면담

승회는 친구가 거의 없고 혼자 앉아서 백일몽에 빠져 있는 시간이 너무 많다는 이유로 평가 의뢰되었다. 승희는 모든 질문에 쉽게 답하는 현명하고 똑똑한 아동이었다. 9세 아동들은 놀이 면담을 사용하는 것과 직접적인 질문에 대답하는 경계선상에 있다. 이 나이의 아동은 여전히 놀이를 즐기고 매개물을 통해서 공상을 공유할 수 있다.

임상가: 안녕, 나는 이 선생님이야. 너에 대해서 좀 알고 싶은데, 얘기를 나눠도 괜찮겠니?

승　희: 싫어요.

대부분의 임상가는 보통 스스로에 대한 이야기를 더 많이 하고 면담의 목적을 말해 준다. 임상가와 승희는 부드러운 베개와 장난감이 있는 치료실 바닥에 앉았다. 면담은 대부분 폐쇄형 질문을 하면서 몇 분 동안 지속되었다. 상세한 설명이 아닌 짧은 답변을 통해, 승희는 이유를 말하지는 않았지만 학교에서 가장 뒤로 잘 숨는 3학년 아동이라는 점을 드러냈다. 그녀는 같은 반은 아니지만 친구가 있었고, 오빠와 남동생이 있었다. 마지막으로 임상가는 승희에게 그림 그리는 것을 좋아하는지를 물었다. 승희는 "예."라고 대답하며 고개를 끄덕였고 임상가는 승희에게 종이와 펜을 주었다.

임상가: 가족을 그려 볼래?

승희가 그림을 그리는 동안 임상가는 자신의 방이 있는지, 어떤 색깔로 칠해져 있는지 그리고 승희의 개인적인 생활이 있는지에 대해 지속적으로 물었다. 승희는 대부분 단어로 답했는데, 오빠는 거의 함께 놀지 않지만 자 자신을 많이 괴롭히며, 동생이 더 친근하게 느껴진다고 했다. 그러나 그녀는 많은 시간 동안 방에서 CD 플레이어를 들으며 보냈다. 가족은 단지 작년부터 같이 살기 시작했다.

임상가: 가족의 직업 때문에 이사를 했니?

승 희: 예. 아빠 직업 때문에요.

임상가: 이사 가서 친구들과 갈등이 있었니?

승 희: 아니요. 여기에 더 많은 친구가 있어요.

임상가: 어떤 일이 있었니?

승 희: 몰라요. 그냥 그래요.

임상가: 학교는 어떻게 가니?

승희는 걸어서 학교에 간다고 말했다. 계속되는 질문을 통해, 승희는 지금 다니고 있는 학교가 덜 구조화되어 있기 때문에 선호한다는 점을 드러냈다. 이전에는 선생님이 엄하고 학생들이 잘못된 행동을 하지 않는 사립학교에 다녔다. 그녀는 현재 학교에서의 잘못된 행동을 정확히 인정하지는 않았지만, 새로운 학교에서의 혼란과 교사의 통제 부족에 대한 약간의 걱정을 표현했다. 또한 방과 후에 집에 엄마가 있었지만, 이전 집에서보다 놀 친구가 더 적어졌다고 표현했다.

그녀는 지루해하면서 세심하게 그림에 집중해 질문에 충분히 반응하는 것을 피했다. 이럴 때는 면담을 지속하기 전에 그림 그리는 것을 끝내도록 하는 것이 더 낫다. 임상가와 아동이 놀이 활동에 관여했을 때(체스 게임과 같이 구조화되든 인형 놀이와 같이 구조화되지 않든) 아동의 관심에 초점을 두는 것만큼 임상가의 관심에는 초점을 둬야 한다. 더 구체적인 정보가 필요하다면, "놀이를 멈추고 너에게 질문을 할 수도 있어."라고 말한다. 성인 면담에서 주제 간의 연결과 같이, 뒤따르는 질문에 대한 상호 간의 관심에 초점을 둔다.

놀이와 질문을 동시에 하는 일은 보통 피해야 하지만 예외가 있다. 때때로 주변 물건을 만지작거리며 질문에 답하는 것과 같이 어느 정도 주의가 분산되는 상황에서 좀 더 이완되고 편안하게 느끼는 아동이 있을 수 있다.

임상가: 가족 그림을 그리고 있니?

승　희: (고개를 끄덕였다.)

임상가: 보자, 누구니? 이 사람은?

승　희: (엄마, 아빠, 오빠, 동생의 그림에 분명하게 이름을 썼다.)

약간 떨어진 거리에서 관찰하던 임상가가 바닥에 함께 앉아 그림에 다시 초점을 둔다. 아동이 그린 모든 그림에 따라 임상가는 주의 깊게 색깔, 크기, 물체의 형태와 위치를 기록한다. 그림은 나이에 적절한 기술 수준을 평가하기 위해서 사용되지만, 더 중요하게는 주제를 이끌어 내기 위한 투사 기법으로 사용한다.

임상가: 오빠는 진짜 크니? 오빠가 아빠만큼 커 보인다.

승　희: 아니요, 실제로 그렇게 크지는 않아요.

임상가: 네가 다른 학교에서 여기로 옮겼다고 했는데(승희가 고개를 끄덕임), 이 학교는 어떠니?

승　희: 좋은 점도 있고, 나쁜 점도 있어요. (그리기를 멈춘다.)

임상가: 좀 자세히 말해 줄래?

이것은 탐색적이고 비지시적인 질문이다. 임상가가 질문을 하자마자 승희는 그림 그리는 것을 멈췄다. 승희는 임상가가 하는 질문에 더 자세히 대답하려고 노력했지만 대화는 덤덤했다.

승　희: 운동장에 더 좋은 정글짐이 있고 거기에는 벌레나 개미가 없어요.

임상가: 벌레가 겁나니? (승희는 고개를 흔들었다.) 개미는 어떤데?

승　희: 개미는 가렵게 해요.

임상가: 아이들은?

승　희: 나쁜 아이들도 몇 명 있어요. 그리고 비가 내리면 빗물이 교실 안으로 들어와요.

임상가: 비 오는 날에 비옷을 입고 장화를 신니? (승희는 익살스럽게 웃더니 다시 미소를 짓고 고개를 흔들며 '아니요.' 라고 했다.) 이전 학교에서는 아이들이 버릇없이 행동하면 어떻게 했지? 여기서는 어떻게 하니?

승 희: 여기에는 버릇없이 행동하는 아이들이 없어요.

승희는 정서적인 부담이 되는 잠재적으로 당황스러워질 수 있는 대화에 관여하는 것을 꺼려했다. 좀 더 구체적인 질문을 하는 것은 승희가 더 방어적인 태도를 갖게 할 뿐이었다. 임상가는 단서를 가지고 다음 대화에서 주제를 바꾸어 일 년 전 가족의 이사가 현재 승희 문제의 원인이 될 수 있다는 점을 알게 되었다. 그녀는 이전 학교에서 가장 친했던 친구의 이름을 말했는데, 지금은 과거의 친구들과 연락하지 않는다는 것이 이 가설을 지지했다.

임상가: 이전 학교에서 가장 친했던 친구가 있다고 했는데, 이름이 뭐니?

승 희: 수지요.

임상가: 여기로 이사 온 이후에 수지를 만난 적 있니? (승희는 고개를 저었다.) 수지에게 전화를 하거나 편지를 쓴 적이 있니? (승희는 고개를 끄덕였다.)

승 희: 글쎄, 전화를 한 번 했었는데, 다시 오지 않았어요. 그리고 나는 편지를 다섯 통이나 썼지만 전혀 답이 없었어요.

임상가: 이 일에 대해서 어떻게 생각하니?

승 희: (낙담하면서) 수지는 내 주소를 몰라요.

임상가: 속상했겠네. 아마도 네가 친구들과 사귈 수 있게 도울 수 있는 방법이 있을 거야.

임상가는 도움이 되도록 노력했지만, 승희의 친구가 승희와 계속 사귀고 싫어 했다면 승희와 연락을 취하지 않았을 리 없다고 생각했다. 이러한 가능성에 대해서는 향후에 탐색이 더 필요하다. 따뜻한 마음과 향후에 도움을 줄 수 있다는 가능성을 전달함으로써, 임상가는 긍정적인 치료적 동맹을 맺도록 시도한다.

임상가: (거미 손가락 인형을 집어 들고) 내 장난감들과 놀고 싶니? 여기에 몇 가지 손가락 인형이 있다. 안녕, 나는 거미야. 너는 내 친구가 되고 싶지 않니? (거북이를 선택한 승희는 열심히 인형을 손가락에 끼었다. 거미 손가락 인형을 낀 임상가는 평상시와는 다른 목소리를 내면서 거북이에게 다가갔고, 거미의 많은 다리 중 하나를 흔들었다.)

임상가: 거북이 씨, 나는 이사를 갈 거라서 작별인사를 하려고. 나는 네가 많이 그리울 거야. 너 나에게 편지를 쓸 거니? 사실 나는 이사 가고 싶지 않아. 내가 이사 가도 계속 내 친구 해 줄 거지?

임상가는 이전 논의를 계속하는 것으로 상호작용의 톤을 맞췄다. 핵심 문제의 견지를 잃지 않고 가능한 한 외상의 원천으로부터 거리를 유지하면서 공상 놀이를 하는 것이 중요하다. 장난감, 인형(특히 손가락 인형), 동물 가족 형상은 심상적 재료를 불러일으키기 위한 이상적인 자극이다. 가장한 목소리는 거리 두기에 도움을 준다. 또한 아이처럼 익살스러운 행동은 종종 어색함을 해소해 주는 역할을 한다. 그러나 놀이 내용이 심각하게 바뀔 때는 임상가 또한 심각해져야 한다.

승　희: (가장한 목소리로) 이름이 뭐니?

임상가: 내 이름은 거미야.

승　희: 맞다, 나는 네 이름을 잊지 않았어. 안녕, 나도 네가 그리울 거야.

임상가: 내가 너에게 굿바이 키스를 해도 되겠지?

승　희: 싫어. 악수는 할 수 있어. 안녕~.

거미가 거북이에게 작별 키스를 하기 위해서 이동했지만, 놀이에서조차 승희는 그녀의 경계를 분명히 하고, 키스 대신 친근하게 악수를 했다.

임상가: 안녕, 거북아. 왜 너 나에게 편지를 쓰지 않았니? 너는 한 달 전에 이사를 갔고 나는 너에게서 한 통의 편지도 받지 못해서 슬펐어. (거북이는 즉시 그녀가 그린 그림을 거미에게 건넸다.) 오, 너는 나에게 편지를 보냈구나. 매우 예쁜 그림이네. 너희 가족이야? 나는 그것을 갖고 싶어. 다시 써 줄 수 있니? (거북이 아가씨는 즉시 새 그림을 그리고 거미에게 건네주었다.)

이러한 즉각적인 순응은 승희가 분리에 대한 고통스러운 감정들을 끝내기를 바란다는 것을 의미한다. 놀이에서조차 고통스러운 경험을 부인하고 싶은 승희의 욕구는 분명하다. 임상가는 승희의 방어를 인정하고 조급한 해석을 피했다.

임상가: 거북이 아가씨, 나는 새로운 집을 좋아하지 않아. 내가 전에 살던 이웃집으로 돌아가서 너를 만날 수 있을까?

승 희: 응.

임상가: 거기로 돌아가는 게 좋아. 나는 새로운 집에 다시 돌아가는 것을 원하지 않아. 내 부모님께 내가 돌아가기를 원하지 않는다고 편지를 써 줄래?

임상적인 직관을 사용해서, 임상가는 분리 주제를 다루기 시작했다. 임상가는 지금 대부분의 장면을 지시하고 주제를 설정하긴 했지만, 일단 승희가 주도권을 가지게 되자 임상가는 그녀의 리드를 따르기 시작하였다.

승 희: (편지를 쓰기 시작했지만, 그때 장난감 통에서 악어 인형을 잡고 퉁명스러

운 목소리로 말했다.) 너는 집에 와야 해.

임상가: 악어, 너는 누구니?

승 희: 나는 아빠야.

임상가: 안녕, 아빠. 내가 몇 달 동안 내 친구 거북이와 지낼 수 있을까요?

승 희: 아니, 너는 즉시 집에 돌아와야만 해.

임상가: 아니요, 나는 가지 않을 거예요. 나는 새로운 집이 싫어요.

승 희: 글쎄, 너는 당장 집에 와야 한다니깐.

임상가: 아니요. (거북이에게) 제발 나를 숨겨줘. 내가 어디에 숨을 수 있을까?

승 희: (거북이에게) 침대 아래에 숨어.

아동은 놀이에 아빠를 끌어들임으로써 리드를 하게 되고, 그의 실제 삶에서의 역할을 보여 주었지만(예: 가족에게 이사를 강요하는 것), 임상가는 이사와 직면하여 극심하게 저항함으로써 이사에 대한 승희의 감정 깊이를 탐색하는 것을 시도했다.

(이어서 악어가 거미를 붙잡기 위해서 온 방을 쫓아다니기 시작했다. 결국 악어는 입으로 거미를 잡고 카트에 넣었다.)

임상가: 배고파. 먹을 게 있니?

승 희: (토끼 인형을 잡고) 소풍 가고 싶니?

임상가: 토끼, 너는 누구니?

아동들은 다양한 역할들을 분명히 유지하면서 쉽게도 할 수 있다. 때때로 아동은 임상가에게도 하나 이상의 역할을 하도록 요구한다. 이로 인해서 혼란이 일어나는 경우에 임상가는 자연스러운 성인 목소리로 "잠깐만, 나는 작은 소녀였어. 지금 너는 누구니?" 와 같이 설명을 요구함으로써 놀이에 간섭하는 것이 좋다. 주요 이슈는 임상가가 '내적 아동'과 접촉하기 위한 것이며, 모든 아동 임상가에게는 성인의 관점으로 상호작용을 관찰하는 동시에 즐겁게 해야 한다는 두 가지 역할이 있다.

승　희: 나는 엄마야. 소풍 가고 싶니?
임상가: 좋아요. 고마워요, 엄마.
승　희: 우리는 김밥을 만들어야 한다.
임상가: 나도 김밥 좋아해요. 그리고 단과자를 가지고 갈 수 있나요?
승　희: 물론이지!
임상가: 나는 소풍을 좋아하지만, 소풍에 개미가 있는 게 싫어요. 나는 개미를 좋아하지 않아.
승　희: 때로 개미가 들어왔을 때는 어떻게 할 수 없단다.

임상가는 소풍에 대한 의견에 긍정적으로 반응했지만 약간의 문제가 있었다. 면담에 앞서 승희는 '벌레와 개미' 때문에 새로운 학교를 좋아하지 않는다고 말했다. 소풍에서 개미의 추상적인 개념을 소개함으로써, 임상가는 학교의 나쁜 점을 알기 위한 다리를 제공했다. 다시 말해, 소풍은 새 학교에 대한 은유가 된다. 승희는 개미와 유사점을 이해하는 것처럼 보였다.

임상가: (장난감 헬리콥터를 날리기 시작했고 게임을 계속했다.) 개미 헬리콥터가 개미와 함께 왔단다.
승　희: (소풍 장소에 놀이 치료에 맞춰 장난감 인형들을 배치하기 시작했다.)
임상가: 이 아이들은 누구니? 그들은 소풍 장소에 도착했니?
승　희: 여기는 엄마, 아빠, 오빠, 남동생이에요. 그들은 소풍을 갈 수 있어요.
임상가: 나는 더 많은 개미들과 함께 왔다. (임상가는 비행기로 날아서 사방에 개미들을 뿌렸다. 승희는 강하게 솔질을 해서 개미들을 쫓아냈고 그것을 즐기고 있는 것처럼 보였다.) 너는 그렇게 빨리 우릴 없앨 수 없어. 너를 가렵게 할 거고 소풍 장소에 들어갈 거야. (승희는 공룡 형상을 쥐고 접근하기 시작했다.) 음, 여기 공룡이 간다. 나는 여기를 떠날 거

야. 안녕~. (헬리콥터는 어디론가 날아가 버린다.) 떠나자, 공룡. 당신이 나를 데려가요. 더 이상 개미가 없어요. 서둘러, 공룡이 구했구나! 이제 우리는 모두 놀 수 있고 재미있는 소풍을 갈 것이다. 공룡은 단과자를 먹을 거니?

앞서 승희는 개미에 대해서 '개미들은 나를 가렵게 해요.' 라고 반응했다. 이것은 승희의 스트레스와 고통에 대한 은유인가? 승희는 개미를 몰아내기 위한 강렬한 힘을 놀이에 불러옴으로써 '가려움'의 문제를 해결했다. 그녀는 또한 지금 증가된 욕구들을 나타낸다.

승 희: 내가 개미들을 제거했으니 내가 음식을 모두 먹을 거예요.

임상가: 오, 게걸스럽게 먹는구나. 그렇지 않니, 공룡 씨? 나는 너를 데리고 가야 하고 더 많은 개미들이 주변에 올 거야. 푸ㄷㄷㄷㄷㄷㄷㄷ. (임상가는 헬리콥터를 되돌렸고 공룡의 도처에 개미를 뿌렸다.) 이것은 모두 네가 먹을 음식이고 다른 누구도 먹을 수 없다.

여기서 임상가는 아동의 방어를 직접적으로 직면시킴으로써 아동의 허기짐과 욕구에 대해서 다루고자 한다. 승희는 부와는 다르게 자신의 어려움에 대해서 이야기하기 시작했다.

승 희: 나는 아빠야. (공룡 인형을 내려놓고 아빠 인형을 집어 올린다.)

임상가: (재빨리 헬리콥터 파일럿과 개미를 뿌리는 사람에서 배고픈 아이로 역할을 바꾼다.) 나는 배가 고파요. 단과자를 먹을 수 있을까요?

승 희: 안 돼.

임상가: 그러나 나도 단과자를 원해요. 제발, 아빠, 내가 단과자를 먹을 수 없을까요?

승 희: 안 돼, 아가야. 너무 설탕이 많아.

임상가: 이리 와요, 아빠.

승 희: 너는 핫도그를 먹을 수 있어.

임상가: 나는 핫도그를 좋아하지 않아요. 나는 단과자를 원해요. 아빠, 제발.

승 희: 글쎄, 너는 단과자를 먹어서는 안 돼.

여기서 나타나는 가정에서 받는 스트레스 중 한 가지는 한계 설정에 대한 다툼과 관련된다. 아빠는 다시 엄격하고 완고하게 표현되었다.

임상가: 글쎄, 여기 큰 새가 온다. 네가 단과자를 가질 수 있을 거라고 생각하니? 방법은 없어!

승 희: 네? (그녀는 다른 동물 괴물 모형의 도움을 얻는다.)

임상가: 안 돼, 이건 내 거야! (그들은 단과자 때문에 싸우기 시작했다.) 저건 누구야? 너는 괴물이니? 너는 누구니?

승 희: 나는 엄마야. 싸우지 마.

임상가: 알았어요, 엄마. 엄마가 대장이에요. (보통 어른 목소리로) 시간이 다 되어서 오늘은 그만해야겠다. 와 줘서 고마워.

면담의 끝에서 엄마는 평화를 되찾았다. 아마도 이것은 가정에서 그녀의 일상적인 역할일 것이다. 면담시간이 다 되었을 때 임상가는 종종 갑작스럽게 회기를 끝내야 하는 상황이 된다. 놀이는 다음 시간에 계속된다는 것을 이야기해 주는 것도 좋다. 아동이 그림을 그리는 중이라면 임상가는 다음 시간을 위해 미술작업을 유지하는 것이 중요하다. 치료적 관계가 잘 이루어져 있다면 놀이 주제는 많은 회기 동안 지속된다.

6) 청소년 면담

청소년은 작은 어른도 큰 아이도 아니다. 보통 면담 상황에서 장난감과 게임은 이들에게 유용하지 않다. 그러나 장기나 바둑 같은 게임은 조기 청소년 면담을 시작하는 데 도움을 줄 수 있다.

청소년의 성숙도에 따라서 성인과의 면담에서 사용되는 대부분의 기술이 청소년 면담에도 적용될 수 있다. 나이에 상관없이 환자에 관한 정보는 입원 환자의 평가를 위한 단계를 설정하는 데 도움을 줄 수 있다. 그러나 청소년 외래 환자는 보통 성인 외래 환자와 같이 부모로부터 정보를 얻기 전에 면담을 하는 것이 바람직하다. 이 시점에서, 임상가는 부모와 아동의 상호작용이 어떻게 이루어지는지 알기 위해서 추후에 가족 면담을 하게 된다.

청소년과의 면담에서 주목해야 할 점은, 임상가는 치료적 관계(Rapport)를 형성하기 위해서 많은 시간을 투자해야 한다는 것이다. 청소년은 성인 또는 아동보다 신뢰를 형성하기가 어렵기 때문이다.

다음은 청소년 입원환자를 대상으로 평가를 시작하기 전에 이루어진 것이다. 임상가는 전에 결코 환자를 만난 적이 없고 과거력도 몰랐다. 영희는 의자에 느긋이 기대고 앉아 의도적으로 임상가에게 주의를 기울이지 않는 듯 보였다.

임상가: 안녕. 너의 주치의 선생님과 같이 일하는 정 선생님이야. 오늘 면담에 응해 줘서 고마워. 네 주치의 김 선생님이 왜 내가 너를 만나고 싶어 하는지 말해 주었니?

이러한 공식적인 소개는 청소년들이 다소 낯설게 느낄 수도 있다. 청소년들과 면담을 할 때에는 과도하게 형식적인 태도나 지나치게 친밀한 듯한 태도를 취하는 것은 바람직스럽지 못하며 중간 정도의 태도를 취하는 것이 좋다. 청소년들이 자신의 문제를 다루는 데 있어서 성인이 안정되고 경험이 있는 전문가라는 생각을 갖도록 하는 것이 중요하다.

영 희: 예.

임상가: 왜 그렇다고 하셨지?

영 희: 기억이 안 나요.

임상가: 그래. 설명하려고 노력해 보렴. 나는 김 선생님과 함께 일하고 있고, 너에 대해서 더 많이 알고 싶어. 그래서 김 선생님이 네 문제를 좀 더 이해할 수 있게 돕고 싶단다.

영 희: (긴 침묵이 흐른 뒤) 예.

임상가: 네가 여기에 왜 왔는지 말해 줄래?

영 희: 몰라요. (침묵)

임상가: 네가 가지고 있는 문제는 뭐니?

영 희: 없는데…….

임상가: 너무 고통스러워서 말하지 못하는 것처럼 들리는구나.

영 희: (침묵이 계속된다.)

개방형 질문으로 면담을 시작하는 시도는 자신의 문제를 말하는 데 관심이 없는 청소년들로부터 대부분 거절당한다. 그러므로 가능하다면 청소년들과의 관계를 형성하는 것을 가장 중요한 목적으로 삼고 우선한다. 그러기 위해서는 첫째, 임상가는 기본적인 규칙들을 제시한다.

임상가: 여기서 우리가 노력해야 할 것에 대해서 조금만 이야기하자. 있고 싶지 않더라도 너는 여기 병원에 있어야 하고, 밖에 나가서 적응해야 할 것들에 대해서 배우도록 노력해야 해. 김 선생님은 네가 여기에 왜 왔는지 가족들로부터 이미 들었어. 지금 우리는 그것에 대해 네 입장에서 듣기를 원한단다.

영 희: (임상가에게 고개를 흔들고 눈짓을 주었다.) 음…….

임상가: 또 여기에는 너의 동의가 필요하단다. 나는 너의 느낌에 민감해지려고 노력하겠지만, 질문도 많이 할 거야. 만약 솔직하게 답할 수 없다고 여겨지는 질문을 받는다면 나에게 다른 것들에 대해 이야

기하자고 해. 대신 거짓말만은 하지 말아 줘. 네가 거짓말을 한다면 더 혼란스러워질 거야.

영 희: (고개를 끄덕임.)

임상가: 또 다른 것들도 있단다. 네가 나에게 말하는 것은 비밀로 할 거야. 너의 허락 없이 어느 누구에게도 말하지 않을 거야. 한 가지 예외는, 너도 이해할 거라고 생각하는데, 너나 다른 누군가를 해칠 계획이 있는 경우야. 그때 나는 너에게 양해를 구하고 다른 사람들에게 그 사실을 알려야 해. 알겠니?

영 희: 예.

이러한 말들과 함께 임상가는 세 가지 중요한 점, 즉 ① 청소년 문제의 전부는 아니라는 점, ② 진실의 필요성, ③ 안정에 대한 필요성을 강조해야 한다. 이는 모든 청소년 면담에서의 기본이다. 따라서 여러 번 언급해야 한다.

임상가: 몇 살이니?

영 희: 14세요.

임상가: 병원에는 얼마나 있었니?

영 희: 제 생각엔, 2주 정도요.

임상가: 전에 다른 병원에 입원한 적 있니?

영 희: 예.

임상가: 입원은 얼마나 했니?

영 희: 9일.

지금까지 임상가는 반항적인 청소년이 한두 단어로 답할 수 있는 단순한 질문을 해 왔다. 영희의 축 늘어진 자세, 짧은 대답과 면담 초기의 비협조적인 태도는 모두 치료적 관계가 충분히 형성되어 있지 못하여 나타나는 태도다.

임상가: 너에게 도움이 되었니?

영　희: 아니요. 저는 입원이 싫었어요. 그건 저에게 심한 고통이라고 생각했어요.

임상가: 심한 고통?

청소년이 말한 단어를 반복함으로써 임상가는 개방형 반응을 격려한다. 이 기법은 언어적인 표현을 격려하는 동시에 면담의 방향을 잡는 데 가장 유용한 방법 중 하나다.

영　희: 예. 그 병원은 저를 범죄자처럼 취급했어요. 마치 소년원에 있는 것처럼 말이에요.

임상가: 소년원에 가 본 적 있니?

개방된 대화를 유지하기 위해 '좀 더 말해 봐요.' 라고 말하는 것 대신 임상가는 '예-아니요' 질문을 한다.

영　희: 예. 그래 본 적 있어요.

임상가: 너의 많은 모습을 봐 왔는데, 오늘은 슬퍼 보이는구나.

임상가는 '슬프니?' 라고 질문하는 것보다는 '슬퍼 보인다.' 라는 구체적인 말을 하면서 정서에 초점을 둔다.

영　희: 글쎄요……. 예. 오늘 그래요. 저는 민서와 문제가 생겼어요. 민서는 제가 무언가를 말할 때 저를 짜증나게 하지만, 어떤 문제도 일으키진 않아요. 그들은 이 일까지 알아챘어요. 민서는 다 소문내고 다녔을 거예요.

임상가: 그들이 너의 흠을 말하고 다니는 것 같니?

영 희: 아니요. 실제로는 민서가 했고, 정희도 약간 했을 거예요. 정희는 창밖으로 제 옷을 던져 버렸어요. 걔가 그렇게 하는 것을 봤는데, 그때 정희는 저에게 거짓말을 했어요. 그 일은 저를 매우 화나게 했어요.

임상가: 이해가 된다. 네가 나에게 이렇게 물어봐 줄래? '전에 이 장소에 가 본 적이 있어요?'

임상가는 앞서 이야기의 주제를 바꾸려고 했지만, 갑작스럽게 주제를 바꾸는 것은 그리 좋은 방법이 아니다. 특히 '예-아니요' 응답식의 질문에서는 주제를 갑자기 바꾸는 것이 그리 바람직스럽지 못하다.

영 희: 아니요.

임상가: 소년원에 몇 번 가 봤니?

영 희: 저는 거기에 가 본 적 없는데요.

임상가: 네가 갔었다고 하지 않았니?

영 희: 가 봤죠.

임상가: 언제?

영 희: 집행유예 공판 때문에 간 적이 있어요.

임상가와 영희는 서로 진실과 신뢰를 시험하면서 논쟁 중이다. 임상가는 개방형 질문을 하면서 다른 시도를 한다.

임상가: 집행유예 동안 무엇을 하고 있었니?

영 희: 저는 몇 차례 어떤 여자가 사는 집을 털었어요. 처음에는 나이 든

남자와 함께 갔는데, 우리는 담배, 술과 돈을 가지고 나왔어요.

임상가: 음, 그녀의 집은 얼마나 멀리 떨어져 있었니?

간신히 무조건적인 격려로 영희의 사고 흐름 방식을 파악하지 않은 채 면담을 계속했다. 청소년들은 종종 공포스러운 상황에 오히려 의도적으로 스스로를 노출시킴으로써 부정적인 기분 상태(분노, 불안, 우울, 죄책감)를 해결하려는 경향이 있다.

영 희: 글쎄요, 그렇게 멀지 않아요. 그녀는 우리 집에서 몇 블록 떨어진 곳에 살아서 우리는 걸어갔어요. 뒷문이 열려 있었죠.

임상가: (몇 초 동안 침묵 속에 영희가 다시 말을 시작하기를 기다린다.)

영 희: 그는…… 저의 절친한 친구로 우리는 어울려 지냈지요. 학기가 시작하기 몇 달 전이었는데, 그는 오토바이를 훔쳤어요. 저는 오토바이를 훔치지 않았지만 거기에 있었죠. 지금 그는 집행유예 중이에요. 그는…….

임상가: 언제 집행유예에서 풀려나니?

영희의 초점을 유지하기 위해 임상가가 개입하되, 영희가 사용하는 단어를 사용하도록 한다.

영 희: 제가 생각하기론 3년이 걸릴 거 같아요.

임상가: 다시 학교에 다닐 거니?

영 희: 예. 가끔 빠지겠지만, 저는 학교에 다닐 거예요.

임상가: 자, 면담 내용을 약간 바꾸어 볼까? 너의 삶 중에 문제가 없었을 때가 있었다면 말해 보렴. 너의 삶에서 행복했던 때나 내내 불쾌했던 때가 언제였지?

임상가는 영희와 친구의 관계에 관한 정보를 얻었다. 이는 10대 평가에서 중요한 주제다. 그다음에 임상가는 문제가 없고, 긍정적인 가족 경험과 관련된 과거력을 찾으려고 노력했다. 이 변화는 갑작스러웠지만, 다른 내용을 추구할 것이고 임상가가 면담 과정을 통제하고 있다는 사실을 영희가 알도록 예고한다. 이것은 청소년들을 이해하기 위해서 중요한 측면이다. 면담과정에서는 청소년들이 사용하는 언어를 사용하여 너무 가깝게 모방하려고 하면 오히려 성인들에 대하여 거부 반응을 보일 수도 있다. 임상가는 때때로 청소년 환자와 친구처럼 관계를 맺는 것과 비판적인 부모처럼 이야기하는 것 사이에서 선택을 해야 한다고 느낀다. 실제로 중간 입장을 취하는 것은 바람직스럽고 또한 거의 가능하다.

영희: 학교에서 일어난 일 때문에 우울해요. 실제로는 이 모든 것들이 시작되도록 만든 나쁜 선생님이 한 분 있어요.

임상가: 음.

영 희: 1학년 때 그 선생님은 저를 비난했고 6학년이 될 때까지 내내 그랬어요. 그 선생님은 밥맛없는 사람이었어요. 각 반에서 3명을 골랐는데, 그 학생들은 모두 그 선생님이 싫어하는 학생들이었어요. 선생님은 반에 들어올 때마다 단지 그 학생들이 싫다는 이유로 밖에 앉게 했어요. 저는 그들 중에 하나였어요.

임상가: 1학년 때 시작되었고 그 선생님 때문에 계속 그렇게 되었니?

영 희: 예.

임상가: 습관을 깨거나 네 마음을 바꿀 수는 없었니?

몇 가지 요약진술을 통해 임상가가 이해하고 있음을 알린다.

영 희: 그렇지 않았는데 그때 그 선생님 때문이에요. 그 선생님은 정말로 비열했어요. 제가 우연히 선생님 연필을 한 번 부러뜨렸는데 그 선

생님은 저에게 진짜 미친 듯이 행동했고 저를 상담소로 보냈어요. 그 선생님은 "너는 연필을 부러뜨렸어. 넌 상담소에 가 봐야 해." 라고 말했어요. 그 선생님은 6학년 내내 같은 방식으로 나를 대했어요.

임상가: 그리고 그때 무슨 일이 있었니?

지금 면담은 잘 이루어지고 있지만, 임상가는 여전히 영희와의 관계에서 정서적인 요인이 부족하다는 것을 염려했다. 청소년의 모든 문제는 외부로부터 나온다고 기술하는 것이 꽤 일반적이다. 책임을 지지 않으려는 행동은 성인에서는 병적인 것으로 보지만 청소년에게는 흔히 관찰되는 행동양식이다.

임상가: 네가 초등학교 때를 생각하기 시작했을 때, 약간 울기 시작한 것 같았어. 너에게 힘든 시간이었니?

영 희: 제가 울기 시작했다고요? 그게 무슨 의미죠?

어떤 사실들은 학교에서 지속되는 영희의 어려움에서 나타나고 있지만, 약간의 치료적 관계가 형성되기 시작했다. 임상가가 정서에 초점을 맞추려고 시도했을 때, 영희는 두려워하며 현실로 되돌아왔다.

임상가: 민서에 대해서 생각하고 있구나?

영 희: 민서가 했던 일 때문에 고통을 겪고 있어요.

임상가: 그러한 것들에 패턴이 있는 것 같아. 사람들이 너를 비난하고 너는 고통을 경험해. 왜 너에게 이런 일이 일어날까?

여기서 임상가는 질문의 형태로 사건에 대한 해석을 시도하고 있다. 일반적으로, 초기 해석을 피하는 것이 바람직하다. 왜냐하면 초기에 해석을 하는 경우에는 종종 잘못 해석을 하는 경우도 있고, 더 핵심적인 정보를 드러내는 것을 방해할 수도 있다. 그러나 이 사례에서 영희는 긍정적으로 반응했다.

영 희: 그들은 저를 건드릴 때 제가 화를 낼 거라고 생각하기 때문에 그렇게 해요.

임상가: 그들이 너를 건드린다고?

영 희: 그들이 그렇게 생각하기 때문에 제가 고통을 받아요.

임상가: 너는 화가 났을 때 어떻게 하니? 그들을 때리니?

영 희: 아니요. 글쎄요, 때때로 그렇게 하기도 하지만, 보통 저는 그들과 여자 선생님에 대해 악담을 해요. 민서가 "너는 친구가 없어."와 같이 무시하는 말들을 했지만, 저는 민서와 함께 했고 그것 때문에 고통을 받아요. 여자 선생님도 마찬가지예요. 그녀는 그 일로 고통받지 않았지만 저는 실제로 고통을 받기 때문에 화나요.

임상가: 너는 고통을 받고 있는데, 그녀는 그렇지 않구나. 그녀는 건드리지 않았니?

임상가는 여전히 희생당하고 있다는 영희의 감정에 공감함으로써 치료적 관계를 형성하려고 노력하고 있다. 영희는 자신의 힘든 상황에 대하여 스스로도 책임이 있다는 것을 어느 정도 알고 있기 때문에 스스로 어느 정도의 대책을 세울 수도 있다. 그러나 면담에서 임상가는 여전히 진단적으로 유용하고 신뢰 있는 정보를 얻기를 원한다.

영 희: 예. 오늘 그녀는 프로그램 집단에서 떠났고, 간신히 다른 집단에 가게 되었어요. 저는 그 집단에 포함되어야 하는데, 제 방에 있고 싶지 않고 그들에게 가는 것을 거부할 거예요.

임상가: 그녀는 그렇게 하면 안 되니?

영　희: 예.

어떤 의미 있는 정보들을 얻었고 청소년은 자신의 문제에 대한 약간의 통찰력을 갖게 되었음을 관찰하게 된다. 면담은 부드럽게 진행되고 있으며, 저항했던 영희가 기대했던 것보다 훨씬 더 많은 정보를 주었다. 지금까지 다른 주제와의 연결은 '지금(now)' 이라는 한 단어로 제한되고 있다.

임상가: 지금, 여기 병원에 어떻게 들어오게 되었니?
영　희: 한 선생님이 저를 모욕했고, 저는 학교에서 화가 났어요. 그들은 저를 정학시켰고 엄마는 "너는 병원에 갈 거야."라고 말했어요.
임상가: 병원이 너에게 도움이 된다고 생각하니?
영　희: 잘 모르겠어요. 저는 여기에서 나가고 싶기 때문에 도움이 되고 있다고 말하고 있지만, 실제로는 단지 고통스러울 뿐이에요.
임상가: 약은 먹고 있니?
영　희: 저는 리튬과 졸로프트를 복용해요.
임상가: 약물은 어떠니?
영　희: 리튬을 먹었을 때는 많이 어지럽고, 졸로프트는 모르겠어요.
임상가: 화나 짜증을 통제할 수 있도록 도와주니?
영　희: 때로는요. 그러나 민서가 저를 무시하면, 여전히 저는 화가 나요.
임상가: 네가 이성을 잃고 싸움을 해서 누군가를 다치게 한 적은 있니?
영　희: 예. 그러나 주먹다짐 같은 건 하지 않았어요.
임상가: 선생님에게 네가 해친 사람에 대해 이야기해 줄래?
영　희: 학교 아이인데, 제가 걔의 얼굴을 세게 쳤고 심하게 다치게 했어요. 코피가 났고 그게 다예요.
임상가: 학교 친구가 있니?
영　희: B학교에서 저는 정말로 인기가 많았고 인기 있는 학생 중에 속했어요. 저는 C학교로 전학을 갔고, 거기에서는 아무도 알지 못했어요.

임상가: C학교는 어떤 곳이야? 문제 있는 아이들이 거기에 있었니?

영　희: 아니요. 부유한 아이들이 많이 다니는 학교예요.

임상가: 사립학교니?

영　희: 예. 사립이고 저는 거길 좋아하지 않았어요.

임상가: 왜 거기에 들어가는 게 싫었니?

영　희: 엄마는 제가 B학교에서 너무 많은 말썽을 부렸다고 여기셨어요.

임상가: 가족에 대해서 말해 보렴. 엄마와 아빠는 어떻지?

영희가 제공한 내용을 이용해서, 임상가는 다른 주제로 옮겨 간다.

영　희: 제 생각으로는 부모님이 옳아요.

임상가: 일을 하고 계시니?

영　희: 아빠는 엔지니어세요.

임상가: 엄마는 집에 계시니?

영　희: 예.

임상가: 부모님이 싸우는 것을 들은 적이 있니?

영　희: 예. 하지만 자주는 아니에요.

임상가: 부모님들은 서로 잘 지내시니?

영　희: 예.

임상가: 형제는?

영　희: 여동생이 있어요.

임상가: 여동생에 대해서 말해 보자.

영　희: 12세예요.

임상가: 네가 하는 것을 같이 하니?

영　희: 아니요. 여동생은 담배나 다른 무엇도 하지 않아요. 저는 여동생이 저를 따라 하는 걸 바라지 않아요.

여동생과 가족에 대해서 이야기를 할 때, 영희는 부드러워 보였고 심지어 여동생이 자신을 닮지 않기를 바랐다. 이것은 공감 능력의 증거다. 일반적으로 청소년을 대상으로 할 때 평가해야 할 매우 중요한 주제다.

임상가: 언제부터 담배를 피웠니?

영 희: 작년 여름부터요.

임상가: 또 언제부터 술을 마셨니?

영 희: 작년 가을부터요.

임상가: 음주로 문제를 일으킨 적이 있니?

영 희: 어떤 문제요?

이후에 흡연과 음주에 따른 학업, 내과적, 개인적 문제에 대한 더 많은 질문을 한 후에, 임상가는 영희가 언제 태어났고 왜 가족들이 현재 지역으로 이사를 하게 되었는지를 알아보았다. 영희는 또한 조부모에 대한 이야기를 털어놓았다.

임상가: D지역으로 되돌아가는 것을 생각해 본 적이 있니?

영 희: 예. 저는 정말 D지역으로 돌아가고 싶어요. 그러나 엄마는 안 된다고 하세요.

임상가: (부드럽게) 새로운 시작이 될 것 같구나.

영 희: 예. 아빠를 제외하고, 모든 가족이 D지역으로 되돌아가기를 원해요.

이것은 면담에서 영희가 보인 첫 번째 열성적인 반응이다. 진실된 다정함을 투사하는 것은 청소년들에게 특히 필요한 것이다. 영희의 첫 번째 입원에 대한 적대감과 분노 때문에 상당 시간 동안 그 점에 대해 면담하였다.

임상가: 엄마가 안 된다고 말했을 때, 엄마가 돌아가고 싶어 하지 않았던

거니, 아니면 아빠의 직업 때문에 원하지 않는 거였니?

영　희: 엄마는 저에게 엄마도 D지역으로 되돌아가고 싶지만, 아빠의 좋은 직장이 여기 있다고 말했어요.

임상가: 네가 5세 때, 가족이 이 지역으로 이사했니, 아니면 그 주변으로 이사했니?

영　희: 여기로 이사를 왔어요.

임상가: 5세 때까지는 같은 집에서 지냈니?

영　희: 예.

임상가: 애완동물은 있었니?

영　희: 예. 강아지가 두 마리 있었어요.

임상가: 고양이는 없었니?

영　희: 제가 강아지를 원했어요.

이것은 면담의 두 번째 긍정적인 진술이다. 임상가는 이러한 긍정적인 언급을 다른 긍정적인 느낌을 논의하기 위한 발판으로 삼았다.

임상가: 그래? 강아지를 좋아하니? 어떤 종이지?

영　희: 슈나우저요.

임상가: 그래, 멋지구나. 병원에 온 이후로 너와 부모님 사이의 관계가 더 나아졌다고 생각하니?

영　희: 예. 저는 아빠가 옆에 있을 때 소리를 지르지 않았어요.

임상가: 아빠한테 화가 났니?

영　희: 저는 때때로 아빠한테 화가 나요.

임상가: 아빠가 너에게 화를 냈니? 아빠가 너를 때렸니?

영　희: 예. 심하지는 않았어요.

임상가: 네가 더 어렸을 때, 아빠가 너를 때렸니?

영　희: 예. 아빠는 저를 때렸어요.

임상가: 아빠가 너를 학대한 적이 있니? 또는 너를 때리거나?

영　희: 아니요. 그런 일은 없었어요.

임상가: 네가 여기에서 지내지 않았을 때 어떻게 하루를 보냈는지 좀 말해 보자. 너는 C학교에 있었다고 말했는데, 몇 시에 학교를 갔지?

영　희: 8시요.

임상가: 어떻게 갔어?

영　희: 엄마가 차로 데려다 줬어요.

임상가: 학교에서 수업이 하루 종일 있었니 아니면 반나절이면 끝났니?

영　희: 하루 종일이요.

임상가: 집에는 어떻게 돌아갔니?

영　희: 엄마가 저를 차로 데리러 왔어요.

임상가는 지금 영희와 가족의 관계가 매우 좋다고 생각하고 있다. 문제 있는 청소년들에게서 기대할 수 있는 것보다 훨씬 더 긍정적이다. 가족 구성원들이 독립성을 추구하는 경향이 많은 청소년과 어떻게 상호 관계를 맺는지를 정확하게 평가하는 것은 임상가에게 아주 어려운 과제일 수 있다. 영희가 말한 가족과의 관계에 대한 것은 부모님이 말한 것과 비교해서 최종적인 평가가 이루어져야 한다.

임상가: 방과 후에는 뭘 하니?

영　희: 보통 친구들과 지내요.

시간이 지남에 따라, 임상가는 영희에게 친구들과의 활동을 구체적으로 물어보게 된다. 친구들과 뭘 하니? 어디에 가니? 누구랑 노니? 왜 그 친구들을 좋아하니? 내가 너에 대해서 친구에게 묻는다면 너랑 가장 친한 친구는 뭐라고 할 것 같니? 그러한 모든 정보는 성격과 흥미에 대한 보다 긍정적인 측면을 제공해 주고, 스포츠나 취미에 대한 질문을 통해 온전한 한 개인으로서 청소년의 흥미를 드러내 줌으로써 임상가와 청소년의 관계를 강하게 굳혀 줄 수 있다.

임상가: 숙제가 많니?

영 희: 아니요.

임상가: 너는 어떤 팀에 있니? 테니스 또는 다른 팀에 있었니?

영 희: 아니요. 더 이상 운동은 하지 않아요.

임상가: 왜 하지 않니?

영 희: 저는 테니스를 좋아하지 않아요.

임상가: 취미가 뭐니?

영 희: 볼링이요.

임상가: 볼링이라고? 몇 점 정도 나오지?

영 희: 가장 높은 점수는 147점이요.

임상가: 잘하는구나. 나보다 더 잘하네. 다른 것은? 가족들이 캠핑을 가거나 다른 것들을 하니?

영 희: 아니요. 우리는 캠핑을 가지 않아요.

임상가: 자전거는 타니?

영 희: 가끔이요.

임상가: 친구들과 담배나 술을 마시니?

영 희: 예.

임상가: 남자 친구는 있니?

영 희: 아니요.

임상가: 남자 친구가 있었던 적은 있니?

영 희: 없었던 것 같은데요. 글쎄요, 남자 친구…… 제가 E병원에 있을 때.

임상가: 실제로 어떤 남자와 가깝게 지낸 적은 있니?

영 희: (긴 침묵이 흐르고) 저는 그런 것에 대해서 말하고 싶지 않아요.

임상가: 그래. 네가 그렇게 말해 주니 고맙다. E병원은 네가 전에 입원했던

병원이니?

영희는 임상가의 섣부른 요구에 순응적으로 반응했는데, 임상가는 다음 방문에서 성적 지식과 경험에 대해 중요하게 다룰 것이다.

영 희: 예.
임상가: 무엇 때문에 입원했었지?
영 희: 몇 달 전이었는데, 아빠와 싸움을 했기 때문이에요.
임상가: 네가 무엇 때문에 화가 났었는지 기억나니?
영 희: 아니요.
임상가: 전에 병원에 입원했던 것과 이번 방문 이외에, 또 병원에 입원한 적이 있니?
영 희: 아니요.
임상가: 자해를 하거나 자살을 시도한 적이 있니?
영희: 아니요. 저는 선생님이 무엇을 물어볼지 알아요. 저는 결코 그것에 대해서 어떤 방법으로든 심각하게 생각해 보지 않았어요.
임상가: 부모나 여동생을 해치려고 한 적이 있니?
영 희: 저는 엄마를 칼로 위협한 적이 있지만, 해치려고 하지는 않았어요. (영희는 눈물을 닦는다.)

지금까지 임상가는 모든 청소년의 평가에 필요한 세 가지 영역, 즉 성, 물질 사용, 자살 사고와 폭력에 대해 제기했다. 자세히 알아보아야 할 자살 사고에 대해 아직 충분히 평가되지 않았지만 임상가는 영희가 이 점에서는 비교적 안전하다고 생각하고 있다.

임상가: 너는 울고 있구나. 뭐 때문에 그렇게 슬프니?
영 희: 저기서 무슨 일이 일어나고 있는지 모르겠어요. (옆에 방문을 가리

킨다.)

임상가: 그냥 내버려 둘 수 없니?

영 희: 그게 어려워요. 사람들이 저에 대해서 어떤 말을 할 때 많은 문제가 생겼어요.

임상가: 너는 좋은 아이지만 여전히 문제를 가지고 있구나.

영 희: 저에게 문제가 있어요.

임상가: 너는 열심히 노력했지만 그들은 너의 능력을 인정하지 않는구나.

영 희: 예.

임상가: 나는 그것이 이해가 안 된다. 왜 사람들은 너의 진가를 인정하지 않는지 이해가 안 돼. 넌 단지 화를 조절하지 못할 뿐인데, 그들은 어떤 일로 너를 자극하고 소리를 지르지? 이런 문제니?

지금 임상가는 다시 영희와의 치료적 관계를 형성하기 위한 시도를 하고 있고 결국은 성공하고 있는 것으로 보인다. 영희는 다음 질문들에 대하여 감정과 확신을 담아 답한다.

영 희: 얼마간 다소 그랬어요.

임상가: 주먹으로 벽을 쳐서 무언가를 깨뜨린 적이 있니?

영 희: 벽을 발로 차서 구멍을 냈어요.

임상가: 다른 일은? 창문을 깼거나?

영 희: 저는 유리를 깨고 창문을 넘었어요.

임상가: 집 밖으로 나갔다는 거니? (영희는 고개를 끄덕였다.) 두 번 집을 망가뜨린 일 이외에 물건을 훔친 적은 없니?

영 희: 몇 차례 가게에서 물건을 훔친 적이 있었어요.

임상가: 오토바이? 오토바이를 훔친 것 말이니?

영 희: 예.

임상가: 너를 겁나게 하는 것은 뭐가 있니?

영　희: 때때로 저는 학교에 가야만 할 때 겁이 나요. 갑작스럽게 다가온 사람들이 저를 때리려 하고, 그들은 칼을 가지고 있는데 저를 찌르려고 해서 겁이 나요.

임상가: 깡패들이니?

영　희: 예.

임상가: 너도 그중에 속해 있니?

영　희: 아니요, 저는 아니에요.

임상가: 지금 나는 일반 사람들이 때때로 갖는 느낌과 경험들에 대해서 물어보려고 하는데 너는 높은 장소, 엘리베이터 안에서나 군중 속에 있을 때에 두려움을 느낀 적이 있니?

임상가는 다른 주제로의 변화에 대한 신호를 주고 영희가 이러한 일상적인 질문을 할 때에 이런 경험들이 반드시 나쁘다는 것은 아니라는 점을 알도록 해 주는 것이 중요하다.

영　희: 예. 큰 집단에 있을 때나 많은 사람이 밀집된 장소에 갔을 때 저는 겁이 났어요.

임상가: 가슴이 뛰고 땀이 났니?

영　희: 예.

임상가: 그랬구나. 좀 더 말해 보렴.

영　희: 때때로 겁이 났을 때 떨렸어요. 그때 저는 호흡할 수 없었어요. 땀이 많이 났고 심장이 뛰었어요.

임상가: 그러한 일이 자주 있니?

영　희: 아니요. 소풍 갔을 때 한 번 그랬어요. 몇몇 남자아이들이 저를 데리고 어디론가 가려고 했어요.

임상가: 단지 누군가가 너를 해치려고 할 때만 그러니, 아니면 밀집된 장소나 군중 속에 있을 때 그러니?

영 희: 음, 제가 생각하기론 단지 누군가를 두려워할 때 그래요.

임상가: 스스로를 특별히 깔끔하게 정돈을 잘한다거나 또는 반대로 특별히 지저분하다고 말할 수 있겠니?

영 희: 저는 그 중간에 있어요.

임상가: 모든 것이 정돈되어 있는 상황을 좋아하니?

영 희: 아니요.

임상가: 실제로는 없는 목소리를 들어 본 적은 있니?

영 희: 아니요.

임상가: 사람들이 보지 못하는 것을 본 적은 있니?

영 희: 아니요.

임상가: 매우 들뜬 것 같은 기분을 느낀 적이 있니? 매우 대단하고, 너무 좋다고 느낄 때는? 그럴 이유가 없는데도 말이야?

영 희: 아니요.

임상가: 또는 며칠 동안 잠을 많이 자지 않아도 되었던 적이나 매우 지나치게 활동적이었던 적은?

영 희: 아니요.

임상가: 또는 너무 기분이 나빠서 자해를 하거나 자살을 생각한 적은?

영 희: 실제로 없어요.

임상가: 무슨 의미니?

영 희: 내가 생각하기에는, 많은 아이들이 자살에 대해 생각해요. 그러나 저는 결코 그러고 싶지 않아요.

임상가: 그래. 식욕은 어떠니?

영 희: 지금은 좋아요. 때때로 밥맛이 없을 때도 있어요.

임상가: 보통 얼마 동안 밥맛이 떨어지니?

영 희: 모르겠어요. 단지 불쾌하다고 느낄 때, 선생님도 아시다시피 우울할 때요.

임상가: 몸무게가 줄었니?

영 희: 확실치 않은데, 그렇지 않은 것 같아요.

임상가: 나이에 비해 체격은 적절하니 아니면 작니?

영 희: 제 나이에 비해서는 작아요.

임상가: 그 점에 대해서 어떻게 생각하니?

영 희: 때때로 나쁘고 외롭죠. 그러나 좋은 친구들이 있어요.

임상가: 외로운 느낌에 대해서 친구들에게 말하니?

영 희: 예. 말해요.

임상가: 우울하다고 느낄 때는 얼마 동안 지속되니?

영 희: 몰라요. 오래 지속되지는 않아요. 아마도 하루나 이틀.

청소년의 기분은 일시적이고 변하기 쉬운 경향이 있다. 이 사실을 고려하지 않는 경우에 청소년들은 때때로 불필요하게 약물치료를 받게 되는 경우도 있다. 임상가는 가능한 한 기분장애를 주의 깊게 평가할 필요가 있지만, 청소년들은 전형적으로 자신의 기분 변화에 대한 이해가 부족하다는 것을 항상 염두에 두어야 한다. 면담을 반복하는 것이 필수적이다.

임상가: 시간이 거의 끝나 가지만 몇 가지만 더 물어볼게. 지루한 것처럼 보이지만, 네가 최선을 다해서 답할 수 있는 만큼 노력하고 있는지를 평가할 거야. 알겠니?

정신상태 평가는 모든 성인과 마찬가지로 모든 청소년에게도 똑같이 필요하다. 인지, 사고의 흐름, 내용, 형태, 기분, 물질 사용 여부, 외모와 행동, 지각(환청 등), 기억력, 주의력, 지남력, 판단력, 질병에 대한 통찰력 등 모든 측면에서의 평가가 이루어져야 한다.

영 희: 좋아요.

임상가: 병원 이름이 뭐지?

영　희: F병원.

임상가: 오늘은 무슨 요일이니?

영　희: 목요일이요.

임상가: 지금이 몇 월이지?

영　희: 12월이요.

임상가: 날짜는?

영　희: 기억이 안 나요.

임상가: 지금이 몇 년도지?

영　희: (정확하게 말한다.)

임상가: 좋아. 내 이름을 기억하니?

영　희: 아니요.

임상가: 좋아. 내 직업이 뭐지?

영　희: 상담가. 선생님은 제가 여기서 나가도록 도와주는 사람인 것 같아요.

임상가: 좋아. 세 가지 단어를 제시할 텐데, 이 단어들을 내가 말한 다음에 반복하고 그때 그 단어들을 기억해라. 사과, 시계, 야생마. 지금 그것들을 반복해 볼래?

영　희: 사과, 시계, 야생마.

단기 기억 평가를 수행하기 전에, 임상가는 청소년들이 단어를 이해하는지 확인하고 나서, 즉시 회상이 손상되지 않았다는 것을 확인한다. 임상가는 영희에게 몇 분 뒤에 이러한 단어들을 반복하도록 요구할 거라는 말은 하지 않고 다시 물어볼 필요가 있다.

임상가: 좋아. 질문이 있다. 사과와 오렌지의 공통점은 뭐니?

영　희: 모르겠어요.

임상가: 좀 더 생각해 보자.

영　희: 그것을 먹어요.

임상가: 맞아! 좋아! 다른 것은?

영　희: 없어요.

임상가: 의자와 침대의 공통점은 뭐니?

영　희: 둘 다에서 잘 수 있어요.

임상가: 그렇겠구나. 다른 것은?

영　희: 둘 다 가구예요.

임상가: 훌륭하다! 여기 "소 잃고 외양간 고친다."라는 속담이 있는데 이것이 무슨 의미일까?

영　희: 일단 일이 벌어진 후 뒤늦게 깨닫는다는 뜻이지요.

임상가: 좋아. 이제 네가 기억해야 하는 세 가지를 말해 줬는데, 기억하니?

영　희: 사과는 기억하지만, 그게 다예요.

임상가: 확실하니? 다른 것들을 기억하도록 노력해 보렴.

영　희: 생각이 나지 않는걸요.

임상가: 좋아. 잘했다. 지금 나는 이전에 이야기했던 것들로 다시 되돌아가서 얘기했으면 한다. 오토바이를 훔친 일 말이야. 네가 친구들과 함께 오토바이를 훔쳤고 그가 그렇게 하기를 원했다면 지금 너는 이것에 대해 어떻게 대처할 거니?

영　희: 선생님은 제가 다시 그들과 함께 그런 일을 할 건지를 묻는 건가요?

임상가: (고개를 끄덕임.)

영　희: 모르겠어요. 저는 '아니요.'라고 말하기를 바라지만, 모르겠어요…….

임상가: 왜 '바란다'고 말하는 거니?

영　희: 저에게 많은 문제가 일어날 것이 확실하거든요. 그래서 바란다고 한 거예요.

임상가: 그래, 나와 함께 해 줘서 고맙다. 고마워.

'어떻게 할 거니?'라는 질문의 형태는 세 가지 소원을 말하라거나 우표가 붙어 있는 편지를 발견한다면 어떻게 할 것인지 물어보는 것보다 십대들의 판단력을 확인해 보는 데 적절할 수 있다. 그러한 질문은 성격(character)과 인격(personality)을 평가하는 방법으로 제공되고, 성인 사회의 가치와 청소년의 가치가 특정 상황에서 일치하는지 확인하는 기회를 제공한다. 이러한 장점이 있는 비슷한 형태의 질문은 '네가~ 일을 말해 보렴.'의 형태를 취한다. 마지막 두 가지 질문에 대한 영희의 반응은 통찰력과 판단력을 나타내 준다.

3장 임상적 면담의 기법

1. 비언어적인 면담 기법
2. 정신상태 검사
3. 신경과적 면담 및 검사
4. 정신과적 평가 시 특수 상황
5. 포괄적인 정신과적 사례이해

1
비언어적인 면담 기법

대화를 통한 면담이 어려운 경우에는 비언어적인 기법을 사용할 필요가 있다. 비언어적인 진단 기법의 가치는 소아의 내적 세계로부터 그와 관련된 정보를 얻어냄에 있어 얼마나 효과적인지에 따라 다양하다. 비언어적인 기법은 아동과 임상가 사이의 신뢰와 의사전달을 강화시킬 수 있으며, 사용되는 구체적인 기술은 면담자의 스타일과 아이의 발달단계에 달려 있다. 예를 들어, 어떤 면담자는 진료실의 제한된 치료적 놀이 공간 안에서 놀이나 면담을 하는 것을 선호하는 반면, 어떤 면담자들은 보다 넓은 야외인 놀이터 같은 진료실 밖의 공간을 더 좋아한다. 또 어떤 검사자들은 예술적인 매개물을 선택하는 반면, 어떤 임상가들은 스포츠 지향의 활동을 선호하기도 한다.

가장 좋은 선택은 소아의 기술과 재능을 가장 잘 자극할 수 있는 것, 소아가 제일 좋아하는 활동에 가장 근접한 것, 혹은 소아의 발달상태에 가장 적합한 것이다. 발달학적 적합성(developmental fit)이 아이에게 동기를 가장 잘 유발할 수 있다.

비언어적 기법은 다음과 같은 경우에 효과적이다.

(1) 새로운 재료가 제시될 때
(2) 비언어적 행동이 이전의 언어화를 보충할 때
(3) 비언어적 행동이 평가에 깊이와 새로운 차원을 더할 때

비언어적 기법은 특히 아이의 언어 능력이 현저히 억제되어 있거나(예: 선택적 함구증), 혹은 아이가 개인적인 감정이나, 학대와 같은 비밀을 노출

시키는 데 대해 매우 불안해하거나 매우 저항적이어서 언어적 의사소통에 대한 압력이 오히려 역효과가 날 때 도움이 된다.

1) 그림 기법

언어적 표현이 가장 좋은 면담 기법이라면 그림 그리기는 그다음으로 효과적인 기법이다. 이때 추가적인 질문을 통해 그림의 내용에 대한 민감한 탐색이 함께 이루어져야 한다. 그림에는 아동의 주된 문제점과 갈등, 관심사가 잘 드러난다. 그림은 또한 아동의 지능 수준과 창조적이고 예술적인 재능에 대한 좋은 지침이 되며, 신경심리학적인 결함이 있는지에 대한 정보도 제공한다. 그림은 신체상에 대한 갈등이나 왜곡, 세상이나 타인에 대한 지각, 다양한 심리적 갈등 혹은 심리사회적 스트레스를 확인하는 데에도 도움이 된다.

그림 그리기의 이점은 아이에게 문제가 있다는 사실을 믿고 싶어 하지 않는 부모에게 눈에 보이는 구체적인 증거를 제시할 수 있다는 점이다. 그림이 명백하게 가족 내 폭력이나 신체적, 성적 학대에 관한 주제를 나타내거나 암시하는 경우에는 그러한 주제에 대해 토론하기 위한 출발점으로 이용될 수도 있다. 면담자가 그림을 분석할 때에는 어린아이에 의해 그려진 그림은 '표상(representations)' 이지 '재현(reproductions)' 이 아니며, 내적 현실을 표현하는 것이지 눈에 보이는 현실을 표현하고 있는 것은 아님을 명심해야 한다. 또한 그려진 대상보다는 아이 자신에 대해 말하고 있는 것이라는 사실에 유념해야 한다. 그림에는 인지적인 요소뿐만 아니라 감정적인 요소까지도 스며들어 있다. 다음 목록은 진단적 면담에서 이용되는 그림의 유형들인데 이러한 순서로 그려 보도록 아이에게 권유한다.

7세 이상의 아이들은 일반적으로 사람을 그리라고 요구받았을 때 자기와 동성인 인물을 먼저 그린다. 만일 반대 성을 그린다면 성역할에 대한 갈등, 반대 성의 부모에 대한 과도한 관심 등을 추측해 볼 수 있다. 사람 그림

| 표 3-1 | 그리기 순서

1. 자유 그림
2. 집, 나무, 사람 그리기
3. 앞서 그렸던 사람과 반대되는 성의 사람 그리기
4. 무엇인가 함께하고 있는 가족 그리기(운동성 가족화: KFD)
5. 부가적 그림: 자화상, 차, 운동성 학교 그림 등

은 자신이나 부모에 대한 아동의 지각을 반영해 주는 동시에 아동의 인지적 발달 수준에 대한 객관적 지표를 제공해 주기도 한다. 운동성 가족화는 역동적 가족 그림이라고도 하며, 아동, 청소년이 인지하고 있는 가족 역동과 가족 내에서의 역할을 이해할 수 있게 해 준다. 가족 그림은 지능 추정치로는 그 가치가 떨어지지만 아이의 감정적인 삶(emotional life)을 표현한다는 점에서는 상당히 의미가 있다. 그래서 가족 그림은 아이가 가장 중요하다고 생각하는 사람과 아이에게 가장 강력한 영향을 주고 있는 사람과 관련된 아이의 감정을 드러낼 수 있는 '비구조화된 투사 기법'으로도 볼 수 있다.

다음 예는 그림 검사를 통해 신체 증상 이면에 가려져 있는 심리적 갈등을 밝히는 데 도움이 된 사례다.

고등학교 2학년에 재학 중인 연수는 어려서부터 얌전하고 손이 가지 않는 아이로 별다른 어려움 없이 초등학교를 마쳤다. 하지만 중학교에 입학하자 시험 기간만 되면 감기, 복통, 두통 등을 호소하기 시작했다. 그러던 중 지난 5월경에는 시험을 마친 후 귀갓길에 갑자기 쓰러져 응급실에 실려가는 일이 있었고 한 달 뒤에는 음악시간에 노래를 부르던 중 가슴이 답답해지고 손과 발에 힘이 빠져 쓰러지는 일이 발생했다. 그 이후로는 일주일에 한 번 많을 때는 두 번 이상 쓰러지는 일이 반복되었지만 의학적 검사상으로는 아무런 문제가 없었다. 결국 연수의 문제가 심리적인 요인에 기인된 것은 아닌지 파악하기 위해 심리검사가 의뢰되었다.

면담을 진행하면서 연수에게 혹시 최근에 우울한 적이 있었는지 물었지

만 연수나 부모 모두 우울감이나 불안감과 같은 정서적 문제는 전혀 없었다고 부인하였다. 또한 연수가 쓰러졌을 때 담담하게 반응했던 부모에 대해 어떻게 느꼈는지 연수에게 물었다. 섭섭한 감정을 느꼈을 만했지만 연수는 "아무렇지 않다. 엄마, 아빠가 바쁘니까 그러는 것이 당연하다."라고 말했다. 그리고 또래관계에 대해서 묻자 "무난하게 지낸다."라고만 대답했다.

자신의 심리적인 문제에 대해 부인하는 연수와 계속해서 면담을 진행하기보다는 흰 종이와 연필을 주면서 그림을 그려 보게 했다. 나무를 그려 보도록 하자 연수는 '혼자 있는 나무'를 그렸는데, 나무의 건강이 어때 보이냐고 묻자, "건강해 보이지 않는다."고 말했다. 또한 나무의 기분은 "쓸쓸하고 너무 약해서 곧 죽을 것 같다."라고 대답했다. 주관적인 우울감은 부인했지만 혼자 외로이 병들어 가는 약한 나무 그림을 그린 것으로 보아 연수가 경험하고 있는 정서적 외로움, 우울감, 무기력감을 알 수 있었다.

그다음으로 연수에게 사람을 그려 보도록 하자 연수는 30대 여자를 그렸는데 "친구도 없고 표정도 없고 말도 없고 생각이 없다."라고 했다. 하지만 연수가 그린 여자는 예민하고 화난 모습이었다. 부릅뜬 눈과 굳게 다문 입술, 그리고 주먹을 쥐고 양쪽으로 뻗은 팔은 연수의 내면에 있는 강한 분노와 타인에 대한 예민한 감정을 드러내 주는 것 같았다. 위로 뾰족뾰족하게 솟은 머리와 눈

동자가 없는 눈을 가진 남자 그림은 연수 내면에 있는 분노와 더불어 정서적 경험에 대한 회피적인 태도를 보여 주었다. 연수가 면담에서는 자신의 부정적 정서를 모두 부인하고 있었지만, 그림에서는 심리적 갈등과 부정적인 정서가 그대로 드러나고 있음을 알 수 있다. 연수 내면에 방출되지 못하고 누적되어 있는 부정적 정서가 신체적 증상으로 전환되어 표현되고 있는 것으로 추측되었다.

면담자는 연수에게 집을 그려 보라고 하였다. 연수는 그다지 정성을 들이지 않고 22초 만에 그림을 완성했다. 집은 허공에 붕 떠 있었다. "편안하고 행복해 보인다."고 했지만 허공에 붕 떠 있는 집은 불안정해 보였고 묘사가 생략되어 있는 집은 건조하고 공허해 보이기까지 했다. 연수가 그린 운동성 가족화는 가족 간의 심리적 거리감과 갈등을 극명하게 보여 준다. 가족이 함께 무엇인가를 하는 그림을 그리도록 하였는데 연수의 아버지는 소파에서 TV를 보고 있고, 엄마는 부엌에서 설거지를 하고 있으며, 동생과 자신은 각각 공부와 컴퓨터를 하는 그림을 그렸다. 가족은 멀리 떨어져 서로 등을 돌리고 있으며 각자의 일에 몰두하고 있을 뿐 가족 간의 친밀한 상호작용은 전혀 없었다. 가족의 얼굴 표정 역시 생략되어 있었다. 연수나 연수의 부모가 전혀 문제가 없다고 보고했던 것과는 달리 가족 간의 정서적 교류가 결핍되어 있어 보였고 일반적으로 가정에서 기대되는 따뜻함이나 포근함이 전혀 느껴지지 않는 그림이었다. 이런 가정 분위기

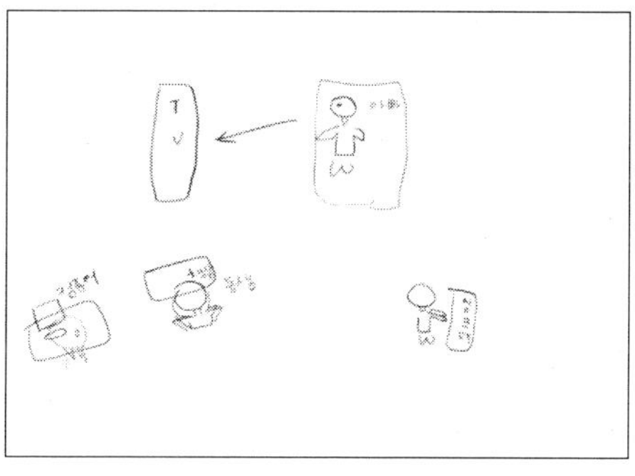

속에서 지내 온 연수가 느꼈을 애정 욕구의 좌절과 외로움, 우울감 및 분노감을 추측해 볼 수 있었다.

그림 검사가 끝난 후 면담자는 그림에 반영된 반응 특성을 연수의 부모에게 설명해 주었다. 설명이 끝나자 연수의 어머니는 가족 간에 따뜻한 정서적 교류가 부족했다는 점을 인정하게 되었다. 연수 어머니는 자신의 성격이 말수가 적고 무뚝뚝하며 최근에는 우울증으로 약을 복용하고 있다고 했다. 연수 아버지 역시 집에서는 말을 거의 하지 않았고 가족과 대화하는 일이 적었다. 게다가 화가 나면 불같이 화를 내고 물건을 집어 던지며 부부간에 싸우는 일도 잦았다고 했다.

그림과 신체 증상을 통해 표출된 연수의 심리적 갈등과 부정적 정서를 이해할 수 있었고, 연수의 부모 역시 연수가 그린 그림을 통해서 연수가 말로는 직접 표현하지 못했던 가족 내에서 느끼는 외로움, 애정 욕구의 좌절에서 기인된 분노와 우울감 등을 이해할 수 있게 되었다. 그림 검사 이후 연수의 부모와 가정 내 분위기를 개선할 수 있는 방법에 대하여 진지하게 상의할 수 있었다. 자녀 양육 방법에 대한 부모 교육을 받기로 하였으며 매주 1회 이루어지는 가족 치료에도 적극적으로 참여하기로 동의하였다.

다음은 선택적 함구증을 가진 소녀의 평가에 그림을 이용하는 것이 효과적이라는 것을 보여 주는 사례다.

주희는 작고 마른 체구의 예쁘장한 5세 여아다. 언니와 남동생이 있는데, 둘째 딸인 주희는 어릴 적 언어발달이 늦은 편이기는 하였지만 다행히 이후에 빠르게 언어 능력이 발달되어 언어 이해와 표현에는 어려움이 없었다. 하지만 아버지의 직장 문제로 미국으로 이주한 뒤 주희는 갑자기 말을 하지 않기 시작했다. 아무 문제없이 미국 학교생활에 잘 적응하는 언니와 달리 주희는 유치원에서 친구들이나 선생님과 말을 하지 않으려고 했다. 영어가 능숙하지 않아 그러려니 하고 대수롭지 않게 생각했던 부모는 한국으로 귀국한 뒤에도 주희가 여전히 유치원에서 말을 하지 않고 활동에 참여하지 않자 주희가 말을 하지 않는 것이 비단 언어 문제만이 아닐 수 있다는 생각을 하게 되었다.

진료실을 방문한 영희는 얼굴 표정이 굳어 있었고 불안한 듯이 인형을 품에 꼭 안고 있었다. 영희는 이름이나 나이와 같이 간단한 질문에도 아무런 대답을 하지 않았다. 2시간이 지나도 말을 하지 않았기 때문에 면담자는 일단 그림을 그려 보도록 요청하였다. 언어적 표현이 요구되지 않았기 때문에 영희는 그림 그리는 것에 그다지 불안이나 거부감을 보이지 않았고 여러 장의 그림을 그리고 나자 긴장이 풀린 듯이 움직임이 많아졌으며 간간이 웃음을 보이기도 하였다.

첫 번째로 집 그림을 그리도록 하였다. 영희는 웃는 표정을 짓고 있는 지붕이 있는 집을 그렸는데 집 그림 밑에 '밥 먹고 있어요!' 라는 문구도 직접 적어 넣었다. 음식은 정서적 허기를 채워 줄 수 있는 대상을 상징하기도 한다. 따라서 영희가 집 그림 옆에 '밥 먹고 있어요!' 라고 적은 것으로 보아 영희가 가정 내에서 충족되지 못한 정서적 허기가 있는 것이 아닌가 추측되었다. 그리고 문장 끝의 '느낌표' 는 '밥 먹고 있어요.' 라는 문장만으로는 충분하지 않은 내면의 애정 욕구를 강조하는 듯 보였다. 영희의 함구증은 영희가 그림에 적어 놓은 '느낌표' 처럼 말을 하지 않는 것을 통해 자신에게 관심을 가져 달라는 것을 오히려 강조하는 '소리 없는 아우성' 처럼 보였다.

영희는 그림 검사 중간에 말문이 트였기 때문에 면담자와 간단한 의사소통이 가능하게 되었다. 영희가 그린 집을 보며 '이 집에 앞으로 어떤 일이 생길 것 같은지' 묻자, 지붕 위에 웃는 표정을 그려 넣으면서 "내일이 되면 집에 있던 사람들이 다 돌아가고 집은 슬퍼서 하늘만 쳐다보게 된다." 고 말했다. '슬픈 표정' 을 그리기보다는 웃는 입 모양을 그린 것은 가정 내에

서 느끼는 슬픈 감정을 숨기고 이를 부정하거나 억지로 즐거운 표정을 가장하는 영희의 내적인 정서적 갈등을 보여 주었다.

영희는 사람 그림에서 먼저 여자를 그렸는데 그 대상은 '엄마'가 아니라 '보모 할머니'였다. 실제로 영희가 어릴 때 보모 할머니가 주었던 조그마한 강아지 인형을 너덜너덜해질 때까지 가지고 다닐 정도로 보모 할머니를 많이 따랐다고 했다. 보모 할머니가 떠난 지 몇 년이 지난 지금에도 여전히 '보모 할머니'는 영희의 주된 심리적 애착대상이었기에 영희는 애착대상의 상실 탓으로 애정적 허기와 불안을 경험하고 있는 듯 보였다. 영희에게 그다음으로 '남자'를 그려 보도록 하자 '아빠'를 그렸다. 그런데 영희는 아빠를 그리기 전에 몇 번씩이나 '눈동자'만 따로 그리면서 눈을 그리는 연습을 했다. 이는 영희가 상당히 아빠의 시선이나 평가에 불안하고 민감하다는 것을 나타내 주는 것이라 생각되었다. 아마도 영희는 아버지와의 관계에서 사랑에 대한 확신을 갖지 못한 채로 불안해하고 있을 가능성이 있어 보였다.

영희의 심리적 갈등은 가족화 그림에서 더욱 확실히 드러났다. 가족 그림을 그리라고 하자 영희는 '아빠랑 언니가 방귀를 뀌어서 엄마랑 남동생이랑 영희가 도망치는 모습'을 그렸다고 했다. 일단 아빠와 언니만 그리고 다른 가족 구성원을 그리지 않았다는 점을 통해 부모-자녀 간의 상호작용이 안정적이고 응집력 있게 이루어지지 않고 있음을 알 수 있었다. 그리고 '방귀 뀌는 아빠와 언니'는 이 두 대상에 대해 영희가 가지는 불만족감과

거부적인 태도를 보여 주고 있었다. 실제로 영희 아버지가 영희에게 소홀한 것은 아니었지만 귀하게 늦둥이로 얻은 영희 남동생과 언니에 대한 편애는 누가 봐도 쉽게 눈에 띌 정도였다고 한다. 영희는 언니와 남동생에게만 유독 관심을 쏟는 아버지에게 거절감, 양가감정 및 원망감을 가지게 되었던 것 같다.

신체 및 인지적 능력 발달의 모든 면에서 자기보다 뛰어난 언니와 함께 유치원을 다닌 것이 영희에게는 심리적 스트레스가 되었던 것 같다. 이런 상황에서 함구증은 영희가 내적인 분노를 수동-공격적으로 표현하는 수단이 되었을 뿐만 아니라, 함구증을 통해 자신의 미숙한 언어 능력을 감출 수 있고 언니와의 직접적인 비교라는 경쟁에서도 회피할 수 있었을 것이다.

말로 자신의 생각을 표현하기 힘들어하는 아이에게 그림을 그려 보도록 하는 것은 말로 표현할 수 없었던 감정을 드러내도록 하는 데 상당히 유용하다. 때로는 아이 스스로도 인식하지 못하는 감정이나 무의식적 갈등도 잘 드러내 준다. 그림 검사를 통해 영희의 심리적 어려움을 이해하게 된 영희의 부모는 이후 영희가 언니와 경쟁되는 상황에 노출되지 않도록 세심하게 배려해 줄 수 있었다. 그리고 이전에는 영희의 생일파티에 언니를 늘 함께 참석시켰지만 이번에는 '영희 혼자만이 주인공이 되는 생일파티'를 마련해 주었다. 놀랍게도 영희는 단독 생일파티 이후 유치원에서 말을 하고 친구들과 어울리기 시작했다. 드디어 자신의 목소리를 낼 수 있게 된 것이다.

2) 놀이 기법

놀이는 임상가에게 학령전기 아동과 사춘기 전 아동이 경험하는 심리적 갈등에 대한 독특한 통찰을 제공한다. 진단은 아이와의 면담을 통해 이루어지지만 아이가 보일 정서적 문제에 기여하고 있는 내적 심리적 갈등에 관한 정보를 획득하기는 어렵다. 놀이가 아이의 주관적(상상) 세계를 보여주는 창이 되는 이유는 무엇인가? 〈표 3-2〉는 진단적 놀이 동안 언급될 수 있는 아이의 내적 세계에 대한 측면을 요약하였다.

| 표 3-2 | 소아의 주관적(상상) 세계의 요소

• 갈등, 문제, 공포	• 이전 경험	• 진행 중인 경험
• 소망과 환상	• 외상적 경험	• 문제 해결 전략

소아는 자신의 숨어 있는 불안과 진행 중인 갈등을 놀이에서 재현화(enactment)한다. 갈등은 발달학적 지연, 내재화된 갈등, 아이를 양육하는 환경상의 어려움에 따르는 2차적인 것일 수도 있다. 놀이 매개물을 통해서 아이들은 다른 방법으로는 의사소통할 수 없었던 심리적 어려움을 표현하기가 종종 더 쉬워진다.

Ablon은 "놀이 그 자체가 아이를 이끌어 나가고 가장 중요하고 문제가 되는 감정을 탐색하게 한다."라고 하였다. 그는 또한 아이의 생활에서 놀이의 중요성에 대해 강조하였는데 "놀이는 감정이 부하된 경험을 구조화, 통합, 조직화하기 위해 사용되는 상징과 은유를 발휘하기 위한 수단이다."라고 하였으며, 놀이의 모든 기능의 중요성을 "자기 조절 과정을 조직화하고 합성하고 촉진하는 놀이의 타고난 능력이 강력한 치료적 요소를 제공한다."와 같은 말로 요약하였다.

다음의 예에서는 놀이가 숨어 있는 아이의 문제들에 대한 실마리를 제공하고 있다.

5세 소년인 민우는 입원상태에서 급성 정신과적 프로그램을 마친 후에 재평가되었다. 민우는 낮 병원과 집에서 다루기가 힘들어 이 프로그램에 들어왔는데 낮 병원에서는 과다행동을 보였고 충동적이었으며 종종 또래 아이들에게 공격적이고 욕설을 퍼붓곤 하였다. 집에서는 안절부절못하였고 반항적이었으며 어머니에게 말대꾸를 하였고 8개월 된 여동생을 계속 질투하며 공격적인 행동을 보였다. 민우의 어머니는 아들이 조숙한 성적 행동과 자신 안에 나쁜 민우가 있다는 등의 이상한 말과 같은 흔치 않은 행동을 자주 보인다고 보고하였다. 민우는 자신의 생각에 골똘한 것 같았고 어떤 때에는 격분하고 잠을 자지 못하는 것처럼 보인다고 하였다. 기분이 잘 변한다고 보고하였는데 어떤 때에는 불행해 보이고, 쉽게 울었으며 자신이 나쁜 아이라고 말한다고 하였다.

민우의 어머니에게 신체적, 성적 학대의 가능성에 관해 물었을 때 어머니는 매우 분개하였다. 검사자에게 인상적이었던 것은 아이와 어머니의 감정적 거리감이었다. 어머니는 아이의 역기능을 생물학적인 문제에 결부시키기에 열심이었고 아마도 아이의 화학적 불균형 때문일 것이라고 주장하였다. 그녀는 다른 가능성들은 무시하였고 아이 양육 환경에 대한 정보를 모으려는 검사자의 노력은 도움이 되지 않았으며, 모호하고, 회피적인 반응에 부딪히게 되었다.

민우의 어머니는 최근에 아이의 아빠와 헤어졌다. 그녀는 이 사건에 대해 별로 중요하게 생각하지 않았고 민우가 아버지와 함께 좋은 시간을 보내는 것처럼 보이며 아버지와 있을 때에는 이러한 문제 행동을 보이지 않는다고 불평하였다. 그녀는 최근에 새로운 남자를 만나기 시작했는데 민우와 잘 지낼 것이라고 믿고 있으며 민우가 그를 아버지처럼 존경하고 친아빠에 대해서는 잊어버리기를 바란다고 하였다.

가족 면담 동안 민우는 어머니와 아무런 접촉이 없었으나 검사자에게는 친밀감을 보이기도 했다. 민우의 어머니가 민우에 대해 얘기할 때에는 그가 경험하고 있는 것에 대한 어떤 공감이나 염려는 전혀 보이지 않았다.

민우가 혼자 평가받게 되었을 때 장난감을 가지고 놀이를 하도록 하였다. 민우는 작은 동물들 한 세트를 받았는데 그중 북극곰을 고르고는 판다를 치료자에게 주면서 북극곰은 엄마이고 판다는 아이라고 하였다. 민우는 검사자에게 판다가 엄마를 부르도록 하라고 하였다. 검사자는 "엄마, 엄마." 하고 반복해서 불렀으나 북극곰은 판다의 고통에는 완전히 무관심해 보였다. 검사자가 판다의 역할을 하면서 민우에게, 즉 북극곰인 엄마에게 왜 그를 보러 오지 않느냐고 물었다. 민우는 "입 닥쳐." 하고 소리치고는 "엄마는 죽었어." 하고 덧붙였다. 그는 판다에게 계속해서 울면서 엄마를 부르라고 시켰다.

검사자가 엄마를 다시 만났을 때 민우가 놀이에서 보인 재현화(enactment)를 검사자가 이해할 수 있도록 도와달라고 부탁하였다. 그녀는 놀이의 내용을 들은 후에 많이 주저하면서 고백하였다. 아이가 4개월일 때부터 13개월이 될 때까지 그녀가 약물 문제로 입원치료를 받았고 그동안 그녀의 어머니가 민우를 돌보았다고 하였다. 그녀가 돌아왔을 때 민우는 엄마를 알아보지 못했고 그녀는 다시 아이의 사랑을 얻으려고 시도하였으나 오랫동안 민우가 자신을 사랑하지 않았다고 느끼고 있었다.

앞에 나온 예를 보면 아이의 놀이로부터 나온 뜻밖의 새로운 사실은 아이의 거리감, 엄마의 감정적 덤덤함(blandness), 비일관적인 양육 등을 설명하는 데에 도움이 된다. 이러한 발달상의 장해는 아이가 주의력결핍/과잉행동장애(ADHD), 적대적 반항장애(oppositional defiant disorder), 양극성장애(probable bipolar disorder)로 진단받았을 경우에 다른 질환들과 마찬가지로 많은 주의를 기울여야 한다.

다음 예에서는 아이가 놀이에서 신체기능에 대한 관심과 배설에 대한 갈등을 나타내고 있다.

5세 남아 선호는 어머니에 의해 평가를 받으러 왔다. 그들은 매 맞는 아내를 위한 시설에서 머물렀었는데 그곳은 선호의 어머니가 두 아이를 데리고 남편의 학대를 피해 피난처로 찾은 곳이다.

선호는 형에 대한 심지어는 어머니에 대한 파탄적 행동, 공격성 때문에 수용소 관리자의 관심을 끌었다. 선호가 시설 내에서 제공하는 행동 통제와 훈련에 반응이 없다는 것이 명확해졌을 때 정신과를 찾아보라는 충고를 들었다.

선호의 어머니는 아이의 기분상태가 매우 잘 변한다고 보고하였고, 어머니를 죽인다고 위협하기도 하고 죽고 싶다고도 말하며, 자살할 것이라는 애매한 말도 하였다고 했다. 선호는 점점 위축되었고 체중이 줄었으며 반복적으로 아버지가 보고 싶다고 표현하였다. 선호는 배변에 몰두한 것처럼 보였고 어머니는 그가 아주 즐겁게 "똥, 똥꼬."라는 말을 사용하여 노래를 부르고 있는 것을 우연히 듣게 되었다고 하였다.

어머니와 함께하는 면담시간에서 선호는 상당한 정도로 행동이 조직화되어 있었다. 그는 많은 장난감을 사용하도록 허용되었고 놀이 재료들을 적절하게 탐색하였다. 선호의 어머니는 아이가 그렇게 적응적으로 행동하는 것에 대해 놀라움을 금치 못했다. 그녀는 선호가 장난감을 가지고 논 다음에 제자리에 갖다 놓는 것을 보고 또 한 번 놀랐다. 면담의 어떤 지점에서 선호는 "똥, 똥꼬."라는 단어를 이용하여 노래를 부르기 시작하였고 그는 그것을 즐기는 것처럼 보였다.

선호는 잘생긴 소년이었는데 발음은 꽤 괜찮았으나 때때로 말하는 데에 어려움을 보였다. 그는 우울해 보이지는 않았으나 감정표현은 다소 제한되어 보였다. 외설적인 단어로 노래를 부를 때를 제외하고는 그의 정동상태는 대체로 적절해 보였다. 정신병적인 증상은 없었고 사고 장애의 증거는 관찰되지 않았다. 선호는 진료실에서 친밀감을 보이며 돌아다녔고 많은 장난감 상자를 주저하지 않고 탐색하였다. 선호의 어머니는 물건을 만지기 전에 허락을 구하라고 그에게 말함으로써 아이를 지도하고 통제하려고 시도하였다. 그녀가 선호보다 훨씬 더 불안해하였다. 비록 선호는 많은 장난감을 만지기는 하였으나 한 가지 항목에 집중할 수 없었고 어떤 주제를 극화하기 위해서 장난감을 사용하지는 않았다.

개인 평가 동안에 선호는 먼저 동물 장난감을 가지고 놀았다. 때때로 그의 놀이 행동은 조용하였고 때로는 아주 공격적이었다. 그는 종종 놀이를 위해 장난감들의 짝을 지었다. 그는 먼저 육식공룡을 선택하여 다른 공룡을 공격하였다. 때때로 선호는 육식공룡의 입에 다른 공룡의 꼬리나 다리를 밀어 넣으면서 기뻐하였다. 몇몇 공격적인 장면을 상영하고 난 후에 선호는 검사자에게 물어보았다. "공룡이 먹은 음식은 어디로 가지요?" 그는 이런 질문을 반복하였고 그때마다 검사자와 직접적인 시선 접촉을 하였다.

면담의 해석 단계 동안 선호의 어머니는 특별히 관심이 가는 정보를 더 제공하였다. 그는 만성적인 변비를 가지고 있었다. 그는 장시간 동안 장을 움직이지 않고 변을 담아 두고 있었다. 그는 단단히 다리를 모으고 얼굴에 인상을 쓰면서 변을 보고 싶다고 표현은 하였으나 화장실에는 가지 않았다. 결국에 선호가 화장실에 가면 엄마는 아이가 단단한 변을 볼 수 있도록 도와주었다. 그녀는 선호가 고통스럽게 변을 볼 때까지 그의 다리를 잡고 벌리고 있었다. 또한 선호는 때때로 유분증을 보였다.

앞의 예에서 짧은 놀이 회기는 아이가 음식의 변형, 그에 상응하는 배변의 어려움과 신체기능에 대한 몰두를 이해하기 위해 애쓰고 있다는 실마리를 제공하였다. 아이 자신의 음식 섭취와 배변에 대한 몰두는 아이와 엄마 간의 강한 '힘 싸움(power struggle)'을 이해하는 좋은 시작점을 제공하였다.

다음은 어떻게 기술적인 정신과적 관찰을 하는지를 보여 주는 예인데 규칙적인 탐색 질문과 놀이 관찰을 통한 정신 역동적 추론이 동시에 보완적으로 이루어지고 있다.

미랑이는 8세의 입양아인데 심한 공격적 행동에 대한 평가를 목적으로 정신과에 의뢰되었다. 선생님의 가슴을 쳤고 일부 친구들의 얼굴을 할퀴어서 피가 나게 하였으며 수업시간에는 매우 방해되는 행동을 하였다.

그녀의 양부모는 이혼을 하였는데 미랑이는 양모와 다른 수양 아이들과 함께 살았다. 미랑이는 과다행동을 보였으며, 충동적이면서 반항적인 태도를 보였다. 미랑이는 5세에 입양되었는데 출생 직후부터 심한 호흡 곤란이 있어서 살 수 있을지 확실하지 않았고 양부모는 매우 일관성 없는 훈육을 하였다고 기술하였다. 중추신경자극제(stimulant)를 비롯하여 많은 정신과 약물치료를 받았으나 어떤 것도 그녀의 행동에는 효과가 없었다.

놀이 면담에서 미랑이는 장난감 집을 선택하였는데 많은 인형들과(엄마, 아빠, 아들, 딸) 미니 가구들이 있었다. 그녀는 집을 열면서 내용물을 탐색하기 시작하였다. 뭔가를 말하기 시작하였으나 끝맺지는 못했다. 이러한 일이 몇 번 일어났고 검사자가 미랑이에게 이러한 행동에 대해 묻자 마치 내적인 지각을 경험하는 것처럼 몰두해 있었다. 또한 미랑이는 검사자의 지적에 반응을 보이지 않았다. 검사자는 "네가 뭔가를 들을 수 있는지 궁금하구나." 하고 말했고 미랑이가 계속 반응이 없자 "목소리를 듣는 것처럼 보이는구나. 목소리가 너에게 뭐라고 말하는지 나에게 얘기해 줄 수 있겠니?" 하고 말했다. 그녀는 목소리를 듣고 있다는 것은 인정했지만 그 내용에 대해서는 밝히지 않았다. 미랑이는 진료실 바깥에서 들리는 소음에 의해서도 수차례 주의를 빼앗겼다. 미랑이는 소음이 어디서 나는지 진료실 밖에서 무슨 일이 일어나고 있는지 물었다.

미랑이가 장난감 집의 다른 내용물들을 탐색하고 난 후에 그녀는 인형들과 놀기 시작했다. 그녀는 딸 인형을 선택하였고, 아빠 인형을 검사자에게 갖다 주었으며 엄마 인형을 여자 전공의에게 주었다.

미랑이는 그녀의 인형을 아빠 인형에게로 가져와서 뽀뽀를 하게 하였고 귀에다가 무엇인가를 속삭였다. 검사자가 미랑이에게 아빠 인형에게 뭐라고 말했는지 묻자 말하기를 거부하였다. 미랑이는 다시 엄마 인형에게 가서 키스를 하게 하였고 뭐라고 귀에 대고 속삭였지만 역시 검사자에게 그 내용을 말해 주지는 않았다. 미랑이는 귀여운 태도로 자신의 목소리를 사용하였고 이 극이 진행되는 내내 상당히 흥분하였다.

미랑이의 인형은 수영장에 들어가기를 원했으나 물이 너무 차다고 이야기하였다. 그녀는 여러 번 수영장에 들어가고 싶다고 말하였으나 그때마다 물을 만져 보고는 물이 차다고 이야기하였다. 미랑이는 아빠 인형을 안락의자에 앉히고 엄마를 다른 의자에 앉혔다. 미랑이는 그녀의 인형을 장난감 집 2층에 두고는 불을 끄고 밤이라고 말했다. "무서워요."라고 여러 번 얘기했으나 왜 무서운지는 말하지 않았다. 그녀는 그녀의 인형을 침대에 두고는 곧 아들 인형(그녀의 오빠를 나타냄)을 같은 침대에 데려와 재웠다. 검사자는 "남자와 여자가 같은 침대에서 자는구나."라고 언급하였으나 미랑이는 반응하지 않았다.

미랑이는 아침이라고 말하고 그녀의 인형을 1층으로 데려왔고 거기서 엄마 인형과 놀기 시작했다. 엄마 인형이 딸 인형에게 2층으로 가서 엉망이 된 침대를 정돈하라고 부탁하였다. 딸 인형은 가기를 거부하였고 딸 인형은 엄마 인형에게 2층으로 올라가서 엉망이 된 침대를 치우라고 명령하였다. 임상가는 미랑이에게 무슨 일이 일어나고 있는지 물었다. 딸 인형은 흐느끼기 시작하였고 안절부절못했으며 방바닥에 드러누웠다. 검사자가 딸 인형이 분노 발작을 일으키는 중이냐고 묻자 미랑이는 쉽게 동의하였다. 이후에 딸 인형은 엄마 인형에게 가서 뽀뽀를 하였고 맥도날드에 가고 싶다고 말했다. 엄마 인형이 안 된다고 하자 딸 인형은 또 한 번 분노 발작을 일으켰다. 이 지점에서 검사자는 미랑이의 팔에 있는 많은 딱지와 상처 자국을 발견하였다. 그녀는 스스로 할퀸 것이라고 말했다. 검사자가 "네가 분노 발작을 보이는 동안 스스로를 할퀴는 모양이구나."라고 말하자 미랑이는 동의하였다.

미랑이의 다음 놀이 시나리오는 학교에 가는 것과 관련되었다. 학교 버스를 탔고 다시 집으로 돌아왔다. 딸 인형은 엄마, 아빠 인형에게 다시 뽀뽀를 하였다. 놀이가 진행된 지 30분이 지난 후에 검사자가 놀이를 중단하자고 말하였다. 미랑이는 마치 검사자의 말을 듣지 못한 것처럼 놀이를 계속하였다. 이제 그만해야 한다고 말하자 미랑이는 저항하면서 "왜요?" 하고 물었다. 검사자가 집과 다른 장난감을 치우는 것을 돕기 시작하자 그때서야 그녀는 놀이가 끝났음을 인정하였다.

이 예에서는 아이의 강한 적대적인 태도가 전 면담시간을 통해 명백하게 드러나고 있다. 특히 이 면담시간 동안의 관찰을 통해 아이에게 정신병적 증상이 있음을 알게 되었다. 아이의 놀이는 또한 아이의 공포(성적 학대의 가능성), 애정에 대한 갈구, 기분 조절의 어려움, 분노 조절의 어려움 등을 암시하고 있다.

2 정신상태 검사

정신과적 관찰은 정신과적 진단과 광범위한 치료 계획을 세우는 데 필요한 자료들을 제공한다. 아동의 광범위한 정신과적 평가에는 현재 증상, 발달 과정, 양육 환경과 가족 성향 등이 포함되어야 하며, 특히 발달 과정(progress)과 발달 배경(context)은 소아청소년 정신과 영역에서 기본이 되는 개념이다.

1) 외관, 행동, 언어

첫인상이 중요하며, 아동과 가족에 대한 평가를 시행하는 동안 다음과 같은 질문에 대한 해답을 항상 염두에 두고 있어야 한다.

- 아동이나 가족에 대한 첫인상은 어떠한가?
- 아동에게 뭔가 이상한 점이 있지 않은가?
- 아동에게 호감이 가는가?
- 불안 또는 위험스러운 느낌은 없는가?

아동과 가족을 평가하는 동안 그들도 면담자를 평가한다는 사실을 기억하라.

- 호감이 가는 의사인가?
- 의사가 위로하고 있는가? 혹은 경멸하고, 비난하고 있는가?
- 편안한 의사인가?
- 의사가 과연 우리를 도우려고 하는가?

(1) 신체 외관

실제 연령에 비해 어떻게 보이는지 기록해야 하고, 영양상태, 활기 왕성함, 이차 성징의 여부 등도 관찰해야 한다. 지나치게 여위거나 뚱뚱하면 쉽게 드러나는데, 이런 경우 현재 주증상으로 드러나지 않더라도 식이 장애와의 관련 여부를 탐색해야 한다.

이상한 모습에 대해서도 기록해야 하는데, 얼굴 안색과 모양, 눈의 상태(치켜 올라간 눈: slanted, mongoloid), 이마의 모양과 넓이, 귀의 모양과 부착상태, 머리카락의 상태와 성질 등을 살펴야 한다.

아동의 복장과 신체상태에도 관심을 가져야 하는데, 왜곡된 사회적 행동을 보이는 아동은 독특하고 일반적이지 않은 복장을 하고 있는 경우가 많다. 신발과 머리 스타일, 머리 색깔 등을 관찰하며, 여아라면 손톱과 화장한 상태에 대해서도 관찰해야 한다. 노출이 심하거나 비치는 옷 등은 규범에 반항적이거나 풍습을 어기는 행동 등을 시사할 수도 있다. 한편으로는 조숙, 성적 유혹, 반사회적 행동 등을 의미할 수도 있다. 일부 젊은이들 사이에서 링(ring)이나 구멍이 흔하게 있을 수 있는데, 코, 눈썹, 혀 등에서 구멍이 보인다면 외부 생식기나 유두 등 다른 신체 부위도 관찰을 해야 한다. 성 주체성에 혼란이 있는 아이들은 양가적인 복장이나 반대 성에 적합한 화장을 한다. 남성적인 여자아이는 화장을 하지 않고, 복장과 태도 등에서도 남자가 되고 싶은 의도를 보여 준다.

피부에서는 문신, 자해 흔적 그리고 손가락 관절과 손목 등에서의 다발성 상흔 등을 잘 살펴야 한다. 이런 표시들은 만성적 자해 행동이나 충동적인 공격성을 시사한다. 자해 행동의 증거들이 보인다면 다리, 가슴, 외부 생식기 등도 관찰해야 한다. 보이는 상처들에 대해서는 각각에 대한 과거력을 물어봐야 한다. 자해적인 행동과 연관된 상처가 보이지 않더라도 보이지 않는 상처의 가능성에 대해서 염두에 두고 있어야 한다.

주사를 맞은 흔적에 대해서도 주의 깊게 살펴보아야 한다. 주의를 기울이면 머리나 눈썹을 뽑은 흔적이나 손톱을 깨물고 피부를 뜯는 등의 강박적인 행동도 찾아낼 수 있다. 만약 명백한 장애를 가지고 있다면 그에 따른 장애를 기술하고, 어떻게 대처하고 있는가에 대해서도 기술해야 한다.

(2) 보행과 자세

아동이 들어설 때 자세(posture)나 걸음걸이(gait) 등도 기록해야 한다. 흐느적거리는지, 질질 끄는지, 발끝으로 걷는지, 민첩하게 걷는지 등 걸음걸이와 관계된 다른 이상한 점이 없는지 살펴봐야 한다.

또 똑바로 앉고 서는지, 구부정한지, 의자나 테이블에 기대고 있는지 등도 살펴보는데, 일부 아동은 전반적으로 근긴장이 저하되고, 둔하게 보이기도 한다. 조기 박탈의 과거력이 있는 아동은 버릇없거나 일반적이지 않은 자세를 보여 주고 활동량이 적으며 심지어는 무감동하기도(apathetic) 한다. 만성 퇴행 상태에 있는 아동은 신경운동학적 손상은 보이지 않으면서도 의자에 깊숙이 기대거나 소파나 바닥에 눕기도 하는데, 심한 우울양상을 보이는 아동에게서도 이런 모습이 보일 수 있다. 심한 정신운동지연의 경우, 아동의 활동량이 거의 없어 긴장증(catatonic) 상태처럼 보이기도 한다.

긴장증 상태인 경우, 눈 깜박임 감소, 비정상적 자세의 지속, 허공 응시, 또는 메마른 감정 표현 등을 포함한 운동불능증(akinesia)의 정도를 평가해야 한다. 반향행동(echopraxia), 반향언어(echolalia), 자동적 모방태도(automatic imitative behavior), 납굴증(cerea flexibilities) 등을 관찰할 수도 있다.

일부 아동은 약하고 기운이 없어 보이거나, 기질적으로 저활동성, 저반응성의 인상을 주는데, 이런 아동은 의욕이 저하되어 있으며 무언가에 대해서 동기를 유발하는 것이 어렵다.

(3) 탐색행동

어떤 아동들은 낯선 면담실에 들어오면서 전혀 어색해하지 않으며 행동이 위축되지도 않는데, 이런 아동은 처음 만나는 면담자에게도 친밀감을 보인다. 일부 아동은 면담실로 들어오는 것을 불안해하며, 부모가 적극적으로 격려를 해야 하기도 한다. 이런 아동은 행동억제(behavioral inhibition)를 보이면서 부모 뒤에 숨거나 부모 옆에 머물고 눈 맞춤을 피하기 위해 얼굴을 숨기기도 한다.

(4) 놀이

잘 노는 것은 아동기의 아주 중요한 특징 중 하나다. 적응을 잘하고, 정상이라고 생각되는 아동에게는 잘 노는 모습이 꼭 있어야 한다. 놀이의 질이 부족하다면 다른 발달상의 이탈(예: 조직화된 행동과 탐색 행동의 부족)을 발견할 수 있을 것이다. 또한 분리불안, 수동성, 억제 등을 발견할 수도 있다.

일단 놀이에 들어가면 아동 놀이의 내용과 흐름에 유념해야 하며, 아동의 행동화하는 양상, 감정적인 참여 정도(치료자와의 감정적인 교류나 아동의 열린 감정 표현 등), 치료자를 놀이에 끌어들이는 방법 등을 기록해야 한다. 아동들은 종종 자신이 열중하고 있거나 자신을 둘러싼 상황들과 심리적으로 연관된 주제를 연출하는 경우가 많다(예: 가정 내의 주요 불안이나 갈등 등).

(5) 관계 맺기

아동이 관찰자와 관계하는 양상을 말한다. 정상적인 학령기 전, 사춘기 전 아동은 낯선 사람을 만나면 처음에는 억제적인 태도를 보이지만, 안심이 되면 보다 친숙하게 관계를 맺기 시작한다. 청소년은 관망하거나 주저하는 자세를 취한다. 아동은 일단 편안하게 느껴지면 보다 자발적으로 참여하게 된다. 불안한 아동은 편안하게 느끼고 관계를 형성하기까지 더 많은 시간과 안심이 필요하다. 분열성 아동은 거리감이 느껴지고, 관찰자가 아무리 아동을 안심시키면서 면담에 참여시키려고 노력해도 면담 속으로 이끌기가 어렵다. 정신병적인 아동은 관계형성에서 기괴함과 부적절함을 보이거나, 자신에게 몰입되어 내적 자극에 따른 반응을 보이거나, 부적절한 감정상태를 보인다.

일부 아동은 어떤 낯선 사람에게나 마찬가지로 관찰자에게도 곧바로 친밀감을 보이는데, 이런 아동은 자아 경계의 문제를 보이는 것이며 적절하게 행동하도록 하기 위해서 지속적인 규제가 필요할 수 있다. 성적으로 문란한 문제를 보인다면 성적으로 유혹적이거나 명백한 성행위의 증거를 보일 수도 있다. 이런 행동에 대한 규제를 위해 면담 동안 적극적인 제한적 환경(limit-setting)이 가해져야 한다. 일부 아동은 난폭하고 공격적인 방법으로 행동하거나 심지어는 편집증적(paranoid)으로 행동하는데, 이런 아동들은 과도하게 기민하며 의심이 많다.

(6) 눈 맞춤

눈 맞춤(eye contact)은 기본적인 상호작용 행동이며, 애착과 관계형성을 촉진시키는 범세계적인 비언어적 행동이다. 따뜻한 눈 맞춤은 대인관계를 시작하는 데 기본이 되며, 이것이 없다면 심각한 관계형성 장애를 의미한다. 눈 맞춤이 잘 안 되는 아동은 대인관계적 사회활동에서도 장애를 보일 수 있다. 이런 아동은 불안하거나 애착 또는 신경심리적 어려움이 있을 때 눈 맞춤을 피한다.

눈 맞춤의 양상이 왜곡되어 있을수록 사회적-대인관계 영역에서 보다 심각한 발달성 정신병이 있을 가능성이 높다. 왜곡된 눈 맞춤의 예로 자폐증에서 보이는 '투과하는(see-through)' 눈 맞춤과 정신병적, 편집성 아동에게서 보이는 '빤히 쳐다보는(staring)' 눈 맞춤이 있다. 빤히 쳐다보는 눈 맞춤일 경우, 간질과 해리상태를 감별해야 한다.

(7) 행동 조직

아동의 적응 정도와 행동의 구조화 정도를 기록해야 한다. 일부 아동은 주위에 어떤 일이 벌어지더라도 적응적인 활동들을 시작하고 만들어 낼 수 있거나, 놀이 같은 생산적인 활동에 열중할 수 있다. 그 외의 아동들은 가장 편안한 환경에서도 구조적, 생산적 활동을 만들어 낼 수 없고, 자신의 조직화된 행동을 전적으로 제2의 나(alter-ego) 기능을 하는 어른에게 의지한다. 행동의 조직화(behavioral organization)가 부족한 아동은 다른 영역에서도 결함을 보이는데 초점을 맞출 수 없고, 문제해결에서의 체계적인 접근이 없으며, 스스로 자신을 달래고 위로하는 기능이 결여되어 있다.

일부 아동은 면담실에 들어서면서 곧바로 행동 문제를 보이기도 한다. 산만하고, 어쩔 줄 몰라 하며, 과다행동을 보인다. 이런 아동은 평가 동안 적극적인 구조화가 필요한데 언어적 재지시, 한계 설정, 심지어는 신체적 재지시나 억제(restraint) 등이 쓰일 수도 있다.

(8) 협조적 행동

정신과적 관찰 동안 아동의 적극적이고 협조적인 면담 참여 여부에 대해서도 기록을 해야 한다. 이는 아동의 주어진 문제에 대한 이해 정도, 증상의 어려움 정도, 변화에 대한 의지와 연관이 있다.

순응도나 지시 이행의 어려움은 소아청소년 정신과 영역에서 흔한 문제다. 아동의 반항적인 행동과 부딪히게 되었을 때, 이런 행동이 통제에 대한 반응, 힘겨룸 또는 무능력감 등 어디서 기원했는지에 대해서 잘 알아봐야 한다. 아동이 자신에 대해 실제이건 아니건 지각적으로 자신에 대해 무능력하다고 생각한다면, 주어진 과제를 할 수 없다는 것을 알거나 혹은 그렇게 믿고 있기 때문에 순응하려고 하지 않을 것이다. 많은 반항적인 아동들이 언어장애를 가지고 있어서 종종 언어 이해의 어려움을 보이며 주어진 기대나 명령을 이해하지 못한다는 사실 역시 주목해야 한다. 또한 신경심리학적 결손이 있어 과제를 이해하거나 해결하는 데 어려움이 있다. 관찰자는 청각의 문제는 없는지에 대해서도 조사를 해야 한다.

(9) 정신운동 활동

정신운동상의 어려움은 의학적, 신경학적, 정신과적 상태 등의 다양한 상태에서 발생할 수 있다. 주의력결핍 과잉행동장애(ADHD)는 가장 흔한 정신과적 진단 중의 하나이며 학교 선생님이 보고하는 가장 흔한 행동 문제들 중의 하나로서, 과잉행동, 산만성, 충동적 행동이 일차 증상으로 나타나기도 하지만, 동반질환의 증상이나 이차적인 증상에 의해서도 나타날 수도 있다. ADHD의 증상이 관찰된다면, 이런 상태와 연관된 흔한 동반질환을 찾아보아야 한다(반항장애, 품행장애, 우울장애, 불안장애, 발달성 언어장애, 학습장애).

검사자는 과잉행동(목적 없는 행동, 안절부절못함)과 목적 지향적 행동을 구분해야 한다. 또한 과잉운동증이 구조화나 한계 설정 등에 반응을 하는지 혹은 영향을 받지 않는지를 결정하기 위해 지시나 구조화에 대해 어떻게 반응하는지를 평가해야 한다. 아동의 장애가 ADHD에 의한 것인지, 흔히 동반되는 다른 질환에 의한 것인지, 아니면 둘 다에 의한 것인지에 대해서도 결정해야 한다.

초감각과 지각의 장애가 있다면 섬망의 가능성을 시사하고, 이럴 경우 위태로울 수 있기 때문에 과다활동, 초조, 안절부절 등에 대해 잘 감별해야 한다.

초조하고 안절부절못한다면 조증과 정좌불능증의 가능성 또한 감별해야 한다. 조증상태에서는 과잉운동과 과대사고, 연상 이완, 언어압박(pressured speech)과 같은 조증의 다른 증상들이 나타나기 때문에 이에 대해서도 관심을 갖고 살펴야 한다. 정좌불능증이 의심되면 항정신병약물이나 선택적 세로토닌 재흡수억제제(SSRI)를 복용하는지에 대해 평가를 해야 하고, 다른 추체외로 증후군이나 신경학적 이상에 대해서도 평가해야 한다.

(10) 비자발적 운동

얼굴이나 사지에서의 틱과 근육 경련, 반사운동 등을 살펴보아야 하고, 만약 이런 증상이 있다면 뚜렛 증후군에 대한 의심을 해 보아야 한다. 다른 비자발적인 운동(예: 무도병 운동 혹은 이상운동)들은 운동장애나 뇌성마비, 또는 다른 신경학적 상태(예: 시드넘(Sydenham)씨 무도병, 헌팅턴(Huntington)씨 병, 윌슨(Wilson)씨 병)를 시사할 수 있다. 또한 아동이 음성 틱이나 목구멍에서 나오는 소리(예: 끙끙거리는 소리[grunting], 헛기침[throat cleansing], 짖는 소리[barking]) 등을 내는지에 대해서도 주의를 기울여야 한다.

항정신병약물을 복용하는 경우, 급성 이상운동(acute dyskinesia)을 포함한 비자발적 운동(involuntary movement)과 지연운동이상증을 포함한 구순(orolingual), 무도성(choreiform) 운동이 보이는지에 대해 관찰해 봐야 한다. 선택적 세로토닌 재흡수억제제(SSRI)도 추체외로 증후군을 유발할 수 있다.

(11) 감정의 행동적 증거

사소한 감정의 징후라도 관찰해야 하고 아동의 감정표현 변화에 주의를 기울여야 하며 감정의 표현이 지속적인지, 변화가 많고 불안정한지를 기록해야 한다.

불안장애와 우울증은 정신과 임상에서 흔히 만나게 되는 문제들이며, 불안의 일반적인 증상이나 양상에는 특이적, 비특이적인 공포, 손가락 빨기, 손톱 깨물기, 머리카락 뽑기, 긁기, 얼굴 붉히기 등이 있다. 손가락 관절이나 등에서 갑자기 뚝 소리를 내는 것도 불안한 청소년들에게서 많이 보이는 증상이다. 사춘기 전 아동의 경우, 면담 동안 원초적인 불안의 증후(배뇨, 방귀, 배변 등)를 보이기도 한다.

분리불안의 호소도 흔한데, 엄마와 떨어지기를 거부하면서 보호자 옆에만 머물려고 하고 제한된 탐색행동을 보인다. 불안한 아동도 마찬가지로 사회적 상황에서 억제, 동결(freezing), 선택적 함구증 등을 보인다.

중증우울병(melancholia)에서는 슬픈 얼굴, 풀이 죽은 태도, 눈물, 한정된 범위의 행동반경 등을 보이며, 흔히 무가치함, 무력함, 절망, 자살사고 등이 동반되고 피로, 수면과 식욕의 장애, 무기력 등도 중요한 증상이다. 반대로 가만히 있지 못함, 산만, 과대사고, 압박언어(pressured speech) 등이 들뜬 기분과 같이 나타난다면 조증이나 경조증을 의심해 보아야 한다. 대개 조증과 우울증은 감염성이 있는 감정들로서 면담자가 환아의 감정에 영향을 받게 된다. 또한 환아의 지배적인 감정과 일치하는 역전이 감정이 생길 수 있으므로 주의해야 한다.

(12) 반복적 활동

반복되는 운동 활동에도 주의를 기울여야 한다. 가장 경한 형태로 손을 비빈다든지, 자주 빗질이나 화장으로 멋을 낸다든지 하는 행동이나 그 외에도 불안이나 긴장과 관련된 행동들에 주목해야 한다. 조금 심한 형태로는 손가락 빨기, 손톱 물기, 손가락 마디 우두둑 소리 내기 등이 있으며, 가장 심한 형태로 보이는 것에는 몸 흔들기, 갑자기 휙 움직이는 손동작과 다른 자폐적인 행동들이 있다. 주의 깊은 관찰 시 명백한 반복 행동들이 보이지 않는다면 심각한 강박행동의 가능성을 배제할 수 있다.

(13) 주의력 장애

과다행동은 종종 주의력 장애(disturbance of attention), 충동성과 연관되어 있지만, 과다행동이나 충동성 없이도 주의력 장애를 보이는 경우가 흔하다. 대개 주의력의 장애는 산만함을 반영한다. 산만한 아동은 하나의 동작이 제대로 끝나기도 전에 다음 행동으로 넘어간다.

주의력은 선택적 주의력, 지속적 주의력, 주의력의 강도, 억제성 통제력, 주의력 변환 등 많은 기능을 의미하며, 이때 자극을 선택하고 반응을 구성하기 위해서는 고도의 실행기능이 필요하다. 주의력은 정보처리 과정, 인지와 언어 기능에서 근간이 되는 기능이다. 주의력 장애는 정신분열병의 원인과도 관련되어 있다.

(14) 언어

이 영역의 이상소견은 명백한 실어증(aphasia)에서부터 비특이적 발달성 언어장애에까지 걸쳐 있다. 아동이 면담자의 말을 이해하지 못하고 있거나 면담자의 말 중에서 뭔가를 놓치고 있다면 수용성 언어장애를 생각해야 한다. 또한 이런 경우 청각장애가 있는지 조사해야 한다.

환아가 말하고 면담자의 질문에 반응하려고 할 때 특별한 주의를 기울여야 한다. 자발성과 말의 흐름, 어휘 사용의 풍부함, 추상적인 사고 능력, 사용하는 문법의 질, 감정과 의미를 전달하는 능력 등을 살펴봐야 한다.

표현성 언어장애 아동들은 다소 혼란스러워 보인다. 이때 치료자는 아동이 의사소통의 의지가 있는지, 비언어적인 수단을 시도하고 있는지, 치료자와 라포가 형성되는지, 치료자와 관계를 맺으려고 시도하는지 등에 대해 의문을 가져야 한다. 이 의문에 대한 해답은 자폐증과 다른 언어장애를 구분하는 데 도움이 될 것이다.

제한된 단어 목록, 문법적인 실수, 부적절한 조사의 사용 그리고 구문론에서의 문제들은 표현성 언어 지연이 있는 아동에게서 흔히 나타나며, 그들의 말과 언어는 대개 미성숙하다. 표현성 언어장애는 정신사회적 발달의 미성숙과 연관될 수도 있다.

관찰자는 아동의 언어 사용에서 자연스러움과 의사소통의 질적인 면에도 관심을 가져야 한다. 이상한 말과 꾸민 듯한 의사소통(현학적인 이야기 등)이나 흔하지 않은 의사소통 과정 및 내용들은 사고장애를 의심해 봐야 한다.

또한 말의 질적인 면뿐 아니라 속도 및 양적인 면에도 관심을 가져야 하는데, 목소리가 큰지, 빠른지, 느린지, 잘못 발음하는 것은 없는지, 더듬지는 않는지, 다른 비정상적인 말들이 존재하는지를 살펴보아야 한다.

언어적 표현을 하기까지 걸리는 시간도 기록해야 한다. 일부 아동은 어떤 반응을 보이기까지 시간이 많이 걸리는 반면, 일부 아동은 면담자의 질문이 끝나기도 전에 대답을 하기도 한다.

(15) 어조의 장애

언어 높낮이에서의 이상(dysprosody)은 심한 실어증(aphasia)과 발달성 언어장애에서 흔하다. 말하는 데 있어서 리듬과 음악성에 문제가 있다면, 언어와 말하는 능력을 형성하는 초기에 아동의 신경 언어발달에 심각한 영향을 받았다는 것을 의미한다.

부드럽고 듣기 좋은 전형적인 어린아이의 말소리 대신, 무겁고 거친 어른 목소리를 내기도 한다. 보통 아동의 목소리는 다소 고음으로 남아의 경우 여성스럽게 들리기도 한다.

지속적인 성격장애나 다른 신경발달상의 이상이 있다면 어조와 억양에 이상이 있을 수 있다. 예를 들어, 어떤 설명을 하면서도 질문하듯이 말끝을 올리기도 한다.

2) 기분과 정동

기분(mood)은 내적으로 경험하는 지속적인 감정이고, 정동(affect)은 밖으로 드러나는 감정의 표현이다. 면담자는 면담 중 두드러지게 관찰되는 감정상태와 환아가 표현하는 주관적인 감정상태에 대해서 기술해야 한다. 이때 감정표현의 강도나 질적인 면도 관찰할 수 있을 것이다.

아동이 사랑받고 보살핌을 잘 받았다면 선천적으로 활달하며 개방적이다. 그러므로 이런 상태에서 조금이라도 벗어나 있다면 자세히 기술해야 한다.

환경에 대한 반응성이 기분장애의 유무와 중증도를 결정하기 어렵게 만든다. 많은 경우에 우울한 아동이라도 안심시키면 긍정적인 반응을 보이고 심지어는 즐겁게 상호작용을 하기도 하는데, 이런 모습이 진단을 잘못 내리게 만들기도 한다.

관찰자는 면담이 진행되는 동안 아동의 자발적인 감정표현과 변화에 주의를 기울여야 한다. 또한 감정표현의 범위와 정도에 대해서도 기술해야 하며, 감정이 사고 내용이나 면담의 문맥과 일치하는지의 여부도 중요한 요소다.

부적절한 감정상태는 미성숙하거나 퇴행된 아동에게서 흔히 보인다. 이런 감정상태는 경조증의 조기 증상일 수도 있다. 감정의 장애는 경계성장애, 아스퍼거 증후군, 정신분열병 등에서 흔하게 관찰된다.

정신과적 질환과 연관된 우울증과 신경심리학적 기능 이상과 연관된 우울증은 구분해야 한다.

3) 감각

(1) 지남력

정상적인 지능을 가진 아이들은 대부분 무슨 요일인지, 몇 월인지, 몇 년인지 알고 있다. 설사 날짜가 정확하지 않다고 하더라도 영리한 아이들은 거의 정답에 가까운 대답을 한다. 검사자가 아이에게 지남력(orientation)에 대해 질문을 할 때 아이들은 어머니에게 정답을 기대하며 어머니를 바라보기도 한다. 이때 검사자는 지나친 의존성, 인지적 문제, 지남력에 대한 전반적인 어려움 등을 고려하여야 한다. 시간에 대한 지남력에 상당한 문제가 있는 아이들은 인지적 장애가 있거나 학습장애, 우반구 기능장애가 있는 아이들에게서 흔히 볼 수 있다.

(2) 기억

기억(memory)의 장애는 등록(encoding)의 문제이거나 인출(decoding)의 문제로부터 생긴다. 새로운 학습의 장애, 즉 전향성 기억상실증

(anterograde amnesia)은 기질성 기억상실증의 명확한 특징이기도 하다. 후향성 기억상실증(retrograde amnesia)은 뇌 손상 전에 획득한 기억의 손상이다. 검사자는 아이의 회상에 대한 정확성, 일관성, 상세함에 대해 주의를 기울여야 한다. 검사자는 환아가 질문에 혼란스러워하거나 명확하게 대답하지 못할 때, 그리고 대답하는 데 있어 주변 사람들에게 도움을 구할 때 기억의 장애를 의심해야 한다.

정상의 지능을 가진 아이는 중요한 최근의 일들을 기억할 수 있다. 단기기억에 대한 실제적 검사로서 세 가지 다른 단어를 기억하게 하는 방법이 있다. 검사자는 이 방법을 사용할 때 서로 연관이 없는 세 가지 단어를 사용해야만 한다.

(3) 집중

집중력(concentration)은 집중할 수 있는 능력과 인지적 작업에서 주의를 지속할 수 있는 능력을 말한다. 정상지능과 수학에서 특정 장애가 없는 청소년들은 연속 7 빼기를 이용해 집중력장애가 있는지 파악할 수 있다. 조기 잠재기(early latency)에 있는 아이들에게는 이 작업이 어려울 수 있으므로 연속 3 빼기와 같은 조금은 쉬운 방법을 선택할 수도 있다. 숫자 외우기 검사는 집중력과 단기기억에 대한 전통적인 검사다.

(4) 계산능력

만약 검사자가 아이의 집중력과 계산능력(calculating ability)을 검사하기 위해 연속 7 빼기를 이용하였는데, 아이가 그 검사를 수행하기 힘들어한다면, 검사자는 연속 3 빼기와 같은 좀 더 쉬운 검사를 하거나 간단한 계산 문제를 시도할 수 있다.

4) 지적 기능

경험 있는 임상가들도 환아의 지적 능력을 추정하는 것이 어려울 수 있다. 아이들은 실제로 그렇지 않음에도 지적 능력이 더 낮아 보이거나 더 높아 보인다. 이는 임상가들을 어렵게 만드는 요인으로서 동반이환 상태가 존재하거나 언어 또는 학습 장애가 존재할 때 나타난다.

지적 기능(intellectual function)을 확인하는 데 있어서 자세한 발달력이 요구된다. 특히 아이가 언어를 시작한 시기와 발달의 지표 획득이 중요하다. 학교에서의 학업 능력 또한 관계가 있다. 하지만 유급된 기록이 지적 능력의 장애를 의미하지는 않으며, 지속적으로 학년이 올라갔다고 해서 인지적으로 또는 학습에 문제가 없다는 것을 의미하지는 않는다.

5) 사고

사고(thought)장애를 확인하는 데 있어 주의할 점은 심한 언어장애가 존재할 때 임상적 판단을 혼란스럽게 만든다는 것이다. 발달력과 학업에 대한 과거력이 이러한 혼란을 줄이는 데 많은 도움이 된다.

정신분열병을 명확하게 진단할 수 있는 전형적인 증상은 없다. 이전에는 1급 증상들이 유일하게 정신분열병과 연관된다고 생각하였으나, 정신병적 증상을 가진 정동장애 환자들도 이러한 증상을 보인다고 알려졌다.

(1) 일관성

검사자는 환아 사고의 주요 맥락에 주의를 기울이고, 다음과 같은 질문들을 고려해야 한다. 환아의 생각들이 의도하려는 바를 표현하기 위해 잘 연결되고 있는지, 이해가 되는지, 이야기가 명확한지, 주제가 서로 잘 연결되는지 등을 생각해야 한다.

(2) 논리

환아의 논리(logic)를 평가하기 위해 검사자는 논리적 규칙에 따르고 있는지, 시간과 장소의 규칙을 따르고 있는지, 확립된 전제로부터 결론이 도출되는지, 인과관계가 유지되는지 등을 따져 봐야 한다. 비논리적 사고는 인지적 과정의 결함으로부터 생기며 이는 소아기 발병 정신분열병의 징후로 나타날 수 있다. 이러한 결함은 전두엽의 기능장애를 반영하는 것으로 보인다.

(3) 은유적 사고

청소년들은 그들의 관심과 갈등을 묘사하기 위해 은유를 사용하기도 하며, 치료자는 청소년이 사용하는 은유적 표현에 동참하면서 개입을 하는 것이 유용하다. 이러한 접근은 전치(displacement)를 이용한 면담 과정과 함께 이루어질 수 있다.

15세 남아인 철수는 반항적이고 공격적인 행동, 분노 조절의 어려움을 주소로 평가 의뢰되었다. 그는 면담자에게 자신이 "황소같이 느껴진다."라고 말했다. 이러한 은유는 환아가 스스로 '길들여지지 않은' 통제불능의 느낌을 가지고 있다는 점을 알게 했다. 그는 통제력을 잃을까 봐 염려하고 있었다. 면담자가 환아에게 황소 같다고 말하자 그는 만족스러운 반응을 보였으며 이 같은 접근은 치료적 동맹을 향상시키고 환아가 좀 더 수용적인 태도를 갖게 하는 데 도움이 되었다.

(4) 목표 지향성

목표 지향성(goal directedness)을 관찰하기 위해서 검사자는 환아의 이야기가 자신이 의사소통하기를 원하는 생각들을 포함하고 있는지 관찰해야 하며, 주제와 관계없고 불필요한 내용들에도 주의를 기울여야 한다. 또한 검사자는 환아의 이야기를 듣는 동안에 환아가 자신이 의사소통하기를 원하는 생각의 실질적인 내용으로 들어가고 있는지, 핵심적인 생각과는 관계없는 사소한 것들을 다루고 있지는 않은지 등을 살펴야 한다.

목표 지향성에 있어서 가장 흔한 장애는 우원증(circumstantiality)과 사고이탈(tangentiality)이다. 우원증은 생각의 흐름이 관계없는 것들을 경유하였다가 결국에는 주요 생각으로 돌아오는 것이며, 사고이탈은 주요한 생각의 흐름에서 길을 잃고 관계없는 사고들과 이어져 버리는 것이다.

미라는 11세 여아로 폭발적이고 공격적인 행동으로 소아정신과에 의뢰되었다. 환아는 학교에서 수차례 선생님을 물거나 때리는 행동을 한 바 있었다. 6주 사이에 학교에서 또래와 싸우는 일도 세 차례나 있었다. 학교에서는 다른 아이들에 대한 환아의 심각한 위협 때문에 더 이상 학교 기반으로 환아에게 교육적 프로그램을 제공하기 어렵다고 판단하였다. 환아는 지난해에 비슷한 이유로 낮 병원 프로그램에도 참여한 바 있으며, 기분이 들떠 있다고 평가되었다. 환아는 환아모의 유일한 정서적 지지의 대상이었으며 둘 사이는 의존적이고 공생적인 관계로 얽혀 있었다.

정신상태 검사를 하는 동안 미라는 다소 과장된 기분을 나타냈으며 우원증, 사고이탈, 연상 이완과 같은 사고장애의 증상도 함께 나타내었다. 면담 중 평가자는 다소 비만인 환아에게 "네 체중에 대해 어떻게 생각하니?"라고 물었다. 환아는 "괜찮아요. 제 배는 여러모로 쓸모가 있어요. 제 배는 물에 뜨기도 하고, 꼬마 애들을 내 배 위에서 까딱거리며 놀게 할 수도 있어요. 별로 신경 쓰지 않아요. 저는 200kg 이상 나가는 남자들도 본 적이 있어요. 씨름 선수들인데요. 그건 물론 중요하지 않지만……, 이 엄청나게 큰 남자들은……."

(5) 현실검증력

잠재기의 중반(mid-latency age) 정도가 되면 아이들은 환상과 현실의 구분을 명확하게 할 수 있어야 하며, 그보다 훨씬 일찍 구분할 수 있게 되기도 한다. 이는 몇 세경이 되어야 현실과 환상을 구분할 수 있는지, 몇 세경부터 환청, 망상이 나타날 수 있는지 등의 이슈와 연관된다.

잠재기 중반의 초기(early mid-latency)에는 아이들이 명확하게 자신의 머릿속에서 생긴 사고와 외부에서 들리는 목소리를 구분할 수 있다.

> 철순이는 9세 여아로 자살시도를 주소로 소아정신과에 의뢰되었다. 환아는 목소리가 들린다는 호소를 하였다. 평가자가 환아에게 생각이 들리는 것인지 물었을 때, 환아는 "생각과 목소리는 다르잖아요."라고 말했다. "생각은 머릿속에서 나오는 것이고, 목소리는 머리 바깥에서 들리는 거예요."

(6) 연상

연상(associations)은 아이들의 생각이 서로 연결되는 방식을 말한다. 아이들이 이야기할 때, 검사자는 아이들의 생각의 연결 고리를 잘 따라갈 수 있어야 한다. 아이들 생각이 부드럽게 흘러가는지, 생각이 어떻게 다른 생각들로 이행되는지, 다른 주제로 벗어난 이후 본래의 생각으로 돌아오는지 등을 주의 깊게 관찰해야 한다. 또한 정서적 운율(affective prosody, 사고 내용의 정서적 일관성)도 관찰되어야 한다. 관념-정동 불일치(ideo-affective dissociation)란 표현되는 사고와 연관된 감정이 잘 일치하지 않는 것을 말한다. 연상 과정에서 일어날 수 있는 주요 장애로는 중단(blocking), 연상 이완(loose association), 사고 비약(flight of idea) 등이 있을 수 있다. 극단적인 경우 생각이 지나치게 서로 단절되게 되면 단어와 단어 사이의 연결이 끊어져서 아무 의미도 통하지 않게 되는데 이러한 상태를 가리켜 종종 '말비빔(word salad)' 이라 부르기도 한다.

(7) 지각

정상적인 지각(perceptions)은 주어진 문화 내에서 합의적 확인(consensual validation)이 이루어지는 것이다. 합의적 확인이란 한 사람이 보고 듣고 만져서 느끼는 것을 다른 사람이 그렇게 했을 때도 비슷하게 느낀다는 의미다. 지각의 장애는 지각의 대상이 존재하지 않을 때 또는 대상이 있어도 객관적 확인이 일어나지 않을 때 발생한다. 이러한 경험을 환각(hallucination)이라고 한다. 경험의 대상이 존재하나 그 본질이 왜곡될 때 또는 잘못 인식될 때, 그러한 과정은 착각(illusion)이라고 한다.

환각은 모든 감각의 형태로 나타날 수 있다. 복합부분발작은 지각장애가 있을 때 반드시 감별 진단해야 할 신경정신과적 상태다.

명령하는 내용의 환청은 특별한 임상적 중요성을 가지고 있다. 검사자는 환각이 얼마나 강한지, 환자가 환청을 들으면서 어떻게 행동하는지를 평가해야 한다. 대부분의 부모는 청소년기 이전의 아동들에게서 지각의 이상이 나타날 수 있다는 데 회의적이기 때문에 교육이 필요할 수도 있다.

지각의 문제가 자기 지각(sense of self), 신체상(body image) 지각과 관련하여 나타날 수도 있다. 이인증(depersonalization)은 자기 자신에 대해 낯설게 느끼는 것이다. 이러한 현상은 정동장애와 해리상태에서 나타날 수 있으며, 정신병적 상태에서 흔히 관찰된다. 신체기형장애는 신체상(body image)에서 자기 지각에 문제가 나타나는 것이다. 의학적 증거가 없는데도 내적으로 의학적 문제가 있다는 느낌이 들 때는 건강염려증이라고 한다.

자기환영적 환각(autoscopic hallucination)은 소아청소년 정신과에서 흔치 않은 증상이다. 죽은 사람이 존재하고 있다는 느낌, 죽은 사람의 목소리를 듣거나 죽은 사람과 이야기를 나누는 경험은 사별을 겪은 아이들에게서 흔히 나타나는 증상이다.

(8) 망상

망상(delusions)적 사고는 주어진 문화 내에서 합의적 확인이 되지 않은 믿음을 말한다. 아이들에게는 환각이 망상보다 흔하게 나타난다. 관계 사고는 환아가 지각하는 것이 직접적으로 자신과 연관된다고 믿는 것을 말한다. 가장 흔한 예가 사람들이 이야기하고 웃을 때 환아 자신에 관하여 이야기하거나 웃는다고 믿는 것이다. 어떤 환아들은 다른 사람이 따라오고 있다고 느낄 수도 있다. 피해망상을 가지고 있는 경우도 있다. 다른 사람들이 자신을 죽이거나 해치기 위해 모의하고 있다고 생각하기도 한다.

명우는 8세 남아로 괴물이 빨간색 피를 녹색 피로 바꾸기 위해 밤마다 찾아온다고 이야기하였다. 환아는 너무 무서워한 나머지 아버지에게 침대 밑에 뚫린 구멍을 판으로 막아 달라고 하였다. 환아는 괴물이 침대 밑에 살고 있어서 그 구멍을 막으면 올라오지 못할 거라고 믿고 있었다.

극단적 경우에는 자신의 신체 내부가 썩어 가고 있다고 호소하기도 한다. 다음은 신체 망상의 한 예를 보여 준다.

희수는 16세 여아로 강렬한 자살사고를 주소로 내원하였다. 환아는 7세부터 시작된 우울증으로 오랜 기간 정신과 치료를 받아 왔다. 환아는 자신의 무력감을 설명하면서 "내 안이 썩어 들어가고 있어요."라고 말했으며 자신의 일부는 "이미 이 안에서 죽었어요."라고도 했다. 환아는 자살사고의 상당 부분이 그런 믿음에서 비롯된 것이라고 하였다.

희정이는 16세 여아로 13개월 된 동생이 있다. 그녀는 정신병적 증상이 동반된 심한 우울증을 앓고 있다. "죽어 버려."라고 명령하는 환청과 함께 환아는 자신이 암에 걸렸다는 뿌리 깊은 믿음을 가지고 있었다. 아무리 설득하고 의학적인 증거를 제시해 봐도 그러한 믿음은 바뀌지 않았다.

임상 실제에서는 환아의 사고과정을 관찰한 이후 다음에 관하여 체계적인 질문들을 해 보는 것이 도움이 된다.

① 환청, 환시, 환후, 환촉, 기타 비전형적 지각 이상(이인증 등)이 있는지
② 관계사고, 피해사고가 있는지
③ 사고침입(thought intrusion), 사고탈취(thought withdrawal)와 관련된 망상이 있는지

(9) 기타 사고 내용

검사자는 다음의 사고 내용들이 존재하는지도 주의 깊게 살펴봐야 한다.

- 자살 사고, 타살 사고
- 강박 사고
- 강박행동
- 알코올, 물질 남용
- 폭력조직과의 연루

(10) 판단

환아의 판단력(judgment)은 정신과적 검사를 하는 동안 여러 특정 상황에서 환아가 보인 반응을 관찰하여 평가하게 된다. 질문에 대한 환아의 대답뿐만 아니라 환아의 과거력도 참조해야 한다. 영리하고 치료자를 조종하는 능력이 있는 아이들은 실제 행동할 때는 판단력의 문제를 보이지만 검사자가 하는 가설적인 질문들에는 정답을 이야기할 수도 있다.

(11) 추상적 능력

추상적 사고력(abstracting ability)에 대한 판단은 아이의 인지발달을 고려할 필요가 있다. 후기 청소년기 또는 성인기 연령이 되었다고 누구나 형식적(formal) 조작기에 도달하는 것은 아니다. 누구나 그렇다면 그 연령이 되었을 때 모든 사람이 유사성과 속담풀이 같은 질문들을 잘 통과해야 하겠지만 실제로는 그렇지 못하다. 사춘기 이전의 아이들과 일부 청소년은 여전히 구체적(concrete)인 발달단계에 머물러 있는 경향이 있다.

검사자는 환아의 어휘력이 풍부한지, 어떻게 문제에 관해 의논하는지에도 주의를 기울여야 하며 풍부하고 복잡하며 은유적인 언어를 사용할 수 있는지 살펴봐야 한다.

(12) 병식

아이들의 병식(insight)을 판단하는 것은 어려운 일이다. 사춘기 이전의 소아는 자신들의 문제를 인정하지 않으려 하고, 청소년은 종종 개인적인 문제에 대해 인식하는 것처럼 이야기하지만 변화하려는 의지는 보이지 않는다. 증상의 자아 이질적인 정도와 변화에 대한 의지에 기반하여 병식을 판단해야 한다.

3
신경과적 면담 및 검사

대부분의 신경과적 면담 장애에서 '뇌 손상(damage)'이라는 용어는 부정확하며 '뇌 기능장애(dysfunction)'나 '결함(impairment)'이라는 용어가 더 적절하다. '뇌 손상'이라는 개념이 가진 두 가지 잘못된 가정은 다음과 같다. 우선 손상을 받기 전까지는 잘 발달했을 것이라는 가정이다. 이러한 가정은 뇌염 이후 뇌수종이 생겼거나 두부 외상 이후 간질이 발생한 경우와 같은 상황에는 맞다고 볼 수 있지만, 매우 초기부터 뇌 발달에 이상이 있는 경우(유전 질환이나 염색체 이상, 염색체 돌연변이 등)가 많기 때문에 대체로 잘못된 가정이다. 둘째로는 비가역적이라는 가정이다. 간질과 심지어는 뇌성마비 같은 질환도 가벼운 경우에는 아이가 성장함에 따라 그 질환으로부터 벗어나게 될 수도 있다.

신경과적 평가는 수많은 특수 기능에 대해 특수화되고 구조화되어 있으며 순서가 있는 검사로, 행동적 · 정서적 · 인지적 · 대인관계적 장해의 기저에 있는 뇌 기능장애 혹은 결함을 알아내기 위한 목적을 가지고 있다.

성인과 달리 소아기 장애의 상당수는 신경발달학적 장애로서 중추신경계의 비정상적 발달에서 기인한 복합적 장애다. 비정상적 발달은 지연, 편향, 기대되는 기술의 획득이 없거나 진행되지 않는 것으로 나타난다.

성인의 신경학적 검사에서는 신경학적 기능의 상실과 회복 과정(재활)에 초점을 두는 반면, 소아의 경우 기술 획득이 일어나는지 여부와 발달의 편향, 기능 재활의 과정에 초점을 둔다. 소아 신경과학 역시 신경-발달 장애의 심리적, 심리사회적 결과에 관심을 둔다.

1) 신경과적 병력의 요소

병력이 가장 중요하다. 포괄적인 성숙력, 발달력이 필요하다. 가능하다면 아주 어린 아동이라도, 부모에게서 병력을 얻기 전에 먼저 아이들로부터 정보를 얻는 것이 중요하다. 이를 통해 부모의 선입견에서 벗어날 수 있기 때문이다. 신경과적 요소가 의심되는 경우는 발달지연, 언어발달지연, 학습문제, 뇌성마비, 운동장애, 간질, 퇴행행동, 외상, 주산기 외상 등을 들 수 있다.

2) 신경과학과 심리사회적 요소

신경과적 상태는 환경의 영향을 많이 받는다. 좋은 환경은 정상에서 벗어난 행동과 발달 정지를 조기에 발견하고 즉각적으로 교육이나 재활을 할 수 있도록 촉진한다. 반면, 불리한 심리사회적 환경에서는 증상이 변하지 않고 진행하거나 유지 혹은 악화된다. 소아청소년의 신경과적 질환에서 장애의 정도를 증가시키는 두 가지 중요한 소견 중 첫째는 신경과적 질환을 가진 소아가 부모와 형제에게 상당한 영향을 주게 된다는 것이며, 둘째는 이러한 질환을 가진 아동들이 종종 오랫동안 장애를 가지게 된다는 것이다. 흔히 신경과적 문제에 대한 부모의 반응이 소아에게 추가적인 장애를 유발할 수도 있다.

Williams 등(1987)은 "신경과적 질환을 가진 소아, 청소년에게 흔히 일어날 수 있는 심리적인 문제는 의존의 문제다. 어느 정도는 소아의 만성적인 신경과적 기능장애의 후유증에 대해 부모의 염려와 지지가 증폭되는 것이 자연스러우며, 또한 건강한 반응이기도 하다. 하지만 종종 이러한 양상은 환자나 부모의 불안, 죄책감, 낙담의 부산물로서 과장되는 경향이 있다."라고 하였다.

정신지체와 다른 발달장애를 가진 사람은 중추신경계 기능 이상에 의한 정신과적 질환, 또래들의 거부, 대처 전략의 저하 등이 생길 위험성이 보다 높다.

신경과적 상태와 관련된 심리학적 장애는 장애 그 자체보다 더 악화될 수 있다. "사실상 환자가 삶의 스트레스에 압도당한다고 느꼈을 때, 의존성을 충족시키기 위해 의식적이든 무의식적이든 환자 역할을 하도록 유혹을 받는다."

일반적으로 이차 이득은 부모가 한계 설정을 일관되게 하지 않았기 때문에 생기는 경우가 많다. 부모는 아이의 질환에 어느 정도 책임이 있다고 느끼게 되는데 그에 따라 일관된 훈육과 경계 설정이 더 어려워진다.

3) 신경과적 질환을 가진 소아의 정신상태 검사 수행

신경과적 검사는 소아에게 인사를 하는 순간부터 시작된다. 다음은 환아의 외양과 안색이 어떠한지, 태도 또는 인상이 어떤지를 관찰한다. 소아가 진료실에 들어올 때에는 걸음걸이, 상ㆍ하지의 운동, 균형, 운동 협응과 공간 지각력 등을 관찰하여야 하고 소아가 진료실에 들어온 후에는 신경발달학적 평가를 포함한 완전한 정신상태 검사와 이학적, 신경과적 검사를 시행하여야 한다.

Gold(2009)는 시진(視診)의 중요성에 대해 강조하였는데, "관찰이 검사보다 더 득이 될 수도 있으며, 시진을 통해 진단을 내릴 수도 있는 관찰 기술을 임상가가 획득하고 사용하도록 격려하여야 한다. 또한 이는 불안을 야기시킬 수 있고, 고통스러우며, 침습적이고, 비싼 진단적 검사의 수행보다 더 선호되는 것이 분명하다."라고 하였다.

4) 신경발달학적 평가의 요소

(1) 이상 형태의 평가

키/두위/두개골 구조의 이상 등을 기록한다. 이학적, 신경과적 검사 동안 경도의 선천적 이상을 찾아내는 것이 임상적으로 보다 적절할 수 있다. 전통적인 진단 체계에 들어맞는 주요 신체 병리가 없는 아동의 경우도 이러한 이상들은 다양한 행동적, 지적 문제들과 관련되어 있다. 또한 염색체 이상이나 임신 첫 3개월 동안의 태아 손상 등을 암시하기도 한다.

쉽게 알아낼 수 있는 증후군이 존재하는지도 기록한다. 다운증후군, 취약 엑스 증후군(fragile X-syndrome), 태아 알코올 증후군, 프라더-윌리 증후군(Prader-Willi syndrome), 신경 피부장애(예: 혈관확장성 운동실조증, 신경섬유종증, 결절성 경화증) 등을 들 수 있다.

(2) 비정상적 자세와 비자발적 운동의 평가

틱, 무도병(chorea), 무정위운동(athetosis), 그 외 다른 비자발적 운동을 평가한다. 똑바로 서거나 앉을 수 있는지, 경직, 근육긴장 저하, 근육긴장 이상 또는 흔치 않은 운동이나 자세의 이상이 있는지 등을 기록하여야 한다. 근래에 항정신병 약물에 노출된 소아는 급성 추체외로계 증상이 있는지, 장기간 항정신병 약물에 노출된 소아는 만성적인 추체외로계 증상(만성 좌불안석증, 만성 근육긴장증, 지연운동 이상증 등)이 있는지 살펴봐야 한다.

(3) 대근육 운동기술의 평가

소아의 운동기능에 대해 주의를 기울여야 한다. 부드러운지, 뻣뻣한지 또는 무도병적인지(choreic), 근육긴장이 이상한지(dystonic), 꼼지락거리는지(athetoid) 등을 평가한다. 소아가 걸을 때 자세와 걸음걸이를 관찰해야 한다. 걸음걸이와 관련된 비자발적 운동이 있는지, 정상적인 보폭을 보이는지, 절룩거리는지, 뒤뚱거리며 걷는지, 발끝으로 걷는지, 걸음걸이가 경직되어 있는지, 소아에게 공을 던질 때 잡을 수 있는지, 다시 공을 던지거나 굴릴 수 있는지 등을 본다.

뇌성마비 병력이 있는 소아는 경직(spasticity), 경축(rigidity), 마비(paralysis), 근육긴장 이상(dystonia), 무정위운동(athetosis), 무도병(chorea), 진전(tremor) 등이 있는지 탐색한다. 경직과 무정위운동이 가장 흔한 뇌성마비의 신경과적 후유증이고, 그다음은 경축과 운동실조다.

(4) 소근육 운동기술의 평가

소아가 물체를 어떻게 잡는지, 장난감을 어떻게 조작하는지 관찰한다. 연필이나 크레용을 아이에게 주었을 때 그것을 어떻게 집는지 관찰하고 아이의 '쥐기(grasp)' 의 질이 어떠한지 기록한다.

연필 쥐기는 운동 조절의 중요한 지표가 된다. 이는 변하기 어려운 운동 습관이며 일찍 획득된다. 소아가 연필을 사용하기 시작할 무렵의 운동 체계의 성숙에 관한 잔류성 지표(residual indicator)다. 그러나 연필 쥐기의 질이 현재의 운동발달 상태가 나쁘다는 것을 의미하는 것은 아니며, 운동기술을 학습하는 동안의 '과거 상태' 를 알 수 있는 단편이 될 수 있다.

면담 시 원(2세), 십자 모양(3세), 사각형(5세), 삼각형(6세), 마름모(7세) 등을 그려 보도록 하는 것이 소근육 운동기술의 평가에 도움이 된다.

(5) 감각기능의 평가

소아에게 눈을 감으라고 하고, 한쪽 사지를 만진 다음 다른 쪽을 만진 후 각각 만진 신체 부위를 얘기하라고 한다. 그리고 나서 같은 쪽 혹은 반대 쪽

팔다리를 동시에 만지면서 어디를 만지는지 다시 얘기해 보라고 한다. 또한 피부 그림 감각(graphesthesia: 신체 부위에 쓰인 상징을 인식하는 능력) 측정을 위해 등에 숫자나 문자를 쓰고 알아내도록 한다. 입체감각인식(stereognosis, 촉각에 의해 물체를 알아내는 능력)은 동전, 열쇠 등을 이용해 측정하며 이로써 두정엽 기능을 탐색할 수 있다. 입체감각인식은 초기 아동기 때 잘 발달되며, 피부 그림 감각은 6~7세 전에는 잘 발달되어 있지 않다.

뇌성마비는 촉각의 상실이 흔하고, 입체인식불능증(astereognosis)과 피부 그림 감각 불능증(dysgraphesthesia)이 특징적으로 나타난다.

(6) 중간선 행동의 평가

양손을 조화롭고 지지적으로 사용할 수 있는지, 한쪽 손에서 다른 쪽 손으로 물체를 옮길 수 있는지 관찰한다. 이는 뇌량의 기능적 통합을 반영한다.

(7) 편측성과 우세성의 평가

편측성(laterality)은 측정 가능하고 특수화된, 짝지어진 기능(눈, 귀, 손, 발)의 중심 기능이다. 편측성에 반해 선호는 개인의 주관적인, 스스로 보고한 경험으로서 객관적으로 측정한다. 우세성(dominance)은 언어에 대한 대뇌 반구의 특수화 개념으로서 임상적으로는 단지 선호성만 검사 가능하다. 손잡이는 5세, 발잡이는 7세, 눈 편측화는 7~8세, 귀 편측화는 9세에 평가가 가능하다.

이를 위해 장난감을 조작하는 것을 관찰하거나 글씨를 써 보라고 하거나, 공을 차 보라고 하거나, 망원경으로 혹은 종이를 말아서 물체를 보라고 한다.

좌우 식별력 검사를 위해 동측, 반대 측 명령을 따르도록 한다. 예를 들면, 동측 식별은 '오른손으로 오른쪽 귀 혹은 오른쪽 무릎을 만져라.'로 측정하고, 반대 측 식별은 '오른손으로 왼쪽 귀 혹은 왼쪽 무릎을 만져라.'로 지시한다.

좌우 구별은 만 5세경에 가능하고, 동측 이중 지남력은 만 6세경, 반대 측 식별은 만 7세경에 가능하다. 학습장애 시 흔히 이 영역에서 문제가 된다.

(8) 소뇌기능의 평가

소아를 먼저 일어나게 한 다음 양손을 앞으로 뻗게 하고 양 눈을 감게 하여 한쪽으로 흔들리지 않는지 관찰한다(Romberg test). 일직선을 따라 걷게 하는 것은 환아의 균형과 운동 협응을 관찰하는 것이고, 양발을 번갈아 가며 한쪽 발로 서 있게 한 다음 한 발로 뛰게 하여 평형감각과 동작 수행 시의 부드러움, 능숙함 등을 관찰한다.

소아의 근육 긴장도를 평가하여 긴장 저하, 정상, 긴장 과다로 평가하며, 소뇌가 언어를 포함한 고위 피질기능에도 관여한다는 사실이 밝혀졌다. 함구증과 구음장애(발음의 불완전성)를 보이는 증후군이 확인되었으며 이러한 증후군은 소뇌성 운동 실조와는 관련이 없고, 언어를 완전히 상실했다가 구음장애 수준으로 회복하는 특징을 보인다.

(9) 행동의 평가

관념운동성 행동(ideokinetic, ideomotor praxis)은 수행을 요구받았을 때 지지나 단서 없이 기억을 통해 행동하는 능력이다. 열쇠, 칫솔, 빗 등을 어떻게 사용하는지 보여 달라고 함으로써 검사할 수 있다. 잘 안 쓰는 손(non-preferred hand)으로 먼저 검사한다. 운동감각성 행동(kinesthetic praxis)은 검사자의 손가락과 손 운동을 보고 흉내 내 보도록 함으로써 평가할 수 있다. 손가락 움직임의 어려움은 서자운동성 통합운동장애(graphomotor dyspraxia) 및 서투른 필적(poor handwriting)과 관련된다.

단추를 풀고 채우는 것, 신발끈을 묶고 푸는 것과 같은 보다 복잡한 일을 수행하도록 요구할 수도 있다. 신발끈 묶고 풀기는 보다 복잡한 운동기술들을 포함하고 있기 때문에 대뇌 반구 간 통합에 장애가 있는 소아는 잘 수행하지 못한다.

(10) 수용성, 표현성 언어기능의 평가

이 평가는 말(speech), 언어(language), 의사소통(communication) 장애를 구분하기 위하여 시도한다.

말의 장애는 말의 생성과 연관된다. 출력의 문제(output problems)와 의미 있고 의사소통 가능한 소리의 발성과 관련된다. 언어는 음소론(phonemics), 형태소론(morphemics), 기호통합론(syntactics), 어의론(semantics) 등과 관련되며, 의사소통은 언어의 사회적 사용과 사람들 사이에서 의미의 전달과 관련된다. 의사소통의 과정은 소위 의사소통 어용론(communication pragmatics)이라고 하는 많은 규칙에 의해 조절된다(예: 시선 접촉, 순서 지키기, 주제 이어가기 등).

언어 획득의 지연은 전반적일 수도 있고 선택적 영역에서만 지연을 보이는 경우도 있는데 후자의 경우가 가장 흔한 언어장애다.

소아의 언어를 평가할 때 먼저 언어적 의사소통을 이해할 수 있는 능력이 있는지 관찰한다. 면담을 하는 동안 말로 표현하는 것을 소아가 얼마나 이해하는지 관찰할 기회는 많다. 질문을 자주 반복하는지, 장황하거나 혹은 단순한 언어를 사용하는지, 몸짓이나 비언어적 언어(nonverbal language)와 함께 추가적인 발성이 있는지, 단순한 표현조차도 이해하지 못하는지 등을 기록한다. 소아가 말할 때는 유창성과 발음, 운율과 몸짓, 어휘와 문법, 통사론, 추상적 사고 능력 등을 기록하여야 한다.

명칭언어 실어증(anomia), 기억언어 상실증(dysnomia)의 평가를 위해 여러 신체 부위, 지니고 있는 물건들의 이름을 말해 보게 한다. 성인의 경우 기억언어 상실증은 우성 측두엽 병변, 두정엽 병변이 있을 때 나타날 수 있다. 소아의 경우는 의미 있는 언어발달 지연과 관련된다. 예를 들어, 지속적인 언어발달 지연이 있는 6세 소년의 사례에서 검사자가 신체 부위를 가리켰을 때 귀를 머리, 발을 다리라고 대답하였다.

성인에게 있어 운율과 몸짓의 장애는 전두엽 손상과 관련이 있다. 측두엽 병변이 있을 경우 타인의 운율과 몸짓을 이해하는 데 어려움을 보인다.

(11) 정보의 평가

최근 사건을 이야기하도록 한다. 최근 소식을 모르거나 관심이 없는 경우에는 좋아하는 스포츠, 팀, 선수 등에 대해 이야기하도록 한다. 다음과 같은 질문을 던질 수도 있다. "어느 도시, 어느 시에 사느냐? 수도는 어디냐? 우리나라 초대 대통령 이름? 현 대통령의 이름? 시장의 이름을 아느냐?" 등이다. 이와 관련된 다른 요인으로는 소아의 지적 수준과 문화적, 사회경제적 배경을 들 수 있다.

(12) 시간과 장소에 대한 지남력 평가

지금 소아가 있는 곳의 명칭, 층 등을 물어본다. 지도상에서 남과 북이 어느 방향인지, 요일, 날짜, 계절, 최근의 휴일 등을 아는지 질문한다.

(13) 추상적 능력의 평가

청소년과 똑똑한 소아의 경우 공통점, 혹은 속담풀이로 평가가 가능하다. '낫 놓고 기역자도 모른다.' '소 잃고 외양간 고친다.' 등의 의미를 물어본다.

(14) 쓰기와 읽기의 평가

이름과 날짜를 써 보게 하거나 지시문을 읽고 수행하도록 할 수 있다. "탁자로 가서, 연필을 집어, 여기로 가져와 보세요." 와 같이 지시한다.

(15) 계산능력의 평가

계산불능증(acalculia)은 흔한 발달장애로 소아와 성인에게 있어 흔히 급성 및 진행성 좌측 후 반구 손상과 관련된다.

(16) 즉각 기억력, 단기 기억력, 장기 기억력의 평가

소아가 질문을 받았을 때 부모에게 도움을 요청하는 모습을 보인다면 기억력에 문제가 있을 수도 있다. 즉각 기억력은 숫자 순행 기억 혹은 역행 기억(digit forward or backward)을 반복함으로써 측정할 수 있다. 10세에는 6개의 순행 기억과 4개의 역행 기억이 가능하다. 단기 기억력은 세 단어를 불러 주고 5분 후에 그 단어를 회상하도록 함으로써 측정한다. 장기 기억력은 아동의 나이에 따라 질문의 내용이 달라질 수 있는데 적어도 6개월 이전의 사건에 대하여 물어봄으로써 평가할 수 있다.

(17) 실행기능의 평가

실행기능은 고위 인지 기능으로 전략적 계획, 충동 조절, 조직화된 탐색, 사고와 행동의 유연성, 자신의 행동과 활동에 대한 자기감시(self-monitoring)를 포함한다. 이는 전전두엽 부위와 관련되며, 청년기가 되어야 기능적으로 성숙해진다.

5) 자문의뢰와 검사의 적응증

신경과적 문제가 의심되는 경우 소아신경과에 자문을 요청할 수 있으며 필요시 추가적인 정밀검사(컴퓨터 단층 촬영, 자기공명영상, 유발전위, 뇌파검사 등)를 의뢰할 수도 있다. 언어와 의사소통에 문제가 있을 경우 언어병리학자에게 언어 평가를 의뢰함으로써 언어병리의 양상을 파악하고 적절한 치료 접근법을 알 수 있다. 염색체, 유전 인자가 의심될 경우 유전학자에게 평가를 의뢰한다.

소아의 신경과적 평가를 위해서는 심리학자와 신경심리학자의 도움이 필수적으로 요구된다. 심리검사는 소아의 지적인 능력, 성취 수준 등을 결정하는 데 도움이 되며, 한국판 웩슬러 아동용 지능검사(KEDI-WISC, K-WISC-III)는 전체 지능을 언어성 지능(언어를 통해 검사, 추론 능력을 측정)과

| 표 3-3 | 신경심리검사의 사용

- 발달장애의 진단적 평가
- 인지 혹은 행동장애와 관련된 기능 이상의 영역을 확인
- 표준 신경과적 진단 검사에서 설명되지 않는 상태를 찾아내기 위해
- 특수 학습장애를 명확히 하기 위해(미소 대뇌기능장애를 객관화하기 위해)
- 신경심리학적 상태를 감시하기 위해
- 치료 전 상태와 치료에 따른 회복 정도를 평가하기 위해
- 재활 프로그램 계획을 세우는 데 있어 환자의 강점을 알아내기 위해
- 교육 또는 직업 프로그램의 적합성을 결정하기 위해
- 법의학적 상황에서의 평가
- 법정에서의 책임을 결정하기 위해
- 연구 목적

동작성 지능(시공간 능력을 평가)으로 구분한다.

소아의 지능과 성취 수준(읽기, 맞춤법, 수학 등의 점수) 간에 격차가 있을 경우, 학습장애에 대한 평가가 필요하다. 그러나 전반적인 평가만으로 소아의 성취 수준 저하에 기여하는 특정 요인들을 알 수는 없기 때문에 신경심리 검사가 필요하다. 심리검사는 신경과적 장애와 관련된 주관적, 대인관계적 문제를 파악하는 데도 도움이 된다. 검사상의 이상은 신경과적 병리와 동시에 존재할 수도 있지만, 이에 선행할 수도 있고 뒤따라 올 수도 있다.

투사적 검사(주제통각검사, 로르샤흐 검사, 문장완성검사)는 현재의 심리적 갈등, 현실검증능력, 사고장애의 존재 유무, 대인관계, 대처 기제와 심리적 자원, 우울과 불안의 정도와 충동 조절의 양상 등을 알아내는 데 도움을 준다. 또한 이차적 이득(secondary gain)의 유무를 평가하는 데도 도움이 된다.

소아는 뇌 기능장애를 어떤 식으로든 보상할 수 있기 때문에 검사 결과에서 보이는 것보다 전반적인 기능이 더 좋을 수 있으므로 검사 결과를 아이의 적응 능력과 연결시키는 작업이 필수적으로 요구된다.

신경심리학적 검사는 뇌 손상이나 뇌 질환으로부터 회복 중인 소아에게 필요한 적절한 재활 프로그램을 고안하는 데도 도움을 준다. 특수교사, 언

어치료사, 다른 전문가들의 도움을 받아 신경심리학적 결손이 있는 소아에게 적절한 심리 교육적 치료 프로그램을 만들 수 있다.

6) 신경심리학적 검사의 적응증

신경심리학적 종합검사는 6세 이상의 아동에게 신뢰도가 확보되어 있으며, 이보다 어린 아동의 경우에는 연령에 맞는 운동, 언어, 인지 수준에 대한 평가와 아울러 신경심리학적 종합검사와 어느 정도 유사한 다양한 표준화된 인지적 평가를 수행할 수 있다.

4 정신과적 평가 시 특수 상황

1) 저항

임상가가 저항에 직면할 때 정신과적 조사 시 개인적으로나 전문가적 입장 모두에서 접근이 어렵다. '저항한다.' 는 말은 '쉽게 친근해질 수 없다.' 는 말로 바꿔 말할 수 있다.

소아청소년정신과 의사는 진단적 조사를 하다가 저항에 부딪힐 때 사용할 수 있는 다양한 기술과 전략들을 구비할 필요가 있다. 치료자는 지식, 이해, 공감, 긍정적이고 따뜻한 태도 등을 갖추어야 한다. 또한 아동의 발달 수준을 정확하게 파악하는 것이 중요하다. 임상가는 어려운 아동이나 가족들이 보이는 문제들은 새로운 문제가 아니라 이미 오랜 기간 있어 왔던 비적응적인 행동들이라는 것을 명심해야 한다. 이러한 비적응적인 양상들을 명확히 하고 이해할 필요가 있다.

저항의 개념은 내적인 갈등이 의식적으로 올라오는 것을 막는 내적인 보호요소와 관련이 있다. 이러한 저항이 환자에 대한 진단적 어려움을 초래하고 정신과 의사들의 노력과 반대되는 경향이 있어 이를 가리켜 '면담의 어려움' 또는 '면담의 방해물'이라 부르기도 한다.

아동이 면담에 응하려고 하지 않을 때 치료자는 아동이 평가 이유에 대해서 어떻게 알고 있는지를 탐색하고, 아동이 생각하는 이유에 대해서 설명하도록 해야 한다. 아동은 종종 억지로 정신과적 평가를 받으러 오게 된다. 그래서 "엄마, 아빠가 떠밀어서 온 거죠."라고 말한다. 이런 수동적인 태도를 보일 때 아이 스스로는 문제점을 모를 수도 있고, 내적인 불편감도 적을 수 있다. 면담할 때마다 임상가는 아이가 평가받을 준비가 얼마나 되어 있는지 확인하는 것이 필요하다. 속아서 왔다는 것이 의심되면, 가족이 왜 아이를 속여야 했는지를 이해하려고 시도해야 한다. 속였다는 것이 확인이 되면, 가족 내에서 다른 거짓 행동이 없는지도 확인해야 한다.

방어적이고 비협조적인 태도는 아동의 불신과 방어성이 변형된 것으로 볼 수 있다. 정보를 특정 기관(경찰, 학교, 학대조사기관)에 알려야 할 필요가 있다면, 아동과 가족에게 그런 사실을 알릴 필요가 있다. 임상가는 그들의 동의와 참가 없이는 어떤 과정도 임의로 이루어지지 않을 것이라는 것도 언급해 주어야 한다.

환아가 아주 저항적일 때 임상가는 아동에게 이런저런 방법으로 협조를 요구하고 싶은 유혹을 느끼게 되는데 이는 바람직하지 않다. 자칫 밝혀지지 않거나 풀리지 않은 방어와 탐색되지 않은 대화의 방해물을 그대로 둔 채, 부분적인 정보나 거짓 정보가 제공될 가능성이 있다. 가장 좋은 방법은 매 시간마다 방해물 자체를 이해하려고 시도하는 것이다. 명료화와 해석은 치료적 동맹의 방해물과 관계형성의 어려움을 다루는 최상의 도구다.

임상가가 초반부터 저항을 다루어 준다면 평가의 감정적인 느낌이 달라질 수 있다. 예를 들어, "너는 나와 말하고 싶지 않은 모양이로구나." 또는 "너는 면담에 참여하기를 원치 않는 듯 보이는구나."라고 말할 수 있으며, 이렇게 함으로써 환아의 협조를 어렵게 만드는 부정적 감정을 다루어 줄 수 있다. 환아가 면담 중 행동화(acting out)할 때에도 동일한 접근을 사용할 수 있다. 초보 임상가의 경우 단순히 환아에게 비적응적인 행동을 그만두도록 요청하기도 하는데 이는 그리 바람직한 태도가 아니다.

효과적이고 치료적인 개입은 현재 나타나는 문제와 적응하려는 아동의 행동을 연결짓고 적응하는 자아(최상의 적응을 위해 싸우는 자아)에게 호소하는 것이다. 이런 접근이 환아에게 자신의 행동을 자각하게 하고, 환아의 내적 통제력을 강화시킨다. 아이에게 비적응적인 행동을 그만두라고 하는 것보다 더 좋은 개입은 아동에게 비적응적인 행동이 전반적인 양상이라는 것을 깨닫게 하는 것인데, 예를 들어 "네가 이 면담 동안 보여 주는 모습을 다른 상황에서도 보이는지가 궁금하구나. 나는 왜 네가 힘들어하는지, 또는 다른 사람들이 너에게 왜 불평을 하는지 이해하기 시작했어."라고 말할 수 있다. 때때로 임상가는 환아나 면담자 자신의 안전을 위해 다른 대안적 방법 없이 상황을 통제해야만 할 경우도 있다.

면담에 장애물로 작용하는 저항의 상황에는 가성 저항과 진성 저항의 두 가지 상황이 자주 거론된다.

(1) 가성 저항

가성 저항(pseudo-resistances)은 임상가와 환아 양쪽 측면에서 다 고려될 수 있다. 이것은 임상가가 환아와 가까워지는 것에 실패한 데 따른 이차적인 결과로 나타난다. 예를 들어, 임상가가 기술이 부족하거나, 환아의 문제를 보는 직관력이 떨어지거나, 아이의 발달 수준에 제대로 조율하지 못해 생기는 경우다. 즉, 환아의 언어장애나 신경심리학적 결손을 제대로 알지 못해 생기는 경우들이다. 주의 깊은 임상가는 아이가 대화하려는 노력과 시도를 알아차려야 된다.

아이가 청력에 문제가 없는데도 듣는 것을 이해하지 못하는 것이 분명해지면, 임상가는 아동의 비언어적인 행동(지적하기, 기호화하기, 제스처)이나 초보적인 어휘를 사용하여 특별한 관심을 유도함으로써 아이의 대화 의지를 확인해 봐야 한다. 아이가 대화에 어려움을 보이고 있다고 판단되면, 비언어적인 매체(놀이, 그림)를 최대한 활용하여 아동의 내적 세계를 평가해야 할 것이다.

학대받은 아동들은 종종 청각장애아처럼 말문을 닫기도 한다. 가족이 다른 사람들에게는(특히 법적 기관에 가서는) 아무 말도 하지 말라고 가르쳤을 수도 있다. 이런 아동들은 표면적으로 저항적일 것이다. 그들은 침묵하는 것이 앞으로의 문제를 막는 것이라고 배웠을 수도 있다. 매우 불안한 아동들은 종종 행동이 경직되고 낯선 이 앞에서 '얼어 버릴' 수도 있다. 이러한 선택적 함구증도 저항의 범주에서 볼 수 있다. 임상가는 아이의 내적인 혼란감에 예민해져야 한다. 정신병적으로 붕괴된 상태에 있는 아동은 강한 부정과 회피로 일관할 수 있다. 이것은 정신병적 파편화(psychotic fragmentation)에 대한 절박한 대처 시도일 수 있다.

(2) 진성 저항(True Resistance)

① 면담 시 가벼운 장애물(Superficial Interviewing Obstacles)

인지적, 교육적 개입으로 쉽게 개선될 수 있는 장애물들로 표면적인 저항으로 분류되며, 이러한 장애물에는 다음과 같은 방법들로 접근할 수 있다.

ㄱ. 임상가는 평가의 이유를 분명히 해야 한다.
ㄴ. 임상가는 아동 참여의 중요성을 강조해야 한다.
ㄷ. 임상가는 숨어 있던 부분이 있으면 다루고, 평가에서 무엇을 다루게 될 것이며, 무엇이 얻어질 것이고, 검사가 아동에게 어떻게 도움을 줄 것인지를 솔직하게 설명해야 한다.
ㄹ. 임상가는 아동의 어려움에 대한 공감과 걱정을 표현해야 한다.

표면적인 저항을 가진 소아청소년들이 공통적으로 많이 사용하는 회피 전략에는 다음과 같은 것들이 있다. 예를 들면, "몰라요." "기억이 안 나요." "잊어버렸어요." 등이다. 일반적으로 이런 반응은 면담에 응하지 않을 것이라는 미묘한 결정을 말하는 것으로 이를 액면 그대로 받아들여서는 안 된다. 이에 대한 반응으로는 "네가 아는 것을 말해 보렴." "네가 기억하는 것만이라도 얘기해 보렴." "네가 잊어버렸던 것에 대해 말해 보자."라고 말할 수 있다. 종종 이런 단순한 개입에 아동이 마음을 열어 생산적인 면담이 될 수도 있다. 피상적이고 단조롭게 "잊어버렸다." "기억이 안 난다."라는 비생산적인 말을 계속하는 아동은 종종 거짓말을 하고 진실을 왜곡할 수도 있다. 이것을 아동에게 문제가 되는 하나의 이슈로 생각할 수 있어야 한다. 예를 들어, 아동에게 "네가 거짓말을 하면 어떤 일이 일어날까?" 하고 물어볼 수 있다. 때때로 아동은 그들이 중요하다고 생각하는 것들을 위태롭게 하는 것은 원치 않으므로, 어떤 사람을 곤경에 빠뜨리거나 그들의 삶이나 집에서 일어나고 있는 것들을 드러내지 않으려고 선택적으로 이야기하는 모습을 보인다. 또한 학대받는 아동들은 학대에 대해서 어떤 사람에게도 말하지 말라고 가해자에게 위협을 받았을 수도 있다. 검사자는 이런 가능성까지 알고 있어야 한다.

② 면담 시 중등도의 장애물

면담 시 중등도의 장애물들로는 상당한 수준의 비난과 반항적인 행동, 위협, 협박, 공격적 행동 등이 있다. 이런 장애물들을 극복하기 위한 접근은 다음과 같다.

- 임상가는 앞의 ㄱ~ㄹ까지의 순서를 밟아야 한다.
- 임상가는 아이가 그의 현재 행동에 대한 병식을 갖도록 도와야 한다. 조용하고 방어적이지 않은 태도로 아이가 이 같은 행동을 보일 때, 학교나 집 그리고 다른 장소에서는 어떤 일들이 일어났는지, 이런 행동을 할 때 아이는 어떤 느낌을 가지는지, 다른 사람들의 반응은 어떤지

등을 물어봐야 한다.

- 위 방법들이 통하지 않을 때는 환아의 실제 문제와 면담 동안 관찰된 문제를 연결시키기 위해 환자의 반항적인 행동을 이용해야 한다. 반항적인 아동이 적대적이고 다른 사람들을 비난한다면, 임상가는 아이에게 다른 사람들이 불평하는 것과 면담 동안 이루어진 행동 사이의 공통점을 알아차릴 수 있도록 도와야 한다.

면담 동안 반항적인 행동을 계속하며 행동적인 문제를 보일 때, 임상가는 "내가 널 이해하려고 노력하기가 참 힘이 드는구나." 또는 "너는 나에게 아주 힘든 시간을 주는구나."와 같은 말로 행동을 다루는 시도를 해야 한다. 이런 말을 할 때 아이는 웃거나, 만족스러운 제스처를 취하거나, 다른 사람들을 힘들게 만드는 것을 좋아한다고 말로 표현하는 등의 방법으로 정서적인 반응을 나타낼 수 있다. 이런 문제가 드러날 때 임상가는 환아의 특징적인 성향이나, 전이적 행동을 해석해 주어야 하며, 그런 방법으로 행동하는 것이 아이에게 어떤 문제를 야기하는가를 깨닫게 해 줘야 한다. 예를 들어, "네가 이처럼 행동할 때 나는 너 자신에게 문제가 생길 수 있다고 생각해." "네가 이처럼 행동할 때 너에겐 어떤 일이 일어나지?"와 같은 말로 현재 드러나는 행동에 대해 현존하는 문제와 연결 짓는 시도를 할 수 있다. 첫 번째의 개입은 공감적으로, 두 번째는 직면할 수 있게 해야 한다. 이런 반항적인 말들이 임상가가 아이의 영역으로 들어갈 수 있게 도울 것이다. 공격적이고 쉽게 분개하며 유혹적인 아동에게도 같은 접근을 할 수 있다.

14세인 민호는 심한 신경발달학적 문제(뚜렛 증후군, 언어장애와 유창성의 어려움)를 갖고 있다. 집에서 공격적인 모습을 보였으며, 어머니와 친구들을 위협한 적도 몇 번 있었다. 5세 아이를 위협하고 그 소년의 성기를 무는 행동을 하여 정신과에 의뢰되었다.

면담 동안 그는 수줍음이 많아 보였으며 손이나 티셔츠로 얼굴을 가리려고 애쓰는 모습을 보였다. 그는 표현언어장애가 있었지만 위협을 가한 상황에 대한 임상가의 질문에 대부분 대답할 수 있었다.

임상가: "네가 5세 아이에게 했던 것을 얘기해 보자."

민 호: (부끄럽고 당황스러운 모습) "……."

임상가: "네가 어떤 아이의 성기를 문 것으로 알고 있는데……."

민 호: (방어적으로) "무슨 일이 일어났는지 기억이 안 나요."

임상가: (재빨리) "네가 기억이 안 나는 이유를 잘 모르겠구나. 네가 이것에 대해 얘기하기를 원치 않는 것 같구나. 무슨 일이 일어났는지 기억이 안 날 이유가 없는데……. 무슨 일이 있었니?"

민호는 임상가의 질문에 무슨 일이 있었는지를 얘기했고, 전에 많은 아이들을 괴롭히려고 했었다는 것을 말했다. 그러고 덧붙이기를 "내가 당했던 것을 다른 아이들에게 하는 거예요."라고 했다. 그는 일곱 살 때 성폭행을 당한 적이 있음을 보고했다. 그 사실을 말하면 병원으로 보내질까 두려워 엄마에게조차 말하지 않았다고 했다. 아이는 이런 말을 임상가에게 한 뒤로는 꽤 편안해 보였다. 아이의 방어적인 부정에 대한 직면과 도전은 효과적이었다. 이전에는 성적 학대와 외상후스트레스장애가 다른 아이들에 대한 성적인 행동으로 행동화되어 나타나는 과정에 대해 다뤄지지 못했었다.

임상가는 직면시키는 것에 대해 매우 조심스러워해야 한다. Anderson (2001)은 "따뜻하고 공감적인 치료자에 의한 직면은 자기 탐구의 기회를 증가시켜 준다."라고 언급했다.

Turner(1991) 등도 "열린 마음으로 부드럽게 직면하는 것은 환자의 방어를 막는 데 효과적이다. 적절한 직면의 강도를 알기 위해서는 임상 경험을 쌓아가야 한다."라고 면담 중 직면의 중요성을 강조했다. 하지만 다음과 같은 경우에 직면은 금기다. 심한 반항적 양상을 가진 아동, 매우 강한 수동적 공격 양상을 가진 아동, 정신증, 두드러진 기질성 문제가 있는 경우가 그러하다. 이런 아동에게는 뚜렷한 공격적인 행동이 나타날 위험성이 있다. 공격적인 행동 이후에 환아를 다시 개입시키려는 시도는 거의 성공적이지 못하다.

③ 면담 시 심각한 장애물

행동과 감정이 주된 문제인 소아청소년들은 심한 저항을 나타낸다. 이런 아이들은 그들의 행동에 대한 책임이나 비난을 외부로 투사하고 부정이나 투사로 그들 자신을 방어한다. 또한 그들은 다른 사람들을 잘 믿지 못한다.

16세인 성록이는 작년 한 해 동안 부모님과 계속되는 갈등이 있었고, 이러한 갈등은 4개월 전부터 더 심해졌으며 계속되는 치료에도 뚜렷한 진전이 없었다. 과거력을 보면 8세에 두 번 정신과 병동에 입원했고, 항우울제를 복용하다가 3개월 전부터 복용하지 않았다. 10세에 교통사고로 뇌 손상을 입은 이후 기억력이 떨어져 많은 것을 새로 배워야만 했다. 그는 학교에서 사고뭉치였고, 많은 행동문제와 공격성으로 수차례 정학을 받았다. 집에서는 감당할 수 없을 정도이며 몇 번씩 부모님을 죽이겠다고 협박하기도 했다. 2개월 전에는 할머니의 차를 허락 없이 타고 칼을 훔치는 일까지 있었다. 3개월 전부터 부모님들은 가게 일을 마치기 전에 전화선을 뽑고, 돈과 귀중품을 챙기고, 차에 도난방지시스템을 설치했다. 그 이유는 아이가 속해 있는 비행집단의 아이들이 밤 동안 가게의 물건들을 훔쳐 가지 않게 하기 위해서였다. 어머니는 그의 방에서 부탄가스 통들을 발견했으며 가스를 흡입한 다른 증거들도 발견했다. 그것들을 환아에게 보여주자 환아는 울면서 후회하고 있는 듯한 표정을 지으며 처음 그런 것이라고 주장했다. 가족력을 보면 아버지는 방관적이며 거의 아들의 삶에 관여하지 않았고 어머니가 그의 훈육을 담당했는데, 설상가상으로 어머니는 다리가 부러지게 되어 앞으로도 도움 없이 혼자 걷는 것이 힘든 상황이었다. 또한 경제적으로 어려워진 상황에서 성록이는 감당할 수 없는 요구를 계속했다. 아이의 부모는 그가 교도소에 가지 않을까 걱정을 했다. 그는 소아정신과에 의뢰되는 것을 거부했으며, 그런 얘기가 나올 때마다 부모가 자신을 버리려 한다며 원망하고 죽어 버리겠다고 위협하여 부모는 많이 주저해 왔다. 평가 시에 그는 매우 화가 나 있었고 경멸적인 태도였다. 그는 다른 사람들만 비난하고 있었으며 자신에게는 전혀 책임이 없다고 했다. 부모님이 자신은 사랑하지 않고 여동생만을 편애한다고 하며 여동생에 대한 공격성과 질투를 드러냈다. 부모님은 그의 반항적인 행동에 무기력했고 그를 두려워했다. 그는 의사도 자신을 좋아하지 않는다고 말했고, 자신의 편이라는 것을 믿을 수 없으며 도와줄 것이라는 것도 의심했다. 화가 난 것 같았으며, 우울한 것 같기도 했다. 자살 의도는 부정했으나 부모를 죽이고 싶다고 했다. 임상의는 그를 면담에 개입시킬 수가 없었고 투사적 체계를 무너뜨릴 수가 없었다. 이것은 부모와의 갈등적이면서 매우 양가적인 관계에 대한 이유로, 강한 의존성과 퇴행성이 분리개별화의 시도에 반대작용을 하고 있다고 판단되었다. 또한 망상적인 질투심이 존재했다. 더군다나 뇌 손상 탓에 인지손상이 있고, 그로 인해 경직되고 협소한 대처방식과 원초적 방어를 했을 것으로 보였다. 또한 가족에게 일어난 스트레스가 성록이의 비적응적인 방식에 더 공헌했다. 임상가의 노력에도 아이는 도움을 준다는 제안을 거절했다.

심각한 정신병리(심한 외상, 정신증적 붕괴에 대한 두려움, 의심하고 편집증적인 행동)로 강한 불신을 보이는 환자들과 동맹관계를 맺는다는 것은 불가능하다. 정신증의 전 단계에 있는 아동이 심리적으로 붕괴되는 데 대한 불안을 느낄 때, 임상가는 아이가 적응적 방어, 현실 감각, 자기조절감을 가질 수 있도록 도와주어야 한다. 학대를 받은 청소년은 심리평가에 대해 걱정한다. 이럴 때도 신뢰적 관계를 만드는 것이 어려운데, 임상가는 전에 일어났던 배신감에 대하여 공감하고 학대에 대한 감정을 말로 표현할 수 있게 도와주어야 한다. 청소년이 계속해서 비협조적이고 저항적일 때는 잠시 물러나는 것도 필요하다. 청소년의 참여 없이는 어떤 이해나 결론도 얻지 못할 것이고 어떤 과정도 지속될 수 없음을 알려 줘야 한다. 또한 그가 하고자 하면, 곧 더 자주 만날 수 있다는 것도 이야기해 주어야 한다.

2) 가족 면담 시의 장애물

다음은 가족 구조에서 방어적인 현상의 예다.

15세인 은정이는 자살시도로 소아병동에 입원하였다. 그녀는 남자친구와의 다툼 후에 개줄로 목을 매는 시도를 했다. 저산소증에 의한 신경학적 손상은 확실치 않았지만 섬망 소견에 부합되는 사고 혼란과 심한 인지 기능 손상을 보였다. 안정된 후에 정신과 병동으로 전원되었다. 의뢰한 의사는 전원에 대한 가족의 동의를 얻기가 힘이 들었다. 가족들은 은정이에게 아무런 문제가 없다고 주장했고, 많은 설득 후에야 전원에 동의했다. 은정이는 차분하게 자살시도 전의 사건을 얘기했고 자살에 대한 언급도 아무런 감정 없이 얘기했다. 그녀의 정동은 뚜렷하게 무뎌져 있었고 어떤 상황에서도 불쾌해하지 않았다. 자살 의도는 부정했다. 평가 시 인지기능은 정상적이었으나, 슬프거나 우울한 감정을 나타내지 않았다. 가족들은 면회 시 퇴원을 요구했다. 다시 그녀에게 아무런 문제가 없음을 강조했고 필요하면 가까운 정신보건센터로 갈 것이라고 했다. 가족의 저항을 줄이려는 시도는 실패했고, 결국 의학적 권고에 반한 퇴원을 하게 되었다.

위의 사례에서 처럼 문제가 있음에도 가족이 치료에 심한 저항을 보이는 경우는 아이의 정신과적 문제가 비기능적 가족 내에서 적응된 경우다. 그런 경우 가족은 가족의 항상성을 유지하기 위해 아이가 변하는 것을 방해할 것이다. 임상가는 이런 가족한테서 종종 복잡한 문제들을 발견할 수 있다.

5
포괄적인 정신과적 사례이해

정신과적 사례이해는 진단적 면담의 최종 목적이다. 사례이해(formulation) 과정은 소아청소년에서의 정신의학적 상태를 이해하고 치료 계획을 세우는 데 필수적인 개념적 도움을 제공한다.

사례이해의 과정에서는 생리학적인 측면, 정신역동적인 측면 및 개인에 대한 접근, 가족적인 접근 등을 동시에 고려해야 한다.

이 장은 기술적 정신의학과 정신사회적 중재 사이의 가교 역할을 할 수 있는 지침을 제공한다. 포괄적인 진단평가와 치료 계획에 있어 중요한 요소가 되는 발달학적, 정신역동적, 체계적인 개념화에 대해 논의하고자 한다.

1) 소아청소년 문헌의 재검토

Anna Freud는 초심리학적 측면(metapsychological profile: 욕동[drive], 구조[structure], 자아[ego]의 관점에서의 마음의 기능)에서 아동분석, 분석적 정신치료에 초점을 두고, 발달학적 평가를 중요하게 다뤄야 한다고 주장하였다. 한편, Cohen은 사례이해(case formulation)가 다중치료적(poly-therapeutic)인 입장에서 시작되지 않는다면 진짜가 아니라고 하였다. 진단 및 치료를 계획할 정도의 자료가 쌓이는 '특정' 순간이 오게 되는데, 반드시 모든 것을 알아야 할 필요는 없다고 하였다. Cox는 진단적 사례이해(diagnostic formulation)에는 각 아동과 가족이 가진 질적인 차이점, 작동하는 심리적 기전, 질환의 원인과 유발요인, 질환을 지속시키는 요인, 잠재적 강점과 경감 요인을 종합하여, 단지 많은 사실을 모으려 하기보다는 검증되어야 할 가설을 형성해야 한다는 점을 강조하였다. Shapiro의 경우 사례이해(formulation)를 하는 데 있어서 발달적 정신분석학과 기술적 정신의학의 통합을 강조하였다. 그는 이러한 역동적 해석을 함으로써 다른 치료적 접근, 즉 증상의 역동적 의미 이해, 위험요소 예견, 증상의 경감, 역동적 평형 상태 변화 예측 등에 도움을 줄 수 있다고 했다. 또한 그는 정신분석적 발달심리학의 중요성을 강조했으며 자아심리학, 발달 경로, 분리개별화에 대한 이해를 해석의 틀로 사용하였다.

Harris(1995)는 해석이란 단순한 문제 목록의 나열이 아니라, 다양한 문제들의 상호작용과 상대적 중요성에 대한 기술들을 통합한 것이라고 하였다. 생물학적, 정신사회적(정신역동, 사회적, 현상학적 문제, 보호 요인에 대한 언급 등) 측면 등 전반적인 면에 대한 고려를 하고, 아동의 연령에 맞는 발달상의 과업과 관련시키려 노력하였다.

2) 포괄적인 정신과적 사례이해 과정의 이론

포괄적 사례이해의 목적은 정보를 취합해 통합적인 이해에 도달하고자

| 표 3-4 | 포괄적 진단적 해석의 목표

I. 기술적인 진단 (Descriptive [syndromic] diagnosis)
II. 내적 요인 및 외적 요인(정신사회적인 요인)에 대한 평가
  A. 내적 요인 평가
    1. 발달적인 측면 평가
    2. 정신역동적인 평가
    3. 다른 내면 혹은 내적인 요인 평가
  B. 외적 요인 평가
    1. 부모 및 가족역동 평가
    2. 발달상의 방해요인 평가
    3. 다른 외부 혹은 외적인 요인 평가

함에 있다. 내적 요인(endogenous factor: 유전, 기질적, 생물학적, 발달적, 정신내적)과 외적 요인(exogenous factor: 가족, 대인관계적)을 주문제와 관련지어 고려하였고, 개인 및 가족의 수준에서 각각 아동의 문제를 설명하려고 하였다. 보호 요인과 위험 요인을 모두 고려하며 진단적, 치료적 목적을 갖는다.

(1) 내적 요인 평가

① 발달적인 측면 평가

소아가 생활 연령에 상응하는 발달단계에 있는지 여부를 평가한다. 예를 들어, 사춘기 전 아동이라면 학교, 이웃에 적응하는지, 동성친구와의 관계에 열심인지, 공상 중심적인 놀이를 하는지, 규칙이 내재화해 가는지, 사춘기 아동이라면 분리개별화, 성적 탐색, 정체성 형성, 진로탐색을 하는지, 가족 외의 지지적 집단을 만들어 가는지 등을 파악한다. 다음으로는 발달단계(developmental lines)에 대한 평가를 해야 한다. 즉, 자아심리학적, 대상관계적 기능의 변화를 평가한다. 건강한 발달 과정에 있는 소아라면 정신성적 발달, 자아 방어기전의 발달, 타인에 대한 의존(individual dependency)에서 자기의존(self-reliance)으로의 발달, 자기중심(egocentricity)에서 또래관계로의 발달을 이루고 자신의 신체와 기능에 대한 통제가 가능해지며, 놀이에서 일로의 발달, 욕구만족 관계(need-satisfying relationship)에서 대상항상성으로 잘 발달하게 된다.

그리고 다른 여러 발달 경로가 조화롭게 진행되는지에 관심을 기울여야 한다. 그리고 평가 과정에서 여러 발달상의 부조화가 있을 경우 그 차이가 설명되어야 하며 발달상의 진전인지, 퇴행인지, 정지인지의 여부가 결정되어야 한다. 또한 그러한 변화가 정상 발달 중 일시적으로 보이는 갈등인지, 지속적인 양상의 성격 경향으로 일어나는 내적인 갈등인지를 구분해야 한다.

② 정신 역동적인 평가

이 과정에서는 아동 내부의 정신 작동과 이와 연관된 기능부전을 평가한다. 그리고 아동의 행동에 동기를 부여하는 심리적 영향력을 평가한다.

• **자아심리학(Ego Psychology)**

자아 병리를 정신역동적 사례이해의 기초로 이용하는 임상가는 다음과 같은 자아 기능에 관심을 갖는다.

- 자아경계
- 현실검증력, 주로 사용하는 방어기제
- 충동 조절, 초자아 기능
- 승화, 통찰력, 언어화하는 능력
- 지능 및 적응적인 자아의 강도
- 동기, 장기적 계획
- 치료적 동맹을 형성할 수 있는 능력

• 대상관계 이론(Object Relations Theory)

대상관계 이론을 역동적 사례이해의 기초로 이용하는 임상가는 내재화 과정을 강조하고 정신기능을 내재화된 다양한 요소들 사이의 관계로 설명하며, 다음의 사항을 중요하게 고려한다.

- 대상관계의 질
- 자기 표상 및 대상 표상의 통합과 안정
- 심리적인 기능인 질투, 투사적 동일시 그리고 분열의 정도

• 분리개별화 이론(Separation-Individuation Theory)

정상, 자폐적, 공생적인 시기 및 분리개별화 과정, 분화, 실행, 회귀, 대상항상성 단계 등을 구분하여 발달 과정을 설명한다. 그 후 다음과 같이 각 단계에서 일어나는 점들에 대해서 기술해야 한다.

- 분리개별화 단계가 일어나는 전반적인 과정에 대한 증거
- 화해가 일어나는 시기에 대한 증거
- 대상항상성의 증거

• 자기심리학(Self Psychology)

자기심리학은 정신을 응집력 있는(cohesive) 자기(the self)로 구조화하려

는 개인의 욕구와, 이러한 자기(the self)와 환경 사이에 조화로운 관계를 형성하려는 욕망을 인간 심리의 핵심적인 부분으로 본다. 역동적 사례이해의 기초로서 자기심리학을 사용하는 검사자는 다음 기능에 주의를 기울인다.

- 자기개념과 자기존중감 조절
- 자기존중감의 안정성
- 자기응집력과 자기손상
- 자기애적 손상의 특성
- 과대적으로 표현하고자 하는 욕구의 특성

• **애착이론**(Attachment Theory)

유아에게 제공되는 모든 경험들의 질적인 측면을 고려해야 한다.

- 애착-탐색의 균형
- 주양육자들에 대한 애착의 위계
- 안전기지의 존재
- 내적 작동 모델의 특성
- 안정적 혹은 불안정적 애착의 유무

• **대인관계 이론**(Interpersonal Theory)

한 사람의 충동, 갈망, 인격 양상은 대인 간의 관계 맥락 속에서 이해되어야 한다. 아이의 마음은 일차적으로 신체적, 감정적 욕구를 만족시키려고 노력하게 되며, 인간적 접촉과 안정감을 달성할 필요가 있다. 이러한 욕구가 위협되면 불안이 생기게 되며, 불안이 인간 행동의 주된 동기임을 강조하고 있다.

- 안정감 혹은 불안, 외로움
- 주로 경험하는 대인관계 양상
- 안전기지의 특성
- 합리적인 타당성의 존재

③ 다른 내면 혹은 내적 요인 평가

• 인격의 조직화에 영향을 주는 요소
• 발달 중인 아동에게 반응하는 일차 양육자의 방식(즉, 기질적 특성, 개성)
• 획득된 발달 수준(즉, 정신성적 발달, 사회 및 대인 기능)
• 다른 기능 수준(즉, 신체기능, 운동 협응, 인지 및 도덕 발달)
• 아동의 자신감, 적응 능력, 자기개념에 영향을 미치는 기술과 능력
• 또래관계를 발달시키는 능력(인간관계, 대인관계 기술, 즉 자아에 대한 개념, 자기존중감의 수준, 문제해결 능력, 공감하는 능력 등 필수적인 기능)
• 지적 손상, 학습장애 등이 있을 때 이들이 자기감이나 자기존중감에 미치는 영향의 평가
• 청소년기의 행동, 학업의 어려움은 주의 깊은 평가를 요하는데, 왜냐하면 이와 같은 감정, 행동상의 어려움이 사실은 다양한 언어, 학습, 신경생리적 결함 등에 의해 유발되었을 수 있기 때문이다.

(2) 외적 요인 평가

① 부모 및 가족역동 평가

가족과 부모가 정상적인 발달을 증진시키고(기본적인 보살핌, 양육, 사랑, 일관된 한계 설정, 건강한 자기애적 만족, 자율성 강조, 정체감 형성), 따뜻하고 지지적이며 신뢰감 있고 일관된 환경을 제공하는 정도를 평가한다. 문제가 있는 가정을 평가할 때는 다음과 같은 상황이 고려되어야 한다.

• 주된 기능부전은 어디에 있는가?(부모 기능, 부부 하위체계, 가족 체계 전체)
• 규율을 어떻게 제공하고 있는가?
• 부부관계와 형제관계는 얼마나 응집력이 있는가?
• 부모와의 동일시에 문제는 없는가?

- 부모에게 명백한 정신과적 병리가 있는가?
- 가족에게 알코올, 약물남용과 같은 문제가 있나?
- 가족의 강점은 무엇인가?

또한 부모의 양육에 대한 평가를 해야 하는데 감정적 유용성(감정적 따스함), 통제(융통성, 허용 정도), 정신과적 문제(존재 여부, 유형, 심각성), 지식수준(감정, 신체 발달, 기초적인 아동양육의 원칙에 대한 이해) 등 필수적인 기능에 대해서 평가해야 한다.

② 발달상의 방해 요인들 평가

아동의 심리 발달에 부정적인 영향을 주는 요소들, 즉 결혼 생활과 가족의 기능부전, 질병, 외상, 상실 등이 있었는지 평가한다. 누락(omission)으로 인해 발달의 방해를 받은 경우로는 무시(neglect), 유기(abandonment), 일관된 한계를 정해 주지 못함 등이 있다. 오류(commission)로 인한 발달 저해 요인에는 신체적 혹은 성적인 학대, 아이와 부모의 역할 역전 등을 고려할 수 있다.

③ 다른 외부 혹은 외적인 요인들 평가

아동이 만성적인 질환을 앓는 경우 분리개별화 과정을 방해한다. 그리고 잦은 헤어짐이나 죽음에 대한 두려움을 겪으면서 이를 보상하기 위해 과도하게 의존적으로 되는 경우도 있다. 그리고 많은 경우, 신체적인 결함이 있을 때도 아동의 발달을 저해한다. 평가자는 아동을 평가할 때 이러한 사항을 알아보기 위해 다음과 같은 질문을 해야 한다.

- 학교 환경은 아동의 학습과 발달에 긍정적인가?
- 학교 체계가 아동의 심리교육적인 필요를 충족시키는가?
- 또래 모임은 어떻게 아동의 행동에 영향을 주고 있는가?

- 이웃들은 안전한가? 혹은 범죄나 마약과 연관되어 있지 않은가?
- 아동과 가족의 행동이 문화적으로 적절한가?

또한 소아와 가족 내의 조절기능에 대해서도 질문을 해야 한다.

- 소아나 가족의 일원이 위기 상황에 처했을 때 이를 해결하기 위해 어떻게 하는가?
- 어떻게 행동하는가?
- 누구에게 도움을 청하는가?
- 문제해결을 위한 조직적인 방법이 있는가?
- 가족이나 소아가 제자리로 돌아올 수 있도록 위로해 주는 방법은?
- 문제가 확대되지 않고 해결의 실마리를 찾는 방법은?

3) 포괄적 정신과적 사례이해의 실제

- 어떤 사례인가? 주요 정신병리 소견에 대한 충분한 설명적인 진술을 해야 한다.
  - ▸ 인하: 8세 된 소년, 자살 행동, 공격성, 와해된 사고

- 이 사례의 주된 이슈는 무엇인가? 지각된 주문제(핵심 이슈 혹은 갈등)에 관한 충분한 설명적인 진술을 해야 한다.
  - ▸ 인하: 계모의 유기와 거부로 인해 나타나는 갈등이 있었고 환아는 이를 심리적인 죽음으로 받아들여 자신은 '더 이상 살 이유가 없다.' 고 표현하였다.

- 이 사례에 기여하고 이는 생물학적 요인은 무엇인가? 주문제와 연관된 유전적, 체질적, 기질적 요인에 대한 충분한 설명적인 진술(내과적, 신경과적 문제 포함)을 해야 한다.
  - ▸ 인하: 생모는 알코올 남용자로 태내에서 알코올에 노출되었고, 이전에 언어

적인 능력과 수행력에서의 불일치, 언어장애, 뇌파상의 이상소견, 영양상태 문제, 천식과 방광 조절 문제 등을 가지고 있었다.

- 이 사례의 주된 발달적, 정신역동적 요인은 무엇인가? 주문제와 연관된 주된 내부 혹은 내적인 요인에 대한 충분한 설명적인 진술을 해야 한다.
  - 인하: 부모 상실에 대한 위협이 사고의 조직화나 현실검증력 장애 등 현저한 퇴행을 유발하였다. 인하는 현저한 신체화 증상 표현으로 아픈 계모와 엄마를 동일시하며 자기애적인 욕구를 충족시키고 있었다. 또한 인하는 엄마와 가족에 대한 강렬한 양가감정을 느끼고 있었으며, 이로 인해 인하 스스로가 매우 부정적인 자기개념(self-concept), 정신병적인 죄책감을 갖게 되었다. 자신을 거부하는 대상에 대한 분노로 퇴행이 조장되고 적응력에 심각한 문제를 일으켰다.

- 아동 혹은 이번 사례와 연관된 양육 환경 내의 유해 요인은 무엇인가? 연관되어 있는 외부 혹은 외적인 요인에 대한 충분한 설명이 되어야 한다.
  - 인하: 여러 곳에서 거주하였고, 계모의 거부, 학대나 유기를 당했을 가능성이 있다. 계모는 매우 병약하고 아버지는 뇌졸중에 이차적인 기질성 정동장애가 있으며, 다른 형제들도 정서적인 문제를 가지고 있었다.

- 아동 혹은 가족에게 어떤 장점이 있는가? 정상적인 발달과 문제에 대한 적응적 해결을 증진시킬 수 있는 아동, 가족, 양육 환경 내의 보호적인 요소에 대한 충분한 설명적인 진술을 해야 한다.
  - 인하: 호감을 주고 매력적인 외모였으며, 지적이고 말을 잘하는 편이다. 지지적이고 구조화된 환경에서는 잘 지내는 편이다. 형제들에게 애착이 잘 형성되어 있고 강한 유대감을 가지고 있다.

상기 다양한 요인들을 개념적 혹은 설명적으로 연결시켜야 하며, 결코 길게 작성할 필요는 없다. 그리고 중요한 것은 의사소통을 원활하게 하기 위해서 반드시 전문적인 용어를 사용해야 하는 것은 아니다. 가능하면 알기 쉬운 용어를 선택함으로써 이해를 높여야 한다.

4) 포괄적 사례이해를 시도하려 할 때 흔히 발생하는 문제

흔히 잘못된 사례의 경우는 다음과 같다. 즉, 자료의 통합 없이 자료를 상술해 놓거나 모아 놓은 경우 혹은 설명하는 데 있어서 순서대로 제시하지 않아 개념이 혼합되어 있고, 명확하지 않으며, 내적으로도 일관되지 않은 경우들이다. 또한 핵심 문제를 정하지 않고 환자의 주관적인 문제들을 간과한 경우, 정신역동적으로 지리멸렬한 경우 그리고 현재의 문제점을 설명하는 데 실패한 경우 등이 있다.

재해석

(1) 재해석(Reformulation)을 해야 하는 경우는 다음과 같다.

① 새로운 임상 자료가 생겼을 경우

② 임상 경과가 나빠지는 경우

③ 치료 계획대로 적용한 후 진보가 없을 경우

(2) Piggot의 충고(advice)

① 진단이 정확한지 확인하라.

② 공존 질환 여부를 확인하라.

③ 치료적 시도가 적절했는지 평가하라.

④ 치료 양식이 제대로 통합되었는지 평가하라.

4장 주요 대상별 면담

1 부모-아동 초기 면담

임상가는 아동과 더불어 부나 모, 혹은 부모 모두와 초기 면담을 실시한다. 아동의 경우, 특히 어린 아동들은 환경에 매우 반응적이기 때문에 아동이 단독으로 문제아가 되는 일은 드물다. 그러나 가족 내에서 아동만이 문제아로 취급받는 일은 아주 흔하다. 한 세대 전에는 다양한 전문가들이 가족 평가를 실시하였다. 즉, 소아정신과 의사가 아동을 면담했고, 사회복지사가 부모를 면담했으며, 심리학자가 아동의 인지 및 정서적 능력을 평가하기 위해 형식적인 평가를 실시했었다.

그러나 근래에는 일반적으로 한 전문가가 초기 평가를 모두 실시하고 치료가 필요할 때만 특수 기관에 의뢰한다. 아동, 부모 및 교사는 종종 서로 다른 이야기를 하기 때문에 다양한 곳에서 정보를 얻는 것이 특히 중요하다. 부모, 아동 모두와 면담하거나 혹은 가능하다면 모든 가족 구성원과 면담하는 것은 서로 모순되는 내용을 조정할 수 있는 기회가 된다. 또한 가족 구성원에게는 서로의 관심사를 들을 수 있다는 점에서 치료적인 이득이 될 수 있다. 그러나 여러 이유들로 인해 신체 학대나 성학대가 의심되는 사례의 경우에는 전통적인 가족 면담은 피하는 것이 좋다.

1) 부모-아동 면담의 목표

가족 면담은 다른 형태의 면담보다 본질적으로 우위에 있는 것은 아니지만 문제에 대해 다른 관점을 가질 수 있고, 모든 가족 구성원을 만나 그들이 상호작용하는 것을 관찰할 수 있다는 장점이 있다. 아동이 말한 사람들은 머릿속에 생생히 그려지게 된다. 좋은 결과를 위해 부모-아동 면담에서 다음과 같은 몇 가지 질문들을 이용할 수 있다.

(1) 직접적인 관찰을 통해 어떠한 가족역동을 볼 수 있는지 아래에 여러 가능한 경우를 제시하고 있다.

- 얽혀 있는(enmeshed) 관계, 즉 사생활이나 독립성 정도가 미비하여 가족 구성원 간에 경계가 제대로 정해지지 않은 경우
- 비관여적(disengaged) 관계, 즉 의사소통이나 생활을 거의 공유하지 않는 경우
- 부모 중 약한(weaker) 부모와 아동 간의 동맹(alliance)
- '아픈(sick)' 아동을 과잉보호하는 것
- '문제가 있는(bad)' 한 아동에게 문제를 전가시키는 것(scapegoating)

(2) 가족의 대처방식은 어떤가? 가족 내 제휴(alignments)나 경계 혹은 힘의 분포를 바꾸면서 변화된 가족 환경(예: 가족 구성원의 유입이나 유출, 아동의 청소년기 진입 등)에 적응하는가?

(3) 가족들이 문제해결을 위해 함께 작업하는 방식은?

(4) 가족 구성원들은 서로 어떻게 의사소통하는가? 타인의 발언권을 존중하면서 서로에게 기회나 차례가 돌아가는가?

(5) 가족의 의사결정 과정은 어떤 특성이 있는가? 권위주의, 민주주의, 허용주의에 이르기까지 여러 범위가 있을 수 있다.

(6) 아동의 행동, 성격 혹은 능력적인 여러 측면에 대한 부정확한 지각과 같은 인지적 왜곡이 가족 구성원 간의 관계에 영향을 미치는가?

가족 면담을 통해 환아의 정신상태와 관련된 정보들을 얻을 수 있지만, 일반적으로는 개별 면담을 통해 보다 상세하고 질 높은 정보를 얻게 된다. 비록 매우 어린 아동일지라도 다른 가족 구성원이 함께할 때 민감한 소재

는 노출하기를 꺼릴 수 있기 때문이다. 그러나 아동 평가의 일부로서 가족 면담이 필요하다면 가족과 먼저 면담하는 것이 더 좋다. 임상가가 아동과의 독립적인 관계를 발전시키기 전에 집단을 통해 보다 쉽게 정보를 얻을 수 있기 때문이다.

2) 부모-아동 면담 실시하기

임상가는 우선 "누가 먼저 시작하고 싶으세요?" 혹은 "오늘 우리가 여기에 모인 이유를 누가 말해 보고 싶은가요?"와 같은 개방형 질문을 하면서 면담을 시작할 수 있다. 확인된 내담자가 보다 어린 아동일 때, 말을 시작하는 사람은 대부분 부모가 될 수 있지만, 임상가는 모든 사람이 참여하는 것이 바람직하다는 메시지를 전해야 한다. 부모와 이야기 할 때 임상가는 아동의 언어적인 의사소통뿐 아니라 비언어적인 의사소통에도 주목해야 한다. 행동, 느낌 혹은 일련의 사건에 대한 부모의 진술에 아동이 동의하는지 혹은 동의하지 않는지를 묻도록 한다. 면담이 진행되는 동안 아동을 관여시키고, 지속적으로 아동 및 부모의 기여에 균형을 맞추며 통합시키려고 시도하는 것이 중요하다.

3) 부모-아동 초기 면담 사례

다음 면담은 가정의학과 주치의가 아동의 만성화된 신체적 호소를 평가하기 위해 열 살 된 승환이를 의뢰한 사례다. 비록 그는 연령에 비해 키가 컸지만 마르고 가냘파 보이는 체구였다. 아동의 어머니 역시 키는 컸지만 과체중이었고 다소 거만해 보였다. 아동의 아버지는 참여 요청을 받았을 때 지금은 참여할 수 없지만 이후 면담에는 참가할 것이라고 말했다.

대화에서, 밑줄 친 문장은 세 가지 기능을 갖는다. 어떤 경우에는 승환이와 어머니의 진술을 해석한 것이고 또 어떤 경우에는 임상가가 말하거나 행한 것에 대한 설명일 수도 있으며, 때로는 가족역동에 대해 임상가의 추측을 설명한 경우도 있다.

임상가: 자, 무슨 일로 오셨나요?

"승환이의 문제가 뭐죠?" 혹은 "승환이는 뭐가 문제죠?"라고 묻는 것은 개방형 질문이 아니다. 그 대신 임상가는 적어도 두 사람 이상에게 영향을 미치는 것으로 문제의 틀을 잡는다. 승환이의 어머니가 첫 반응을 보였다.

어머니: 승환이가 오랫동안 아팠다는 걸 처음 안 건 2년 전인데, 한 3, 4월쯤이었을 거예요. (아들에게) 2월 이후로 네가 아팠다는 것을 알았어. 바로 추석 연휴 후에 있었던 일인데요, 바이러스성 감기 같은 것으로 승환이가 앓아누웠어요. 두통이 있었고 고열은 아니지만 38~39도 정도의 열이 났고 심한 후두염에 여기저기가 아프고, 위장관과 관련된 증상은 없었지만 딱 독감 같았어요. 우리는 "와, 올가을 감기 대단하다."라고 생각했죠. 2주째가 되자, 어떤 증상들은 좀 좋아졌지만 여전히 아이는 아팠어요. 정말 기분이 안 좋고 늘 몸이 아팠죠. 둘째 주 말쯤에 제가 그랬어요. "이 감기 너무 오래 간다. 병원에 가자꾸나." 의사는 "유행하는 독감 같군요. 아이가 나을 때까지 집에서 좀 쉬게 하세요."라고 했어요. 그러나 5주째에 다다르자, 다시 처음 상태로 되돌아가서 "잘 낫지 않는구나." 하고 말했죠. 승환이는 38도까지 주기적으로 열이 올랐고 기진맥진한 상태로 누워 있었어요. 늘 몸과 목이 아팠고 아무것도 낙관적인 것이 없었죠.

장시간에 걸친 이야기로 정보제공자는 최대한 많이 자신의 이야기를 했다. 이는 임상가에 대해 만족하지 못했음을 암시한다. 또한 환아의 어머니가 대화의 시작을 지배하는 것에 주목해야 한다. 즉, 그녀는 아이가 어떻게 느꼈고 어떤 일이 있었는지를 승환이에게 '통지' 한다. 이때 승환이는 방해하지 않고 조용히 앉아 있었다.

임상가: 단핵증은 아니었나요?

어머니: 평가 결과 음성이었어요.

승　환: 단핵증은 벌써 걸려 봤는데……. (어머니가 가로 막음)

승환이가 조용히 듣고 있다가 불쑥 끼어들었다. 그러나 어머니가 이를 막으면서 끝이 났다.

어머니: 그래, 너 단핵증 앓은 적 있지.

승　환: 2학년 때요.

어머니: 그렇지 2학년 때. 그리고 음, 또…….

임상가: (승환이에게) 단핵증에 한 번 이상 걸릴 수 있을까?

임상가는 승환이를 관여시키고 싶었고 어머니가 발언권을 오래 가질 수 없다는 점을 명확히 하고자, 아동이 불쑥 꺼낸 말에 관련된 질문을 통해 반응하였다.

승　환: 그럴 수 없다고 생각하는데요.

임상가: 그래, 네 말이 맞아. 그냥 확인해 본 거야.

승　환: 선생님은 항체가 생기지 않았나요?

임상가: 그럼, 생겼지.

임상가는 어머니하고만 면담을 했다면 보이지 않았을 편안하면서도 농담조의 스타일을 유지하였다. 비록 어머니가 대부분의 정보를 제공할지라도, 이러한 형태의 면담은 아동을 관여시키는 데 도움이 된다.

어머니: 지금은 사람들이 체념하고 말해요. "뭐가 문제일까?" 의사는 임상적 직관을 뛰어넘어 사이토메갈로 바이러스(cytomegalovirus: CM) 평가를 하라고 했어요. 혈액 적정농도는 양성으로 되돌아왔지만 소변에서 아주 많은 CM 바이러스가 배출되었죠. 그래서 지금 우리는 아이가 상당한 CM 바이러스를 보유하고 있다는 걸 알고 있어요.

승 환: 엄마, 제가 몇 달 아프고 난 다음에 혈액 평가를 받았죠.

승환이는 자신의 견해를 말하려고 애썼다. 어머니는 면담을 지배하고 있었지만 임상가는 중재하지 않기로 했다. 어머니는 방금 이미 자신이 의사에게 실망했다고 분명히 밝혔기 때문에 임상가는 관계가 자연스럽게 전개되는 것을 지켜보는 데 만족하면서, 어머니가 면담을 지배하는 것에 위협받지 않았다.

어머니: 의사가 그걸 처음 발견했을 때, 아이는 한 두 달간 앓은 상태였어요. 그때 우리는 어떤 것도 아이를 치료할 수 없다고 생각했죠. 항바이러스제가 없었기 때문에 할 수 있는 유일한 일은 "편안하게 해주고, 집에 데려가서 잘 대해 주고 잘 먹이고 이것저것 여러 가지를 해라. 그리고 병이 사라지기를 기다려라. 그러면 좀 좋아질 거다."라는 어른들의 말씀을 따르는 거였죠. 지금이 15개월째예요.

또다시 환아모는 임상가를 향한 낙담을 분명하게 드러냈다.

승 환: 하지만 전보다 훨씬 좋아졌어요. 아주 많이요.

어머니: 어~ 그래, 좋아. 여하튼 추석 때부터 3월까지 아이는 학교에 가지 않고 집에서 공부했는데, 스트레스를 너무 받아서 병이 잘 낫지 않

았어요. 그래서 우리는 "학교를 그만두고 좀 쉬게 하면서 치료 시간을 가져야겠어." 하고 결심했죠. 재미있는 영화나 만화도 많이 구해왔고, 또…….

어머니가 우회하는 모습을 명확히 보일 때쯤, 임상가는 그녀의 말을 제지하였고, 점차 지시적인 면담이 필요하다고 느꼈다.

어머니: 예. 그 후 아이는 꽤 건강해졌고, 바로 걷기 시작했어요. 처음에는 질질 끌듯 걸었지만 그해 5월에는 자전거 타는 법도 배웠는걸요.
승 환: 아니에요. 내 생각엔 아닌데…….
어머니: 5월 초였나, 너 자전거 타기 시작했잖아?
승 환: 6월 초예요.
어머니: 초반, 그러니까 네가 여름방학 프로그램에 참석하기 전에 자전거를 배운 거 맞지? 여름방학이 10일이고 프로그램은 그다음 주에 시작하는데, 몇 년 동안 거기 참여하고 있어요. 우리가 거기에 서서히 열의를 갖게 되면서 아이가 좀 나아지기 시작했고 차차 더 좋아졌어요. 그런데 근래 아이가 난관에 부딪혔어요. (모는 큰 박수 소리를 내며 강조했다.) 선생님도 아이가 탁 치면 쓰러질 것 같아 보일 거예요. 아이는 축 처져 있었고 2, 3일간 의식을 잃었었는데……, 음, 한 2주마다 그랬니?
승 환: 가끔가다 한 번씩 그랬죠.
어머니: 그건 그렇고, 자 보자. 이번 주, 그러니까 월요일, 화요일, 수요일 반나절까지 너 몸이 안 좋았었지. 근데 마지막으로 아팠던 게 언제였는지 기억해 보면, 그게 한 3주 전이었나, 한 달 전인가?
승 환: 지속 기간을 말하는 거면, 아마 4일간일 걸요?
어머니: 그래.
승 환: 근데 그건 다르죠. 나는 그때 진짜 독감이었다고요.

어머니: 맞아. 단지 엄만 네가 마지막으로 결석했던 때를 생각하고 있었어.

승 환: 음, 그건 이틀 전인데요.

어머니: 음, 난 그전을 말하는 거야.

승 환: 그전요? 그럼 거의 한 달 전인데.

승환이와 어머니는 명료화시키는 일로 다시 싸웠다. 사건에 대해 서로 동의하지 못하고 모순을 해결하지 못하는 것은 상당한 힘겨루기를 보여 주는 것이다. 어머니는 사소한 것을 가지고 승환이(와 임상가)를 좌지우지하고 제압하고 있다. 그녀는 직면(confrontation)이나 강박적인 사고로 승환이와 그녀 주변의 타인들을 통제하고 있다.

어머니: 응. 내 생각도 그래. 병적 상태의 간격이 점점 벌어지면서, 우리는 "좋아, 됐어. 좀 나아지고 있네. 그래, 더디긴 하지만 그래도 좋아질 거야." 하는 태도로 바뀌었죠. 오늘까지 우리는 그러고 있어요. 다시 아이는 학교에 다니고 있지만, 이번 주에 병적 상태가 한 번 있었죠. 다시 3, 4, 5월로 거슬러 올라가 생각해 보면, 그때 우리는 특출나게 똑똑하고 뛰어난 능력을 지니고는 있지만 이제는 만성 피로와 고통을 겪고 있는 한 아이를 맡고 있다는 것을 알게 되었죠. 여기를 방문하게 된 것도 그 때문이에요.

승 환: 슬프네요.

어머니: 아이는 목도 아파해요.

임상가: (승환이에게) 뭐라고 했지?

승 환: 그냥 '슬프다' 라고 했는데요.

임상가: 슬프다고.

승환이가 사용한 단어를 짚어 주면서, 임상가는 면담 방향을 바꿔 보려고 노력했지만 어머니가 방해했다.

어머니: 슬펐죠. 너도 슬퍼했지. 당시에 너는 정말 우울했는데.

승 환: 아니, 그렇지 않아요.

어머니: 괜찮단다.

승 환: 아팠기 때문에 그렇게 보였던 것뿐이에요.

어머니: 그런데 내 생각엔 너도 좀 슬퍼했어. 뭐 알다시피 괜찮단다.

또다시 임상가를 배제한 채, 어머니와 아들은 그들 사이의 차이를 제대로 해결하지 못했다.

임상가: 승환이가 공립학교에 다녔다고 하셨잖아요. 그렇다면…….

어머니: 유치원하고 초등학교 1년을 다녔는데, 좀 끔찍했죠. 공립학교 시스템이라는 게 형편없더라고요. 특히 초등학교는 정말 끔찍해요.

임상가: 그럼 2학년부터는요?

어머니: 2학년 때부터 지금까지는 사립학교에 다녀요. 5학년 추석 때 아이에게 처음 병이 생겼고, 그래서 5학년은 못 마쳤어요.

어머니는 의료 체계에 불만을 품고 있었을 뿐 아니라, 그녀의 관점에서 승환이의 교육에 대해서도 실망스러워했다. 그녀에게는 가족생활의 문제에 관해 타인을 비난하는 외재화 경향이 있다. 임상가는 승환이의 신체 증상이 자녀 교육을 통제하려는 어머니의 욕구를 만족시키는 데 대한 아동의 좌절을 표출하는 것은 아닌지 궁금해졌다.

임상가: 원래 학년으로 되돌아갔단 말씀이시네요?

어머니: 예.

임상가: (승환이에게) 5학년이지?

승 환: 예.

임상가: 그럼 이전 학교는 왜 그만두고 사립학교로 옮겼나요?

어머니: 교사는 자리를 뜨고 학생들은 여기저기 사방을 나돌아 다녀서요.

승 환: 엄마는 교실에 한 번도 와 본 적 없잖아요.

어머니와는 다르게 승환이는 균형 잡힌 얘기를 하려고 했다.

어머니: 그때쯤 저는 지금 학교에 대해 알게 되었는데, 머리 좋은 아이들이 다니는 곳이었죠. 시험 보지 않고서는 들어갈 수가 없는 곳이었고요. 이 학교는 행동 지침이 갖추어져 있고 공부에 정말 흥미있어 하는 아이들이 있죠. 망나니 같은 아이들과 어울릴 일이 없는 것이죠.

승환이를 향한 어머니의 메시지는 다음과 같다. "너는 매우 우수한 수준을 유지하거나 망나니가 되거나 둘 중 하나야." 그렇다면 아동에게 어떤 대안이 있겠는가? 몸이 아파져서 남과 경쟁하지 않으려는 것은 아닐까? 솔직하게 언급하기에 너무 이른 감이 없지 않지만, 임상가는 어머니가 아들을 통해 대리적으로 살면서 자신의 부적절함을 부인함으로써 통제하고자 하는 어머니의 분명한 욕구를 알아차렸다.

임상가: 너도 이 학교가 좋니?

승 환: 그럼요. 정말 재미있어요.

어머니: 담임선생님에 대해 들려줄래?

어머니는 임상가가 아동과 협력관계를 발전시키려고 하는데도 면담에서 통제권을 계속 갖고자 했다.

승 환: 담임선생님은 저보다 5cm나 작으세요.

임상가: 넌 또래들보다 약간 크구나, 그렇지 않니?

승 환: 예. 그래서 제가 반에서 가장 커요. 근데 그 선생님은 통통하고 늘

부모님이나 어른들 앞에서 굼떠요. 그런데 실은요, 주변에 다른 어른들이 없을 때는 정말 편안해하세요.

임상가는 '굼뜨다' 라는 (나이에 비해) 조금 특별한 표현을 하는 승환이의 어휘를 머릿속에 담아 두었다.

임상가: 그 선생님은 재미있으시니?

승 환: 예, 정말 재미있어요.

임상가: 올해 넌 어떤 과목들을 들었니?

승 환: 수학, 쓰기, 읽기 과목을 듣고 있어요.

임상가: 수학 시간에는 무엇을 배우고 있어?

승 환: 이제 막 비례 계산까지 배웠어요.

임상가: 분수는?

승 환: 저희는 여러 종류의 분수를 배우고 있고 선생님이 약분도 가르쳐 주고 계세요.

임상가: 숙제는 많아?

승 환: 보통이에요. 근데 보고서나 독서 감상문이 많을 때 아니면 구두 발표가 있을 때 많아지기도 하죠.

임상가: 주말에는?

승 환: 보고서 숙제가 있을 때에는 주말에 그것을 하는데, 없으면 훨씬 수월하죠.

숙제라는 주제는 어머니를 위협하거나 갈등을 빚는 것이 아니어서, 그녀는 잠시 조용히 있었다. 하지만 주말에 대한 주제는 가족에 대한 정보가 노출될 수 있기 때문에 보다 어머니에게 위협적이었고 그래서 어머니는 대신 말하기 시작했다.

어머니: 어느 주말에는 차가 고장 나서 뜻하지 않게 시골에 갇혔던 적이 있어요. 다행히도 아이는 우리와 숙제를 미리 해 두었었지요. 숙제를 하는 데 5시간이나 걸리더군요.

승 환: 그리고 그다음 날 3시간을 더 했고요.

임상가: 자, 몸이 안 좋다던 얘기로 돌아가 볼까? 몸이 아픈 것이 약간 만성화되는 것 같은데, 어때 지금은 다시 예전처럼 괜찮은 것 같니?

승 환: 가끔은요. 하지만 대개 늘 피곤하고 가끔 쑤시기도 하고, 음…… 병적인 상태가 아닐 때에는 느낌이……. (긴 침묵이 있음)

임상가: 음 아주 좋아.

임상가가 대화를 끝냈다. 하지만 이를 원칙으로 권하는 것은 아니고 승환이가 생각에 잠긴 것처럼 보였기 때문이다. 보다 좋은 개입은 아동이 마지막에 한 말을 되짚어 주는 것이다. 즉, "삽화가 없었을 때는 느낌이……."

승 환: 예.

임상가: 자는 데 어려움이 있니?

임상가는 승환이가 이전에 언급했던 슬픔이나 우울과 관련된 문제로 돌아가 접근하고자 했으나 어머니가 대화에 끼어들었다.

둘 다: (동시에) 예.

임상가: (승환이에게) 그 문제에 대해 나에게 말해 줄래?

승 환: 어, 잠드는 데 시간이 많이 걸려요.

임상가: 네 방에서 자니?

승 환: 예.

임상가: 몇 시에 자는데?

승　환: 취침시간이 있는데요. 9시 정도엔 자야 해요. 그걸 '소등시간'이라고 부르죠. 부모님은 한 9시 30분까지는 그냥 제가 책을 읽도록 내버려 둬요. 하지만 그때 부모님이 들어오시면 바로 책을 덮고 불을 꺼야 하죠.

임상가: 근데 바로 잠이 안 오니?

승　환: 예. 실은 누워 있기는 하는데 잠은 오지 않아요.

임상가: 좋아, 그러면 그다음엔 어떻게 해?

승　환: 그러면 전……. (긴 침묵)

임상가: 깜깜한 데서 깬 채 누워 있니?

승　환: 잠들 때까지 엎치락뒤치락 하면서 누워 있다가……. (긴 침묵)

침묵은 아동이 어머니 앞에서 말하고 싶지 않은 주제가 있음을 제시한다. 지금까지 임상가는 면담을 진행시키면서 필요한 부분을 채워 나갔지만, 이후 승환이와의 개인 면담에서 다시 이 주제를 다룰 것이다.

임상가: 얼마나 오래 그러고 있는 것 같니?

승　환: 한 11시까지 깨어 있는 것 같아요.

어머니: 제가 좀 끼어들어서 알아본 점을 말씀드릴게요. 지난 5년 동안 저는 병의 패턴을 알아왔어요. 아이를 보며 알 수 있었던 건, 아이가 몇 날 며칠 계속 잠을 못 자기 시작할 때면, "엄마, 지난밤 잠을 잘 수 없었어요."라고 말을 하고, 그건 병이 재발하기 직전에 보이는 증상이죠.

어머니는 지금 자신에게 의학적 지식이 있음을 보여 주고 있다. 그녀의 지식은 위협적이지 않았기 때문에 임상가는 협력관계를 유지하고자 그녀의 전문적인 의견에 대해 정중히 물었다.

임상가: 생체 리듬의 문제라고 생각하세요? 아이의 생체 시계는 정상인가요?

어머니: 무엇 때문에 병이 재발되는지는 모르겠지만 제가 본 증상 중 하나가 몇 날 며칠 동안 계속 늦게 잠을 자는 거예요. 수면이 병을 일으키는지 어떤지는 모르죠. 근데 피곤하면 잠이 안 오기도 하죠?

임상가: 아침에 아이가 일어나기 힘들어하나요?

어머니: 잘 일어나지 못해요. 그러다가 함박 미소를 지으면서 일어날 때도 있고.

승 환: 그리고 폴짝 뛰기도 해요.

임상가: 알람시계가 필요하니?

승 환: 가끔 비틀비틀거리기도 하고.

어머니: 너도 알다시피 엄마와 아들이 둘 다 정말 늦잠꾸러기여서 가족끼리 농담하잖니. 아빠는 반대지만……. 아빠는 아침에 우리를 깨우지도 않고 슬그머니 정말 잘 일어나잖아.

이 서술에 따르면 어머니와 아들은 공유된 특성이 있으나 부는 그렇지 않다. 즉, 이는 승환이와 어머니가 한편이 되어 부를 배제하고 있음을 시사한다. 이러한 형태의 밀착(enmeshment)은 신체화를 보이는 가족 내에서는 흔한 일이다.

임상가: 악몽을 꿔 본 적이 있니?

승 환: 저는 꿈이 진짜 기억나지 않아요.

어머니: 우린 애가 남의 집에서 외박을 하면 안 된다고 생각해요. 그 집에 가서 신나게 놀다 보면, 그다음 날 일어나지 못하니까요.

임상가: 음, 너무 피곤해서 운동하기 힘드니?

승 환: 전 자전거 타는 거 좋아하는데 몸이 아파서요. 산보하는 건 좋아하지 않지만 그래도…….

임상가: 축구나 다른 거 뭐 하는 거 있어?

승 환: 축구는 했었는데 아프고 나서 그만뒀어요.

어머니: 흠 잡으려는 건 아닌데, 한 가지 말씀드리자면 승환이는 잘 달리지는 못해요. 늘 걸음이 힘든 아이였어요. 다리 움직임이 어설퍼서 서로 엉키는 것처럼 되죠. 협응력이 정말 좋지 못해요.

또다시 어머니는 승환이의 능력을 헐뜯었다. 그녀는 보다 넓은 세상으로 아동이 나아갈 수 있도록 하고 있는가?

승 환: 양다리의 움직임이 서툴거든요.

어머니: 그리고 여덟 살이 될 때까지 운동 발달이 느려 자전거를 탈 수 없었어요. 작년이 아홉 살이니까 아마도 맞을 거예요. 그런데, 비디오 게임이나 컴퓨터 게임은 엄청 잘하지요.

임상가: 소근육 운동기술을 말하는군요.

어머니: 쓰기는 잘해요. 학교 홈페이지가 있는데 거기에 글을 쓸 수도 있을 거예요. 아이가 원할 때 우리는 주말에 저희 사무실에 가기도 해요.

임상가: 대학에서 근무하세요?

어머니: 예.

임상가: 과는요?

어머니: 생물학과예요. 제가 승환이 때문에 상담받고자 하는 가장 큰 이유도 "어떻게 이것을 적용할 수 있을까?" 해서죠. 얘는 매우 재능 있는 아이예요. 멋진 미래가 있는 상당히 머리 좋은 아이죠. 자기가 원하는 것은 무엇이든, 무엇을 하든 능력이 되는 아이랍니다.

임상가: '그런데' 여기 오게 되었네요.

어머니: 제 삶의 분명한 목표는 아이를 교육시키고 준비시키는 거예요. 아이가 학교에 다니면서 재미있게 지내고 열심히 공부하도록 하는 것이 내 목표인 이유가 그거죠. 저는 만성 피로 증후군이라는 제 진단적 의견에 대해서 지지를 받아 본 적이 없어요. 제가 읽어 봤

던 모든 책에서도 아이의 증상은 모든 기준에 맞았어요. 하지만 여태까지 만나 온 어떤 의사도 "맞아요, 만성 피로 증후군이에요."라고 하지 않더군요.

임상가: 아이들 진단은 어려워요. 사실 누구의 진단도 어렵죠.

어머니는 신체 질환을 강하게 지지하는 입장이고 심리적 문제는 전혀 언급하고 있지 않음에도 자신이 정신과 면담을 청한 이유에 관해서 결국 이야기하기 시작했다. 그러나 그녀는 아동이 신체형 장애(somatoform disorder)일 수도 있다고 말하지는 않았다. 만약 그녀가 자신의 열망을 성취하지 못하거나 승환이의 노력을 통해 대신 목표를 달성하기를 기대한다면, 다시 실망하게 되는 악순환이 벌어질 것이다. 임상가는 지지적인 태도를 계속 취하되, 어머니에게 동의하지는 않았다.

어머니: 글쎄, 저를 가장 화나게 했던 건 소아 단핵증의 전문가를 만나러 갔던 일이에요. 그 의사는 저를 정말 화나게 했기 때문에 이름은 기억이 나질 않네요. 그는 아이를 3시간 반 동안 발가벗긴 채 시트 한 장만 있는 차가운 테이블 위에 있게 했어요. 의사는 평가가 다 끝나 갈 무렵 저를 보며 말했어요. "아이 상태와 관련된 생물학적인 원인은 없고, 제 생각엔 학대를 당한 것 같아요."라고 말했죠.

임상가: 학대요?

어머니: 학대라니! 저는 소스라치게 질겁했죠. 저도 울었고 아이도 울었어요. 집에 가서 코코아를 한 잔씩 마시고 나서 제가 말했죠. "괜찮아, 아가. 누가 너를 건드렸거나 쳤거나 아니면 다른 무슨 짓을 했었니?" 우리는 2~3시간 얘기를 나누었지만 확실히 속으로 의심했어요. 아이한테는 결코 그런 문제가 없었는데도, 그게 저를 달달 볶았죠. 그 여의사는 "생물학적인 원인이 없네요."라고 말하면서 아이의 신체 상태를 무시했어요. 저는 저희를 살펴봐 줄 의사를 원

해요. 저는 참고 참아 왔어요. 우리를 도와줄 사람이 필요해요.

어머니는 지금 "저에게 동의해 주세요. 안 그러면 다른 곳으로 가 버릴 거예요."라고 말하면서 자신의 처지를 호소하고 있다. 임상가는 여전히 지지적이었으나 어머니가 내린 진단을 받아들이지는 않았다.

(최근의 아동의 건강에 대해 약간 더 얘기를 나눈 후에, 임상가는 다른 영역에 대한 평가로 넘어갔다.)

임상가: 임신기는 어땠나요?

어머니: 아주 괜찮았는데요.

임상가: 적어도 9개월을 채우고 예정일에 맞춰 출산했나요?

어머니: 예, 딱 맞춰서요. 계획된 임신이었기 때문에 임신한 날을 알고 있어요. 저는 미혼모였는데 아이를 원해서 제 친한 친구가 정자를 제공해 주었죠. 그래서 제가 임신한 때를 정확히 기억하고 있어요. 임신기는 괜찮았고요.

어머니는 무심코 자신의 인공수정과 미혼모가 되려던 계획을 말하게 되었는데, 이미 아동은 알고 있는 사실인 것 같았다. 임상가는 차후 만남에서 이를 다루기로 하고 그냥 두었다.

임상가: 현재는 기혼이시죠?

어머니: 예, 아이가 네 살일 때 대학 다닐 적 애인과 결혼했어요. 그 사람과 저는 헤어졌다 다시 만났는데, 여전히 불꽃이 일어서 결혼했죠.

임상가: 남편은 승환이를 양자로 받아들이고요?

어머니: 예. 4월 11일이 우리 가족의 날이에요.

임상가: 다른 자녀가 있나요?

어머니: 아니요.

임상가: 담배는 안 피우시고요?

어머니: 그럼요. 담배도 술도 못해요. 스물한 살 이후로 담배를 피워 본 적이 없네요. 전 술도 안 마시고 약물도 안 해요.

임상가: 어떻게 이 도시로 오게 됐나요? 여기서 자라셨어요?

어머니: 아뇨. 전 대학 때문에 여기 오게 됐죠.

임상가: 석사나 박사 학위를 받았나요?

어머니: 아뇨. 생물학 학위만 가지고 있어요. 전 의과대학이나 대학원에 가고 싶었지만 돈이 없었어요.

임상가: 그럼 어디서 성장했죠?

어머니: 서해안 지역에서요. 저희 아버진 과학자셨어요.

임상가: 아버님이 살아 계신가요?

어머니: 예. 의학계에 계셨다가 퇴직하셨어요. 저는 1980년부터 만성 피로 증후군을 앓았던 걸로 알고 있는데, 월경 전 증후군도 있었고요. 1980년엔 매우 심한 폐렴에 걸렸었죠. 그 후 바로 피곤함과 집중력 문제로 매우 힘들었어요. 최근에 저는 만성 피로 증후군의 유전적인 민감성과 관련된 기사를 하나 읽었어요. 그리고 "와, 엄청난 생일선물이네."라고 생각했죠. 그러나 나 때문에 그 병이 생길 수 있다는 점을 알게 되었어요. (승환이에게) 미안하구나, 얘야.

임상가: 당신도 몸이 아픈가요?

어머니: 재미있죠. 지난 4년 동안 증상이 매우 심해졌어요. 하지만 비밀이었어요. 저는 제 증상을 아주 잘 숨겼죠.

임상가: 그러면 결근이 없었겠네요.

어머니: 한 달에 한두 번은 결근했어요. 왜냐하면 몸이 떨려서 담요로 몸을 꽁꽁 싼 채 집에 있어야 했으니까요. 움직일 수가 없었어요. 증상이 나아지지 않자 낙담해서 의사를 바꾸기도 했고요. 20년 동안 전 머리를 톡톡 두드리거나 정신과 의사에게 가서 진료를 받았어요. 약도 먹어 봤고 상담도 받아 봤고 그리고 또…….

임상가: 그리고 지금 승환이를 데리고 정신과 의사에게 왔고요.

어머니: 어찌할 바를 모르겠어서요. 절 지지해 줄 사람도 없고요.

임상가: 하지만 아이는 건강상태가 양호해요. 이해되지 않네요.

어머니: 얘는 건강하지 않아요. 월요일과 화요일에는 컨디션이 아주 안 좋아서 침대에서만 지냈고 아파서 힘이 없었어요.

임상가: 하지만 그게 뭔지 당신도 알잖아요. 당신한테도 있었던 일이고요.

그녀의 삶을 방해하던 신체적 증상은 이전에 그녀가 인정한 내용보다 승환이가 보이는 증상과 훨씬 더 유사하다. 그녀가 이야기를 털어놓은 것은 임상가와의 긍정적인 치료적 동맹을 암시하며 임상가는 그녀와 아동이 모두 잘 대처할 수 있을 것이라는 점을 알게 되었다.

어머니: 하지만 우리를 도와줄 수 있는 사람이 있나요? 전 어떠한 정보도 얻지 못했다고 생각하는데요.

임상가: 이번 평가의 취지는 가족 모두에 관한 것들을 알아보는 거예요. 전 아직 당신의 의문에 응할 만큼 충분히 이해하지 못했답니다.

어머니: 알았어요.

'누가 환자인가?' 에 관한 주제로 확장되자, 정보제공자인 어머니의 좌절은 임상가 쪽으로 책임이 돌려졌다. 하지만 어머니는 단도직입적인 설명을 수용했다.

임상가: 남편 건강은 괜찮나요?

어머니: 문제가 좀 있죠. 전쟁에서 부상을 당했는데 그때 헬리콥터 문 조각이 날아와 한쪽 무릎을 쳤고 다른 쪽은 오토바이 조각 때문에 다쳐서 무릎이 좀 엉망이죠.

임상가: 결혼하신 지 6년째이니까 그 일은 모두 결혼하기 전의 일이겠네요.

어머니: 예, 예전의 일이죠.

임상가: 하지만 남편은 대학 다닐 때 애인이었다고 하지 않았나요?

어머니: 우린 대학 다닐 때 만났어요. 그 후에 그 사람이 위생병으로 군에 갔죠. 33개월 동안 여기저기에서 전투가 벌어졌죠. 그는 자신의 능력과 한계에 관해 더 많이 깨닫고 돌아왔죠. 현재 악몽이나 다른 어떤 증상은 전혀 없고요.

임상가: 남편은 돌아와서 대학을 마쳤나요?

어머니: 아니요.

임상가: 남편분은 지금 뭘 하시죠?

어머니: 저흰 소프트웨어 회사를 경영하기 시작했어요. 그 사람은 올해 상근직으로 일하고 있고 제가 가족의 경제적인 부분을 주로 담당하고 있지요.

임상가: 남편분은 어디서 일을 배우셨나요?

어머니: 군대에서요.

양아버지는 높은 포부와 성취감을 가지고 있었지만 학사 학위는 없었다. 이는 부모 모두가 학업적인 목표를 성취하지 못했다는 증거다. 이것이 승환이가 따라야 할 발달 경로일까? 승환이 역시 부모가 본인들의 기대에 도달하지 못했다고 생각하는 영역에서는 성공을 이루기 힘들 것이다.

임상가: 가족 모두가 매우 똑똑하군요.

어머니: 예.

임상가: 잠시 다른 세대로 거슬러 올라가 살펴봐도 될까요? 아버님이 살아 계시다고 말씀하셨는데 지금 건강하세요? 연세는요?

어머니: 아버지는 일흔하나이시고, 어머니는 예순여섯이세요. 제가 어릴 때 아버지는 몇 년 동안 지독한 알코올 중독자였어요. 저는 가족 중에 솔직한 말을 하는 사람이었어요. 전 "아빠는 술을 너무 많이

드세요. 의사한테 가 보셔야겠어요."라고 말하면서 아버지를 나무랐죠. 여전히 아버지와 저는 아주 거짓 없는 관계를 유지하고 있어요.

임상가: 형제가 몇 명이나 되죠?

어머니: 4명이에요.

임상가: 첫째세요?

"출생 순위가 몇 번째세요?"라고 묻는 것이 보다 개방적인데, 우연찮게 이와 같이 질문을 하게 되었다.

어머니: 셋째예요. 1남 3녀고요. 오빠가 첫째예요.

임상가: 오빠는 직업이 뭐죠?

어머니: 공대 교수예요.

임상가: 자매들은요?

어머니: 언니도 있고, 동생도 있어요. 언니는 지금까지 6번 결혼했어요. 제 여동생도 아주 비슷해요. 강박적인 거짓말쟁이에다가 자기 파괴적인 면이 심해요. 굴뚝처럼 담배를 피워 대고 체중도 심하게 많이 나가요. 심리적으로나 신체적으로 자기 아이들을 학대하고요. 승환이는 그 이모를 본 적이 있는데, 두 번 정도였나?

가족 구성원에게 많은 정신병리가 드러났다. 이는 가족 구성원 서로에게 영향을 미쳐 왔을 것이다.

승 환: 이모는 소리를 잘 질러요.

어머니: 아주 불행한 사람이죠. 매우 가여워요.

승 환: 성격도 고약해요.

임상가: 정말?

어머니: 제 오빠는 괜찮은 사람이에요. 비열하지도 않고 거짓말도 안 하죠. 그런데 모든 일들에 관해 조금의 저항도 없이 정도만을 걸어요.

(환아모의 가족 발달 관련 사항들을 좀 더 논의한 후, 임상가는 그 면담의 종결을 알렸다. 몇 분 동안 면담 내용을 요약하고 다음 주에 있을 면담시간에 부와의 만남을 약속하는 시간을 가졌다.)

본 평가 과정에서는 더 필요한 평가가 무엇인지, 누구를 참여시켜야 할지, 언제 회기를 진행해야 할지에 대해 결정을 내려야 했다. 치료가 필요한지, 그렇다면 어떤 종류의 치료가 좋은지, 누구를 함께 치료하고 어떤 전문가가 해야 할지, 목표는 무엇인지, 향후 어느 정도의 기간 동안 몇 번의 회기가 필요한지 고려해 봐야 한다.

2 부모 면담

부모와 면담을 하는 것은 아동을 평가하고 치료 계획을 세우는 데 있어서 매우 중요한 요소다. Barkley(2006)는 "아동에 대해 가장 많이 알고 있고, 가장 많이 상호작용을 했으며, 시간을 가장 많이 보낸 사람은 부모뿐이다."라고 말하였다. 이러한 유일한 관계는 어떠한 정보제공자도 쫓아갈 수 없는, 아동에 대한 특별한 전문적인 의견을 부모가 가지고 있다는 것이다. 부모 면담은 특히 다음과 같은 목적에서 유용하다.

- 임상가와 부모 사이의 치료적 관계(rapport)와 상호 존중을 형성하기 위해
- 아동에 대해 부모가 최근에 걱정하는 문제를 알기 위해
- 치료의 적합한 목표가 될 수 있는 아동의 특별한 문제를 확인하고 우

선순위를 결정하기 위해

- 치료 효과를 높일 수 있는 아동의 중요한 강점과 능력들을 확인하기 위해
- 확인된 문제의 이해와 관련된 아동의 개인력과 최근의 중요한 환경적 영역에 대해 더욱 깊이 알기 위해
- 이전에 시도했던 치료나 개입을 파악하기 위해
- 이전의 개입 효과를 극대화하기 위해
- 향후의 개입에 대한 수용과 가능성을 평가하기 위해

이러한 가치에도 불구하고 부모 면담은 때때로 시간적인 제약, 일정의 문제 혹은 다른 요인 때문에 어려울 수도 있다. 또한 어떤 부모는 학교 장면에서 개인과 가족의 문제들에 대해 면담하기를 꺼린다. 부모를 통해 자녀에 대한 걱정거리와 부모의 관점을 끌어내는 동시에, 중요한 정보를 수집할 수 있는 면담시간을 효과적으로 사용하는 것이 매우 중요하다.

면담은 아동의 기능과 아동에게 필요한 도움이 무엇인지를 알기 위한 평가 방식 중 하나라고 간주하는 것이 가장 좋을 것이다. 만약 임상가가 면담에 따라서 다른 평가 방법을 사용한다면, 그들은 각각의 평가 방법에 맞는 가장 적절한 면담을 해야 한다. 예를 들어, 통상적으로 부모가 면담 전에 아동의 배경에 대한 질문지를 작성했다면, 면담시간에는 최근에 아동의 기능에 영향을 준 발달적, 의학적, 교육적 영역과 가족력에 대한 중요한 세부사항을 질문해야 한다. 마찬가지로 부모가 면담 전에 표준화된 행동 평가 척도를 작성했다면, 임상가는 모든 가능한 문제 영역에 대해 질문하느라 면담시간을 낭비해서는 안 된다. 대신 평가 척도에서 드러난 특별한 문제들과 부모가 자녀에 대해 가장 중요하게 걱정하는 문제들에 초점을 맞추어야 한다.

이 장에서는 부모 면담 중 반구조화된 면담 형식에 대하여 특별히 더 강조하고 있다. 먼저 부모 면담의 질문 전략과 비밀유지에 관련된 문제들을

살펴볼 것이다. 또한 부모 면담에 적합한 다른 평가 방법들도 논의할 것이다. 마지막으로, 정신 질환의 특정 증상을 평가할 때 이용될 수 있는 구조화된 부모 면담에 대해 논의할 것이다.

1) 부모와의 비밀유지와 면담 목적에 대해 토론하기

어떤 위급한 상황(예: 학대나 자살 위험성)을 제외하고, 18세 이하의 아동 평가에 있어서는 부모 혹은 다른 법적인 보호자의 동의가 필요하다. Jacob(2001)은 동의가 '알고 있음' '합법화' '자발성'이라는 세 가지 핵심 요소를 포함하고 있다고 언급한 바 있다. 첫째, 알고 있음은 부모가 동의했다는 것을 명확하게 알고 있다는 것이다. 둘째, 합법화는 법적으로 동의를 합법화하는 것이다. 셋째, 자발성은 동의가 강제적이거나 불법적으로 부추겨져 이루어진 것이 아니라는 점이다. 부모가 면담 약속 전에 이미 서면 동의를 한 상태라면 동의했음을 명확하게 알도록 다시 검토시켜야 한다. 부모가 서명하지 않았다면 아동에 대한 질문을 하기 전에 서명을 받아야 한다. 임상가는 어떤 경우라도 명확하고 간결한 방식으로 법적 제한을 검토해야 하며, 면담에서 나온 정보들은 다른 곳으로 유출되지 않을 것이라는 점을 설명해 주어야 한다. 또한 부모에게 얻은 정보는 평가 보고서에 포함될 것이라는 점도 설명해 주어야 한다.

그러나 아동에게 직접적인 절박한 위험이 따를 때는 비밀보장을 제외한다. Jacob 등(2003)은 비밀보장과 비밀폭로와 관련된 법적, 윤리적 문제들에 대한 상세한 논의를 한 바 있는데, 이에 따르면 어떠한 서면 동의 형식이라도 비밀보장의 제한에 대한 진술이 포함되어야 한다. 다음에 예가 나와 있다.

> "학교 관계자들이나 임상가들에게 비밀 정보를 유출하기를 요구하는 법적 조건이 있을 수 있습니다. 이는 아동이 학대나 방임을 당하는 경우나 혹

은 아동 자신이나 타인에게 위험을 미칠 만한 상황에 한합니다."

반구조화된 부모 면담(McConaughy, 2004)은 비밀보장과 면담 목적에 대한 소개로 시작한다. 부모는 이미 면담지를 받고 동의서에 서명을 했으며, 배경 질문지와 표준화된 척도를 작성해 왔다는 것을 전제로 소개가 시작된다. 임상가는 면담 상황에 맞춰 다음과 같이 소개할 수 있다.

"오늘 함께해 주시고 만나기 전에 받은 여러 질문지들을 작성해 주셔서 감사드립니다. 저는 당신이 제공한 정보를 검토해 보았습니다. 이 면담에서 자녀에 대한 걱정을 제가 좀 더 알게 되기를 원합니다. 부모의 관점은 아동을 이해하는 데 있어서 매우 중요할 것입니다."

"먼저 비밀보장 문제에 대해 이야기해 봅시다. 당신은 이미 자발적으로 면담에 응하고 있습니다. 이 면담은 종합적인 평가의 일부가 될 것입니다. 당신이 제공한 정보는 평가보고서에 요약될 것입니다. 그러나 보고서에 부모가 말한 내용을 그대로 포함시키지는 않습니다. 저는 당신의 사생활을 존중할 것이고, 자녀의 기능을 이해하고 적절한 개입과 치료를 계획하는 데 관련되지 않은 정보들은 보고서에 기록하지 않을 것입니다. 당신이 원한다면, 면담이 끝났을 때 평가보고서에 어떤 정보가 들어가 있는지 논의할 수 있습니다.

"법적으로 임상가에게 비밀 정보를 노출하라고 제안하는 경우가 있습니다. 이러한 상황은 아동이 학대를 당했거나 자신이나 타인에게 위험을 가할 때 일어날 수 있습니다. 비밀보장에 대해 이해하시겠습니까?"

2) 부모 면담 전략

이상적인 면담 분위기는 서로 존중하면서 임상가와 부모 간에 개방적이고 반응적인 협력을 이루는 것이다. 그러나 면담은 보통의 대화와는 다르다. 면담의 목적은 중요한 정보를 모으는 것이기 때문에 많은 부모는 면담 시에 상당히 불안해질 수 있다. 어떤 부모들은 자신과 자녀들, 그들의 가족 혹은 다음에 무슨 일이 일어날지에 대한 정보가 노출되는 것이 두려워 개인적인 문제들에 대해 토론하는 것을 꺼릴 수 있다. 어떤 부모는 상대가 임상가이기 때문에 두려워할 수도 있다. 왜냐하면 그들은 사회적으로 열등하고 무지하다고 느끼고, 아동의 문제를 부모인 자신의 탓이라고 임상가가 비난할 것이라 생각하기 때문이다. 또 어떤 부모들은 임상가를 아동 문제에 대한 모든 해답을 가지고 있는 '전지전능한 사람'으로 바라볼 수도 있다. 다른 인종 혹은 문화적인 배경의 부모들은 자녀에 대한 자신의 관점과 태도를 임상가가 이해할 수 없을 것이라고 느끼거나 혹은 임상가가 그들의 인종과 문화적 관점을 잘 모를 것이라고 느낄 수 있다. 또한 어떤 부모는 임상가와 작업할 때 신뢰하지 못하게 하는 좋지 못한 경험이 있을 수 있다.

이러한 부모의 관점들은 면담에 장애물이 될 수 있다. 그러한 잠재적 관점들에 대해 임상가가 민감해지는 것은 부모들이 받을 충격을 경감시키는 데 첫걸음이 된다. 부모들과 라포를 형성하기 위해 시간을 들이는 것이 중요하며, 동시에 면담시간을 효과적으로 사용하는 것도 중요하다. 부모를 아동에 대해 잘 알고 있는 전문가라고 존중해 주고, 아동을 이해하기 위해서는 부모의 관점이 중요하다는 점을 확신시켜야 한다.

아동들의 문제에 대해 질문할 경우 부모(혹은 교사)를 비난하는 방식이 되지 않도록 주의해야 한다. 또한 아동에 대한 교사의 걱정(염려)이나 부정적인 언급(comment)을 바탕으로 면담을 시작하지 않도록 해야 한다. 대신에 임상가는 아동의 기능에 대한 부모의 관점과 아동에 대한 부모의 염려를 다루기 위해 부모의 생각을 듣고 싶다고 설명해야 한다.

일반적으로 반구조화된 부모 면담은 주제를 소개하는 여러 개방형 질문들로 구성되어 있고, 특정 문제 혹은 문제 영역을 보다 깊이 있게 다루는 질문들로 이루어져 있다. 면담 과정에서 임상가는 효과적인 의사소통을 돕기 위해 몇 가지 전략을 사용할 수 있다. Buss와 Reave(2003)는 앞 글자만 따서 'PACERS' 라는 전략, 즉 바꿔 말하기(paraphrasing), 참여하기(attending), 명료화하기(clarifying), 유도하기(eliciting), 반영하기(reflecting), 요약하기(summarizing)를 사용하였다.

'바꿔 말하기' 는 내담자가 말하는 내용을 다시 진술하거나 요약하는 것이다. 모든 단어를 일일이 다시 말하지는 않지만 핵심 단어나 구를 사용하여 부모의 말을 바꿔서 말한다. 이는 임상가가 무엇을 들었는지 보여 주며, 부모에게 잘못된 개념에 대해 동의하거나 혹은 이를 수정할 기회를 줄 수 있다.

'참여하기' 는 임상가가 집중하고 있음을 내담자가 알 수 있게 하는 것이다. 이것은 '예' '아' 와 같은 자그마한 격려구와 한두 개의 핵심 단어들(예: 정말 실망했겠군요)로 부모가 말한 내용을 이어서 더 말할 수 있도록 격려하기 위한 것이다.

'명료화하기' 는 임상가가 내담자에게 들은 것을 이해했는지 확인하기 위해서 요약하거나 논평하거나 질문하는 것이다. 또한 부모가 아동에 대해 언급한 문제에 대해 특별한 예를 들 수 있도록 다음과 같이 더욱 자세하게 질문할 수 있다. "아동에게 언제부터 그런 문제가 있었죠? 아동이 정확히 무엇을 한 거죠? 아동이 뭐라고 하던가요? 이러한 문제에 대해 좀 더 자세히 예를 들어 말씀해 주세요."라고 한다. 이러한 종류의 질문은 문제를 구체적이고 분명한 말로 정의할 수 있게끔 한다.

'유도하기' 는 더 많은 정보를 모으거나 특정한 세부사항을 알기 위해서 질문을 하거나 직접적으로 요구하는 것이다. 예의 바르게 직접적으로 요구하는 것은 '부드러운 지시' (예: 저에게 ~에 대해 좀 더 말씀해 주세요.)로 임상가가 정보를 더 원한다는 점을 분명히 하는 것이다. 그러나 불안 하거나 화가 나 있는 부모와 면담할 때, 임상가는 이러한 요구를 적게 사용해서 심문하는 것처럼 여겨지지 않게 해야 한다. 또한 특정한 문제의 선행사건, 결과, 상황에 대한 세부 정보를 모으기 위해 구체적인 질문을 해야 한다.

한 가지 주의사항은 질문을 명료화하려고 비판적인 방식으로 진술해서는 안 된다는 것이다(예: 당신이 은수의 숙제를 확인해 주었다면, 은수가 더 잘했을 거라고 생각하지 않나요?).

'반영하기'는 내담자가 한 말에 대해 감정적이거나 정서적인 측면을 다시 말해 주는 것이다. 바꿔 말하기와는 다른 것으로, 이야기하는 내용에 중점을 두는 것이 아니라 문제에 대한 부모의 반응을 타당화하거나 명료화한다(예: 당신은 은수가 숙제하도록 늘 알려 줘야 해서 정말 좌절스러웠군요.). 반영하기는 부모가 직면한 어려움에 대해 공감하고 염려하고 있음을 보여 줌으로써 치료자-부모 간에 라포를 유지하게 해 준다. 또한 얼굴 표정, 제스처, 목소리 톤과 같이 비언어적인 단서들에 집중하고, 부모의 이야기에서 정서적인 측면을 알아차리는 것이 중요하다. 그러나 또 다른 주의사항은 반영적인 진술이 아동이나 다른 사람들에 대한 부정적인 감정이나 불평 같은 폭언이나 비방으로 바뀌지 않도록 해야 한다. 부정이 많으면 향후 문제를 건설적으로 해결하기 힘들 수 있다. 또한 임상가가 매우 공감적이라면, 우월한 위치에서 은혜를 베푸는 것처럼 보일 위험이 있다.

'요약하기'는 주제에서 다루어지는 핵심 문제들과 주제들을 말하는 것이다. 이는 면담 동안에 더 많은 정보와 시간을 다루기 때문에 바꿔 말하기와는 다르다. 요약하기는 한 주제를 끝내고 다른 것으로 이동하기에 좋은 방법이고, 부모가 핵심에서 벗어나거나 어떤 주제에 대해 지나치게 자세히 이야기할 때, 면담을 잘 이끌기 위한 좋은 전략이 된다. 전체 면담의 후반부에 임상가가 종지부를 찍기 위해 토론되었던 핵심 주제와 문제들을 요약한다. 또한 요약하면서 면담을 끝맺는 것은 평가보고서나 부모와의 추후 만남에서 임상가가 강조하고자 하는 정보에 대해 토론하도록 이끌 수 있는 좋은 전략이 될 수 있다. 면담에서 '하지 말아야 할 사항'을 숙지할 필요가 있다. 심문이나 진상 조사와 같이 지나치게 많은 사실을 질문하지 않도록 해야 한다. 또한 확실한 답이 있는 질문이나 바람직한 반응이 나타날 만한 질문은 피해야 한다. 원인을 유도하거나 부모를 비난하는 것 같은 '왜' 라는 질문은 피하는 것이 좋다. 특히 이해하기 힘든 심리학 용어나 교육학적인 전문용어들은 임상가가 부모보다 우월하게 보이게 할 수 있으므로 사용하지 않도록 한다.

3) 비구조화된 부모 면담에서의 주제 영역

반구조화된 부모 면담(McConaughy, 2004)은 6가지 주제 영역으로 구성되어 있다. 임상가는 아동의 의뢰 사유에 따라 주제 영역과 질문을 선정할 수 있다. 임상가는 시간 제한이나 부모의 민감성을 고려하여 특정 주제 영역이나 질문은 건너뛸 수도 있다. 면담에서는 자기 방식에 따라 혹은 면담의 흐름에 따라 적절하게 질문을 사용해야 한다. 부모의 반응을 기록할 수 있는 칸은 따로 마련되어 있다.

(1) 아동에 대한 주호소 문제

면담 시 비밀보장과 목적을 설명한 후, 일반적으로 부모에게 최근 아동에 대해 염려하는 문제를 물으면서 면담을 시작한다. 이는 부모가 처음에 무엇을 말하고 싶은지를 임상가가 듣고 싶다는 메시지를 전하는 것이다. 또한 부모가 아동에 대한 유일한 전문가임을 인정하는 것이다. 주호소 문제를 들은 다음에는 문제를 처음 걱정하기 시작한 때가 언제인지, 또 얼마나 오랫동안 문제가 지속되어 왔는지와 관련된 영역의 구체적인 질문을 한다.

부모가 호소한 문제가 우선적으로 학업 문제라면 학교 기능에 대한 질문들을 할 수 있다. 그 외 다른 영역에 대한 질문은 나중에 적절하게 사용할 수 있다. 부모의 걱정이 대개 행동문제나 정서문제라면 그와 관련된 영역의 질문부터 해야 한다.

| 표 4-1 | 비구조화된 부모 면담에서의 주제 영역

1. 아동에 대한 주호소 문제
2. 행동문제나 정서문제
   - 문제의 구체적인 특성
   - 치료에서 우선적으로 다루어져야 할 것
   - 문제의 선행사건과 결과
   - 그 외 가능한 문제
3. 사회적 기능
   - 친구관계
   - 사회적인 문제
   - 싸움/공격성
   - 불안/우울
   - 청소년들에게서 고려되는 연애/사랑, 법적 문제, 알코올/약물 문제
4. 학교에서의 기능
   - 과목/성적/활동
   - 특별한 도움/학교 서비스
   - 교사
   - 숙제
   - 학습 문제
   - 유급
   - 학교 행동문제
   - 기타 문제
5. 의학적 병력과 발달력
   - 의학적 병력
   - 발달력과 기질
6. 가족관계와 가정 상황
   - 가족구성
   - 가정환경
   - 가족관계
   - 규칙/처벌
   - 일상적인 집안일/보상

(2) 행동문제나 정서문제

이 영역은 그동안 많은 저자가 다루어 왔던 행동 면담의 일반적인 형식을 따른다. 행동 면담은 평가 및 치료 계획과 관련된 4단계를 포함하는 행

동 상담 모델의 맥락에서 개발되었다. 4단계는 다음과 같다. 즉, ① 문제 확인하기, ② 문제 분석하기, ③ 치료 계획 개발하기, ④ 치료 계획 평가하기다.

첫 번째 단계인 문제 확인하기는 문제에 대한 구체적인 특징과 문제 발생에 영향을 주는 상황을 알기 위한 것이다. 이를 위해서는 부모가 다른 사람들이 관찰하고 인식할 수 있는 특정 행동에 대해 설명할 수 있도록 질문해야 한다(예: 정확하게 아동이 무엇을 한 거죠? 아동이 뭐라고 말하던가요?). 그런 다음에 각각의 확인된 행동의 빈도와 기간에 대해 질문하고, 문제 발생과 관련된 상황에 대해서 묻는다(예: 얼마나 오랫동안 아동이 그러한 문제를 보였죠? 그 문제가 자주 일어나나요? 그 문제가 보통 어디서 그리고 언제 일어나죠?). 부모가 한 가지 이상의 문제를 말한다면, 각각의 문제에 관한 설명을 들을 수 있도록 질문하고, 부모에게 치료 계획을 위해 우선적으로 다뤄야 할 중요한 문제들에 대해 묻는다. 즉시 모든 문제가 해결되기를 바라는 부모들에게는 우선적으로 다루어야 할 문제를 결정하는 일이 어려울 수 있다. 그러나 임상가가 적절한 개입을 하기 위해서, 정해진 시간에 초점을 맞추어 몇 개의 문제만을 선택하는 것이 더 좋다는 점을 설명해 주어야 한다.

두 번째 단계인 문제 분석하기에는 기능적 행동 평가(Functional Behavioral Assessment: FBA)가 포함된다.

두세 가지 핵심 문제들을 정한 다음에는 특정 문제의 선행사건과 결과에 대해 확인하도록 한다. 선행사건과 결과를 확인하는 것은 기능적 행동 평가(FBA)를 위해 중요하다. FBA를 통해 왜 그러한 문제가 발생했는지에 대한 가설을 세울 수 있으며, 문제를 지속시키는 환경의 여러 상황들을 확인할 수 있다. FBA에 대한 기본 가설은 문제 행동이 아동의 기능과 의도에 영향을 준다는 것이다. 문제 행동의 다양한 원인이 있음에도 FBA는 ① 사회적인 관심을 증가시키는 것, ② 유해한(혹은 불쾌한) 과제나 상황을 피하는 것, ③ 자기 강화(즐거움)하기라는 세 가지 기본적 기능으로 요약될 수 있다.

세 번째, 네 번째 단계에서는 문제 행동의 기능에 대한 가설을 바탕으로 행동적 치료 계획(Behavioral Intervention Plan: BIP)을 세우고 평가한다.

좋은 치료 계획을 개발하는 핵심적인 전략은 아동의 문제 행동을 '대체할 수 있는' 적응적인 대체 행동을 확인하는 것이다. 또한 치료를 위한 강점이나 능력들을 찾아야 한다. 대체 행동과 강점에 대한 질문들로는 "문제와 관련된 적응적인 행동이나 대체 행동에는 어떤 것들이 있을까요?" "아동이 무엇을 잘하나요?" 와 같은 것들이 있다. 이러한 질문들은 BIP를 세우는 데 중요한 기틀이 될 수 있는 아동의 긍정적인 특성에 초점을 맞추고 있다. 긍정적인 것에 초점을 두는 것은 행동문제나 정서문제를 가진 아동의 부정적인 면에 대해서만 말하는 부모와의 치료적 관계를 강화시키는 데에 도움을 준다.

(3) 사회적 기능

이 영역은 아동의 친구관계(예: 아동과 친한 친구가 몇 명 정도 되나요?), 사회활동(예: 친구들이 집에 놀러오나요? 아동이 어떤 동아리나 집단에 속해 있나요?)에 대한 개방형 질문으로 시작한다. 추가 질문은 사회적 문제, 싸움, 공격 행동, 불안, 우울에 대한 것이다. 후자의 세 가지 주제 영역은 구조적인 질문으로 시작되며 이는 아동이 문제 유형을 드러내느냐 아니냐를 묻는 것이다. 임상가는 각각의 질문에 대한 답을 '그렇다' '아니다' 로 체크할 수 있다. 부모의 대답이 '그렇다' 라면 임상가는 문제의 특성에 대해 알기 위해 구체적인 질문을 더 할 수 있다.

부모가 우울을 보고한다면 자살사고나 시도(예: 아동이 자살이나 자살과 관련된 말을 한 적이 있나요? 자해나 자살을 시도한 적이 있나요?)에 대한 질문을 하는 것이 중요하다. 이 경우에 부모가 자살사고나 시도에 대해 보고한다면 자살 계획에 대해, 시도 횟수에 대해, 자살 접근 방식(예: 집에서 칼 등 흉기를 사용했는지, 치명적인 약물을 사용했는지)에 대해 그리고 자살 행동을 제지하는 요인들에 대한 좀 더 구체적인 질문을 해야 한다. 자살을 시도할 충분한 원인이 있다면, 치료의 필요성과 더불어 비밀보장의 제한과 법적 보고 요구사항을 논할 필요가 있다.

이 영역은 행동문제나 정서문제 영역의 형식과는 다른 잠재적인 문제를 질문하는 형식으로 이루어져 있다. 부모 면담에서 FBA를 원하지 않는다면 그 영역은 건너뛰고 사회적 기능 영역에 대한 질문을 부모에게 하면 된다. 부모가 면담 전에 구조적 평정척도를 완성하지 않았다면, 이 영역은 내재화 특징과 외현화 특징 모두에 관한 잠재적인 문제를 물을 수 있는 구조를 제공해 준다.

이 영역의 마지막 부분은 청소년 자녀를 둔 부모에게 할 수 있는 질문들을 포함하고 있다. 여기에서는 연애와 사랑, 법적 문제, 알코올, 약물 사용 문제를 다룬다. 임상가는 법적 문제, 알코올 · 약물 문제와 관련된 질문의 응답을 체크한다. 부모가 자신의 자녀가 이러한 영역에서 문제를 일으킨다고 하면 임상가는 문제의 특징에 대해 질문할 수 있다. 이러한 문제에 대해 어떤 개입이나 치료를 할 수 있는지와 부모가 치료에 대해 어떻게 생각하는지를 물어야 한다.

(4) 학교에서의 기능

이 영역은 아동의 학교생활에 대한 질문이다. 과목, 교사, 숙제에 대한 몇몇 질문들은 아동의 면담과 유사하게 이루어진다. 그러나 각 영역에 대해 더욱 자세히 물어야 한다. 처음 질문은 모든 부모에게 유용한 것으로, 아동의 학교 수행과 학교 사람들과의 관계에 대해 부모의 관점을 물어보는 것이다.

이 영역은 학습 문제, 특별한 도움이나 학교 서비스, 유급, 학교 행동 문제와 그 외 문제들에 대해 질문하는 것이다. 질문들은 구체적으로 학교 문제에 초점을 두기 때문에 학교에서 잘 생활하는 아동의 부모에게는 필요하지 않고 부적절한 질문이 될 수 있다.

배경 질문지에는 인구통계학적 정보, 아동의 학교생활, 의학적 과거력,

발달력, 가족력 그리고 최근의 생활환경 등이 나타나 있다. 일상적으로 부모들은 부모 면담과 아동의 평가 이전에 이 질문지를 작성하도록 요구받는다. 그리고 면담 동안에 부모가 보고한 문제 영역에 대해 자세히 질문할 수 있다. 면담 전에 부모가 정보를 기재하지 않았다면 각각의 학교 문제 영역에 대한 질문들을 할 수 있다.

아동이 학교에서 학습 문제를 보인다고 보고되면, 이에 대한 부모의 관점과 그들이 그 문제에 대한 도움을 주는 것에 대해 생각해 본 적이 있는지 알아볼 필요가 있다. 학교 서비스에 대해 질문할 때는 여러 가능성을 조사해 보는 것이 중요하다(예: 특수교육, 보충수업, 개인 과외, 행동계획, 지도 서비스, 상담 교사 등). 왜냐하면 교사들은 이러한 '특별한 도움'에 대해 생각하고 있지 않을 수 있기 때문이다. 교사가 유사한 문제를 보고했거나 아니면 하지 않았을 수도 있고, 학교 개입에 대한 더 자세한 정보를 제공했을 수도 있다. 경험상, 충분하고 적절한 서비스가 부족한 점이 부모들의 핵심호소가 되며, 부모와 학교 관계자들 사이에 긴장 관계나 갈등을 일으킨다.

또한 아동이 학년 유급을 했는지를 알아볼 필요가 있다. 왜냐하면 유급은 과거, 현재 그리고 미래의 학습 혹은 행동 문제의 지표가 될 수 있기 때문이다. 유급은 초등학교 학생들에게 중요한 걱정거리가 되며, 아동의 자신감에 부정적인 영향을 미칠 수 있다. 또한 학교에서의 문제 행동에 대한 질문 역시 포함된다. 그러나 이것이 이미 이전 부모 면담에서 논의되었다면 이 문제를 재질문할 필요는 없다.

부모 면담 동안 학교 임상가는 특히 아동의 학교 문제에서 특별한 도움이나 서비스에 관해 중립적인 위치를 유지하려고 노력함으로써 부모가 자신의 관점을 숨김없이 표현할 수 있도록 격려하여야 한다. 학교 관계자들과 너무 가까운 관계를 맺는 것은 라포 형성을 저해하고, 치료를 위한 부모와의 협력에 장애물이 될 수 있다.

(5) 의학적 병력과 발달력

이 영역은 의학적 병력 및 발달력과 관련된 부분이다. 아동의 과거력에 대해 아는 것은 현재 문제의 특징을 이해하는 데에 중요하다. 그러나 과거력에 대한 상세한 질문이 장황해지면 학교와 관련된 평가로 연장될 가능성이 있다. 시간 낭비를 줄이기 위해서 아동 및 가족 정보 질문지와 같은 양식을 면담 전에 완성하도록 한다면, 임상가가 작성한 질문지를 검토한 후에 부모가 보고한 의학적 과거력과 발달적 문제에 대해 정교하게 물을 수 있다.

(6) 가족관계와 가정 상황

이 영역은 아동의 가족과 가정환경에 대해 질문한다. 이 부분은 많은 부모에게 매우 민감한 논의 영역이기 때문에 마지막에 제시되고 있다. 이전에 언급했듯이 어떤 부모들은 가정에 대한 것을 사적인 문제라고 여기기 때문에 이를 노출하여 논의하는 것을 꺼릴 수 있다. 또한 부모는 임상가가 아동의 문제에 대해 부모와 가정 상황의 탓으로 비난할 것이라고 걱정할 수 있다. 이러한 민감한 주제에 대해 면담을 시작하게 되면 부모는 면담이 지속되는 것을 꺼려하거나 다른 주제들을 논의하는 데 협조하지 않을 수 있다.

이 영역의 어떤 부분들은 아동 및 가족 정보 질문지와 연결될 수 있는데, 임상가가 만약 그 내용들을 기억할 수 있다면 가족구성과 가정환경에 대한 질문을 시작할 수 있는 계기가 될 수 있다. 부모가 이혼했거나 별거 중이라면 누가 법적 양육권을 가지고 있는지, 아동과의 만남에 대해서 합의했는지를 아는 것이 중요하다. 공동의 양육권 합의가 없는 경우에는 어떠한 경우에라도 양육권을 가지지 않은 부모와 정보가 공유되었는지를 물어야 한다. 아동 및 가족 정보 질문지는 아동의 최근 생활환경뿐만 아니라 의학적인 가족력, 정신건강 그리고 학습 문제들에 대한 구체적인 질문들을 포함하고 있다. 이러한 질문을 검토한 후에 질문지에서 부모가 보고한 구체적인 문제에 대해 질문할 수 있다. 부모가 아동 및 가족 정보 질문지를 작성하지 않았다면 가족 및 가정환경에 대해 "당신이나 가족들에게 문제가 되는 가정환경이나 생활환경이 있나요?" "최근에 생활환경이나 가족 간의 변화나 스트레스가 있었나요?" "가족 구성원 중에 아동에게 영향을 줄 만한 의료적 혹은 정신적인 문제를 가진 사람이 있나요?"와 같은 일반적인 질문들을 통해 정보를 얻을 수 있다.

행동적, 정서적 문제를 가진 아동들을 위한 치료 계획을 세우기 위해서는 일상적인 집안일과 보상에 대한 질문이 큰 도움이 될 것이다. 예를 들어, 어떤 부모는 아동의 행동을 변화시키기 위해 비효과적인 과도한 처벌에 의지한다(예: 빈번하게 엉덩이를 때림, 남은 한 해 동안 TV 시청 금지, 오랜 시간 동안 무릎 꿇고 앉아 있기). 또 어떤 부모들은 집에서 규칙이나 처벌을 거의 혹은 아예 적용하지 않거나 아동의 행방에 대해 관리하지 않을 수 있다. 연구결과에 따르면, 아동의 외현화 문제는 부모의 관리 부족이나 호된 양육 방식과 큰 관련이 있다. 가정에서의 보상체계에 대한 질문은 아동에게 긍정적인 동기를 부여해 주기 때문에 학교 기반 치료에 도움이 될 수도 있다.

4) 구조화된 부모 면담

어떤 경우에는 특정한 목적 때문에 아동이 DSM-IV의 진단 기준에 부합하는지를 살펴볼 필요가 있다. 정신과적 진단을 받은 아동들에게 초점을 두고 있는 연구들은 대부분 일반 표본에서 정신장애의 유병률을 조사한 역학 연구다. Doll(1996)은 1986년 이래로 발간된 12개의 역학 연구를 검토하였는데, 그는 자신의 연구 결과에서 나온 유병률에 기초하여 1,000명의 학생 중에 180~220명의 학생들이 진단 가능한 정신장애를 가지고 있을 것이라는 가설을 세웠다. 연구 결과, 학령기 아동의 18~22%가 정신건강 서비스를 받을 만한 수준의 행동적, 정서적 문제를 가지고 있다고 나타났다.

(1) 진단적 유용성

위와 같은 연구 결과는 지역 정신건강 클리닉과 학교에서 정신장애가 있는 아동들에게 제공될 수 있는 서비스가 제대로 연계되어 있지 않다는 점을 반영한다. 특히 정신과적 진단은 학교 안팎에서 정신건강 서비스 의뢰를 위해 유용하다. 그러한 경우 정신과적 진단은 정신보건 현장과 병원 현장에 있는 정신과 의사, 임상심리사, 사회복지사와 같은 전문가들과 학교 상담교사 간의 의사소통을 촉진시켜 줄 수 있다.

어떤 전문가들은 학교에 기반을 둔 개입을 계획하기 위해 정신과적 진단이 도움이 된다는 것에 의문을 두지만, 이는 특정한 유형의 서비스를 받을 만한 아동들을 확인하는 데 유용할 것이다.

DSM-IV는 아동, 청소년 장애에 대한 구체적인 특성이나 증상을 40개 이상의 수치를 부여하여 목록화하고 있다. 몇몇 성인 장애 역시 아동, 청소년에게 사용될 수 있다. 각각의 장애에서 임상가는 아동이 특정 기간(예: 지난 6개월 혹은 12개월) 이상 동안 특정한 증상을 보였는지 확인해야 한다. 이후 각 증상이 '현재' 나타나고 있는지와 사회적, 학업적, 직업적 기능에서 '임상적으로 유의미한 손상'을 가지고 있는지를 확인해야 한다. ADHD처럼 어떤 진단은 적어도 특정한 연령 이전부터 시작되어야 할 수도 있다. 또한 임상가는 이러한 증상을 설명할 수 있는 다른 진단들을 감별해야만 한다. 만약 아동이 요구되는 증상의 수와 손상을 보이고, 다른 특정한 기준을 충족시킨다면 진단될 수 있다.

(2) 구조화된 면담

부모 면담은 DSM-IV의 진단에 맞추어 핵심적인 평가 절차로 이루어질 수 있다. ADHD 평가지침서에서 부모 면담의 중요성이 강조되고 있고, 또한 여러 연구들에서 아동 면담보다 구조적인 부모 면담이 더 신뢰 있고 타당하다는 점이 밝혀졌다.

잘 구조화된 진단적 면담의 두 가지 예로는 아동과 청소년을 위한 진단적 면담(Diagnostic Interview for Children and Adolescents IV: DICA-IV)과 NIMH Diagnostic Interview Schedule for Children-Version IV (DISC-IV)가 있다. 미국 내에서 컴퓨터 버전인 DICA-IV는 Multi-Health System에 의해 배포되고 있다. 컴퓨터 버전인 NIMH DISC-IV는 컬럼비아 대학교의 정신과에서 배포하고 있다. DICA-IV는 아동에게 28개의 DSM-IV 진단을 이용하고 있다. NIMH DISC-IV는 대략 30개의 진단을 포괄하고 있다. 이러한 두 가지 면담은 표준화된 질문 세트로 구성되어 있다. 다른 예로는 아동·청소년 정신과적 평가(Child and Adolescent Psychiatric Assessment: CAPA; Angold & Costello, 2000)와 학령기 정동장애와 정신분열병에 대한 스케줄(Schedule for Affective Disorders and Schizophrenia for School-Age Children: K-SADS; Ambrosini, 2000)이 있다. K-SADS는 DICA-IV와 NIMH DICA-IV보다 덜 구조화되었다. 그러나 이들 역시 표준화된 조사와 질문들로 이루어져 있다. DISC-IV와 K-SADS는 한국판 표준화 연구가 수행되어 국내에서도 사용되고 있다.

구조화된 면담은 일차적으로 정신건강 평가나 연구를 위해 개발되었다. 이러한 면담 프로토콜을 알고 있을 필요는 있지만, 그 길이와 세부항목들을 고려할 때 학교 기반의 평가에서 사용하기에는 실용적이지 못하다. 예를 들어, DICA-IV는 대략 1,600개의 질문들로 이루어져 있으며, NIMH DISC-IV는 3,000개의 질문들로 이루어져 있다. 시행 시간은 1시간에서 2, 3시간까지 다양하게 소요된다. 또한 진단적 기술에 대한 특별 훈련이 필요하다.

임상가들은 구조화된 DSM-IV 진단에 대한 이론과 실제에 대해서 적절한 훈련을 받아야 한다. 또한 DSM-IV 진단 기준을 익히고, 특정 진단과 관련된 세부적인 사항들에 대한 참고 자료들도 익혀야 한다. 면담은 한 시간 이내에 진행되며, 소요 시간은 부모가 아동이 얼마나 많은 증상을 '현재 보이고 있다.' 고 보고하는지에 따라 달라질 수 있다. 한 시간이 지나면, 임상가나 부모 모두 상당히 지루해질 수 있다. 임상가가 모든 질문을 한 후에 부모가 아동의 증상에 대해 더욱 정교화하기를 원한다면 더 길게 면담할 수도 있다. 이런 경우에는 우선적으로 해야 할 질문들을 모두 끝마친 다음, 부모가 아동의 증상을 설명하는 데 필요한 시간을 제한할 수 있다. 다음은 면담에 대해 소개할 때 이용될 수 있는 프로토콜이다.

> "이제부터 아동에게 문제가 되는 행동적, 사회적, 정서적 문제에 대해 구체적인 질문을 시작할 것입니다. 제가 이러한 문제들을 질문했을 때, 그러한 문제가 나쁘거나 비정상적인 것이 아니라는 점과 건강하고 정상적인 아동들도 때로 보일 수 있는 문제라는 점을 명심하십시오. 당신은 아동의 문제가 아동과 같은 성별의 또래들에 비해 부적절하다고 여겨지는 수준에서 보이는 문제들일 때, 이야기해 주시기를 바랍니다."

어떤 경우에 임상가는 반구조화된 면담보다 구조화된 부모 면담을 사용하기를 원할 것이다. 혹은 시간이 오래 걸리더라도 두 가지 면담 방식을 모두 사용하고자 할 수 있다. 정신과적 진단을 요하지 않는 학교에서의 평가는 보다 융통성이 있으며 보편적인 형식을 지니고 있는 반구조화된 부모 면담이 더 좋은 선택이 될 것이다. 또한 아동의 기능에 대한 포괄적인 평가를 제공하고 학교 기반의 개입을 위한 중요한 문제들을 직접적으로 다룰 수 있도록 해 줄 것이다. 임상가가 어떤 면담 형식을 선택하는가에 상관없이, DSM-IV 진단을 내리고 아동에 대한 개념화를 정하기 위해서는 다른 정보 경로를 통해서도 정보를 얻을 필요가 있다.

5) 부모 면담 마무리

마무리 단계에서는 아동에 대한 부모의 관점과 감정을 공유해 준 점에 대해 감사를 표하도록 한다. 다음으로 아동의 최근 기능(주요 문제 영역, 문제를 둘러싼 환경과 가족 상황, 아동의 능력과 강점)에 대해 임상가가 알게 된 바를 간략하게 요약해 준다. 또한 면담을 시작할 때 논하였던 비밀보장의 제한에 대해서도 재검토하여야 한다. 그다음에는 부모의 정보 중 다른 사람들에게 보고될 수 있는 부분들에 대해 논의하도록 한다. 부모가 타인과 공유하기를 원치 않는 정보를 선택할 수 있는 자유를 주도록 한다. 특히 학교에서 이루어지는 평가에서는 반편성이나 치료 계획을 위해 가정환경과 가족력을 직접적으로 노출할 필요가 없다. 임상가가 보고서를 작성할 계획이라면 보고서를 복사해 가는 부모들에게 정보를 요약해 줄 필요가 있다. 또한 임상가가 교사 등 다른 사람들과 추후 만남을 가질 계획이라면 이를 부모에게 알려 주어야 한다. 가능하다면 임상가가 평가를 마치고 결론을 내린 다음 부모와의 차후 만남에 대해 약속을 하고 다른 추가적인 정보를 수집할 계획을 세워야 하며, 아동을 위한 개입을 계획하도록 한다.

3 아동 면담

1) 아동 면담의 전략

대부분의 전문가는 아동 면담이 다중방법적인 임상 평가(multimethod clinical assessment)의 필수적인 요소라는 것에 동의한다(Merrell, 2001, 2003; Sattler, 1998; Hughes & Baker, 1990). 이 절에서는 반구조화된 면담을 중점적으로 다루며 아동 임상 면담의 전략에 대해 논의할 것이다. 임상가들은 아동의 발달 수준과 상호작용 방식에 맞추어 다양한 주제에 대해 질문할 수 있다. 또한 임상가들은 구체적인 행동에 대한 질문을 활용하여 특정 문제들의 선행사건과 결과에 대한 아동의 이해를 평가하고, 더불어 문제해결적인 질문을 통해 잠재적인 개입에 대한 아동의 견해를 탐색할 수 있다.

(1) 아동 임상 면담의 목적

다중방법적인 평가 맥락에서 아동 임상 면담은 다음과 같은 목적을 위해 특히 유용하다.

- 면담자와 아동 간에 상호 존중감과 치료적 동맹을 형성한다.
- 아동의 자신의 기능에 대한 관점을 알아낸다.
- 아동의 현 문제들 중 어떤 것이 향후 치료의 표적이 될 수 있는지 알아낸다.
- 아동의 강점과 경쟁력을 파악하여 치료에 도움이 되게 한다.
- 아동의 다양한 치료들에 대한 견해를 알아낸다.
- 아동의 행동, 정서, 상호작용 유형을 직접적으로 관찰한다.

임상 면담은 통상적인 대화와는 다르지만, 보다 자연스럽게 대화하며 면담자를 편안하게 해 주는 전략들이 몇 가지 있다. 예를 들어, 임상가는 내담자가 자신의 생각을 주저 없이 표현하고 더 많이 말할 수 있도록 질문할 수 있다. 이는 특히 아동과 면담할 때 중요한데, 아동은 자신이 심문을 당하거나 교육을 받는 것처럼 느끼면 함구할 수 있기 때문이다. 아동은 자신이 말하는 시간보다 듣는 시간이 많거나, 어떤 정보를 알아내기 위해 취조당한다는 느낌을 받으면 흥미를 잃을 수 있다. 또한 아동이 이해하지 못하는 전문적인 용어를 사용하는 것은 임상 면담의 효율성을 저하시킬 수 있다.

훌륭한 임상적 면담을 하기 위해서는 핵심적인 문제 영역에 초점을 맞추는 동시에 면담 과정 동안에 나타나는 환아의 반응에 민감해야 한다. Sattler(1998)는 "임상 면담은 평가 기술 그 이상의 것이다. 당신의 의사소통 능력을 비롯해서 의미 있는 관계를 형성하는 능력과 같은 개인적인 기술이 중요하다."라고 하였다. 임상 면담은 어떤 습득된 지식이라기보다 신비스러운 예술처럼 보이기도 한다.

(2) 장소 및 면담자의 외모

다른 특별한 이유가 없는 한 면담 장소는 아동과 면담자만 있을 수 있는 사적인 곳이어야 한다. 개인적인 공간이 없이 학교에서 근무하는 임상가의 경우 적당한 공간을 정하는 것이 어려울 수 있다. 그렇다 하더라도 사적인 면담을 행할 수 있는 공간을 마련하는 것은 중요하다.

나이 어린 아동이나 과잉행동적인 아동 또는 공격적인 아동을 면담할 때에는 면담하는 공간이 아동-보호적이어야 하는데, 책상 위에 가위나 핀, 샤프와 같이 위험한 물건은 두지 말아야 한다. 인형이나 장난감도 집중을 방해하기 때문에 필요하기 전까지는 보이지 않는 것이 좋다.

가능하다면 편안하고 중립적인 환경을 조성해야 한다. 6세 이하의 아동에게는 바닥에 방석을 깔고 앉아 아동과 눈높이를 맞춰 주는 것이 편안함을 느끼게 해 준다. 나이 많은 아동들은 그들의 체구에 적당한 크기의 안락한 의자에 앉고, 면담자도 비슷한 의자에 앉는다. 일반적인 규칙으로는 테이블이나 책상을 사이에 두고 마주 앉지 않는 것이 좋다. 임상가가 권위적으로 보일 수 있고 평가를 하는 것 같은 환경이 조성될 수 있기 때문이다. 권위적인 사람의 사무실이나 부정적인 정서와 관련된 곳은 피하는 것이 좋다. 복장은 너무 캐주얼하지 않게 전문적인 느낌을 주는 옷으로 입는 것이 좋다. 복장이 캐주얼하면 놀이시간이나 편한 대화를 한다는 인상을 줄 수 있다. 임상 장면에서는 흰 가운과 같이 의사의 느낌이 드는 옷을 입지 않는 것이 좋은데, 아동이 이에 두려움을 느낄 수 있기 때문이다.

(3) 면담의 목적과 비밀보장에 대해 얘기하기

자기소개를 한 후 면담의 목적과 정보에 대한 비밀보장의 한계에 대해 명확히 말해 주어야 한다. 목적에 있어서는 아동에게 왜 오게 되었는지를 묻는 것이 좋으며, 만약 아동이 잘못된 정보를 알고 있다면 이를 교정해 주는 것이 필요하다. 어린 아동들은 게임을 하며 놀러 온 것이라고 잘못 알고 있는 경우가 많다. 어떤 아동들은 검사를 받으러 왔다고 들었다고 하기도 한다. 높은 연령의 아동들은 특정 어른이 그들이 미쳤거나 멍청하다고 생각하기 때문에 면담을 하는 것이라고 생각할 수 있다. 또 어떤 아동들은 자신이 저지른 잘못 때문에 벌을 받는 것이라고 생각하기도 한다. 면담을 시작하기 전에 이러한 오해들을 명확히 풀어줄 필요가 있다.

비밀보장의 한계에 대해서는 아동의 발달단계에 적합한 어휘로 간결하고 명확하게 얘기해 주어야 한다. 다음은 반구조적인 임상 면담(Semistructured Clinical Interview for Children and Adolescents: SCICA; McConaugly & Achenbach, 2001)에 나온 표준적인 소개방법의 한 예다.

> "우리는 이제 같이 말도 하고 뭔가를 할 거야. 네가 뭘 좋아하고 싫어하는지, 너에 대해서 더 알 수 있으면 좋겠다. 네가 동의하기 전에는 부모님이나 선생님에게 우리가 무슨 얘기를 했는지 말하지 않을 거야. 하지만 네가 스스로에게 위험한 일을 하거나 남을 해치거나 누군가가 너를 해치려고 하는 경우에는 얘기할 수도 있단다."

SCICA의 도입부분은 비밀보장의 표준적인 한계에 대해 아동이 쉽게 이해할 수 있는 어휘로 명확히 설명하고 있다. 비밀보장은 이후에 아동 본인이나 타인에게 위험이 가해질 수 있다고 생각되면 위반될 수 있다. 도입 이후에는 아동이 이를 잘 이해했는지, 다른 질문이 있는지를 물어야 한다. 또한 아동에게 엄격한 비밀보장의 한계 상황에 대해 정보를 주어야 한다. 예를 들어, 부모나 선생님과 면담 내용에 대해 의논을 해야 할 일이 생기거나 면담을 녹음해야 하는 일이 생기면 이에 대해서 충분히 얘기해 주어야 한다. 보고서 작성과 같은 방법을 통해 타인이 알게 되는 것에 대한 걱정을 완화하기 위해 면담 끝부분에 타인에게 할 말의 내용을 알려 줄 수 있다. 예를 들면, 다음과 같다.

> "선생님은 우리가 오늘 배우고 나눈 얘기에 대해 기록을 할 거야. 선생님

은 또 네 부모님과 담임선생님을 나중에 만나서 오늘 너에 대해 알게 된 내용을 말해 드릴 거야. 오늘 면담이 끝날 무렵, 내가 하게 될 이야기에 대해 함께 의논해 볼 수 있단다. 알았지?"

때때로 면담 내용을 녹음해야 할 필요가 있기도 하다. 만약 그렇다면 "우리 대화 내용을 기억하기 위해 녹음을 하게 될 거야."라고 아동에게 말하면 된다. 녹음된 테이프는 안전한 장소에 보관하고 보고서를 작성하거나 아동과 관련된 임상 작업을 한 후에는 지워야 한다. 비밀보장에 대한 사안을 포함한 도입 부분은 되도록 짧게 기술하고 진행한다. 면담 끝에 임상가는 다루었던 내용에 대해 요약하고 타인에게 공개할 내용을 의논한다.

(4) 아동 면담 시에 고려해야 할 발달적인 요인

아동 임상 면담은 아동의 의사소통 기술이나 그들의 인지적, 사회-정서적 발달 수준에 적절해야 한다. 많은 면담 주제들이 모든 연령의 아동에게 적합하지만, 면담자는 아동의 발달 수준에 맞는 질문 형식에 적응해야 한다. 〈표 4-2〉에는 3~5세(초기 아동기), 6~11세(중기 아동기), 12~18세(청소년) 아동들을 면담할 때 알아 두어야 할 기본적인 사항이 소개되어 있다. 평균 이상이나 평균 이하의 지적 능력을 가진 아동들에게도 적합한 조정이 필요하다. 또한 인지적인 능력이나 사회-정서적인 능력, 그리고 또래관계 측면에 대해서도 요약되어 있어 임상가가 아동의 발달 수준에서 반응을 이해하고 내용을 조직화할 수 있도록 돕는다.

〈표 4-3〉에는 〈표 4-2〉에 요약해 놓은 각 세 단계의 발달 수준에 따른 아동 면담에 있어서 '해야 할 것'과 '하지 말아야 할 것'에 대해 요약해 놓았다. 〈표 4-2〉는 각 발달 수준에 적합한 면담 전략들이 다음 발달단계 아동 면담에 적절한지에 대해 체계적으로 기술하고 있다. 예를 들어, 개방형(open-ended) 질문이 초기 아동기뿐만 아니라 중기 아동기나 청소년기의 아동에게도 적합한지를 언급한다.

| 표 4-2 | 아동을 면담하는 데 고려해야 할 발달적인 요인

기간	인지기능	사회-정서 기능	특징적 또래 상호작용
초기 아동기 (3~5세)	• 한 번에 한 요소에만 집중함(전조작기) • 보이는 것과 현실 간에 혼동을 쉽게 함 • 특정 정보를 정확하게 기억하는 데 어려움이 있음(한정적인 기억 발달) • 대화를 지속적으로 유지하는 데 어려움이 있음	• 타인의 관점을 이해하는 데 어려움이 있음(자기중심적임) • 옳고 그름이 그 행동의 결과에 의거함(전인습적인 도덕 논리) • 정서를 묘사하는 데 한정적인 언어 능력 • 놀이 과제를 유지할 수 있음 • 상호적인 놀이 과정을 따라갈 수 있음	• 놀이 활동을 나눔 • 상상 놀이 • 짧은 상호작용 • 불안정한 우정 • 언쟁을 하고 엎치락뒤치락하며 놀이를 함 • 공격적인 아이는 보편적으로 미움을 받음 • 상호 호혜적인 또래가 사랑받음
중기 아동기 (6~11세)	• 실질적인 대상과 현실적인 사건에 대해 논리적으로 이유를 제시할 수 있음(구체적 조작기) • 언어적인 의사소통의 능력이 향상됨	• 타인의 사고에 대해 생각할 수 있음(귀납적인 사고) • 옳고 그름이 사회적인 관습이나 규칙에 의거함(인습적인 도덕 논리) • 게임의 규칙에 순응하고 이해할 수 있음 • 자기 경쟁력에 대한 개념이 발달됨 • 경쟁에서의 정서를 조절할 수 있음	• 구조화된 보드 게임, 그룹 게임, 복잡한 규칙이 있는 팀 스포츠 • 규칙에 대해 언쟁을 함 • 친한 친구끼리 안정적인 관계를 유지하고 보편적으로 같은 성의 또래와 친구가 됨 • 공격적이거나 사회적으로 위축된 또래는 보편적으로 미움을 받음 • 가깝게 지내는 또래는 학습 활동이나 구조화된 활동에서 형성됨
청소년기 (12~18세)	• 추상적이고 가정적으로 사고할 수 있게 됨(형식적 조작기) • 체계적으로 문제해결을 할 수 있게 됨 • 언어적인 의사소통 능력이 추가적으로 향상됨	• 제삼자의 관점을 이해할 수 있음(생각하는 것에 대한 생각) • 옳고 그름이 양심이나 이념에 대한 개인 원칙에 의거함(후인습적 도덕 논리) • 자아 혼란과 실험	• 또래들과 대화하고 놀러 다님(수다 떨고 문자를 보내고 전화를 하거나 메일을 보냄) • 여자아이들은 친밀한 자기 노출을 하기도 하며 관계의 이슈에 대해 언쟁을 함(소문, 비밀, 충

청소년기 (12~18세)		• 강한 정서 강도와 불안정성 • 사회적인 의식과 자기 의식적임 • 또래 그룹의 승인이 매우 중요함	성에 관한 이슈들) • 낭만적인 파트너 • 공격적이고 반사회적인 아이들이 미움을 받음 • 또래관계는 다양한 집단이나 모임의 기준에 의해 형성됨

| 표 4-3 | 발달적인 요소가 첨가된 면담 전략

기간	면담에서 해야 할 것	면담에서 하지 말아야 할 것
초기 아동기 (3~5세)	• 아동의 눈높이에 맞춰 앉도록 한다. (바닥에 매트를 깔거나 작은 의자에 앉음) • 질문의 길이나 복잡성을 제한한다. • 구체적이고 친숙한 상황에 대해 개방형 질문을 한다. • 인형, 소품 등을 사용한다. • 대명사 대신에 사람의 이름을 사용한다. • '그래' '음' 등과 같은 말을 사용하여 아동이 더 말하도록 한다. • 아동이 대답할 때까지 기다려 준다.	• 면담을 완전히 조절하려고 하지 않는다. • 복합적인 문장이나 절을 사용하지 않는다. • 예, 아니요로 대답할 수 있는 질문을 하지 않는다. • 질문을 연속적으로 던지지 않는다.
중기 아동기 (6~11세)	• 치료적 동맹을 형성하는 데 시간을 투자한다. • 공감적으로 들어 준다. • 간청하며, 반복하여 감정을 말해 준다. • 개방형 질문과 탐색적인 질문을 사용한다. * 때때로 다중선택 가능한 질문을 탐색적으로 사용한다. • 맥락적인 힌트를 제공한다. (그림, 언어적인 예) • 질문을 오해하거나 대답을 하지 않으면 질문을 단순화하고 다시 설명해 준다. • 새로운 주제나 과제로 전환하고 싶을 때에는 직접적으로 요청한다.	• 판단하는 식의 말은 자제한다. • 지나치게 많은 사실적인 질문을 피한다. • 지나치게 많이 직접적인 질문을 하지 않는다. • 눈맞춤을 너무 지속적으로 하지 않는다. • 추상적인 질문을 피한다. • 수사적인 질문을 하지 않는다. • '왜' 혹은 의도를 묻는 질문을 하지 않는다.

청소년기
(12~18세)
	• 비밀 유지의 한계에 대해 명확히 설명한다.
	  * 존중하라.
	  * 청소년의 관점이나 정서를 들어라.
	  * 정서적인 불안정성과 스트레스에 대해 준비하라.
	• 문제를 해결하는 데 가능한 대안적인 방법을 물어라.
	• 자살 위험의 표식을 찾아라.
		• 심리적인 개념을 사용하지 않는다.
		• 성인의 관점에서의 판단에 근거한 언급을 하지 않는다.

아동의 주도를 따르는 것은 모든 연령에게 적합한 전략이다. 다음 부분에서는 아동의 발달단계와 이에 효과적인 면담 전략에 대해 더욱 자세하게 다룰 것이다.

① 초기 아동기의 발달적 특징

아동은 면담이 어려운데, 그 이유는 그들의 제한적인 의사소통 및 인지 능력 때문이다. 이는 〈표 4-2〉에 요약되어 있다. Piaget(1983) 및 그 외 발달심리학자들은 초기 아동기를 '전조작기'라고 묘사하는데, 3~5세의 아동들은 논리적인 작업을 이행할 능력이 결여되어 있기 때문이다. 전조작기 단계의 아동들은 한 대상이나 상황에서 단 한 가지의 요인에만 집중하는 특성을 보이며, 따라서 그들은 현실과 보이는 것 사이의 차이에 대해 혼란스러워한다. 손 인형과 만화 캐릭터는 어린 아동과의 의사소통을 원활히 할 수 있다. 예를 들어, 한 3세 여아는 그녀의 아버지에게 이렇게 말한다. "두더지를 손에 끼면 두더지가 말을 할 거예요." 어린 여아는 특정한 정보를 정확히 기억하는 데 어려움을 겪으며 과거 사건에 대해 불완전한 기억을 보이기도 한다. 이들은 또한 긴 대화를 지속하지 못한다.

〈표 4-2〉의 세 번째 칸에 요약하였듯이 사회-정서적인 기능에 있어서 3~5세 아동은 '자기중심적'이다. 왜냐하면 상대방의 관점이나 입장을 이해할 능력이 없기 때문이다. 자기중심성은 자폐아동의 특성이기도 하다.

이들은 상대방의 관점을 이해하지 못하는데, 어린 아동에게 어떤 문제 상황에 있어 다른 사람이 어떻게 느꼈을지를 묻는 것은 유용하지 못하다. 그보다는 어떤 일이 있었는지에 대해 구체적으로 묻거나 그들이 어떻게 느꼈는지를 묻는 것이 낫다. 아동에게 정서적인 경험은 가능하지만 그 경험을 언어적으로 표현하는 데는 한계가 있다는 것을 명심할 필요가 있는데, 그들은 '좋아요' '화났어요' '슬퍼요' 등과 같이 광범위한 표현만이 가능하다.

옳고 그름에 대한 아동의 관점은 그들의 행동에 대한 결과에 근거한다. Kohlberg(1976)는 이를 '전 인습단계' 수준의 도덕적 논리라고 칭했다. 예를 들어, '남을 밀치거나 때리는 것은 나중에 벌을 받기 때문에 옳지 않은 행동이다.' 라는 식이다. 3~5세 아동의 대부분은 사회적인 상호작용을 그다지 오랫동안 지속하지 못한다. 〈표 4-2〉의 마지막 칸에는 초기 아동기 단계에서의 특징적인 또래관계에 대해 요약되어 있다(Bierman & Welsh, 1997). 이러한 발달 특징들은 또래관계나 우정에 대해 질문할 때 유용하다. 3~5세 아동은 대부분 단체놀이나 상상놀이를 좋아한다. 이들의 놀이는 친숙한 성인 행동을 흉내 내거나(예를 들면, 소꿉놀이, 학교 놀이), 장난감을 가지고 상상놀이(예를 들면, 자동차, 트럭, 인형)를 즐기거나, 신체를 이용한 단체 활동(예를 들면, 자전거 타기, 수영하기, 달리기, 잡기)을 즐겨 한다. 왜냐하면 이 시기가 어린 아동들이 사회적인 행동을 조절하는 법을 배우기 시작하는 단계이고 상호작용의 시간이 짧기 때문이며, 깊은 우정을 나누기보다 쉽게 헤어졌다 사귀는 편이기 때문이다. 공격적인 아동들보다는 남과 나누기를 좋아하고 긍정적이고 유쾌한 아동들이 인기 있다.

② 초기 아동기의 면담 전략

〈표 4-3〉의 '면담에서 해야 할 것'에 열거하였듯이 임상가들은 아동의 발달 수준을 다양한 각도에서 바라볼 수 있다. 이전에 언급하였듯이 아동과 시선의 높이를 맞추는 것은 아동이 임상 면담을 더 편안히 느끼도록 돕는

다. 의사소통을 원활히 하기 위해 임상가는 질문이나 반응의 길이, 복잡성을 조절해야 하며 짧고 단순한 질문을 해야 한다. Garbarino와 Scott(1989)은 질문을 아동의 평소 문장에서 3~5단어 더 많은 정도까지로만 수준을 제한하도록 하였다. 이는 모든 연령대의 아동 면담에 있어 좋은 기준이 되나, 특히 어린 아동에게 유효하다. 즉, '면담자의 말'은 늘 줄이고 '아동의 말'은 늘리도록 한다.

또 하나의 규칙은 개방형 질문을 하고 '예-아니요' 질문을 피하라는 것이다. 어린 아동에게 있어 개방형 질문은 "○○유치원에 다니면 어떤 점이 좋니?" "○○유치원의 어떤 점이 싫으니?"와 같이 구체적이고 친숙한 활동이나 상황을 소재로 해야 한다. 장난감과 같은(특히 손 인형) 도구를 사용하는 것은 아동이 행동이나 감정을 표현하게 하는 데 도움이 되며, 언어적인 묘사와 함께 행동으로 보여 줄 수 있게 해 준다. 아동 자신의 표현이나 문장을 사용하는 것은 아동의 이해 수준에 맞는 면담을 하는 데 도움을 준다. 즉, 신체 부분, 친구의 이름, 가족 구성원 등에 해당하는 아동의 용어를 쓴다. 아동이 반복적으로 사용하는 감탄사나 구문을 사용하는 것 또한 아동의 관점에서 임상가가 그들을 이해하고 있다는 것을 알리는 데 보탬이 되며 대화를 원활히 이어 나가도록 해 준다. 긴 문장은 피하도록 하고, 모든 답변에 질문을 달지 않도록 한다. 면담이 취조나 시험같이 느껴질 수 있기 때문이다. 질문 후에 답이 늦어지는 경우에는 기다리는 것이 중요하다. 종종 어른들은 정적을 이겨 내지 못하고 다른 질문이나 언급을 하여 아동을 함구하게 한다.

③ 중기 아동기의 발달 특성

중기 아동기로 진입하면서 아동의 의사소통 능력, 인지 능력, 사회-정서적 능력은 현격히 발전한다. 이러한 발전은 임상 면담에 아동이 더욱 효과적으로 참여할 수 있도록 해 준다. 인지기능 면에 있어서(〈표 4-2〉, 두 번째 칸) 이들은 Piaget의 '조작기'에 들어가게 된다(6~7세). 조작기에 있어서 아동은 단순한 추론을 친숙한 대상이나 실질적인 상황에 적용할 수 있다. 발달심리학자들은 새로운 논리적 기술에 대해 묘사한다. 예를 들면, 6~11세 아동들은 어떤 대상에 대해 하나 이상의 측면에 주의를 기울일 수 있다. 이들은 일련의 대상들이 양을 유지하면서 형태를 변화시킨다는 사실을 이해할 수 있다(보존의 법칙). 이들은 단순한 조작의 역전 관계(reverse relationship)를 이해할 수 있다(2+2=4, 4−2=2). 초등학교 교사들은 구체적인 추론 기술을 추상적인 개념을 가르치기 위해 사용한다. 더 이상 덧셈을 가르치기 위해 블록을 필요로 하지 않는다. 중기 아동기는 어휘력이 급속도로 확장되는 시기이며, 또래나 성인과의 의사소통 능력도 함께 증진된다.

사회-정서 기능 면에 있어서(〈표 4-2〉, 세 번째 칸) 중기 아동기는 귀납적인 사고를 습득하는 시기다. 이러한 인지 능력은 타인의 관점을 상상할 수 있게 해 준다("나는 그 아이를 좋아하고, 그 아이도 나를 좋아하는 것 같아."). 이는 상호작용에 있어 매우 중요한 발전이다. 이 시기의 아동은 그들이 생각하고 느끼는 것뿐만 아니라 타인의 감정이나 생각까지 대답할 수 있다.

6~11세 아동의 관점에서 옳고 그름은 전반적으로 규칙이나 사회적인 관습에 근거한다. Kohlberg(1976)는 이를 도덕적 추론의 인습적 단계라고 칭하였다. 예를 들어, "놀이터에서 싸우는 것은 나빠. 왜냐하면 규칙에 위배되기 때문이야."와 같은 논리다. 이 시기의 아동은 흑백 논리를 가지는데, 규칙은 절대적인 기준이 되며 예외는 없다. 이 절대적인 관점은 또래와 권위적인 대상에 있어서 이 규칙이 위배될 수 있는지, 특정 상황에 적용이 되는지에 대한 논쟁을 불러일으킨다. 사실 어떤 아동은 집과 학교의 규칙에 있어서의 공정성을 중요시하며, 그들과 다른 이들에게 규칙이 합당하게 다루어지는지에 관심을 가진다. 아동이 어떤 규칙을 이해하고 따르는 것은 게임이나 스포츠에 참여하는 데 반드시 갖추어야 할 조건이 된다.

중기 아동기는 아동이 학업 성취, 체육, 대인관계와 같은 다양한 장에서 자신감을 습득하는 단계이기도 하다. 분노나 흥분과 같은 정서를 조절하는 능력은 아동이 경쟁적인 놀이나 활동에 참여할 수 있도록 해 준다. 비록 경쟁을 피하는 정치적, 종교적 믿음이 있는 사람이라 하더라도, 중기 아동기와 청소년기에 있어서 이기기 위해 경쟁하는 행위나 소망은 정상적인 발달과정이라는 것을 이해하는 것이 중요하다.

중기 아동기의 또래관계(〈표 4-2〉 네 번째 칸)는 인지적, 사회-정서적인 기능의 발달을 반영한다. 복잡한 규칙이 요구되는 구조화된 보드게임, 단체놀이, 팀 스포츠는 중기 아동들이 즐겨 하는 놀이가 된다. 놀이나 스포츠는 아동이 규칙의 정당성에 대해 이해하고 습득하는 과정에서 논쟁의 소재가 되기도 한다. 또한 권위적인 대상에게 도움을 요청하거나 스스로 문제를 해결할 것인지에 대해 갈등하는 시기이기도 하다. 우정은 초기 아동기에 비해 중기 아동기에 보다 안정적이다. 초기 아동기에는 공격적인 아동이 인기가 없었으나, 사회적으로 위축된 아동 또한 인기가 없다. 단짝 친구는 동성끼리 형성되고, 친절하고 잘 도와주며 지지적인 친구가 인기 있다. 또래집단에게 인정받는 것이 더욱 중요한 관건이 된다. 또래집단은 반이나 동네, 걸스카우트나 보이스카우트 같은 활동을 통해 형성된다.

④ 중기 아동기 면담 전략

언어 기능의 발달에 힘입어 6~11세 아동은 면담에 있어서 전 단계 아동에 비해 더 잘 반응한다(〈표 4-3〉 참조). 그럼에도 라포를 형성하는 것은 중요한 사안이다. 그들의 취미나 관심에 대해 묻는 것도 라포를 형성하는 한 가지 방법 중에 하나다. 예를 들어, SCICA 프로토콜은 "방과 후 자유 시간에 뭐하니?"와 같은 질문으로 시작한다. 대부분의 아동은 이러한 질문에 쉽게 대답한다. 이는 신뢰감을 형성할 뿐만 아니라 아동이 보다 편안하게 느끼게 해 주며, 그들의 관점이 받아들여진다는 느낌을 갖게 해 준다.

핵심적인 전략 중 또 다른 하나는 평가를 내리지 않고 아동의 말을 듣는 것이다. 많은 아동이 임상 면담에서 특징적인 상황에 직면하게 된다. 자신의 행동을 바로잡거나 태도를 고치려는 의도를 가지지 않은 성인과의 일대일 토론이 그것이다. 그렇기 때문에 그들의 의견이나 감정을 나눌 수 있는 것이다. 어떠한 평가를 표현하지 않고 들어 주는 것은, 그들의 관점에 관심이 있다는 표식이 된다. 평가를 하지 않는다는 것은 긍정, 부정 모두를 포함하는 것이다. 아동이 너무나 많은 칭찬이나 긍정적인 평가를 듣게 되면 이들은 어른이 좋아할 말만을 하게 된다. 임상 면담의 목표는 아동을 기분 좋게 해 주는 것이 아니라, 아동이 편안하게 느끼고 중요한 주제에 대한 의견을 나누게 하는 것이다. 부정적인 평가를 듣게 되면 아동은 두렵게 느끼고 반응을 중지할 수 있으며, 방어적이 되거나 논쟁적이 될 수 있다. 하나의 대안으로서 임상가는 반응을 재구성하거나 바꾸어 말하며 공감을 표시할 수 있다. 또한 적절한 순간에 임상가는 "좀 더 말해 주겠니?"라고 물으며 아동의 반응을 보다 자세히 표현하도록 지지할 수 있다. 보다 어린 아동과의 면담에서는 '그래, 아~, 그렇구나.'와 같은 추임새를 통해 그들의 말을 이해한다는 것을 보여 준다.

아동의 주도에 따르는 것은 면담 전략의 핵심이다. 이는 아동이 내용의 흐름에 대한 통제권을 갖게 하고, 두서없는 만담과 비논리적인 성격의 대화를 인내하는 것을 전제로 한다. SCICA 절차와 같이 표준적인 주제와 질문들을 사용하는 것은 지금까지 진행되어 온 내용과 앞으로 다루어야 할 내용을 결정하는 데 유용하다. 아동이 흘리는 단서에 따라 면담의 흐름을 구성할 수도 있다. "학교에서 제일 싫어하는 게 뭐야?"와 같은 초기 질문에 어린 아동들이 답하는 내용에 대해 보다 자세하게 묻거나 그들의 생각이나 느낌을 묻는 것이다. 아동이 적당한 대답을 표현하는 것을 너무 어려워하면 임상가는 다양한 선택을 할 수 있도록 해도 된다(예: "많은 아이들이 수학을 어려워하거나 지루해하거나 이해하지 못하는데, 너는 어떠니?").

언어적인 능력이 발전했어도, 이 시기의 많은 아동이 깊은 내용의 대화에는 적응되어 있지 않다. 부모의 맞벌이나, 아동이 집 밖에서 참여하는 프로그램 활동은 긴 대화를 나누는 기회를 박탈한다. 〈표 4-3〉의 부가적인 면담 내용 중 '해야 할 것'이 대화를 증진시키는 데 보탬이 된다(친숙한 상황이나 활동에 대해 얘기한다. 그림이나 예와 같은 맥락적인 단서를 준다. 아동이 잘못 이해했거나 대답을 안 할 경우 질문을 재구성하여 다시 한다.). 〈표 4-3〉은 '하지 말아야 할 것' 에 대해서도 열거하고 있다(눈을 지속적으로 맞추지 말라, 너무 사실적인 질문만을 하지 말라, 추상적인 개념에 대한 질문을 피하라, 너무나 당연한 질문을 하지 말라).

수사적인 질문은 임상 면담에 있어서 '하지 말아야 할 것' 중 하나다. 수사적인 질문은 암시적이고 함축적인 의견을 질문의 형식을 빌려 행하는 것이다(예를 들어, '~하지 않겠니?'). 그들의 구체적인 수준의 추론 능력으로는 이러한 질문을 실질적인 하나의 선택으로 여기지 못한다. 아동이 만약 그 요청을 따르지 않으면 당신은 요청을 철회하든가 아니면 다시 부추기든가 해야 하는 기로에 서게 된다. 이러한 상황은 신뢰를 떨어뜨리고 반항적인 행동을 불러일으킨다. 이러한 문제를 피하기 위하여 임상가는 직접적인 요청을 하거나 정중하게 지시를 하여 다른 주제로 전환하거나 활동을 하게 하는 것이 좋다. 예를 들어, "너의 친구들에 대해 얘기해 줘. 네 친구들은 누구니?" "이제 가족에 대해 얘기해 보자." "가족들이 다 같이 무엇인가 하고 있는 것을 그려 보렴." 이러한 요청은 명확한 메시지를 전달하며 태도 또한 정중하고 친절하다.

"왜?"를 줄이는 것 또한 좋다. 교사들이 아동을 교육할 때 보통 '누가, 언제, 무엇을, 왜, 어떻게' 와 같은 질문을 사용한다. 초등학생들은 왜냐고 자주 묻기는 하지만, '왜' 라는 질문에 잘 답하지는 못한다. 그들은 그들의 행동이나 다른 사람의 행동에 대한 이유에 대해 대답하기 어려워한다. 행동의 동기는 추상적인 개념이며 6~11세 아동이 이해하고 표현하기는 아직 어렵다. 대신 그들은 행동이나 사건의 순서에 초점을 맞춰야 한다. 예를 들면, 아동의 이야기 요약 능력에 대해 연구한 결과, 5학년 아동은 인물의 동기나 이유보다는 행동 배열이나 '무엇이 일어났는지' 를 강조한다고 한다. 이는 초등학생들이 사건의 이유를 이해하지 못한다는 것을 의미하지 않는다. 그보다는 동기가 어려운 개념이기 때문에 임상 면담에서 이유를 묻는 것은 "모르겠어요."라는 대답을 유발하기 쉽다는 것이다.

동기를 설명할 능력이 있는 청소년들도 임상 면담에서 그들이 가해자 취급을 받는다고 느끼거나 위협을 느낀다면, 또 시험을 치르는 듯한 인상을 받으면 대답을 안 하곤 한다. 이유를 묻는 대안으로서 아동의 대답을 반복하는 등의 반응적인 기술을 이용하여 정중하고 부드럽게 질문한다. "좀 더 얘기해 줄래?" "그래서 기분이 어땠니?" "뭐라고 생각했니?" "그래서 어떻게 했어?"가 그 예다.

⑤ 청소년기의 발달적 특징

지적인 발달을 제외하고 신체적인 발달만을 따진다면 청소년기는 12~18세 아동을 포함한다. 초기 청소년기는 호르몬의 변화로 불안정한 시기이며 11~12세 아동들은 Piaget의 형식적 조작기로 옮겨 간다(〈표 4-2〉, 두 번째 칸). 이 시기가 되면 아동들은 추상적인 추론을 할 수 있으며 논리적인 규칙을 다양한 영역의 문제해결에 적용할 수 있게 된다. 대부분의 청소년기 아동들은 사회적인 문제해결과 학업적인 과제에 있어 보다 체계적인 접근을 하게 된다. 이들은 새로운 추론적 기술을 가정 상황(hypothetical situation)에 적용하는 것을 즐긴다. 이것을 '만약 그렇다면(What if)' 단계라고 칭하는데, 이때 청소년기 아동들은 성인이나 또래에게 이러한 질문을 자주 하게 된다. 이 발달단계에서 개발되는 능력은 그들을 논쟁적으로 만든다. 그러나 모든 청소년이 형식적 조작이 가능하다고 생각해서는 안 된다. 평균 이하나 정신지체 청소년기 아동들은 추상적, 논리적 사고를 할 수 없다. 따라서 이들의 인지적인 능력을 간단하게나마 평가하는 것이 필요하다. 어휘력과 전반적인 언어적 능력은 지능 수준을 알아보는 데 좋은 기준이 된다.

사회-정서적 기능에 있어서(〈표 4-2〉, 세 번째 칸) 많은 청소년기 아동들은 제삼자의 입장에서 타인의 관점을 바라볼 수 있게 된다(즉, 생각에 대해 생각한다.). 이를 '초인지적인 사고(metacognitive thinking)' 라고 칭하는

데, 이들은 사회적 관계에 있어 동시에 양자의 입장을 상상할 수 있다. 다시 말해, 이들은 그들 자신의 관점과 상대방의 관점 그리고 두 가지 관점이 제 삼자에게 어떻게 보일지를 동시에 생각할 수 있다. 초인지적인 사고가 사회적 추론의 발전을 나타내지만, 이는 연애 관계에 있어서 당혹스러운 후유증을 일으킬 수 있다. 정서적, 행동적 문제를 경험하는 어떤 청소년은 이러한 사고를 할 수 없을 것이고, 이는 사회적 관계에 있어 어려움을 초래한다.

청소년기는 17~18세가 되어서야 완성되기는 하지만, Kohlberg(1976)의 도덕적 추론 중 후 인습단계가 시작되는 것이 이 시기다. 이 단계에서 옳고 그름의 기준은 개인의 양심이나 종교적, 철학적 이상에 근거한다. 청소년기의 사춘기 아동들은 도덕적인 기준에 근거하여 추론하는 것을 배우며 다른 이상과 가치에 대해서도 실험하고 싶어 하는데, 이는 가족이나 또래와의 갈등을 야기하기도 한다. 많은 사춘기 아동은 자신의 정체성(identity)에 대해 갈등하고 자의식이 생기며, 이는 감정 면에 있어서 큰 변화를 경험하게 한다. 사회적으로 더욱 깊이 관여하게 됨에 따라 사춘기 아동은 또래집단의 인정에 매우 큰 가치를 둔다.

또래관계는(〈표 4-2〉, 네 번째 칸) 어울려 다니기를 포함한다. 이는 또래집단과 얘기를 하고, 문자를 보내고, 전화를 걸고, 이메일을 보내거나 채팅을 하는 등의 행위를 의미한다. 함께 활동하면서 스스로를 개방하는 것은 우정을 의미하게 되며, 이는 주로 여자 아동에게서 나타난다. 논쟁을 하거나 말다툼을 하는 것은 관계에 대한 이슈에서 비롯되기 쉽고, 험담을 하거나 비밀을 누설하거나 배신을 하는 경우가 이에 해당한다. 이 시기는 연애관계가 형성되는 시기이기도 하다. 어떤 아동들은 성적인 정체성에 대해 스트레스를 받기도 하는데, 만약 가족이나 또래들로부터 거부당하면 더욱 상처를 받게 된다. 초기 단계에서는 공격적이거나 반사회적인 또래가 인기가 없었는데, 사춘기에 이르면 공격적인 아동들이 폭력집단에 들어가기도 한다. 사회적으로 위축된 아동이나 특이하고 평범하지 않은 행동을 하는 아동들은 거절당하거나 따돌림을 당하기 쉽다. 지지적이고 협조적이며 매력 있고 경쟁적인 아동들이 인기가 많다. 사춘기 청소년의 또래의 지위는 집단의 규칙에 의해 정해진다.

⑥ 청소년기의 면담 전략

12세 정도의 아동이 청소년기에 들어서면 발전된 추론 능력과 언어 능력으로 임상 면담에 보다 효과적으로 참여할 수 있게 된다. 중기 아동기 면담에서 해야 할 것과 하지 말아야 할 것 중 대부분이 청소년기에도 해당된다. 사회적인 관계에 민감해지고 자의식과 함께 정체성에 대한 불안정한 의식 때문에 면담 초기에 치료적 동맹을 형성하는 것은 매우 중요한 사안이다. 그들을 존중하고 그들의 의견이나 관점에 대해서 관대하게 대해야 한다. 청소년기 아동은 존중받지 못한다고 여기면 함구하거나 저항할 수 있다. 동시에 비밀 유지의 한계에 대해 정확하게 설명하는 것 또한 매우 중요한데, 그래야만 나중에 면담 내용이 타인에게 알려지더라도 배신을 당했다고 느끼지 않을 것이다. 때로 사춘기 청소년들은 면담 내용이 타인과 공유될 것이라는 것을 들으면 특정 정보는 발설하지 않으려 할 수 있다. 하지만 이는 어쩔 수 없는 일이다. 어떤 정보가 공유되고 어떤 정보가 공유되지 않을 것인지를 확실히 하는 것은 위험 요인을 조금 줄여 줄 수 있을 것이다.

어린 아동과의 면담에서와 마찬가지로 사춘기 청소년 면담에 있어서도 어떤 평가나 의견을 제시하지 않는 것이 중요하다. 어떤 청소년은 임상 면담에서 자신의 관점을 자유롭게 얘기하지만 어떤 이들은 거부감을 느끼고 저항할 수 있는데, 특히 권위적인 대상과 좋지 않은 경험이 있거나 임상 면담이 스트레스가 되는 경험을 한 이들이 그렇고, 주로 집에서 보호시설로 옮겨질 가능성이 있는 학대 아동이 그러하다. 청소년은 민감한 주제를 다루려 하면 바로 흥분하거나 화를 내기 쉽다. 어떤 청소년은 면담 중에 불안해하거나 우울해할 수 있다. 이러한 감정의 변화를 빠르게 파악하고 그 감정에 대해 더 탐색을 해 보는 것이 중요한데, 청소년의 사생활을 존중해 주어야 하며 상처가 되는 경험을 꺼내 보이는 것에 대한 저항 또한 존중해 줄 필요가 있다. 문제 상황에 대해 얘기할 때 임상가는 그들의 관점에서 사건의 발단과 동기를 물을 수 있다. 임상가는 다른 가능한 대안에 대해서도 물을 수 있다. 문제해결 전략에 대한 질문은 청소년의 사회적, 도덕적 추론 능력의 수준을 평가하는 데 유용하다.

사춘기 청소년은 다른 어린 아동보다 자살의 위험성이 높다(Reynolds & Mazza, 1994). 따라서 자살 위험에 대한 선별 질문을 이행하고 자살사고나 자살시도의 징후를 알아보는 것이 중요하다. 청소년이 자살 위험성에 대해 언급하면 면담자는 자살사고와 자살시도에 대해 직접적으로 물어야 한다. 예를 들면, 자살 계획을 세우거나 방법 등을 생각해 보았는지 물어보아야 한다.

〈표 4-3〉에 적힌 중기 아동기의 면담에서 하지 말아야 할 것 이외에 추가로 임상가는 심리학적인 용어를 사용하지 말아야 한다는 규칙을, 설사 그들이 이해한다 하더라도 엄수하여야 한다. 이러한 용어를 피하는 것은 사춘기 청소년이 다른 사람들이 혹시나 자신을 미쳤거나 정신과 의사가 필요한 사람으로 오인하는 것에 대한 두려움을 완화시켜 주므로, 최대한 평범한 언어를 사용해야 한다.

임상 진단을 적용하는 데 사춘기 청소년의 발달 수준을 염두에 두는 것이 중요하다. DSM-IV의 단점 중에 하나는 진단의 규준 집단이 부족하다는 것이다. 소수의 성인 DSM-IV 진단 범주가 청소년기 아동에게도 적용 가능하다 하더라도 그러한 진단을 사용하는 데 조심스러워야 할 것이다. 예를 들면, 정서적으로 불안정한 것이 면담 시 관찰된다 하더라도 이러한 불안정성이 정서장애의 증거라고 생각해서는 안 된다. 만약 임상가가 자가진단이나 부모나 담임선생님이 작성하는 질문지를 임상 면담과 함께 이행한다면 임상 진단을 하는 데 있어 더 정확할 수 있을 것이다.

⑦ 언어적, 비언어적 면담의 전환

임상 면담에 있어서 너무 직접적인 질문만을 한다면 면담이 지겹고 불쾌하게 느껴질 수 있다. 이를 피하기 위해서 언어적, 비언어적인 의사소통 방법을 번갈아 사용하는 것이 좋다. 먼저, 가족이 하고 있는 것을 그림으로써 가족 구성원과 그 관계에 대해 탐색할 수 있는 가족활동그림(Kinetic Family Drawing: KFD)이 있다. 6~11세에게는 일상적으로 사용하고 12~18세에게는 선택적이다. 아동이 그림 그리기를 완성하면 가족 구성원과 그들의 관계에 대해 물을 수 있다.

생각 풍선(thought bubble)을 통해서는 6~11세 아동의 사고와 감정을 알 수 있는데(Hughes & Baker, 1990), 이들은 타인의 관점을 이해할 수 있기 때문이다. 단순한 만화를 그려 두 명 또는 그 이상의 인물들이 문제 상황에 직면한 것을 묘사한다. 이후에 빈 풍선을 인물의 머리 위에 그리고, 아동이 그 인물의 생각이나 감정을 채워 넣도록 한다. 아동이 글을 쓰는 데 어려움이 있으면 임상가가 대신 써 주어도 좋다. 고학년 아동은 스스로 완성하도록 한다. 이후 다음에 일어날 일에 대해 더 얘기해 주도록 요청한다. 아동의 사회적인 인식 그리고 사고와 감정, 행동 간의 원인론적인 관계에 대한 이해 수준을 알 수 있다. 그러나 그들이 표현한 것이 그 아동 본인의 생각인지에 대해서는 확실히 장담할 수 없다. 면담자는 너라면 비슷한 상황에서 어떻게 생각하거나 느꼈을 것 같은지 물어서 확인해야 한다.

문장완성검사는 다양한 관점을 이해하는 아동에게 직접적인 질문을 피해서 묻는 다른 방법이다. 이 기술은 문장의 첫 부분을 특정 사람이나 감정과 관련된 상황에 주로 초점을 맞추어 제시하고 아동이 문장을 완성하도록 하는 것이다.

예를 들면, "우리 엄마는 내가 _____나고 생각한다." "우리 선생님은 내가 ___________다고 생각한다." 그리고 "나는 _______ 때 기분이 상한다." 등이 있다.

대화를 하기 싫어하는 아동이나 3~5세 아동에게는 놀잇감을 이용하는 것도 좋다. 나무 블록, 가족 인형, 추가적인 성인과 아동 인형, 인형의 집 가구, 인형의 집 등이 이용하기에 좋다. 아동이 놀고 있을 때 임상가는 인형 가족 구성원의 관계와 놀이 상황에 대해 개방형 질문을 할 수 있다. 생각 풍선에서와 마찬가지로 여기에서도 그것이 꼭 그 아동의 경우에 해당하는지 확인해 보아야 한다. 예를 들면, 아동이 매우 과격한 놀이 장면을 연출한다면 "가족들이 마구 싸우고 있구나. 너희 집에서는 어떠니? 너희 가족들에 대해서도 좀 얘기해 보겠니?"라고 물을 수 있다. 아동은 다양한 정보를 텔레비전이나 영화, 학교 등의 여러 출처에서 얻을 수 있다.

시간이 조금 더 있다면 짧은 학업성취검사나 미세, 대근육 운동 검사를 하는 것도 좋다. 학교에서와 같은 구조화된 과제와 운동 활동을 시켜 보고 아동의 반응을 관찰하는 것이다. 예를 들어, SCICA 프로토콜은 6~11세 면담에서의 부가적인 과제로 읽기와 수학 영역에 대한 짧은 성취 테스트와 읽기 문제 그리고 대근육 운동 선별 테스트를 포함하고 있다(제자리 뛰기, 잡기 놀이 등). 만약 이러한 과제가 포함된다면 이 테스트가 15~20분 이상 되어서는 안 되는데, 면담이 시험 상황으로 바뀔 수 있기 때문이다. 어떤 아동은 개방형 질문 중 더욱 불안해져서 학교생활의 문제점에 대해 더 보고할 수 있다. 어떤 아동들은 더욱 안절부절못하고 저항할 수 있지만, 또 어떤 아동들은 적극적이고 자기 확신에 가득 차게 행동하거나 농담을 할 수도 있을 것이다. 이러한 대조점들은 다른 과제 수행에 있어서 아동의 기능에 대한 임상적인 정보를 줄 수 있다.

⑧ 거짓말 다루기

아동 임상 면담의 목표 중 하나는, 아동의 관점에서 그들의 기능에 대해 알아내는 것이다. 그러나 면담자들은 아동이 혹시 거짓말을 하고 있지는 않은지 걱정하게 된다. 임상 면담에서는 거짓말이 더 흔하게 나타나며 그 원인은 다양하다. Hughes와 Baker(1990)는 아동이 자신의 반응에 따라 어떠한 처벌이 주어질 것을 두려워하거나 무서워할 수 있으며, 수치스럽거나 고통스러웠던 상황에 대한 감정이나 기억을 부정하려 하거나, 면담을 조종하여 원하는 결과나 이득을 얻기 위해 거짓된 보고를 할 수 있다고 제시한다.

면담 중에는 "너 그랬니? 그러지 않았니?" "왜 그랬니?"와 같이 추궁하는 듯한 질문으로 아동이 상황에 민감해져 거짓말을 하게 되지 않도록 주의한다. 이미 다른 정보를 통해 아동의 문제 행동에 대해 알고 있으면서 어떠한 반응을 의도적으로 이끌어 내는 질문 또한 피하도록 한다.

어린 아동의 경우에는 현실과 상상을 구분하지 못해 거짓말을 하는 것처럼 되기도 한다. 그럴 때는 아동의 말을 현실과 상상을 구분하여 언어로 표현하여 준다. 예를 들어, "너는 그런 일이 있었으면 하는 것 같구나." "정말 있었던 일이니, 아니면 일어났으면 하는 일이니?"라는 식으로 물어보는 것이 좋다. 이러한 질문은 아동에게 그러한 감정은 받아들여질 수 있고, 아동이 보다 자신의 감정에 대해 자유롭게 얘기하도록 지지한다는 인식을 가지게 하며, 어떻게 다르게 일이 전개되었으면 하는지를 표현하도록 해 준다. 이러한 질문은 아동이 그들의 반응을 철회하거나 그들이 한 말이 정확한 사실이 아니거나 거짓이었다고 인정해야 하는 상황을 피할 수 있게 한다. 의심되는 거짓 보고나 과장 등을 아동에게 직면하게 하는 것은 아동이 자신을 보호하기 위하여 더 많은 거짓말을 하도록 이끌 수 있으므로 그다지 효과적이지 못하다. 그러나 거짓말을 하지 못하도록 막는 것도 아동을 함구하게 할 수 있다.

⑨ 면담의 종결

종결 시, 우선은 면담에 응하여 아동이 자신의 생각과 감정을 나눈 것에 대한 감사의 표현을 하는 것이 좋다. 그런 다음 비밀보장에 대해 다시 언급한다. 만약 면담 내용에 대해 부모님이나 선생님과 논의하기 위한 면담을 해야 한다면 면담을 통해 알게 된 것에 대해 말할 것이라고 얘기해 준다. 또한 그동안 나왔던 얘기에 대해 짧게 요약하여 말해 줄 수도 있으며 아동에게 더 말할 것이 있는지 물어본다. 소견서를 쓸 예정이라면 면담 내용이 어떤 식으로 요약될 것인지에 대해 말해 준다. 종결은 아동의 발달적인 단계에 따라 짧게 진행되어야 한다. 어떤 아동, 특히 청소년은 비밀보장에 대한 구체적인 확인을 바란다. 비밀 유지에 대해 불안해하면 그들이 한 말 그대로를 옮기는 것이 아니라고 말해 준다. 아동이 위협을 느끼거나 위협을 가할 가능성이 있는 부분은 아동의 동의 없이 법적으로 주변인에게 알릴 책임이 있다.

종결의 말은 간략하면서도 아동의 발달 수준에 따라 달라져야 한다. 좋은 전략 중 하나는 면담을 통해 어떤 것을 알게 되었는지 요약해서 얘기해 주고, 부모나 선생님, 다른 중요한 인물들에게 어떤 점에 대해 토의하고 싶은지를 말해 주는 것이다. 대부분의 아동은 이러한 접근 방식을 편하게 느끼는데, 특히 만약 임상가가 당면한 문제를 해결하기 위해 다른 사람들과 중요한 안건에 대해 설명하는 것이 필요하다는 점을 설명해 주는 것이 좋다. 다음의 예는 7세 여아와의 면담 종결이다.

임상가: 여러 가지에 대해 길게 얘기를 나눴구나. 너의 친구들과 학교, 그리고 가족들에 대해 무엇이 너를 행복하고 슬프고 화나게 만드는지, 그리고 너에게 문제가 되는 점들에 대해 얘기를 나누었지. 선생님은 네가 너의 감정을 얘기해 주어서 매우 고마웠어. 선생님이 처음에 비밀 유지에 대해서 얘기를 했었지?

아 동: 예. 선생님이 엄마한테 말 안 한다고 했어요.

임상가: 맞아. 네가 너희 언니들과 싸운 것과 늘 너에게 책임을 물었던 것을 선생님이 알게 되었는데, 이 문제에 대해서는 선생님이 너희 엄마에게 얘기해서 그러한 상황이 더 이상 일어나지 않도록 도움을 주고 싶단다. 괜찮겠니?

아 동: 예, 알았어요. 하지만 엄마한테 언니를 멍청이라고 부른 것은 얘기하지 마세요.

임상가: 그건 얘기 안 할게. 싸운 것과 네가 늘 비난을 당했다는 부분에 대해서만 얘기할게.

아　동: 예.

임상가: 그리고 엄마와 선생님한테 학교에서 과제를 제시간에 끝내지 못하는 것과 네게 도움이 필요하다는 것도 얘기할 거야.

아　동: 예, 괜찮아요. 이제 가도 되나요?

어떤 아이들은 특히 청소년기 아동들은 비밀 유지에 대해 보다 구체적인 확신을 요구하기도 한다. 아동이 비밀 유지에 대해 걱정을 하면 임상가는 아동이 한 말 그대로를 옮기거나 특정한 말을 있는 그대로 얘기하지 않을 것이며, 어떤 식으로 얘기될지 예를 들어 주는 것이 좋다. 또한 아동의 면담 내용을 회의나 보고서에 그대로 옮기는 것은 피해야 한다.

아동이 타인에게 위협이 될 만한 의심이 들거나, 아동이 학대의 위험에 처했다면 임상가는 이를 타인에게 알릴 법적 의무가 있다. 그러한 경우에 아동에게 비밀보장의 한계에 대해 면담 초기에 언급하여야 한다. (초기에 이러한 한계에 대해 명확히 제시해야 하는데, "네가 너 자신이나 다른 사람을 해칠 가능성이 있거나 혹은 다른 사람이 너를 해칠 가능성이 있을 경우" 그렇다고 얘기해 준다.) 그런 후 임상가는 아동에게 보고 과정에 대해 알려 준다.

2) 아동 면담: 활동, 학교생활, 친구들

Merrell(2001, 2003)은 아동 임상 면담에서 다섯 가지 영역을 다루어야 한다고 하였다. 다섯 가지 영역에는 대인관계 기능, 가족관계, 또래관계, 학교 적응 그리고 지역사회 관여가 포함된다. 이 절에서는 〈표 4-4〉에 제시된 여섯 가지 영역 중 앞의 세 가지, 즉 활동과 관심사, 학교와 숙제, 우정과 또래관계를 다룰 것이다.

| 표 4-4 | 반 구조화된 아동 임상 면담의 화제 영역

- **활동과 관심사**
  선호하는 활동, 스포츠, 취미, 집단, 직업(12~18세)
- **학교와 숙제**
  학교에서 가장 좋아하는 일, 가장 싫어하는 일, 성적, 학교 선생님들에 대한 태도, 학교에서 걱정하는 일, 학교 문제, 숙제
- **우정과 또래관계**
  친구의 수, 친구와 하는 활동, 좋아하는 친구와 싫어하는 친구, 또래와 관련된 사회적인 문제(싸움, 집단따돌림 등), 대처 전략, 연애(12~18세)
- **가정환경과 가족관계**
  가족 구성원, 규칙과 처벌, 부모와의 관계, 형제자매와의 관계, 부모의 관계, 가족활동그림(Kinetic Family Drawing: KFD)(6~11세)
- **자기 인식과 기분**
  세 가지 소망, 미래 목표, 가정에서 바뀌었으면 하는 것, 기분(행복, 슬픔, 분노, 두려움), 걱정들, 이상한 사고나 경험, 자살사고
- **청소년기 이슈(12~18세)**
  음주, 약물, 반사회적인 행동 및 법과 관련된 문제, 연애

(1) 활동과 관심사

그들에게 가장 좋아하는 일과 관심 있는 것이 무엇인지를 묻는 것은 면담을 시작하기에 좋은 화제가 된다. 학교나 친구, 가족과 같이 보다 민감한 문제로 들어가기 전에 분위기를 띄워 줄 수 있다. 그들이 좋아하는 활동이나 관심을 묻는 것은 스스로의 경쟁력에 대한 지각의 통찰을 얻게 하기도 한다. 임상가는 아동의 보고와 부모와 담임선생님의 보고를 비교해 볼 수 있다.

〈표 4-5〉에는 그들의 활동이나 관심사를 알아보는 예문들이 있다. 나이 많은 아동을 면담할 때에는 그들이 일이나 아르바이트를 하는지, 하고 있는 일이나 윗사람에 대해 어떻게 느끼는지 등도 물어볼 수 있다. 이러한 자료는 아동의 독립성이나 책임감을 평가하는 데 유용하다. 아동에게 집안일이나 아르바이트를 하면서 보수를 받는지 물어보는 것도 좋다. 이는 가정에서 행동적인 개입을 할 때 특히 유용한 자료가 된다.

| 표 4-5 | 활동과 관심에 대한 예문

• **활동**
- 학교에 가지 않을 때 재미로 하는 일들에는 뭐가 있지?
- 스포츠나 취미 생활, 그룹 활동 같은 것을 하는 게 있니?
- TV 프로그램, 영화, 음악 중 가장 좋아하는 게 뭐니? _____는 어때?

• **일(12~18세)**
- 일을 하니? 돈을 받고 하는 일이니? 얼마를 받니?
- 그 일에 대한 너의 감정은?
- 윗사람은 어떤 사람이니?
- 그 일 말고 돈을 벌 수 있는 방법은 없니?
- 용돈을 받니?

(2) 학교와 숙제

학교에서 생활하는 시간이 7시간 이상이나 된다는 점과 적어도 숙제하는 데 부가적으로 한 시간 이상을 들여야 한다고 가정할 때, 아동은 평일 중 반 정도의 시간을 학교에서 보내는 셈이 된다. 학업적 · 정서적 · 행동적 문제가 있는 아동에게는 이러한 일이 상당히 어려움을 줄 수 있다.

〈표 4-6〉에는 아동의 학교나 특수활동, 학교 선생님들 그리고 학교와 학교 문제에 대한 걱정에 관한 예시 질문들이 열거되어 있다. 개방형 질문을 사용하면 아동이 긍정적이거나 부정적인 생각을 자유롭게 말할 수 있다. 그런 다음에 보다 자세하고 구체적인 사항들을 물어볼 수 있다.

대부분의 아동에게 있어 숙제는 학교 경험에서 필요한 요소다. 연구 결과들은 학생의 학업적인 성취와 시험 성적에 숙제가 긍정적인 영향을 미친다고 보고해 왔다(Keith & DeGraff, 1997). 연구 결과들은 또한 숙제의 완성된 양이 숙제에 소비한 시간의 양보다 학업 성취에 더 큰 영향을 미친다고 하였다(Cooper, Lindsay, Nye, & Greathouse, 1998). Lee와 Pruit(1979)가 지적한 바와 같이 숙제에는 다양한 목적이 있다. 수업 시간에 공부했던 내용을 복습하기, 친숙한 것부터 생소한 맥락에까지 학습한 개념을 확장시키기, 새로운 개념을 통합하기 등이다. 즉, 숙제는 아동이 과제 수행의 습관

| 표 4-6 | 학교생활에 대한 예시 질문

- 학교에 대해 말해 보자.
- 학교에서 가장 좋아하는 일은 뭐니?
- ________에 대해서는 어떻게 생각하니?

- 학교에서 가장 싫어하는 것은 뭐니?
- ________에 대해서 싫어하는 것은 뭐니?

- 성적은 좀 어때?

- 학교에서 수업 외에 참여하고 있는 활동이 있니?

- 선생님들은 어때?
- 어떤 선생님이 가장 좋으니? 어떤 점이 좋으니?
- 어떤 선생님이 가장 싫으니? 어떤 점이 싫으니?

- 교장 선생님은 어때?
- 학교에서 너에게 특별히 중요한 사람은 누구니?

- 학교에 대해 걱정하는 것은 없니?
- 왜 걱정하는데?

- 학교에서 문제를 일으키지는 않니?
- 어떤 문제?

- 학교에 대해 뭔가 하나 바꿀 수 있다면 뭘까?

을 들이고 공부 기술을 발달시키는 데 도움이 된다.

학업 성취에 많은 도움을 주는데도 불구하고, 숙제는 아동에게 어려움을 준다. 숙제를 완성하지 못할 경우 낙제할 위험이 커지고(Daniel, Power, Karustis, & Leff, 1999) 부모와 담임선생님 간의 협력을 훼손시킬 수 있다(Buck et al., 1996). 숙제와 관련된 문제에는 여러 가지 원인이 있을 수 있다. 예를 들어, 숙제 시간이 너무 많이 걸리거나, 지루하거나, 조직화하는 기술이 부족하거나, 숙제를 할 장소나 시간이 마땅치 않을 수 있다. 숙제는

ADHD 아동이나 학습장애 아동 그리고 행동 · 정서 문제가 있는 아동에게 특히 더욱 어렵다(Power, Karustis, & Habboushe, 2001). 〈표 4-7〉에는 숙제에 대한 예문이 적혀 있다. 이 질문들은 아동의 관점에서 숙제의 양이 어떤지, 그들의 숙제 완성 전략이 무엇인지, 그리고 숙제에 대한 문제점이 무엇인지와 관련된다. 숙제와 관련된 도움을 받는 것이나 어떤 종류의 도움이 유효할지에 대한 아동의 태도에 대한 다양한 다른 질문들을 부가적으로 할 수 있다.

| 표 4-7 | 숙제에 대한 예문

- 숙제가 어느 정도 되니?
- 숙제의 양에 대해서는 어떻게 생각하니? 숙제 양이 합리적이라고 생각하니?

- 숙제는 언제 하니?
- 숙제는 어디에서 하니?
- 보통 얼마나 걸리니?

- 보통 숙제를 제때 해 가니?
- 만약 너나 다른 아이가 숙제를 안 해 가면 어떻게 되니?

- 숙제를 하는 데 어려움이 있니?(만약 있다면 무엇인지 물어본다.)
- 어떤 문제가 있니?

- 숙제하는 걸 도와주는 사람이 있니?
- ________하는 것이 도움이 되는 것 같니?
- 어떤 것을 했을 때 가장 도움이 되는 것 같니?

- 다른 학생이 너를 도와주는 것에 대해 어떻게 생각하니?
- 선생님이나 다른 어른이 너를 도와주는 것은?

- 어디에서 숙제를 도와주었으면 좋겠니?(교실, 보다 개인적인 장소, 집 등)

- 학교 숙제나 과제를 도와주는 데 가장 좋은 시간은 언제일 것 같니?
- 방과 후나 주말에 도움을 받는 것은 어떠니?

다음의 사례는 7세 소년 상근이와 임상가 간 면담의 일부다. 첫 학년에서 유급이 되었는데도, 상근이는 여전히 기본적인 학업 성취에 있어 고전을 면치 못하고 있다. 상근이는 비학업적인 활동을 제외하고는 학교와 관련된 모든 것이 싫었다. 상근이는 등교를 거부하고 집에만 있으려고 하였다. 이 짧은 면담만 보더라도 학교에 대한 상근이의 부정적인 태도를 알 수 있다. 면담에서는 학업장애나 다른 문제가 상근이의 학업 성취를 가로막고 있는 것은 아닌지에 대해서도 탐색하였다. 상근이는 숙제가 어려웠고 읽기의 어려움이 있었지만, 과제의 어떤 부분이 어려운지를 정확히 설명할 수 없었다.

임상가는 면담에서 사례와 같이 숙제에 대해 질문하였다. 이 면담을 통해 상근이가 숙제의 양에 부담을 느낀다는 것을 알게 되었다. 또 면담 시 학업 성취를 이루지 않아도 상근이에게 별다른 조치가 없었다는 것이 밝혀졌다. 상근이는 그의 어머니가 자신이 숙제를 하지 않는 것에 대해 부적절하게 대처하였고, 현재의 담임선생님은 숙제에 대해 자주 잊어버린다고 보고하였다. 임상가는 상근이의 학업적인 문제에 대해 다른 사람의 보고도 들어 봐야 하겠지만, 이 면담을 통해 상근이에게 부과되는 숙제의 양을 재조정해야 하고, 숙제에 대한 보상체계를 확립하며, 동기를 부여해야 한다는 사실을 알게 되었다.

사례 | 상근이와 학교에 관해 대화하기

임상가: 학교에 관해 얘기해 보자. 학교에서 무엇을 가장 좋아하지?

상　근: 잘 모르겠어요. 음…… 그게 뭐냐면……, 저는 휴일을 좋아해요.

임상가: 아, 휴일? 휴일은 네가 학교에 없는 날인데?

상　근: 예. 우리는 파티를 해요. (웃음, 의자에서 조금 움직인다.)

임상가: 음……, 네가 뭘 말하려는지 알겠다. 네가 학교에 있지만 파티를 하는 것을 말하는구나.

상　근: 예.

임상가: 학교 축제 같은 것을 말하는 거니?

상　근: 예.

임상가: 그래서 네가 축제를 좋아하고 파티를 좋아하는구나. 수학, 독서와 같은 학교의 정규 과목들은 어때?

상　근: 휴식 시간이요.

임상가: 그래, 좋다.

상　근: 밖에 나가서 많이 놀아요.

임상가: 그래서 너도 밖에 나가서 노는 것을 좋아하는구나.

상　근: 예. 저 같은 아이들을 위한 작은 미니어처 오토바이들을 알아요?

임상가: 음…….

상　근: 그런 것들은 모두 플라스틱이고요, 안에 배터리가 있어요.

임상가: 탈것을 말하는 거니?

상　근: 예. 오래된 차 같은 것인데, 저는 오토바이 중에 하나를 갖고 싶어요.

임상가: 하나 가지고 있니?

상　근: 아니요. 내가 가진 건 자전거 하나가 전부예요.

임상가: 너는 왜 그렇게 생각하게 되었니? 우리는 휴식에 대해서 말하고 있었단다.

상　근: 잘 모르겠어요.

임상가: 너는 좋아하는 것에 대해서만 생각하고 있구나.

상　근: 예. (의자에서 움직이며 옷을 만지작거린다.)

임상가: 좋다. 그럼 학교에서 네가 좋아하지 않는 것은 무엇이니?

상　근: 아, 굉장히 많은 것들이 있는데요. (웃음)

임상가: 좋아. 그것들이 뭐지?

상　근: 학교요.

임상가: 학교라. 그냥 학교니? 네가 학교에 대해 재미있어 하지는 않는 것 같은데…….

상　근: 저는 집에 있는 게 좋아요.

임상가: 아, 그래. 네가 학교에서 싫어하는 건 뭐니?

상　근: 음, 거긴 재미가 없어요! 저는 그 모든 숙제들을 하는 게 싫어요! 아침에 일어나서 친구들과 놀고, 집에 데려왔으면 좋겠어요. 그래서 집에서 친구들과 있었으면 해요.

임상가: 그래서 너는 해야 할 숙제가 많다고 생각하니?

상　근: 많아요!

임상가: 작년보다 올해 숙제가 더 많아졌니? 아니면 너는 항상 숙제가 그렇게 많았니?

상　근: 항상이요! (강조)

임상가: 항상 많았다고? 음, 숙제가 어렵니, 쉽니?

상　근: 어려워요.

임상가: 음, 어떤 게 어려운지 말해 줄래?

상　근: (잠깐 쉬었다가) 한 가지는 쉬워요. 100 더하기 100은 200. (웃음)

임상가: 그래 100 더하기 100은 쉽구나. 다른 더하기와 빼기는 어때?

상　근: 쉬워요. 수학은 쉬워요.

임상가: 수학은 다 쉽니?

상　근: 예. 제가 수학은 쉽다고 했잖아요.

임상가: 좋아. 나는 확신이 안 드는구나.

상　근: 그것들 중 대부분은 쉬워요.

임상가: 음, 그래서 수학은 쉽구나. 그러면 너한테 어려운 것은 무엇이니?

상　근: 저한테 어려운 거요? (혼란스러워 보인다.)

임상가: 네가 어떤 것들은 어렵다고 했잖아. 나는 무엇이 어려운지 궁금하단다.

상　근: 아, 많은 것들이요. (다리를 흔들면서 방 안을 둘러본다.)

임상가: 네가 나한테 예를 들어 줄 수 있니?

상　근: 음……, 잘 모르겠어요. 어려운 것들이 있긴 해요.

임상가: 독서는 어때? 그건 어렵니, 쉽니?

상 근: 어렵기도 하고 쉽기도 해요. (잠시 쉬었다가) 반은 쉽고 반은 어려워요.

임상가: 좋아. 그러니까 모든 숙제가 대체로 어렵다는 것이로구나.

상 근: 예.

3) 우정과 또래관계

우정과 또래관계는 아동의 사회정서적인 발달에 매우 중요한 역할을 한다(Bierman, 2004; Bierman & Welsh, 1997; Parker, Rubin, Price, & DeRosier, 1995). 우정은 상호적인 관계로 단지 또래집단에서 받아들여지는 것과는 다르다. 인기 있는 아동은 소외당하는 아이보다 가까운 친구가 많다. 하지만 인기 있는 아동도 친한 친구가 없을 수 있다(Parker & Asher, 1993).

Bierman과 Welsh(1997)가 제안한 또래집단에서 받아들여지는 세 가지 이유는, 유사성, 상호 호혜성 그리고 헌신이다. 친구는 연령, 성별 그리고 사회경제적인 수준이 비슷하다. 상호 호혜성은 주고받기를 의미한다. 어린 아동에게 상호 호혜성은 매우 구체적이다. 친구끼리는 같은 것을 좋아하고 게임을 같이 하고 장난감을 같이 사용하고 차례를 지키며 때리거나 별명을 부르지 않는다. 청소년에게 상호 호혜성은 보다 추상적이고 심리적인 것으로서 친구는 개인적인 생각이나 감정을 나누고 관심사나 활동을 함께하며, 충직하고 신뢰할 수 있으며 거짓이 없다.

아동이 자랄수록 또래집단은 사회적인 상황에서 그들이 생각하고 행동하고 느끼는 데 중요한 역할을 한다. 긍정적인 또래관계를 형성하는 아동은 사회적인 상황에 잘 적응한다(Bierman, 2004). 또래와의 사회적 상호관계는 중요한 사회적 기술을 발달시키는 기초를 마련해 준다. 초등학생에게 또래관계는 상호 호혜성을 배우고 타인의 관점을 이해하며 협상과 협동, 사회적인 규칙과 관습, 문제해결력을 배우게 해 준다. 청소년에게 또래관계는 자기개념과 자율성을 기르는 데 도움을 준다.

그러나 또래관계가 좋지 못한 아동은 사회적인 상황에 부적응을 겪을 가능성이 높다(Bierman, 2004; Bierman & Welsh, 1997; Parker et al., 1995). 이는 스트레스, 외로움, 부정적인 자기감, 불안, 우울 그리고 반사회적인 행동에 기여한다. 다시 말해 사회적으로 거부당하고 공격적인 아동은 다른 아동에게 위협적으로 대하며 이는 싸움이나 부정적인 사회관계로 이어진다(예를 들어, "걔가 의도적으로 나에게 시비를 걸었다.").

(1) 또래로부터 소외당할 수 있는 위험 요인

또래로부터 소외를 당하는 것은 진단 시 매우 중요하다. 또래로부터 소외당하는 것과 공격적인 행동을 하는 것 간에는 강한 상관관계가 있다. 또래의 거부가 평가에 있어 매우 중요한데, 사회친화적인 기술은 또래로부터 수용되는 데 일조한다. 연구 결과, 모든 연령대에서 또래 거부와 공격적인 행동 간에 매우 높은 상관관계가 나타났다(Coie, Dodge, & Kupersmidt, 1990). 그러나 모든 공격적인 아동이 또래로부터 거부당하는 것은 아니다. 공격적인 아동이 또래로부터 소외를 당할 때는 다음의 위험 요인이 있다고 하였다(Bierman & Welsh, 1997).

- 파괴적이고 과잉행동적인 행동이나 주의력 문제, 신체적인 공격을 포함하는 광범위한 품행문제를 보이는가?
- 긍정적인 사회 기술이 결여되어 있는가?
- 따돌림을 당하는가?
- 긍정적인 또래관계의 기회가 있었는가?
- 폭력집단에 속해 있는가? 아니면 혼자서 비합리적인 상황에 분개하여 또는 복수하기 위해 행동하는가?
- 아동의 공격적인 행동이 신체적이고 무기를 사용하는가?(목적 있게 행동하는가? 예를 들어, 신체적으로 더 힘세다고 우위를 표현하거나 싸움을 피하기 위함인가 혹은 아동의 공격적인 행동이 반응적인가? 정서의 통제가 이

루어지지 못해 나타나는가?)

또래 거부와 사회적인 위축은 다른 위험 요인들과도 관련이 있다. 게다가 어떤 사회적인 위축이나 사회적으로 소외당하는 아동들은 또래로부터 무시당할 수 있지만, 거부당하지 않을 수도 있다. 무시된 아동들은 혼자서 놀거나 사회적인 상호작용이 필요치 않은 놀이를 즐길 수 있다. 그러나 사회적으로 위축되고 소외당한 아동들은 그들의 또래관계를 발전시키지 못할 가능성이 크다(Coie & Kupersmidt, 1983). 사회적으로 위축된 아동들이 소외당하는지를 알기 위해 다음의 위험 요인들을 살펴볼 필요가 있다.

- 아동이 고집이 세고 불안해하며 사회적인 상호작용을 피하는가?(아이들 주변을 맴돌기만 하는가?)
- 긍정적인 사회 기술이 부족한가?
- 독특한 외모, 장애 또는 사회적인 행동으로 소외당하는가?
- 아동이 외로워하거나, 우울해거나 또는 자신의 사회적 경쟁력에 대해 부정적인가?
- 놀림을 당하거나 괴롭힘을 당하지는 않는가?

(2) 또래관계와 우정에 대해 면담하기

아동 임상 면담은 아동의 관점에서 우정과 교우관계에 대해 평가할 수 있는 좋은 기회가 된다. 또래관계에 대한 아동의 보고는 부모나 선생님들의 보고와는 다르다. 관점의 차이는 사회적인 문제에 대한 부족한 인식능력을 의미할 수 있으며, 이는 치료 계획을 세울 때 고려해야 한다. 아동의 사회 문제에 대해 다른 정보제공자들 간의 보고가 일치하더라도, 아동의 임상 면담은 그 문제에 대한 개입에 중요한 실마리를 제공할 수 있다.

〈표 4-8〉에는 아동의 우정과 또래관계에 대한 예문이 있다. 초기 질문은 아동이 친구들과 함께하는 활동이나 좋아하고 싫어하는 또래에 대한

| 표 4-8 | 우정과 또래관계에 대한 예문

- 우정
  - 친구가 몇 명이니?
  - 친구 수가 적당하다고 생각하니?
  - 네 친구들은 남자애들이니, 여자애들이니?
  - 네 친구들은 몇 살이니?

  - 친구들이랑 뭘 하니?
  - 너의 집에 놀러 오기도 하니?
  - 네가 놀러 가기도 하니?
  - 얼마나 자주?

  - 네가 좋아하는 친구에 대해 말해 줄래?
  - ______에 대해서 좋아하는 부분이 뭐니?
  - 네가 싫어하는 친구에 대해 말해 줄래?
  - ______에 대해서 싫어하는 부분이 뭐니?

- 사회적인 문제
  - 다른 아이들과 어울리는 데 어려움이 있니?
  - 어떤 문제가 있니?
  - ______에 대해서는 어떻게 해 보려고 노력했니?

  - 외롭다고 느끼거나 소외당했다고 느낀 적이 있니?
  - (만약 그렇다면) 그런 경우에 대해 말해 줄래?
  - 소리를 지르는 싸움이니, 때리는 싸움이니?
  - 한 아이와 싸움이 생기니 아니면 한 집단의 아이들과 싸우니?
  - 싸움은 보통 왜 일어나니?
  - 어떻게 끝이 나지?
  - 싸움을 일으키지 않고 문제를 해결할 수 있는 방법이 있을까?

  - 네가 화를 참는 데 문제가 있는 것 같니?

인식에 대해 묻고, 그다음에는 소외나 싸움 같은 사회적인 문제에 대해 질문한다. 개방형 질문을 한 뒤에 신체적인 위해나 한정적인 사회 문제해결 기술, 사회불안, 우울 또는 분노 조절의 어려움 등을 포함한 또래 거부나 좋지 않은 또래관계의 위험성에 대해 보다 자세히 물어볼 수 있다.

4) 아동 면담: 가족관계, 자기-인식, 감정, 청소년기 문제

이 장에서 다룰 주제는 민감하고 말하기 어려운 주제들로 가정 상황과 가족관계, 자기-인식, 감정, 알코올과 약물 사용, 반사회적 행동, 법적 문제 그리고 연애 등 청소년기에 보다 특정한 쟁점들이다. 이러한 주제에 대해 특정한 순서로 면담을 진행하지만 자유롭게 순서를 바꿀 수도 있으며, 되도록이면 아동이 대화를 이끌 수 있게 해야 한다. 아동이 어떤 주제에 대해 말하기를 주저한다면 다른 주제로 옮겼다가 차후에 아동이 더 편안해지거나 그 주제를 논의할 마음이 생긴 것으로 보일 때 민감한 주제로 돌아갈 수 있다. 가장 민감한 주제는 면담 마지막으로 미룸으로써 덜 민감한 주제들을 다룰 때 라포가 깨어지지 않도록 할 수도 있다.

(1) 가정 상황과 가족관계

부모 자녀 간의 상호작용은 아동의 사회적, 정서적 발달의 근간이 된다. 따라서 가정 상황과 가족관계를 다루지 않고서는 임상적 면담이 완전할 수 없다. 하지만 학교 현장에 있는 임상가는 가정이나 학교와 관련된 사적인 문제들에 민감해야만 한다. 어떤 부모들은 학교 관계자가 경제적 여건이나 가족 갈등을 비롯한 가정 상황과 가족사에 대해 자세하게 아는 것을 원치 않을 수 있다. 그런 경우 아동에게 민감한 가족 문제를 물어보는 것은 그들을 불편하게 할 수 있고, 면담 동안 그런 문제를 말한 사실을 부모에게 말할 경우 가정에서 곤란에 빠지게 될 수도 있다. 그러므로 아동 면담에서 집과 가족들에 대해 얘기하고 싶을 때 사전에 부모에게 설명하는 것이 중요하다. 면담을 시작하면서 논의하는 비밀보장과 관련하여 아동이 집과 가족에 대해 말한 사적인 내용을 존중할 것이라고 아동을 안심시키는 것 또한 중요하다.

부모-자녀 간의 갈등은 모든 발달단계에서 자연스럽게 생길 수 있다. 어느 정도의 부모-자녀 간 갈등과 논쟁은 아동이 점차 독립적인 성인으로 성장하는 과정에서 정상적인 측면이다. 그러나 어떤 가족들은, 특히 아동이 청소년기에 들어가면서 심각한 갈등을 겪을 수 있는데 그 특징은 다음과 같다. 즉, ① 반복적이고 현저한 언어적 논쟁, ② 의견차를 만족스럽게 해결하는 데 있어서의 실패, ③ 문제점에 대한 불쾌하고 분노에 찬 상호작용 ④ 아동이나 부모 혹은 양쪽에게 만연해 있는 부정적인 감정(분노, 희망 없음, 불신 등)이다. 이러한 갈등은 이혼한 부모의 배우자나 조부모 등 아동과 같이 살고 있는 다른 성인 가족 구성원과 아동 사이에서도 생겨날 수 있다.

많은 연구 자료에서 가족 갈등과 아동의 정서적·행동적 장애(특히 주의력결핍 과잉행동장애, 적대적 반항장애, 품행장애) 간에 강한 연관성이 있다고 보고되고 있다. 사실상 적대적 반항장애 증상에는 "종종 어른들과 논쟁한다." "종종 어른의 요구나 규칙에 따르는 것을 적극적으로 무시하거나 거부한다."와 같은 성인과 아동 간의 다양한 부정적인 상호작용이 포함된다. 특히 연구들은 비일관적이고 가혹하며 처벌적인 훈육방식이 부모-자녀 간의 부정적인 상호작용과 아동의 공격적인 행동을 악화시킨다고 관련지었다(McMahon & Estes, 1997; McMahon & Forehand, 2003; Patterson, 1986). 부모의 감독이 부족한 것 역시 공격적이고 반사회적인 행동과 관련이 있다. 임상적으로 중요한 갈등은 우울이나 불안의 특성이 있는 내재화 장애 아동과 가족 구성원 사이에서도 발생한다. 내재화 장애 아동의 부모는 아이를 과잉보호하며 불안이나 사회적 위축을 유발할 수 있는 과잉통제적인 훈육방식을 취할 수 있다(Rubin & Stewart, 1996).

부모나 다른 가족과의 상호작용에 대해 아동이 보고하는 것은 가족관계를 보여 주는 한 통로이며, 이에 더해 규칙이나 처벌에 대해 아동이 지각하는 바는 부모의 훈육방식에 대해 알려 준다. 아동에게 집안일과 보상체계에 대해 물어봄으로써 집에서 할당된 책임과 아동이 어떤 방식으로 바람직한 행동을 하도록 가족들의 격려를 받는다고 지각하는지 평가할 수 있다. 학교 현장의 임상가는 가족 평가를 할 필요가 있는 임상적으로 중요한 갈등이 있는지를 판단하기 위해, 이러한 정보를 부모로부터 얻은 추가적인 정보와 함께 사용할 수 있다. 그러한 평가는 보통 학교 밖의 정신건강 전문가에 의해 시행되지만, 어떤 가족 평가는 학교 사회사업가나 학교 심리학자, 상담심리학자에 의해 수행될 수 있다. 학교 현장의 임상가는 가족 갈등이 고조되어 있는 경우 가족 치료나 부모 훈련을 추천할지 판단할 수도 있다.

〈표 4-9〉에 아동에게 가정 상황과 가족관계에 대해 물어볼 수 있는 질문들이 열거되어 있다. 이러한 주제를 시작하는 좋은 방법은 단순하게 "가족들이 누구 누구니?" 라고 물어보는 것이다. 이러한 개방형 질문으로 아동이 친부모와 양부모, 형제, 의붓형제, 위탁 아동, 확대가족 구성원 등 '가족' 이라고 생각하는 모든 사람의 이름을 말하게 한다. 가족구성이 너무 복잡하거나 이해하기 어렵다면 "누구와 같이 사니?" 라고 물어볼 수 있다. 이런 질문은 이혼이나 다른 가족 상황의 변화를 겪은 아동들이 주거 상태를 밝히는 것을 도와준다.

| 표 4-9 | 가정 상황과 가족관계에 대한 질문의 예

- 가정 상황
  - 너희 가족들에 대해 얘기해 보자.
  - 가족들이 누구 누구니? 누구와 같이 사니?
  - 집에 아이들 방이 따로 있니? 방을 혼자 쓰는 것이/혹은 ___와 같이 쓰는 것이 어떠니?

- 규칙, 처벌
  - 집에 어떤 규칙들이 있니?
  - 누가 규칙을 만들지?
  - 아이들이 규칙을 어기면 어떻게 되니?
  - 규칙에 대해서 어떻게 생각해? 기분이 어때? 공평하니 아니면 불공평하니?
  - 집에서 어떤 벌을 받니?
  - 나쁜 행동을 했다고 맞거나 신체적인 처벌을 받아 본 적이 있니?
  - 보통 누가 벌을 주니?
  - 벌에 대해서 어떻게 생각해? 기분이 어때? 공평하니 아니면 불공평하니?

- 집안일, 보상
  - 집에서 맡아서 하는 일이 있니?

- 용돈을 받니? (그렇다면) 받으려면 무슨 일을 해야 하니?
- 돈을 벌 수 있는 다른 방법이 있니?
- 아이들이 정말 좋은 행동이나 특별한 일을 하면 어떻게 되니?
- 좋은 일을 하면 특별한 상이나 대우를 받게 되니?
- 그래 본 적 있었니?

• 가족관계
- 집에서/가족들과 어떻게 지내?
- 누구랑 제일 사이가 좋아?
- 누구랑 제일 사이가 안 좋아?
  (부, 모, 의붓부모, 다른 어른들이나 그 외 양육자, 형제, 의붓형제 등 각각의 가족 구성원 간의 관계에 대해 묻는다).
- 부모님들은 서로 어떻게 지내시니?
- 두 분이 싸우시니? (그렇다면) 어떻게 싸우시니?
- 부모님이 싸우실 때 기분이 어때?

또한 가족화그림검사를 통해서도 아동들의 상태를 알 수 있는데 상세히 살펴보면 다음과 같다.

가족화그림검사(Kinetic Family Drawing: KFD)는 아동이 주관적이고 심리적으로 느끼는 가족 구성원들에 대한 내적인 상이 시각적으로 표현되는 검사다. 즉, 가족 내에서 아동에게 가장 영향을 미치는 인물 혹은 아동에게 부정적인 영향을 끼친 인물에 대해 아동이 느끼는 감정이 솔직하게 드러날 수 있다. 특히, 운동성 가족화(KFD)는 아동의 눈에 비친 가족들의 일상생활이나 가족 구성원에 대한 감정이 반영되는데, 가족에 대한 보충 질문을 할 때 가족화를 그리도록 한 후 이에 대한 질문을 통해 가족 구성원에 대한 아동의 감정과 태도, 좌절된 욕구, 갈등 등에 대한 정보를 얻을 수 있다.

아동에게 종이와 연필을 주고 "가족들이 뭔가를 함께하고 있는 그림을 그려 보겠니?" 하고 지시한다. KFD는 6~11세 아동에게 표준적으로 시행되고, 12~18세에게는 선택적으로 사용될 수 있다. KFD는 직접적인 질문으로부터 야기된 긴장과 불편감에서 잠시 해방될 수 있는 기회를 제공하고, 언어 표현 능력이 아직 충분히 발달되지 않은 나이 어린 아동에게 특히 효과적인 기법이다. 청소년들에게 있어서도 그들이 이것을 유치한 과제라고 여기지만 않는다면 매우 효과적이다. 그림에 대한 아동의 설명과 가족 상호작용을 묘사하는 방식은 종종 그들이 가족관계를 어떻게 지각하는지를 이해할 수 있게 해 준다. KFD에서는 어떠한 양적 채점이나 정신역동적 해석이 반드시 필수적인 것은 아니다. 아동이 KFD를 완성한 후에는 그림에 대해 질문하고 각각의 가족들에 대해 설명해 보도록 한다. 예를 들어, SCICA 프로토콜은 KFD에 대한 다음의 질문들을 포함한다.

- 그림에 있는 사람들이 누구니?
  (그림의 각 사람들 위에 이름을 적어도 괜찮은지 물어본다.)
- 다들 뭘 하고 있니?
- ㅇㅇ는 어떤 사람이야? ㅇㅇ를 묘사하는 단어를 세 개 말해 볼래?
- ㅇㅇ는 그림 안에서 기분이 어때 보이니?
- ㅇㅇ는 무슨 생각을 하고 있는 것 같니?
- 가장 사이좋은/사이가 안 좋은 사람이 누구니?
- 그림에서 이 다음에 무슨 일이 일어날 것 같니?

(2) 자기-인식과 감정

임상 면담은 아동의 자기-인식과 감정을 평가할 좋은 기회를 제공해 준다. Goleman(1995)의 정서지능 이론은 아동이 자기-인식과 감정에 대한 질문들에 보인 반응을 해석하는 데 유용한 틀을 제공한다. Goleman은 정서지능의 다섯 가지 주요 영역을 기술하면서 그것들이 각각 서로의 기반이 된다고 하였다. 첫 번째 영역은 본인의 감정을 아는 것, 혹은 자기-인식으로서 마음속에 생긴 감정을 인식하는 능력을 말한다. Goleman은 자기-인식이 정서지능에 중심적인 역할을 한다고 보았다. 두 번째 영역은 감정을 다루는 것으로, 상황에 적절하게 하고 그에 압도되지 않도록 감정을 조절하고 통제하는 것이다. 세 번째 영역은 스스로를 동기화하는 것으로, 특정한 목적을 위해 감정을 정리하는 것을 말한다. 때때로 이는 목적 달성을 위해 '스스로를 끌어올리는' 형태를 취할 수도 있고, 이후의 목표달성을 위해 만족을 지연하거나 충동을 억누름으로써 감정을 통제하는 것을 의미할 수도 있다. 네 번째 영역은 다른 사람들의 감정을 알아차리는 것으로서 다른 사람의 생각이나 느낌을 아는 것과 관련된다. 이는 흔히 공감이라고 표현되며 귀납적 사고 능력을 요구한다. 다섯 번째 영역은 관계를 다루는 것으로서 남의 감정을 다루는 것과 관련되며, 보통 사회적 상호작용에서 제삼자의 관점을 취하는 초인지적(metacognitive)인 능력을 요한다.

임상 면담에서 학교, 또래관계, 가족관계와 같은 주제를 얘기하면서 일상적으로 아동의 느낌을 물어볼 수 있다. 간간이 감정을 물어보는 것은 정서지능의 첫 번째와 두 번째 영역(감정을 인식하고 다루는 것)을 평가하는 좋은 방법이다. 아동에게 자기-인식과 감정을 직접적으로 물어볼 수도 있다(〈표 4-10〉 참조).

① 세 가지 소원

아동에게 '세 가지 소원'을 물어보는 것은 흔히 어린 아동에게 사용되는 기법이지만 청소년에게도 매우 효과적일 수 있다. 아동의 소원은 그들의 상상력과 소망의 수준에 대해 통찰을 제공해 줄 수 있다. 자라서 어떤 사람이 되고 싶은지, 자신에 대해 무엇을 바꾸고 싶은지 물어보는 것은 아동의 목표와 이상적 자기에 대한 느낌을 알아보는 추가적인 질문이다.

SCICA 개발 연구에서 6~11세 아동은 흔히 구체적인 물건이나(장난감, 돈, 애완동물 등) 재미있는 활동(놀이공원에 가는 것)을 소원으로 얘기했다. 이러한 전형적인 소망은 면담에서 아동이 먼저 문제를 보고했더라도 즐거움과 행복에 대한 욕구를 지니고 있음을 반영한다. 다른 SCICA 참여자들은 가정 상황이나 관계가 나아지는 것에 대한 특정한 소망을 표현했다(아빠가 집에 있는 것, 더 착한 여동생을 갖는 것, 엄마가 아이들을 돌봐 주는 것). 또 다른 아동들은 어떤 활동이나 운동, 공부를 더 잘하고 싶다는 소망을 표현

| 표 4-10 | 자기-인식과 감정에 대한 질문의 예

- **소망**
  - 세 가지 소원을 들어준다면 무엇을 말할래? 그걸 바라는 이유는 뭐니?
  - 네가 자라서/나이 들었을 때 어떤 사람이 되고 싶니?
  - 너에 대해서 하나 바꿀 수 있다면 뭘 바꾸고 싶니?

- **감정**
  - 너에 대해서 말해 주렴.
  - 행복할 때가 언제야?
  - 슬플 때가 언제야? 슬플 때 어떻게 하니?
  - 화날 때가 언제야? 화날 때 어떻게 하니?
  - 겁이 날 때가 언제야? 겁이 날 때 어떻게 하니?
  - 걱정되는 건 뭐니?
  - 보통 때 기분이 어떠니?
  - 제일 필요한 게 뭐니?
  - 잘 이해가 안 가는 이상한 일을 겪어 본 적 있니?

- **불안, 우울, 자살 위험에 대한 선별적인 질문**
  - 뭔가 아주 불안하거나 걱정이 될 때가 있니?
    (그렇다면) 뭐가 걱정되는지 좀 더 말해 주렴.
  - 오랫동안 아주 슬프거나 우울했던 적이 있니?
    (그렇다면) 좀 더 말해 보렴.
  - 너무 슬퍼서 죽고 싶었던 적이 있니?
  - 자해나 자살에 대해 생각해 본 적이 있니?
  - 자해나 자살을 시도해 본 적이 있니?
    (그렇다면 자살 계획과 준비, 가능한 방법에 대해 면밀하게 질문한다.)

했다(축구를 잘하는 것, 책을 더 잘 읽는 것). 이러한 유형의 소망은 다른 면담 내용과 함께 아동에게 특히 절실한 문제가 무엇인지에 대한 통찰을 줄 수 있다.

② 기본적인 감정들에 대한 질문

기본적인 감정(행복, 슬픔, 화남, 겁이 남, 걱정)에 대해 직접적으로 물어보는 것은 아동이 자신의 감정을 얼마나 잘 인식하는지, 그들이 감정을 변별해 낼 수 있는지 평가할 수 있게 해 준다. 그런 감정이 들 때 어떤 행동을 하는지 "슬플 때/화날 때/겁이 날 때 어떻게 하니? 걱정되는 게 있니?"라고 물어볼 수 있다. 기본적인 감정들에 대해 질문한 후에는 아동에게 가장 주된 기분("보통 때 기분이 어떠니?")과 그들이 기본적인 욕구가 무엇이라고 지각하는지("가장 필요한 게 뭐니?") 물어볼 수 있다.

초등학생들은 흔히 자신을 행복하게 하는 뭔가를 말할 수 있다. 종종 그들의 대답은 구체적 조작기 수준의 추론을 반영한다. 예를 들면, SCICA 참여자들은 '생일선물 받는 것' '돈' '장난감 받는 것' '엄마가 과자를 주는 것' 이라고 말한다. 어떤 대답들은 가족 문제나 또래관계에 대한 아동의 염려를 드러내 주기도 하는데, '아빠가 집에 돌아오는 것' '간섭받지 않는 것' '애들이 놀이에 끼워 주는 것' 등이다. 초등학생들은 행복한 감정보다 슬픔에 대해 얘기하는 것을 더 어려워하며, 슬픔과 화를 잘 변별하지 못하는 것으로 보인다. 예를 들어, "널 슬프게 하는 게 뭐니?"라는 질문은 다른 감정들에 대한 질문보다 "모르겠어요."라고 대답하는 경우가 많다. 슬픔에 대한 질문에 나온 기타 대답들은 '애완동물이 죽었을 때' '누가 죽었을 때' '벌 받을 때' '언니가 때릴 때' 등이었다.

아동들은 슬프게 하는 것보다는 화나게 하는 것에 대해 더 쉽게 이야기하는 같다. 가장 전형적인 응답은 형제간 갈등에 대한 것이었다. 즉, '형이 때릴 때' '남동생이 내 장난감을 망가뜨렸을 때' '형제/자매와 싸울 때' '여동생만 관심받을 때' 등이었다. 화날 때에 대한 다른 전형적인 응답은 '벌 받을 때' '간섭할 때' '사람들이 괴롭힐 때' 였다. '겁이 나는 것' 에 대해 질문했을 때 나온 응답들로는 '무서운 영화' '용' '드라큘라' '어두운 곳' '내 방에 있는 괴물' '수두' '나쁜 꿈' 등이 있었다. '걱정되는 것' 에 대한 응답으로는 '낙제하는 것' '부모님이 돌봐 주지 않는 것' 등이 있었다.

Vasey와 Daleiden(1994)은 아동이 성장함에 따라 각기 다른 유형의 걱정을 표현함을 발견하였다. 5~6세 아동은 흔히 신체적 안녕을 위협하는 것을 가장 걱정하는 반면, 8~12세 아동은 행동적 능력, 사회적 평가, 심리적 안녕에 대해 걱정하였다.

Muris 등(Meesters, Merckelbach, Sermon, & Zwakhalen, 1998)은 8~13세 정상 아동들이 가장 강하게 걱정하는 것들을 다음의 10가지 순서로 보고하였다. 즉, 학교 공부, 다른 사람이 죽거나 아픈 것, 자신이 아픈 것, 놀림당하는 것, 실수하는 것, 외모, 미래의 특정 사건(예: 생일파티), 부모의 이혼, 다른 아이들이 자신을 좋아하는 것, 애완동물 순이다. Henker, Whalen, O' Neill(1995)은 4~8학년(대략 10~14세) 아동들이 가장 흔하게 걱정하는 다음의 열 가지를 보고하였는데, 학업 혹은 학교와 관련된 문제들, 건강과 안전에 대한 문제, 환경의 악화, 사회적 관계, 사망과 죽는 것, 사회적인 고생, 긍정적인 기질(예: "내가 옳게 하고 있는 건가?"), 가족관계, 환경적 재난, 약물이다. 각기 다른 연령대의 아동들이 갖는 가장 전형적인 걱정들에 대해 아는 것은 어떤 아동이 표현한 걱정이 또래에 비해 독특한 것인지 판단하는 데 도움이 될 수 있다.

③ 기이한 생각들과 자살사고

기이하거나 정신병적인 사고를 보고하는 아동들은 거의 없지만, 그러한 중요한 문제를 선별하는 것이 좋다(예: "잘 이해가 안 가는 이상한 일을 겪어 본 적 있니?"). 청소년과 면담할 때에는 면담의 다른 부분에서 불안, 우울, 자살사고를 다루지 못했을 경우 이를 선별하기 위해 보다 직접적으로 질문할 수도 있다. "뭔가 아주 불안하거나 걱정될 때가 있니? (그렇다면) 뭐가 걱정되는지 좀 더 말해 주렴. 오랫동안 아주 슬프거나 우울했던 적이 있니? (그렇다면) 좀 더 말해 보렴."

아동이 매우 슬픈 기분이나 죽음에 대한 염려 혹은 둘 다를 표현할 때에는 반드시 "너무 슬퍼서 죽고 싶었던 적이 있니? 자해나 자살에 대해 생각해 본 적이 있니? 자해나 자살을 시도해 본 적이 있니?"와 같이 물어봄으로써 자살사고에 관해 면밀하게 추가 질문을 할 필요가 있다. 만약 아동이 그러한 질문에 긍정으로 대답한다면 잠재적인 자살 계획과 그 계획을 이행하기 위한 준비, 가능한 방법들(고층에서 떨어지는 것, 칼 등 무기 사용), 장소나 배경에 대한 계획 그리고 자살을 가로막는 것이 있는지에 대해 면밀하게 조사해야만 한다. 아동이 심각하게 자살을 고려한다고 의심될 때에는 면담 동안 어떠한 자해도 하지 않겠다는 약속이나 서면 계약을 받아 두어야 한다. 또한 그의 자살 의도에 대해서는 비밀이 보장될 수 없다고 설명해야 하며 앞으로 어떻게 할지 논의해야 한다. 면담을 마친 후에는 상황과 법적 요건에 따라서 부모나 아동보호팀, 지역 정신보건센터 등에 알리는 등 아동을 보호하기 위한 행동을 즉시 취해야만 한다.

④ 미완성 문장

아동의 자기-인식과 감정을 알아보는 또 다른 방법은 미완성 문장 기법을 이용하는 것이다. 이는 아동에게 특정한 내용의 영역에 초점을 두는 문장을 제시하고 각 문장을 원하는 대로 완성해 보도록 요청하는 것이다. 예를 들어, "내가 가장 좋아하는 것은……." "내가 가장 싫어하는 것은……." 등이 있다.

미완성 문장을 소개할 때에는 다음과 같이 말할 수 있다.

> "여기 네가 완성해 주었으면 하는 문장들이 있단다. 이건 내가 너에 대해 알고 네가 어떻게 생각하고 느끼는지 알아보는 데 도움이 될 거야. 무엇이든 네 생각대로 말하면 되고, 내가 여기에 적을게(문장의 빈칸을 가리킨다.). 여기에는 맞거나 틀린 대답이 없으니까 네가 생각하고 느낀 대로만 하면 돼. 첫 번째 문장은 이거야(문장을 읽어 준다.)."

글씨를 잘 쓰지 못하는 어린 아동에게는 면담자가 각 문장을 읽어 주고 그 대답을 기록한다. 더 나이 많은 아동에게는 스스로 적게 하거나 임상가가 대답을 적는 것 중에서 선택할 수 있다. 이 과제가 시험처럼 보이지 않도록 주의해야 하며, 아동이 문장을 완성한 후에는 특정한 것들을 골라서 그 생각이나 감정에 대해 좀 더 말해 달라고 요청할 수 있다.

이러한 간접적인 기법들은 감정에 대해 직접적으로 질문하면 말하기 꺼리거나 대답하지 않는 아동들에게 특히 효과적일 수 있다. 그러나 미완성 문장 및 이와 유사한 기법들은 자신의 생각과 감정에 대해 귀납적으로 사고할 수 없는 8세 이하의 아동에게는 효과적이지 않을 수 있다.

5장 주요 임상적 문제를 고려한 면담

1. 내현화 증상
2. 외현화 증상
3. 아동 학대
4. 자 살
5. 청소년기 문제

1 내현화 증상

이 장에서는 내현화 증상과 외현화 증상을 구분하여 살펴본다. 간혹 이러한 구분을 명확하게 하기 어려울 때가 있다. 이는 장애가 갖는 고유한 특성 때문일 수 있으며 소아청소년 정신병리에서는 이러한 일들이 빈번하게 관찰될 때가 많다. 예를 들어, 양극성장애는 내현화 증상과 외현화 증상이 혼합되어 나타나는 양상을 갖는다. 또한 공존하는 장애의 서로 다른 특성들이 혼합되어 나타날 수도 있다.

1) 우울장애의 진단적 면접

아동의 우울한 기분을 탐색할 때 임상가는 슬픔에 대해 질문해야 한다. 이때 다음과 같은 질문이 적절하다. "슬프니? 얼마나 자주 슬프니? 언제 슬퍼지니? 이전에 경험했던 최악의 일은 무엇이었니? 슬픈 기분이 얼마나 오래 지속되었니? 슬플 때 어떻다고 느끼니? 슬플 때 기분이 좋아지는 방법이 있니?"

또한 우울한 아동들은 잘 울기 때문에 "얼마나 자주 우니? 언제 울고 싶어지니? 울고 싶을 때 무슨 생각이 떠오르니?" 와 같은 질문도 해야 한다.

일반적으로 어린 아동들은 그들이 사랑받지 못한다고 느낄 때 우울해진다. 따라서 가족 내에서 유발될 수 있는 사건들, 즉 유기, 방임, 가족 내 불화나 폭력, 신체적 학대와 같은 사건들을 확인해 볼 필요가 있다.

정서 조절의 어려움—성마름, 생떼 부리기, 좌절에 대한 낮은 인내력—도 우울한 정동의 근원이 될 수 있는 중요한 요소이며, 이러한 문제는 생의 초기부터 나타난다. Akiskal(1995)은 기질적인 조절장애(temperament dysregulation)에 대한 개념을 서술하였는데, 이는 타고난 정동적 기질을 언급하는 것이다. 따라서 기분에 따른 행동, 분노 발작, 폭발적인 행동으로 반드시 탐색되어야 한다. 많은 부모가 자녀를 관찰하면서 짜증이나 성마름을 자주 보고한다. 예를 들면, 아동들은 공격적인 행동까지는 아니더라도 언어적 방식으로 부모와 형제에게 적대적인 태도를 보이며, 다른 형태로 공격적인 행동을 보이기도 한다.

짜증은 우울한 아동들이 현저하게 보이는 기분이며, 이는 불행감을 지속시킨다. 많은 아동은 아침에 눈을 뜨자마자 이러한 기분을 인식할 수 있기 때문에 다음과 같은 질문을 하는 것이 유용하다. “아침에 처음 눈을 떴을 때 어떤 기분이 드니?”

이러한 아동들은 과잉반응하기 때문에 사소한 일에도 짜증을 부릴 수 있다. 부모의 사소한 요구에도 동요되어 짜증을 내기도 하며, 어떤 기대를 하는 것도 과하게 받아들일 수 있다.

아이들이 간혹 폭발적인 행동을 하거나 통제력을 상실할 수도 있다. 부모는 자녀의 이런 모습을 자주 보면서 아이들이 변덕스럽다고 보고하기도 한다. 이런 상황에 대해 탐색할 수 있는 질문을 다음과 같다. “얼마나 자주 짜증이 나니? 무엇 때문에 짜증을 느끼게 되니? 언제 짜증을 느끼고 그 기분이 얼마나 지속되니? 기분이 상할 때는 어떻게 하니?”

자신(자해), 타인(폭력과 공격적인 행동) 및 물리적인 환경에 대한 잠재적인 공격성을 탐색하기 위한 질문들도 이루어져야 한다.

또한 죄책감의 근본적인 원인을 확인할 필요가 있다. 다음과 같은 질문이 죄책감을 확인하는 데 도움을 준다. “네가 나쁘다고 느껴질 때가 있니? 네가 벌을 받아야 한다고 느낄 때가 있니?”

정서적 위축은 우울한 아동에게서 자주 나타난다. 우울한 아동들은 외로움을 느끼고 가족과 또래들의 상호작용에서 철회되는 행동을 보인다. 부모들은 이에 대해 아이가 가족 활동에 참여하지 않거나 자신의 방에서 나오지 않으며 친구들과 함께 어울리지 않는다고 보고한다. 이러한 상황에서 유용한 질문은 다음과 같다. "친구가 있니? 친구들과 잘 지내니? 가장 친한 친구가 있니? 가장 친한 친구와 얼마나 많은 시간을 같이 보내니? 친구들이랑 노는 것이 재밌니? 주로 뭘 하고 노니?"

무감동은 아동이 더 이상 행복함을 느끼지 못하고, 더 이상 즐겁지 않으며, 즐거운 활동에 참여하지 않을 때 나타난다. 이와 관련된 질문은 다음과 같다. "가장 최근에 즐거웠던 때가 언제니? 지난 한 주 동안 즐거웠던 날이 며칠이나 되니? 즐거워지기 위해 할 수 있는 것들이 무엇이니?"

이전에 좋아했던 스포츠나 다른 활동에 대한 흥미가 사라졌는지를 물어보는 것도 좋다.

절망감에 대해서도 확인해 볼 필요가 있다. 절망감은 죽고 싶다는 생각이나 자살 행동 혹은 자살을 하기 위해 다양한 대안을 고려할 때 명백하게 드러난다. 전형적으로 절망적인 생각을 하는 아동들은 좋은 의견을 내놓거나, 일부 긍정적인 대안을 제시해도 소용이 없다고 반응할 것이다. 부정적인 인지(예: 무가치감, 부정적 자기개념 등), 주의력 및 기억력의 문제, 자살사고는 우울장애의 일반적인 증상이므로 체계적으로 탐색되어야 한다.

자살 행동은 아동의 삶에서 중요한 사건과 관련되어 있을 수 있다. 가족과의 갈등, 가까운 사람의 상실 및 죽음 경험 등이 빈번한 선행사건이 될 수 있다. 특히 가까운 사람이 자살을 했거나 갑작스럽게 죽었을 경우에는 더욱 그렇다. 아동의 친한 친구 중 하나가 자살을 시도했다면, 임상가는 아동이 친구의 죽음에 대해 느끼는 죄책감 정도를 탐색해 보아야 한다. 우울한 아동들은 특히 친한 친구의 자살에 대한 전염 효과에 취약하다. 임상가는 '지시하는 환청'이 있는가도 확인해야 한다. 환청은 아동에게 스스로 해를 가하는 어떤 행동을 하라는 내용을 포함할 수 있다. 임상가는 아동의 자살사고와 행동을 촉진시키는 심리적인 요인들을 탐색해야 한다. 여기에는 무기력감, 분노, 무가치감, 죄책감, 모멸감, 거부감과 버려진 느낌, 외로움과 사랑받지 못한다는 느낌, 절망감, 정신적 붕괴에 대한 두려움, 자기혐오감 등이 포함된다. 자살 위험 평가에 있어 아동의 현재 심리적 상태 및 가족, 환경적 상황을 알아보는 것이 중요하다. 특히 가족의 기능 수준과 아동을 둘러싼 환경을 평가하는 것이 필요하다. 즉, 가족이 일관되고 안정된 환경을 제공해 줄 수 있는지, 감당하기 어려운 스트레스나 폭력이 있는지, 친척들의 정신병리 및 그 가능성에 대해 알아보는 것이 중요하다. 긍정적인 사회적 지지 체계는 아동과 청소년들의 자살 위험을 감소시키는 데 매우 중요한 보호 요인이 되기 때문이다.

우울한 아동들은 피로감을 호소한다. 즉, 아침에 일어나는 순간부터 하루 종일 피로하다고 말하기도 한다. 피로는 동기 부족, 학교에서의 흥미 저하, 주의 집중 문제를 야기하며, 수면 문제로 인해서 부가적으로 발생하기도 한다. 우울한 아동들은 빈번하게 수면의 어려움을 호소한다(초기 불면증). 잠이 들더라도 밤에 잘 깨고, 다시 잠드는 데 문제를 보일 수 있다(중기 불면증). 후기 불면증은 우울한 아동들이 아침 일찍 일어나서 다시 잠들지 못할 때 생긴다. 우울한 아동에게 있어 수면은 휴식이 아니다. 우울한 아동들은 일어나야 할 시간에 침대에 있기를 원한다. 일어나기 위해서 많은 에너지가 필요하기 때문에 많은 우울한 아동들은 수업시간에 잠을 자거나 생활 패턴이 변화된다. 부모들이 아이들과 아침마다 씨름을 해 보지만 지각과 결석이 빈번해진다. 하지만 부모들이 아동의 수면 문제와 그 심각성에 대해 잘 알지 못할 때가 많다. 아동이 특정한 의학적 문제가 없이 피로를 보인다면 우울장애를 의심해야 한다. 비전형적인 우울증에서는 오히려 과잉수면을 보이기도 한다.

피곤함에 영향을 미치는 또 다른 요인은 식욕 부진에 기인된 것이다. 우울한 아동들은 체중 감소를 보인다. 하지만 비전형적인 우울을 보이는 아동들은 식욕 증가와 더불어 체중 증가를 보이기도 한다.

일반적으로 우울한 아동들은 학업수행의 저하나 학교 활동의 감소를 보인다. 아동의 성적 저하는 낮은 동기, 피로, 주의 집중의 어려움 등 다양한 원인과 관련되어 있다. 과잉행동, 안절부절못함, 흥분도 우울한 아동에게 자주 나타난다. 이러한 증상은 아동기 우울장애의 고유한 특성이거나

ADHD, 불안장애와 같은 다른 장애가 동반되어 보이는 것일 수도 있다. 우울한 아동들은 대개 정신운동 속도가 느려진다. 심각한 경우에는 긴장증의 징후가 있는지도 신중히 살펴야 한다.

우울한 아동과 청소년들은 우울한 기분이나 불쾌감에 대처하는 수단으로서 게임에 몰두하거나 알코올이나 약물을 사용할 수도 있다. 또한 가정 내에서 보호나 이해를 받지 못한다면, 비행집단에서 소속감에 대한 욕구를 충족시키기도 하므로 이에 대한 탐색도 필요하다.

우울증의 기간과 삽화의 횟수는 예후와 진단 및 치료적 함의를 가지기 때문에 임상가는 이러한 요인들을 확인해야 한다. 우울한 아동들의 경우 정신병적 특징을 보이는 것에 특별히 관심을 둘 필요가 있는데, 이는 심각한 우울증에서 흔히 발견된다. 특히 자살하라고 명령하는 것과 같은 환청이 의심된다면, 임상가는 아동에게 타인을 살해하라고 명령하는 목소리도 들리는지도 물어봐야 한다.

DSM-IV는 우울장애를 주요 우울장애, 기분부전장애, 달리 분류되지 않는 우울장애로 구분하고 있다. 우울장애의 감별 진단 시에는 양극성장애가 가장 큰 도전이 된다. 양극성장애의 정확한 확인은 항우울제 치료와 관련된 위험성 때문에 특히 중요하다. 우울장애로 진단받은 아동의 약 1/3 이상은 결국 양극성장애로 발전하는데, 양극성장애는 자살 및 심리사회적 기능장애에 대한 위험성을 상승시킨다. Bowden과 Rhodes(1996)는 양극성장애에서 가족력, 지체된 정신운동 속도, 정신증적 혹은 망상적 양상, 과다수면, 급성 발병과 같은 특징을 강조하였다.

아동을 대상으로 한 우울장애 평가 시에 주의해야 할 중요한 점은 면담 동안 아동이 우울해 보이지 않는다고 해서 그들에게 우울 증상이 없다고 결론 내리면 안 된다는 점이다.

사례 14세 소녀 소정이는 가출, 어머니를 향한 공격성, 반항적이고 도전적인 태도 때문에 평가를 받기 위하여 방문하였다. 소정이는 수차례 어머니를 위협하였으며 점점 더 폭력적으로 되어 갔다. 소정이는 어머니를 향하여 두드러진 양가감정을 보였다. 어머니와 가까워지면 반항하기 시작하고 도망가 버렸다. 종종 소정이는 어머니와의 싸움을 피하기 위하여 가출하였다. 소정이의 어머니는 소정이가 최근 5개월 동안 불쾌한 감정이 점점 증가하였고, 특히 최근 2달간 더 심해졌다고 하였다. 소정이는 자극 과민성을 보이고 충동적이었으며, 의붓동생들을 신체적으로 학대했다. 학업 성취는 저하되었고, 이전에는 시험을 보면 80점 이상을 받았지만 이제는 60~70점대에 머물렀다. 4개월 만에 몸무게가 8kg이 감소하였다. 부모님의 규칙을 공공연하게 문제 삼기 시작하였고, 귀가시간과 다른 제한에 대하여 정면으로 대항하였다. 소정이는 비행집단 친구들이 있었고 음주 경험이 있었다. 소정이는 아직 성 경험이 없지만 남자 친구가 성관계를 계속 요구한다고 하였다. 그녀가 7세 때 그녀의 의붓 할아버지가 그녀에게 애무를 하였다. 그는 소정이와 다른 손녀들을 애무한 것 때문에 기소되어 감옥에 갔다. 또한 소정이는 죽은 친구가 있다고 하였다. 최근에 두 명의 10대 친구가 무면허 운전을 하다가 사고로 사망하였고, 비행집단 간의 다툼에서 그녀의 친한 친구가 죽은 일도 있었다. 이것은 그녀에게 중대한 상실이었다. 그녀는 죽은 친구의 꿈을 꾸었고 작문, 편지, 시에서 그를 자주 언급하였다.

소정이는 두 번의 자살시도 이외에는 정신병적 병력이 없었다. 마지막 시도에서 그녀는 술을 마신 후 약을 많이 복용하여 자살을 시도하였다. 1년 전에 있었던 첫 번째 시도는 약물 과다 복용이었다. 18세인 소정이의 언니는 파란만장한 청소년기를 보내고 있었다. 수차례 입원 병력이 있고, 다방면의 정신과적 치료를 받고 있다. 양극성장애 진단을 받았으며 리튬을 복용 중이다.

정신상태 검사에서 소정이는 14세 또래 친구들보다 나이 들어 보였고 그리 호감을 주는 모습은 아니었다. 튀어나온 이마와 앞니가 눈에 띄었고, 검사 동안 불안해하고 안절부절못하였다. 그녀의 기분은 평상시와 다름없는 기분이었고 정동은 제한적이었다. 자살이나 타살 사고는 부인하였으며 영리해 보였다. 언어는 특별한 이상 소견을 보이지 않았고 감각은 온전하였다. 사고 내용에는 어머니에 대한 분노와 갈등, 친구의 상실, 신체에 대한 불만 등이 담겨 있었다. 환각 혹은 망상은 관찰되지 않았다. 약간의 병식은 있었지만 판단력은 손상되었다. 정신상태 검사 동안 기분은 평상 기분으로 보였지만 과거력과 전반적인 임상 양상, 가족력 등은 우울장애에 부합하였다. 소정이는 비전형적인 우울 양상을 보였고, 달리 분류되지 않은 우울장애로 진단이 내려졌다.

2) 불안장애의 진단적 면접

임상가는 불안 증상을 보이는 아동들을 임상 장면에서 자주 볼 수 있다. 이런 아동들에게 면접 시 언어 반응을 일으키려면 상당한 노력이 필요하다. 아동, 청소년들에게 있어 가장 흔한 불안 증상은 자신의 능력에 대한 지나친 걱정, 애착대상에게 안 좋은 일이 생길 것에 대한 두려움, 어둠이나 특정 대상에 대한 공포 및 신체 증상의 호소 등이다. 청소년에게서 빈번하게 나타나는 또 다른 증상은 다른 사람 앞에서 발표하는 것에 대한 두려움, 지난 행동에 대한 과도한 걱정과 높은 자의식이다(Bernstein et al., 1996).

불안장애를 보이는 아동들은 대개 행동을 억제하는 기질적 특성을 가지고 있다. 행동 억제 기질을 가진 아동은 위축되고 부끄러움을 많이 타는 경향이 있으며 새로운 자극을 두려워한다. 인지적 노력이 요구되는 과제를 수행할 때는 심장박동률이 높아지며 후두와 성대가 긴장되고, 코르티솔 수준과 카테콜아민이 증가한다. 동공팽창 역시 불안의 생리학적 지표에 해당한다(Bernstein et al., 1996).

유아기의 애착 문제는 이후에 불안장애를 발달시킬 수 있으므로(Bernstein et al., 1996) 불안한 아동들에 대한 면접 시 다음과 같은 증상들에 주목하여 탐색하는 것이 필요하다.

(1) 분리 불안

불안한 아동들은 모와의 분리에 어려움을 보인다. 그러한 아동들은 등교를 거부하는 문제로 처음 소아정신과에 방문하는 경우가 흔하다. 분리 불안을 보이는 아동들은 혼자 있는 것을 두려워하고, 보호자에게 달라붙고 의존하는 모습을 보인다. 예를 들면, 분리 불안 아동들은 혼자서는 잠자기 어려워하며 종종 부모와 함께 자려고 한다. 이로 인해 친척 집이나 다른 곳에서 자고 오는 것이 힘들다. 이러한 분리 불안은 우울 및 다양한 불안장애를 포함한 성인기 정신장애를 발달시킬 수 있는 일반적인 전조증상이 되기도 한다(Bernstein et al., 1996).

(2) 걱정

불안한 아동들은 부모에게 나쁜 일이 일어날 것에 대해 걱정하고, 막연한 질병과 관련된 염려를 호소하기도 한다. 예를 들면, 그들은 부모나 자신에게 어떤 나쁜 일이 일어날 것에 대해 두려워한다.

(3) 두려움

어둠이나 폭풍우에 대한 두려움 혹은 다른 특정한 공포증을 보이기도 한다.

(4) 사회공포증

불안한 아동에게 있어 사회공포증은 흔한 증상이다. 그들은 자의식이 매우 높고 당황스러움과 수치심을 경험하는 것에 매우 민감하다. 이러한 아동들은 교실 앞으로 나가거나 다른 사람들 앞에서 말을 해야 할 때 매우 고통스러워한다. 불안한 아동들은 확신감이 부족하고 불안정하며 낮은 자기존중감을 보인다. 따라서 그들은 반복적으로 타인으로부터 재확인과 지지를 요구한다. 또한 친구를 처음 사귀거나 관계를 유지하는 데 어려움을 보인다.

(5) 신체화 증상

신체화 증상은 불안한 아동에게 흔히 볼 수 있는 현상이다. 구토, 복통은 불안장애에 빈번하게 동반된다. 불안한 아동들은 가슴통증, 어지러움, 두통과 같은 신체적 증상을 호소하기도 한다. 그렇기 때문에 신체적 증상에 대한 호소로 소아과나 가정의학과를 빈번하게 방문한다.

(6) 선택적 함구증

Black과 Uhde(1995)에 따르면, 선택적 함구증을 보이는 사례의 97%가 사회공포증이나 회피성장애의 진단을 충족할 정도로 사회불안에서 기인한 사회적 · 학업적 기능 손상을 보인다는 명백한 증거가 있다.

(7) 학대

많은 불안한 아동들은 부부 갈등이 있는 환경에서 성장했거나 명백한 가족 내 역기능이 있는 경우가 흔하다. 신체적 · 성적 학대의 과거력을 가진 경우도 있다.

(8) 가족 내 불안 특성

심각한 불안장애를 보이는 아동들에게는 종종 불안장애를 가진 다른 가족 구성원이 있는 경우가 많다. 다음의 사례를 살펴보자.

사례 | 수지는 9세 소녀로 등교 거부 때문에 내원하게 되었다. 상복부 통증으로 위내시경 검사를 받았으나 정상소견이었다. 그녀의 어머니도 광장공포증이 있었고, 외조부 역시 심한 불안 증상 때문에 고통을 받았다고 한다.

(9) 기분장애

아동기 불안장애에서 가장 흔한 공존병리는 기분장애이고 그 반대도 마찬가지다. Judd와 Burrows(1992)는 아동기 우울과 불안 간의 관계를 설명하기 위해 다음과 같은 세 가지 모델을 주장하였다. ① 불안과 우울은 동일한 장애로 볼 수 있다는 단일 모델, ② 우울과 불안은 다른 장애라는 이중 모델, ③ 두 개의 모델이 혼합된 형태로서 현상학적으로 일차적 불안과 일차적 우울은 구분된다고 제안하는 불안-우울 위치 모델이다. 따라서 면접 시 우울, 불안의 공존병리 여부와 감별 진단을 위해 적합한 질문을 해야 한다.

다음 사례에는 불안한 아동들에서 흔하게 드러나는 많은 문제들과 불안장애와 우울장애의 상호 관계가 묘사되어 있다.

사례 | 민식이와 그의 엄마, 엄마의 남자 친구가 가족 평가를 위해 내원하였다. 민식이는 9세 소년으로 지속적으로 죽겠다고 이야기하고 있으며 우울증 평가를 위해 의뢰되었다. 민식이는 아주 조리 있고 또박또박 자신에 대하여 이야기하기 시작하였다. 이야기를 하면서도 사소한 자극에 반응하였다. 엄마와 남자 친구는 그의 말에 대부분 동의하였다. 이러한 비언어적 행동은 그들이 그의 고백과 개인력을 표현하는 것을 지지한다는 것을 나타낸다. 그는 심한 정도의 불안을 표현하였으며 어린아이답지 않게 면담에 적극적이었다. 민식이는 평가 전 약 2개월 동안 우울하였다고 했고 매우 성이 났다고 표현하였다. 화가 나면 벽을 치고 발을 세게 굴렀으며, 5세, 6세인 동생에게 공격적으로 대하였다. 침울하였고 잠들기가 어려웠으며, 밤에 자주 깨고 악몽을 꾼다고 호소하였다. 식욕도 저하되었고 자살에 대한 생각이 점점 심해졌으나 구체적인 계획은 없다고 하였다. 또한 자주 울곤 하였다. 5년 전에 민식이의 부모가 이혼하였고 민식이는 팽팽한 양육권 분쟁 가운데 있었다. 민식이의 어머니는 1년 전에 두 번째 남편과 이혼한 상태였다. 민식이는 아버지와 같이 살 바에야 자살하는 게 낫다고 하였는데, 아버지는 어머니를 매우 학대하였고 민식이는 자주 그 장면을 목격하였다. 또

한 아버지가 어머니를 죽이려고 하는 것을 몇 차례 직접 목격하였다. 아버지는 민식이 앞에서 민식이의 강아지를 던져서 죽이기도 하였다. 아버지가 민식이에게 술을 주어 마신 적이 있으나 다른 약물남용의 경우는 없었다. 민식이는 어머니에 대한 걱정을 많이 하였는데 뭔가 나쁜 일이 어머니에게 생길까 봐 걱정하였고 어머니를 보호하려고 하였다. 민식이의 어머니는 아버지로부터 신체적, 성적, 감정적 학대를 받은 후에 외상후스트레스장애(PTSD)를 앓고 있었다. 민식이는 나이트클럽에서 일을 하는 어머니의 직업을 싫어하였고 걱정하였다. 어머니는 속이 비치는 블라우스의 부적절한 복장으로 면담에 참여하였다. 민식이의 모는 남편이 아들을 신체적으로 학대하는 것을 안 후에 헤어졌다고 하였고, 면담 중에도 많은 안심과 지지가 필요하였다. 모는 무력해 보였고 면담 내내 울음을 터뜨렸다. 그녀는 민식이에 대한 관심으로부터 그녀 자신에게로 초점을 변화시켰다. 민식이는 조부모와 매우 친하였다. 최근 가족 내에서의 스트레스는 이사와 어머니의 두 번째 이혼이다. 두 년 전에 민식이는 동생이 계부의 형에게 성적 희롱을 당했을 때 처음 정신과를 방문하였다. 정신과적 평가를 받기 전 1년 반 동안 위궤양으로 진단을 받았고 규칙적으로 제산제를 복용하였다. 신체적 증상 호소로 적어도 일주일에 한 번 정도 학교를 결석하였지만 축구를 포함하여 운동을 즐겼다.

정신상태 검사상 잘생기고 단정하며, 또박또박 자신에 대해 잘 표현하는 9세 소년으로 실제 연령과 맞아 보였다. 협조적이었고 자신의 병력을 아주 잘 이야기하였다. 자신의 문제와 두려움에 대해 잘 표현하였고 우울, 긴장, 불안이 있어 보였다. 정동상태(affect)는 강도가 증가되어 있었으나 적절하였다. 수동적인 자살사고를 호소하였고 특별한 계획을 가지고 있지는 않았다. 사고 과정, 망상, 환각의 증거는 없었다. 사고 내용은 생부에 대한 두려움, 모에 대한 두려움, 그에게 뭔가 나쁜 일이 일어날 것 같은 걱정, 위 불쾌감 등에 생각이 집중되어 있었다. 지능은 보통 이상으로 보였고 언어구사 능력이 뛰어났으며 이해력이 좋았다. 감각은 온전하였고 판단력과 병식은 우수하였으며, 민식이는 어머니에게 정신과적인 도움을 받고 싶다고 이야기하였다.

민식이의 사례를 보면, 우울장애가 주 증상으로 고려되며 불안장애가 주요 공존장애다. 그러나 임상 증상이 다른 방식으로 해석될 수 있다. 민식이의 전 생애를 통해 가장 현저한 정신병리는 불안 양상이고 신체화는 주요 문제다. 정신과 진단을 받기 전에 방문한 병원에서 의사는 민식이의 불안에 의한 속쓰림을 위궤양으로 진단하였다.

3) 강박장애의 진단적 면접

강박장애(obsessive compulsive disorder: OCD)는 정신분열증보다 2~3배 더 흔한 장애다. 성인의 경우, 적절한 진단과 치료가 제공될 때까지 평균적으로 발병 이후 20년 정도가 걸린다. 진단을 내리기까지의 잠재적 기간은 장애가 학령기나 청소년기에 발생했을 시에도 유사하게 나타난다. 진단이 지연되는 것은 부분적으로 아동이 자신의 증상을 비밀로 하는 데 원인이 있지만, 임상가가 OCD 증상을 체계적으로 검토하지 못하는 데에도 원인이 있다.

아동의 강박 증상을 평가할 때 임상가는 아동이 원치 않지만 반복되는 사고에 대해 물어보기 위해 다음과 같은 질문을 해야 한다. "하지 않으려고 해도 지속적으로 떠오르는 생각이 있니? 그게 어떤 생각이니?"

비합리적인 침투적 사고 때문에 강박적인 청소년들은 대부분 자신이 이상하게 되어 가는 것을 두려워한다. 따라서 다음과 같은 질문이 필요하다. "네가 혹시 미칠까 봐 두렵니?"

임상가는 강박 증상을 악화시키거나 반복하게 하는 맥락을 알아내야 한다. 아동, 청소년들에게 가장 일반적인 강박 증상은 먼지와 세균에 대한 걱정, 사랑하는 사람이 불치병으로 죽을지 모른다는 두려움, 정확성과 균형에 대한 집착, 종교적 양심에 관한 것이다. 반면, 신체기능에 대한 걱정, 행운의 숫자에 대한 집착, 성과 공격성에 대한 집착, 누군가에게 해를 입힐 것에 대한 두려움은 덜하다. 금지되고 공격적이거나 성적인 내용과 관련된 강박 사고는 청소년에게 빈번하게 나타나지 않지만 성인에게는 일반적으로 좀 더 자주 나타난다.

다양한 정신과적 장애에서 빈번하게 강박 증상들을 보이기도 한다. 불안장애 아동들은 현저하게 강박적이고 반추적인 사고를 경험한다. 우울한 아동들은 자살 생각과 관련된 강박 사고와 싸우고, 자기-가치와 자신이 사랑받을 만한가에 대해 반추한다. 또한 일시적으로는 뚜렷한 강박적 양상이 정신병적 퇴행이 진행 중인 아동에게서 관찰되는 경우도 있는데, 이러한 일시적인 임상적 증상으로 인해 강박장애로 오진단될 가능성도 높다. 강박 증상은 섭식장애 아동에게서도 관찰된다. 몸무게와 신체상에 대한 강박적인 걱정은 신경성 식욕부진증의 대표적인 증상이다. 또한 강박장애 아동들에게서 뚜렛장애의 가능성을 배제할 필요가 있다.

OCD 아동과 청소년에게 있어서 의례적 행동(rituals)이 강박 사고보다 더 흔하게 나타나며, 순수한 강박 사고는 드문 경우가 많다. 강박 증상의 탐색은 다음과 같은 질문을 통해 이뤄질 수 있다. "어리석어 보이지만 멈출 수 없이 하게 되는 생각이나 행동이 있니? 사람들이 알기를 원치 않는 비밀스러운 습관이 있니?" 임상가는 반복적인 손 씻기와 같은 강박 행동을 파악한 후에 확인 행동, 순서에 대한 집착 등과 같은 다른 강박적 특성을 계속해서 탐색할 필요가 있다. 피부 뜯기 역시 강박 증상으로 알려져 있다. 일부 OCD 아동들은 아침에 학교를 가기 위해 준비하는 데 많은 시간을 소비하며, 강박 행동이 학업 수행에 부정적인 영향을 미쳐 학업 성적이 나쁠 수 있다.

많은 OCD 아동들이 공존병리를 지니고 있기 때문에 임상가는 공존병리가 존재하는지에 대해 질문해야 한다. 우울과 불안장애, 파탄적 행동장애, 발달적 언어 및 학습 장애가 빈번하게 공존하며, 일부 OCD 아동에게서는

| 표 5-1 | 소아 · 청소년에게서 흔한 강박 행동

행동	이러한 행동을 보이는 사례의 비율
• 과도하고 의식화된 손 씻기, 샤워하기, 목욕하기, 이 닦기, 옷매무새 다듬기	85
• 반복되는 의례적 행동(예: 문 밖으로 나갔다 들어왔다 하기, 의자에서 일어났다 앉았다 하기)	51
• 확인하는 의례적 행동(예: 문, 자물쇠, 전기제품, 숙제)	45
• 기타 의례적 행동(예: 쓰기, 움직이기, 말하기)	26
• 오염을 피하기 위한 의례적 행동	23
• 만지기	20
• 세기	18
• 저장하거나 수집하기(hoarding or collecting)	11

경미한 신경학적 징후가 관찰된다. 또한 가까운 친 · 인척에게 흔히 OCD 가족력이 있기 때문에, 임상가는 다른 가족 구성원들도 OCD 특징을 보이는지 반드시 질문해야 한다.

4) 정신증의 진단적 면접

정신증적 증상은 아동, 청소년기 정신장애에서 흔히 나타나지 않는다. 하지만 기분장애와 관련된 정신증은 임상 장면에서 자주 볼 수 있다. '아동기 정신분열병' 이라고 불리며 매우 이른 시기에 발병하는 정신분열병(Very Early Onset Schizophrenia: VEOS)은 유병률이 낮다. 따라서 임상가들이 외래에서 정신분열병 아동을 만나는 일은 드문 편이다. VEOS는 청소년기에 일찍 발병하는 정신분열병(Early Onset Schizophrenia: EOS)보다 20~50배 드물게 나타난다.

임상가는 정신분열병이 의심되는 아동들에게 다음과 같은 질문을 할 수 있다. "가족 내에 정신분열병이 있는 사람이 있니?" "타인들과 관계를 맺는 데 어려움이 있었던 적이 있니?"

다음과 같은 질문은 아동의 발달력과 관련된 것으로 양육자에게 질문한다. "임신기에 어땠나요? 출산 시 어떤 문제가 있었나요? 신생아 합병증이 있었나요? 아이가 보호자에게 반응적이었나요? 아이가 잘 안겼나요? 사회적인 미소 짓기와 분리 불안을 처음 보였던 때가 언제였나요? 언제 말을 시작했나요? 아동의 사회화 과정은 어땠나요? 분리-개별화 과정은 어떻게 진행되었나요? 아동이 보이는 자율적인 행동은 무엇인가요? 아동은 어떤 자기 관리 행동을 할 수 있나요? 자기 침대에서 혼자 잘 수 있나요? 아동은 일관적으로 조직화된 행동을 보이나요? 발달은 정상적이었나요?"

심리사회적 발달과 관련된 질문은 다음과 같다. "아동이 다른 아이들과 놀던가요, 아니면 혼자 있는 것을 선호하나요? 아동이 쉽게 친구들을 사귈 수 있나요? 아동이 친구들과의 관계를 계속 유지할 수 있나요? 아동이 생일 파티나 모임에 초대를 받나요? 아동이 자신의 성별에 적절한 행동을 하거나 놀 수 있나요? 아동이 공감하거나 타인을 걱정하는 모습을 보이나요? 아동이 현실적인 자기 존중감이나 가치감을 보이나요?" 이러한 질문은 자폐증과 같은 전반적 발달장애를 평가할 때 역시 중요하다.

정신과적 진단 면접 동안에는 기본적으로 아동의 전반적인 태도, 아동이 가족 및 임상가와 관계를 맺는 정도와 적절성, 아동이 보이는 사회적 행동의 적절성, 정서 표현의 범주와 적절성, 아동의 사고 과정의 본질에 초점을 두고 관찰한다. VEOS 진단은 포괄적인 과거력, 자세한 발달력, 심리사회적 평가, 체계적인 정신의학적 평가, 신체적 · 신경학적 평가와 관련된 포괄적인 평가 없이는 내려질 수 없다.

사고장애가 정신분열병 진단에 필수요소이나 이와 같은 진단을 내리는 데는 충분하지 않다. 다른 의학적 · 신경학적 장애에서도 아동은 발달상의 이탈이나 대인관계상의 두드러진 문제, 정동과 정서 발달의 장애 그리고 명백한 사고장애의 증거를 보이기 때문이다. 그러므로 임상가는 의학적 상태와 신경학적 상태를 감별진단해야 한다.

VEOS의 진단과 관련된 주의사항은 EOS 진단에서도 동일하게 적용된다. EOS를 진단 내리기 전에 반드시 철저한 의학적 · 신경학적 평가가 이루어져야 한다. 어떤 의학적 · 신경학적 상태가 정신분열병과 유사한 양상을 보이게 할 수 있기 때문이다.

아동 · 청소년기 우울증이나 조울병과 정신분열병 간의 감별 진단이 종종 어렵다. 이때 아동의 과거력, 정동장애의 발현, 면담 동안에 보이는 아동의 정서 반응에 대한 임상가의 면밀한 관찰은 복잡한 장애를 감별 진단하는 데 도움이 된다. 사회적 발달력 또한 매우 도움이 된다. 임상가는 보호자에게 아동의 초기 반응에 대해 질문해야 한다.

"아이가 엄마에게 정서적인 반응을 보였나요? 아이가 애착행동을 보였나요? 아이가 엄마에게 잘 안겼나요? 유아일 때 엄마가 다가오기를 기대하거나 비언어적 행동으로 표현했었나요? 낯가림이나 분리 불안을 보였나요? 아이가 엄마에게서 떨어져서 탐색 행동을 보인 적이 있나요? 다른 아동에게 접근하는 행동을 보였나요? 아동이 행동적으로 억제되어 있음을 시사할 만한 증거를 보였나요? 다른 아이들과 어울려 놀 수 있나요? 아이가 사회적 기술과 의사소통을 보였나요? 아이가 또래들과 떨어져 혼자 있곤 했나요? 아이가 혼자 노는 것을 선호하나요?"

정신증이 있는 아동들은 전형적으로 또래들과 우정을 형성하는 것이 어렵고 주로 혼자 지내며, 또래들에게 배척당하고 조롱당하는 일이 빈번하다. 정신분열병 아동들은 이상하게 보이고, 정서적 의사소통 양상이 일반적인 양상과 다르며, 정서는 제한적이고 때로는 부적절하게 표현된다. 이러한 아동들과 면담할 때 임상가는 치료적 동맹을 형성하는 데 특히 어려움을 느낀다. 아동이 타인과 정서적으로 연결되지 못하고 고립되어 있으며, 사회적 상호작용에서 따뜻함을 느끼는 데 어려움을 보인다는 것도 감지하게 된다. 임상가의 이러한 주관적인 인상은 중요한 진단적 가치를 지닌다.

사례 I 종호는 9세 소년으로 6세인 동생을 계단에서 밀어 버린 행동으로 인해 긴급하게 정신과에 의뢰되었다. 그는 수년 동안 별난 행동을 보여 담임 선생님에 의해 여러 번 정신과 의뢰를 받았었다. 종호는 또래관계에서도 어려움이 있었고, 감정적으로도 아주 미숙하였다. 아직도 곰 인형을 가지고 다녔으며 손가락을 빨았다. 종종 책상 밑에 눕거나 머리를 태아처럼 구부려 말고 있는 것과 같은 별난 자세를 취하기도 하였다. 대부분의 단체 활동에서는 위축되어 있었고, 과거에 수행한 지능 검사 결과는 정상 범주였지만 해가 갈수록 학업 성적은 떨어져 갔다. 부모님은 종호가 과다 행동을 보여 약물을 복용하였지만 효과가 없었고, 오히려 짜증내는 것이 더 심해지면서 수면장애를 보였다고 하였다. 평가가 있기 며칠 전 신경과에 갔었는데 다른 특이 소견은 없었고, 뇌파 검사상 비특이적인 소견만 보였다고 하였다.

종호는 매일 오전 6시 반에 일어나지만 등교 준비를 하는 것이 매우 느려서, 혼자 할 수 있는데도 씻고 입는 것들을 엄마가 도와줘야 했다. 잘 먹지 않았고 야위었다. 종호의 어머니는 종호의 건강을 항상 걱정하였고 밥 먹는 것을 늘 걱정거리로 삼고 있었다. 또한 아들이 쉽게 흥분하고 화를 내는 것에 불만을 표했는데, 분노 조절이 주요한 문제 중 하나였다. 종호의 분노 초점은 동생이었고 점점 공격적으로 되어 갔으며, 그 정도도 심해져 동생을 질식시키려고 한 적도 있었다. 평가받기 위해 병원에 오기로 한 날은 어머니를 공격하였다.

평가가 있기 6개월 전, 종호는 자신이 8세부터 어떤 목소리를 들어 왔으며 그 목소리가 동생을 때리거나 차라고 말하였다고 주장하였다. 그 목소리는 17세 된 누나를 치라고 말하고 애완견을 못살게 굴라고 시키기도 했으며, 때로는 그 목소리를 없앨 수 있지만 때로는 그러지 못한다고 하였다. 종호는 미숙아로 태어나서 호흡장애를 겪어 11일간 호흡기를 달고 있었고, 4주간 신생아 보호실에서 머물렀다. 언어발달은 조숙하여 8개월에 말하기 시작하여 1년 반 만에 완전한 문장을 구사하였으나 12개월까지 걷지를 못하였다. 그의 아버지는 아들의 똑똑함을 항상 자랑스러워하여, 어머니가 종호에 대한 걱정을 하면 그런 불안을 무시해 버렸다.

종호가 4세가 되었을 때 어머니는 종호의 친구들이나 다른 어머니들로부터 종호가 뭔가 다르다는 이야기를 들었고 처음으로 걱정을 하게 되었다. 이런 이야기를 낮 병원 치료진에게서도 들었는데, 종호가 또래들과 사귀는 데 문제가 있다는 내용이었다. 때로 종호는 친구들이 놀린다고 하였는데, 이는 종호가 외계인에 대한 이야기를 하기 때문이기도 하였다. 그의 어머니는 아들이 내성적이라고 하였으며, 또래들과 어울리지 않고 혼자 논다고 하였다. 1~2학년 때는 우등생이었지만 성적은 점점 저하되었고, 학교에서 반항적이고 학업을 하는 데 문제가 있다고 기술되었다. 학교에서는 신체적 공격성을 보이거나 충동적인 폭발을 보이지 않았다.

종호의 부모는 12년 전 결혼하였다. 어머니는 재혼이었으며, 이전 결혼에서 낳은 21세 딸과 17세 아들 두 명의 자녀가 있었다. 아들은 아버지와 머물고 딸은 어머니와 살다가 15세에 아버지와 살기로 결심하였다. 그러다가 종호가 정신과 평가를 받기 4개월 전에 다시 어머니와 살기 위해 돌아왔다. 종호는 누나가 떠났을 때 매우 힘들어하면서 우울해하고 먹는 것을 거부했으며 많이 울었다. 어머니는 누나가 돌아왔을 때 종호가 다시 정상으로 돌아왔다고 보고하였다. 신체적, 성적 학대의 과거력은 없었고, 부모의 결혼생활은 안정적이었다.

종호는 정신상태 검사에서 매우 야위고 수척하며 또래보다 어려 보이는 다소 독특한 외모였다. 판다라고 부르는 곰 인형을 갖고 있었고, 종종 판다의 냄새를 맡으면서 가슴 가까이에 안고 있었다. 눈 맞춤은 불안정했는데, 때로 허공이나 벽을 응시하고 있기도 하였다. 특이한 안구 운동을 보이기도 하여 이상한 모습으로 두 눈을 모았으며 자세도 특이하였다. 의자에 고개를 숙이고 앉아 있었으며, 지나치게 숙여서 가슴이 무릎에 닿을 정도였다. 두 손은 거의 상동행동에 가까운 특이한 손가락 움직임을 보였다. 이상한 동작으로 오랜 시간 앉아 있기도 하였고 매우 안절부절못하기도 하였다. 자발적인 언어 표현은 없었으며, 질문을 하면 답하는 데 시간이 많이 걸렸다. 때로 답하기 전에 질문을 반복해야 하는 경우도 많았다. 답변은 간단하고 깊이 생각하지 않고 하였는데, 더듬거리고 주저하는 것처럼 말하였다. 면담자에게는 무관심하였고 때때로 멍하게 있어 거리가 있게 느껴졌다. 기분은 평소 기분이지만 억제된 정동 상태가 면담이 끝날 때까지 유지되었다. 감정의 범위와 강도는 명백히 감소되어 있었고, 부적 절함은 관찰되지 않았다. 치료에 안정적으로 참여(engagement)했는지조차 의문스러웠다.

종호에게 동생과 있었던 일에 대해 물었을 때 어떤 목소리가 '동생을 계단에서 밀어.' 라고 지시했다고 하였다. 4종류의 목소리를 들었는데, 상스러운 목소리가 비열한 행동을 시키며 항상 문제를 일으킨다고 하였다. 종호도 그 목소리를 막고 싶지만 그렇게 할 수 없었다고 덧붙였다. 두 번째 목소리는 괴팍한 목소린데 엉뚱하고 재미있는 일들을 시킨다고 하였고, 이 소리는 막을 수는 있지만 그러고 싶지 않다고 하였다. 세 번째 목소리는 친절한 목소리며, 네 번째 목소리는 섬뜩한 흡혈귀 목소리로 미래를 예측한다고 하였다. 환시에 대해서도 이야기하였는데, 동물들을 보았다고 하였다. 또한 위장에 누군가 살고 있어서 위장을 한쪽으로 밀어낸다고 믿고 있었다. 더욱이 곰 인형이 자신한테 이야기해 준다고도 말하였는데, 질문에 대한 종호의 대답은 다소 지리멸렬하고 횡설수설하여 내용을 따라가기가 힘들었다. 인지기능은 정상범위였고, 명백한 언어 표현과 이해력의 장애는 관찰되지 않았다.

종호의 발달력, 대인관계에서의 어려움, 점진적인 퇴행 행동의 존재 그리고 오랜 기간 동안의 정신병적 과거력에 근거하여 소아기 정신분열증(VEOS)의 진단을 내릴 수 있었으며, DSM-IV의 정신분열병 진단을 만족시켰다.

다음은 중기-후기 청소년기에 발병한 정신분열병의 예다.

사례 1 진국이는 17세 청소년으로, 공공연한 자위행위와 부적절한 성적 언어들을 포함한 기괴한 행동으로 학교로부터 의뢰되었다. 동성애적인 의도를 표현했으며, 개와 성관계를 했다고 이야기하였다. 평가 전에 진국이는 담임선생님의 손을 부적절할 정도로 이상하게 잡고 있었고, 선생님과 급우들은 그를 불편하게 여겼다. 그의 어머니는 아들의 위생상태와 개인관리에 문제가 있다고 불평하였다. 또한 그가 자주 화를 내면서 자학적으로 된다고 하였다. 그의 어머니에 따르면, 그가 지난 몇년 간 부적절한 행동을 보였으며 작년 크리스마스에 처음으로 정신과적 평가를 받았다고 하였다. 첫 평가를 받기 3개월 전에는 먹기를 거부하여 3주 동안 시립병원 청소년 프로그램에 참가하였다고 한다.

진국이는 사생아였지만, 임신 기간 동안은 평탄했다. 아버지는 알코올중독으로 묘사되었고, 어머니는 아들의 어린 시절 특별한 문제는 없었다고 하였다. 10세에는 외삼촌에게서 성적 학대를 받았고, 신체적 학대의 과거력도 있었다. 어머니에 의하면 형제들과 삼촌들 중 한 명은 정신적으로 장애가 있었으나 자세한 내용은 기술하지 못하였다. 진국이는 술, 담배 사용의 과거력이 있었다. 진국이의 어머니가 2년 전 뇌졸중을 앓고 나서 그의 행동에 많은 변화가 있었다고 하였다. 왼쪽 입이 마비되었고, 이때부터 심각한 언어 표현의 장애를 보이게 되었다고 하였다. (하지만 면담가는 어머니가 아들의 정신병적 심각성을 이해하는 데도 어려움이 있는 것으로 생각되었다.) 진국이는 외국에서 태어나 5년 동안 그곳에서 성장하였으며 평가 당시에 어머니, 의붓아버지와 함께 살고 있었다. 의붓아버지와의 사이는 좋지 않았는데, 왜냐하면 그가 진국이의 어머니를 무시하였고 경솔한 행동을 포함하여 부적절한 행동들에 대한 훈육을 책임지고 있었기 때문이다. 친아버지를 볼 기회가 있었지만 진국이는 원치 않았다.

지난 일 년 동안 부모는 진국이의 행동이 점진적으로 악화되었다고 보고하였는데, 조심스럽거나 예의범절에 대해서는 전혀 아랑곳하지 않고 공공연하게 자위행위하는 것을 목격할 수 있었다. 엄마에게 부적절한 성적 언

> 급을 하기도 하였고, 지적하면 그런 행동이 전혀 나쁘지 않다고 뻔뻔스럽게 답하였다. 지난해 동안 살바도르 달리의 그림에 심취하였는데, 명백하게 성적인 내용으로 신체부위에 대한 초현실적인 그림을 그리는 데 많은 시간을 보냈다. 가족들이 그림의 상스러움에 대해 언급하면 화를 내었고, 그의 꿈은 달리 같은 예술가가 되는 것이었으며, 자신의 그림을 전시하는 상상을 하였다.

정신상태 검사에서 종국이는 키는 컸지만 또래보다 어려 보였으며 면담 내내 부적절한 웃음을 짓고 있었다. 옷차림과 위생상태는 나빴으며 헐렁한 셔츠와 바지를 입고 있었다. 중간 길이의 검은 머리는 귀 뒤로 넘겨 올렸고 손톱은 검은색으로 칠해져 있었다. 천천히 걸었으며 전반적으로 구부정한 자세였다. 어머니와 함께 면담실로 들어오자마자 자리에 앉더니 자신의 배를 만지면서 관찰하기 시작하였다. 어머니는 아들이 왜 배를 바라보고 만지는지 물었다. 면담가는 다소 유머스럽게 아마도 진국이는 자신이 임신했다고 생각할지도 모른다고 대답하자, 이 말을 들은 진국이는 웃으면서 안도의 한숨을 쉬며 "맞아요, 엄마. 이 의사가 눈치가 빠르네요." 라고 대답하였다. 면담 동안 진국이가 냉담하고 거리를 두는 태도를 보여서 면담가는 치료적 관계를 형성할 수 없었다. 사교적이지 않았으며, 눈 맞춤을 하지 않았고, 방어적이고 비밀을 간직한 모습이었다. 약간 우울해 보이기도 했지만 감정상태는 부적절하였고, 면담 내내 비꼬는 듯한 웃음을 보였다. 감정의 범위와 강도는 감소되어 있었다. 시간과 장소에 대한 지남력이 있었고, 기억력은 양호하였으며, 지적 수준도 평균으로 보였다.

사고 과정에서 논리적이지 않았으며 매우 심한 연상의 이완을 보였고 또한 자신의 생각을 듣고 보았다고 주장하였다. 상당히 망상적이었는데 그 내용은 세상의 종말과 관련되고 모독적인 내용이었다. 대변, 신체의 구멍, 원초적이며 성적인 잘못된 생각에 관한 상상이 많았는데, 예를 들어 하느님은 엉덩이에서 나온 배설물로 만들어졌다고 생각하였다. 십자가의 밑동에서 나온 소녀에 관한 이야기를 하였으며, 어머니의 다리가 되기 위해 질을 통해 태어난 아이의 이야기는 반복적인 주제였다. 자신이 임신되었는지 알고 싶어 했고 죽으면 소녀가 되고 싶다고 하였다. 또한 온몸이 남자 성기로 되고, 여러 개의 질을 가진 소녀가 되기를 희망했다. 사탄이 예수와 성교하였다고 단언했으며 사탄이 예수를 유혹하는 그림을 보여 주었다. 자신의 그림을 보여 주는 것을 즐거워하였고, 모욕적인 내용에 대해서는 전혀 알아차리지 못하는 것처럼 보였다. 이 그림이 매우 종교적인 기독교인에게 어떤 의미가 있을 것인지에 대해서 물었을 때는 매우 놀라는 모습이었다. 진국이는 자위행위를 통해 신이 된다고 믿었고 신을 봤다고 하였다. 자살사고에 대해 질문하자 그런 생각을 했었다고 답하였고, 구체적인 계획에 대해 물었을 때는 회피하며 비밀을 지키려 하였다. 타살사고에 대해서는 부인하였다. 판단력과 병식은 없었다.

진국이는 정신분열병의 진단 항목을 만족하였다. 1년 이상의 명백한 증상(환각, 망상)을 보였고, 잔여 증상과 경계 수준의 교육적 대인관계 기능을 보였다. 심각한 현실검증력의 장애를 보였고, 병식의 부족과 사회적 판단 장애를 보였다. 또한 두드러진 사고장애와 지난 1년간 지속된 전반적인 장애를 보였다.

2 외현화 증상

1) 과잉행동 및 충동적 행동의 평가 면접

전통적으로 주의력결핍이 ADHD의 특징으로 고려되어 왔지만, 최근의 연구자들은 ADHD의 핵심 결함을 행동억제 문제라고 보고 있다. DSM-IV

에서는 ADHD를 부주의, 과잉행동-충동성, 혼합형의 세 유형으로 구분한다. ADHD 하위 유형에 따라 서로 다른 임상적 증상 및 공존병리 그리고 예후에서 차이를 보인다. 혼합형 ADHD 아동은 품행장애, 반항장애, 양극성장애, 언어장애, 틱장애, 불안 및 우울장애를 가질 확률이 높으며, 중다양식적(multimodal) 치료를 받는 경우가 많다. 반면, 부주의 유형의 ADHD 아동의 경우 불안과 우울장애의 공존유병률은 비슷하지만, 파탄적 행동장애의 공존유병률은 혼합형 아동보다 상대적으로 낮다. 과잉행동-충동성 유형의 ADHD 아동은 다른 하위 유형과 비교해 봤을 때 외현화장애를 가질 확률이 높지만 불안과 우울 같은 내현화장애가 동반될 확률은 높지 않다. 혼합형이거나 부주의 유형인 아동은 과잉활동-충동성 유형이 있는 아동보다 학업 문제를 가질 확률이 더 높다.

ADHD 아동의 부모를 면담할 때 임상가는 과잉행동과 충동성의 발병 시점에 대해서 질문해야 한다. 어떤 부모들은 아이를 임신했을 때나 신생아 때에도 그런 문제가 있었다고 보고하기도 한다. 그런 경우에는 아이가 아주 어렸을 때부터 과잉행동적이고 고집이 세며, 완강하고 순종적이지 않았다고 호소한다. 또한 아이가 매사에 신중하지 못하고 매우 부산스럽게 움직이며, 시작한 일은 어떤 것이든 결코 끝내는 법이 없다고 불평한다. 이런 아동들의 일부는 까다로운 기질을 지니고 있으며, 과도한 주의를 요구한다.

Cantwell(1996)에 의하면 ADHD의 진단적 면접은 다음과 같은 내용들을 포함해야 한다.

1. 발달력, 의학적 치료력과 더불어 아동의 학교 과거력, 가족 구성원들의 사회적, 의학적, 정신건강 과거력
2. 장애의 징후와 증상을 평가하고 공존병리를 감별하기 위한 정보 수집
3. 신경학적 문제와 건강 상태를 감별하기 위한 의학적 평가
4. 능력과 성취에 대한 인지적 평가
5. ADHD에 대한 부모/교사 평정척도 사용

6. 소근육 및 대근육 기능 평가와 더불어 언어평가와 같은 적절한 부가적 평가

ADHD 혼합형 아동들은 충동적 행동으로 인해 부정적인 피드백을 받는 경우가 빈번하기 때문에 부정적인 자기상을 발전시키며, 이로 인해 어린 시절부터 불쾌한 정서를 느끼기 쉽다. 따라서 ADHD 아동은 손상된 자기개념을 가지며 유능감도 낮다. O'Brien(1992)에 따르면, 자기존중감의 장애가 ADHD 아동들의 핵심적인 심리적 문제라고 한다. 임상가는 ADHD 아동에 대한 종합적인 치료 계획을 세우기 위해서는 이런 특성들을 모두 탐색해야 한다.

임상가는 다음과 같은 질문을 통해 임상적으로 유용한 정보를 얻을 수 있다.

"아동이 대부분의 일상 활동에서 문제 행동을 보이는가? 아니면 어떤 특정 환경에서만 과잉활동-충동성 문제를 보이는가? 아동이 집에서 공부하거나 수업 시간에 집중할 수 있는가? 아동이 한자리에서 숙제를 마칠 수 있는가? 아동이 체계적, 조직적으로 과제를 수행할 수 있는가? 아동이 주의력을 요구하는 활동을 잘할 수 있는가? 아동이 보는 TV 프로그램은 무엇인가? 아동의 사회성이나 문제해결 기술은 어떠한가?"

ADHD 아동이 면담 시 안절부절못하고 의자에 앉아 있기 힘들어하면 임상가는 아동의 의자를 면담 책상 가까이 밀어 준다. 의자와 책상도 물리적 경계가 될 수 있기 때문이다. 면담의 길이도 매우 중요한데, 간결한 것이 좋으며, 15~20분 정도 면담한 후에는 휴식이 필요하다. 학교, 집 또는 다른 어떤 장소에서의 행동 변화가 치료에 대한 반응인지를 확인하기 위해서는 구조화된 면담 중에 이루어지는 관찰과 임상가나 교사, 부모가 평정하는 구체적인 평정척도 점수상의 변화를 사용하는 것이 유용하다.

2) 품행문제의 평가 면접

Lewis(1994)는 공격적이고 폭력적인 아동, 청소년을 면담할 때 다음과 같은 점을 유념해야 한다고 강조하였다. "임상가는 품행문제가 있는 아동을 면담할 때 수용적이고 열린 마음을 가지고 면담을 시작해야 한다. 환아에 대한 임상가의 부정적인 반응(예: 역전이)은 아동을 체계적이고 정확하게 평가하는 임상가의 작업을 방해할 수 있다. 만일 임상가가 아동의 공격적인 행동에 대해 미리 알고 있다면 그러한 행동에 대응할 수 있도록 사전에 준비를 해야 한다. 진단적 면담은 임상가 자신의 안전이 문제가 된다고 생각되면 언제든지 중단해야 한다.

폭력적이고 불안정한 청소년을 평가하는 동안 임상가는 환아를 자극할 수 있는 어떤 행동도 시도해서는 안 된다. 임상가는 환아가 통제력을 잃었다는 신호에 집중해야 한다. 면담 중에 무언가가 환아의 자기존중감과 자기개념에 상처를 주게 될 때 자존심을 회복하고자 공격적인 행동을 보일 수 있다. 만일 임상가가 그 상처의 근원을 이해한다면, 임상가는 환아가 지각한 상처에 대해 공감적인 언어 표현을 한 후, 이에 대한 환아의 반응을 평가하고 지각된 상처를 다루어 주는 대안적 행동을 제공해야 한다.

공격적인 감정과 싸우는 청소년은 이차적으로 통제 상실에 대한 두려움 그리고 강렬한 분노에 대한 죄책감과 수치심을 느낄 수도 있다. 이 경우 임상가는 환아가 자기통제감을 회복할 수 있도록 도와주어야 한다. Lion(1987)은 다음과 같은 방법으로 이런 원칙을 제시했다. "호전적이고 폭력적인 환아를 만났을 때는 가능하면 임상가는 신체적인 초조함이나 공격성을 언어적으로 표현할 수 있도록 변화시켜야 한다. 이 같은 원칙은 환아가 보이는 폭력의 원인에 상관없이 지켜져야 한다."

폭력적 행동의 과거력은 향후 보일 수 있는 폭력 행동에 대한 가장 좋은 예측변인이기 때문에 임상가는 이 영역에 대해 광범위하게 탐색하는 질문을 해야 한다. 다음과 같은 질문이 유용할 수 있다.

"아이가 통제력을 잃은 적이 있는가? 통제력 상실의 원인은 무엇인가? 아이가 다른 사람을 다치게 한 적이 있는가? 누군가를 해치려 한 적이 있는가?"

품행장애 아동, 청소년은 강한 척 허세를 부리거나 고집스러운 태도를 보이기도 한다. 임상가는 이러한 표면적인 행동도 진지하게 받아들여야 한다. 이 같은 방어적인 행동에 즉각적으로 도전하기보다는 그러한 행동을 하는 것의 부정적인 결과를 생각해 보게 함으로써, 아동, 청소년이 자신의 의도를 다시 한 번 되돌아보고 자신이 그러한 행동을 하는 진정한 의미를 더 잘 이해하도록 도와줄 수 있다.

솔직하고 수용적인 태도는 공격적인 아동, 청소년들과 치료적 동맹을 형성하는 데 매우 중요하다. 아동, 청소년이 다른 사람을 불신하고 기만하는 환경에서 자랐다면, 임상가를 포함하여 다른 모든 사람들을 믿을 수 없거나 혹은 사기를 친다고 생각할 수 있다. 따라서 정직하게 직접적으로 언급하는 것이 매우 중요하다. 즉, 임상가는 품행문제를 가진 아동, 청소년을 만나면 그들에 대해 자신이 알고 있는 바를 솔직하게 말해 주어야 하며, 아동, 청소년들이 자신의 문제를 잘 드러낼 수 있도록 격려해 주어야 한다. 다음 사례를 생각해 보자.

사례 | 13세 남학생인 K는 엄마에게 공격적인 행동을 보이는 문제로 소아정신과에 의뢰되었다. K는 엄마를 여러 차례 폭행하고 거칠게 대했으며, 집에서는 제멋대로였다. 그는 정신과적 면담을 원치 않았지만 마지못해서 응했다. 첫 면담 시 "나는 선생님을 만나고 싶지 않아요. 아무런 도움도 필요 없어요."라고 말하였다. 하지만 K는 불안해 보였고 신경질적으로 웃었다. 임상가는 "네 마음 한구석에는 네가 통제력을 잃어버리지 않았으면 하는 마음도 있는 것처럼 보이는구나."라고 말을 했다. 이 시점에서부터 K는 조금씩 경계심을 풀고 반항적인 표정이 사라져 갔다. 임상가는 보다 편안한 목소리로 면담을 진행하였으며 면담에 대한 K의 관심과 참여도는 조금

씩 나아졌다.

다음 사례는 원초적이고 공격적이며 자기 학대적인 여자 청소년과의 면담이다.

Y는 자해 행동을 동반한 폭발적이고 강렬하며 공격적인 행동을 여러 번 보여서 입원하게 된 17세 여자 청소년이다. 그녀는 특히 대인관계에서의 문제가 심했는데, 확실히 사회적으로 철회되어 있었고 대부분의 시간을 사람들과 떨어진 채로 지냈다. 지능이 정상인데도 학업성취에서 큰 문제를 보였다. 늘 우울해했고 폭발적으로 화를 분출시켰다. 학년이 올라가면서 아침에 일어나는 것을 힘들어하며 결석을 자주 하였다. 아침마다 끔찍한 기분이었지만 정오가 되면 다소 나아졌다. Y가 보인 자해 행동은 잔인하게 자기를 때리고, 팔뚝을 칼로 긋고, 벽을 쳐서 손가락 관절과 손목에 스스로 상처를 내는 것 등이었다. 그녀는 수많은 병원 스태프와 또래들에게도 폭력적으로 대했다. 임상가는 Y의 기분장애 증상을 확인하기 위한 질문을 했다. 면담 시 Y를 대화에 끌어들이려는 시도를 하였지만, 임상가는 그녀가 다양한 질문에 따르지 않을 것이라는 것을 감지했기 때문에 퇴원을 상기시키면서 넌지시 상황을 살펴보기로 하였다. Y는 퇴원하기 위해서는 어떻게 해야 하는지에 대해 이야기하는 것에는 동의하였다. 임상가가 Y에게 좀 더 가까이 앉아도 되냐고 묻자 간호사와 함께 있는 것이 더 편하다고 대답했다. 따라서 임상가는 Y로부터 좀 떨어져 앉은 채 면담을 시작했다. Y는 가족 중 아무도 그녀가 퇴원하는 것을 원하지 않는데도 집에 가기를 원했다. 임상가는 Y가 퇴원하기 위해서는 어떻게 해야 한다고 생각하는지 물어보았다. 그녀는 자신이 분노를 통제하고 자해를 덜 할 수 있기를 바란다고 대답했다. 그렇다면 이러한 면에서 자신이 얼마나 나아졌는지를 질문하자, 그녀는 입원 후에 전보다는 자해 행동이 많이 줄어들었다고 대답했다. 그녀는 자신을 통제하려고 더 노력하고 있으며 사람들로부터 떨어

져 있으려고 한다고 말했다.

임상가는 아침에 일어났을 때의 기분에 대해 물어보았다. 그녀는 아침에 일어났을 때 기분이 매우 나쁘다고 했다. 또한 매우 화가 나서 통제력을 잃고 옛날처럼 누군가를 다치게 할까 봐 두렵다고 이야기했다. 이러한 감정을 통제하기 위해 그녀는 정오까지 잠을 자는데, 그 이유는 정오에는 자신을 좀 더 잘 통제할 수 있기 때문이라고 말했다. 그녀는 자살사고에 대해서는 부인하였고, 어느 누구도 다치게 하고 싶지 않다고 말했다.

임상가가 Y에게 가장 친한 친구가 누구냐고 묻자, 자기와 잘 놀아 주고 자신을 좋아해 주는 네 살 연상의 사촌이라고 말했다. 두 번째로 가장 친한 친구는 아빠라고 했다. 임상가는 Y의 엄마에게 알코올 남용 문제가 있었으며 유아기 때 그녀를 버리고 떠났다고 들었으나, 그녀는 엄마에 대해서는 아무런 이야기도 꺼내지 않았다.

그녀는 어떤 환청도 경험한 적이 없다고 부인했으며 망상적 사고나 지각에 대해서도 부인하였다. 그녀에게 즐거움을 느끼는 활동은 무엇이냐고 물었을 때 식물 가꾸는 것을 좋아한다고 말했다. 면담이 이 정도 진행되자 Y는 가끔 미소를 지었고 임상가와 장난치는 것을 즐거워하기 시작했다. 면담이 진행되면서 Y는 자신이 정서적으로 큰 문제를 가지고 있으며 이런 문제를 변화시키기 위해서 약물치료가 필요하다는 것을 받아들이게 되었다.

임상가는 공격적인 행동과 관련된 여러 요인을 탐색해야 한다. 즉, 기질적인 특성, 충동성, 품행문제, 빈약한 사회성, 가정 내에서 강압적인 훈육이나 신체적 처벌 경험, 또래관계 문제 등의 과거력을 살펴보아야 한다. Loeber와 Hay(1994)는 공격적 행동이 유년기의 까다로운 기질과 이에 맞지 않는 양육 방식에 기인한 유아와 양육자 사이의 빈약한 관계 때문에 시작된다고 제안하였다. 이는 계속적인 반항적 행동으로 이어지고, 사회화 과정의 발달 지체를 야기할 수 있다. 그 결과, 부모는 아이에 대해 좌절하고 포기하는 행동을 보이게 되고, 결국 아이의 부정적인 행동에만 지나치게 관심을 기울이면서 더 이상 칭찬이나 긍정적인 피드백을 주지 않게 된다. 이에 따라 아동의 대인 지각도 변하게 된다. 아동은 다른 사람들로부터 나쁜 의도를 직감하기 시작하고 문제를 해결하려는 방법으로 공격성을 보이게 된다. 왜냐하면 부모와의 관계를 통해서 적응적인 문제해결 기술을 알거나 습득하지 못했기 때문이다. 이런 행동 패턴은 또래들로부터의 거절을 유발하므로 또래집단에서 왕따를 당하는 것은 이미 예견된 것이다.

임상가는 공격적 행동을 특정 정신과적 장애(예를 들어, ADHD, 품행문제, 조울병, 정신증, 물질남용 장애 등)와 연관시켜 탐색해야 한다. Lewis(1994)는 정신증, 정서장애, 신경심리학적 기능장애(언어적 및 인지적 결함 등), 뇌 손상, 과잉행동 및 충동성 그리고 기타 기질성 뇌 기능장애의 징후 등이 청소년 폭력범죄자 집단에서 나타난다고 기술하였다. 또한 신체적 학대 탓에 두부외상의 과거력이 있는 경우가 많다. 따라서 폭력적인 청소년의 뇌기능장애 여부에 대해 체계적으로 평가해야 한다.

Biederman과 그의 동료들(1996)은 공격성과 행동 통제 결함의 원인으로 양극성장애의 영향을 고려해야 한다고 주장하였다. "조증 남아들은 높은 수준의 불안정감을 보이며, 이는 폭력과 반사회적 행동과 상관이 있다……. 양극성장애와 품행장애가 중복된다는 것은 놀랄 일이 아니다."

소위 '경계선장애'로 일컬어지는 아동들은 기능 손상 측면에서 아주 넓은 스펙트럼을 보인다. 그러한 아동들은 분노와 폭력적인 내용의 공상에 몰입되어 있고, 사고와 현실검증에서 급격한 퇴행을 보이기도 하며, 정서 조절에서의 어려움, 극도의 불안, 전반적으로 제한된 발달(사회적 관계, 정서, 인지, 언어) 그리고 관계로부터 철수하는 것 등의 문제를 보인다.

3) 양극성장애의 평가 면접

청소년 전기의 양극성장애 진단은 임상가에게는 중요한 도전이 된다. 왜냐하면 고전적으로는 이 장애가 청소년 전기 아동들에게 흔하지 않다고 알려져 왔기 때문이다. 아동기 양극성장애의 임상적 특징은 성인 환자들의 특징과 유사하지 않다. 양극성장애는 흔히 아동기를 넘어선 청소년기에 발생하며 이 시기의 임상적 특징은 성인의 것과 거의 유사하다.

청소년 전기의 조증 진단을 둘러싼 논쟁은 1970년 중반에 있었던 우울증 진단을 둘러싼 논쟁과 유사하다. 많은 임상가들은 잠재기 연령 아동이나 미취학 아동이 그토록 심한 증상들을 보일 수도 있다는 점을 받아들이지 않았다. 따라서 그러한 연구자들은 조증 증상이 양극성장애의 특징적인 징조이기 보다는 심각한 비특이적인 지표라고 보았고, 아동기 조증의 타당성에 대한 증거가 부족하다고 생각하였다. Hectman(1999)은 아동, 청소년기 양극성장애 진단을 남용하는 경향이 있다고 하였는데, 이는 ① DSM-IV 진단 준거의 변경(조증의 과민함, 병적 상태 경과 대신의 만성적인 경과), ② ADHD와 양극성장애 진단 기준의 중복 때문이라고 설명하였다. 조증 진단의 일곱 가지 증상 중에서 다섯 가지가 ADHD 진단과 중복된다. Hectman은 양극성장애 진단이 가볍게 내려져서는 안 되며 강력하고 확실한 증거가 필요하다고 주장하였다. 회의론적인 임상가들은 아동기 양극성장애가 ADHD의 심한 유형과 다를 것이 없다고 주장하였다. Plizka(1999)는 종단적 연구의 필요성을 주장하였고 조증장애 진단 기준으로 엄격한 양극성 진단 기준을 선호하였다. 그는 간헐적인 폭발성장애(explosive disorder)와 양극성장애 사이의 진단적 모호함도 지적하였다.

Geller와 Luby(1998)의 연구 결과는 사춘기 이전의 조증의 존재를 입증하는 것처럼 보인다. 이 연구에는 평균연령 11.0±2.7세의 양극성장애 아동 집단이 포함되었는데, 이들은 평균 8.1±3.5세에 발병하였다. 조증 증상과 고양된 기분, 과대사고, 수면 욕구의 감소, 빠른 사고의 흐름, 과잉성욕 등은 ADHD 아동 집단보다는 조증 아동 집단에서 유의미하게 높게 나타났다. 과대망상은 양극성장애 아동의 55%에서 발생하였고 급성, 초급성(ultrarapid)(병적 상태가 수일 또는 수주간 유지되는 것) 혹은 초일(ultradian)(병적 상태가 매일 바뀌는 것)로 분류되는 기분 변동 주기는 양극성장애 아동의

83.3%에서 나타났다.

현재 아동기 조증이 존재한다는 사실은 보편적으로 받아들여지고 있으나 이에 대한 공통된 합의는 이뤄지지 않은 실정이다.

Bowring과 Kovacs(1992)는 양극성장애의 명확하고 연속적인 발달적 측면에 대해 기술하였다.

> "우리는 이러한 아동들이 발달적으로 성인 양극성장애 환자들과 다른 모습을 보여 준다고 생각한다. 양극성장애 아동들은 행복감보다는 과민함을 보이며, 삽화적 경과보다 만성적 경과를 보이고, 우울과 조증 증상을 동시에 혼합해서 보여 준다. 다시 말해서 아동기에 발병하는 양극성장애는 보다 심각할 가능성이 있고, 만성적이고 비삽화적인 경과를 보이며, 치료에 저항적이고, 급속-순환적인 특징을 보일 수 있다.
>
> 특히 아동들의 경조증 특징은 아동들에게서 정상적인 행동으로 오인되었기 때문에 소홀하게 여겨져 왔다. 예를 들어, 우둔한 짓과 우스꽝스러운 행동을 보일 때 아동기의 정상적인 행동으로 잘못 해석하기 쉽다. 경조증 아동의 부모는 그들의 자녀가 비정상적으로 행복하고, 매우 바보스러우며, 이유 없이 웃고, 비정상적인 수준으로 팽창되어 있다고 보고한다. 지속적으로 과민한 기분과 장기간의 불쾌함이 보통 더 흔한데, 이 같은 정서는 예측할 수가 없으며 양육자가 그들을 잘 보살펴 줌에도 아동의 부정적인 정서는 지속된다. 하루에도 몇 차례 정서 변화를 보고하지만 이 같은 기분 변화에는 특별한 이유가 없어 보인다.
>
> 아동이 다음과 같은 주호소를 보이면 조기 발병 양극성장애를 의심해야 한다. 풀이 죽은 상태가 반복되는 것, 현저하게 과민한 것, 사소한 자극에도 분노 폭발을 잘하는 것 등이다.
>
> 임상가는 아동의 발달적 상태에 입각하여 양극성장애의 증상을 평가해야 한다. 예를 들어, 양극성장애가 있는 아동은 "나는 내 몸에 100점 수준의 제트 엔진을 가지고 있어요."라고 말함으로써 높은 에너지 수준을 설명한다.

양극성장애 아동들은 흔히 자신이 영웅(슈퍼맨, 배트맨, 스파이더맨, 원더우먼)이라고 믿는다. 이런 아동들은 외계인 침입자들로부터 세상을 방어하는 것 같은 믿을 수 없는 업적을 이룰 수 있다고 믿는다. 특별한 힘 또는 특별한 능력을 가지고 있다고 믿기 때문이다. 어떤 양극성장애 아동은 날 수 있다고 믿고, 그렇게 하기 위해 높은 곳에서 실제로 점프를 시도해서 다치기도 한다."

대부분의 양극성장애 아동은 공격적인 행동이나 충동을 말로 표현하다. 예를 들어, 어떤 7세 아동은 자신이 너무 강하고 힘이 세게 느껴져서 "누구든지 때릴 수 있다."고 말했다. 또 어떤 아동은 자랑스럽게 자신의 과대함을 "나는 2천 명의 친구가 있다."라는 말로 표현했다. 또한 어떤 청소년들은 '빨리 부자가 되는 법'에 몰두해 있으며, 이런 증상은 조증과 경조증 성인 환자들이 보이는 잘못된 경제적인 판단과 유사하다. 예를 들어, 한 16세 청소년은 아버지의 카드나 수표를 여러 번 훔쳤고 아버지의 사인을 위조해서 비싼 게임기나 전자제품을 샀다. 그는 큰 금전적인 이득을 남기고 그것을 다시 팔 수 있을 것이라 확신하고 있었다.

양극성장애 환아들은 때때로 거만하고 오만한 특징을 보여 주기도 한다. 그들은 자신이 부모나 교사보다 더 많은 것을 안다고 말한다. 지나친 성적인 표현은 발달적 규준에 근거해서 평가되어야 한다. 충동적인 자위, 무분별한 성적 행위, 성적인 집착은 반드시 탐색되어야 한다. 이때 임상가는 이런 비정상적인 행동의 원인으로 성적인 학대 경험 여부는 반드시 배제해야 한다.

임상가는 아동이 조증 혹은 경조증 특성을 보일 때 반드시 우울한 감정에 대해 질문을 해야 한다. 다음의 사례를 생각해 보자.

사례 | H는 14세 청소년이고 2년 전에 양극성장애로 진단받았다. 그는 자살, 급성 정신증적 증상으로 여러 차례 병원에 입원하였다. 그는 엄청난

에너지를 경험했고, 슈퍼맨이 된 것처럼 느낀다고 하였다. 때때로 그는 전혀 피곤함을 느끼지 않았기 때문에 하루 종일 운동기구를 들고 있기도 했다. 하지만 마지막으로 입원했을 때 그는 매우 우울해 보였다. 자살하고 싶다고 말했으며 자신을 죽이라는 환청을 듣는다고 보고하였다. 주의 집중하는 데 어려움이 심했으며, 학교 공부나 숙제를 하고자 하는 동기가 전혀 없었다.

다음 사례는 조증과 우울증의 특징이 혼합된 병적 상태를 보여 주고 있다.

사례 S는 14세 남자 청소년이다. 그는 스스로 목숨을 끊으려고 하여 응급실에 내원하게 되었다. 그는 목욕탕의 높은 봉에 벨트를 묶고 자살을 시도하려다 발견되었다. 그는 자살 노트에 다음과 같이 썼다.

> 나는 정서적으로, 정신적으로, 그리고 영혼이 조각나 있습니다. 내 삶의 모든 끈들은 잘려져 나갔습니다. 이제 나는 더 이상 살 이유가 없습니다. 내가 하고자 원했던 많은 일들이 있었는데, 하늘에서는 할 수 있을 거예요. 나는 항상 최고의 책을 쓰기를 원했습니다. 나는 하버드 법대에 가서 법조인이 되고 싶었습니다. 나는 부자가 되기를 바랐고 돈에 대해 걱정하고 싶지 않았습니다. 나는 스카이다이빙과 번지점프를 하고 싶었습니다. 나는 나의 발명품으로 세상을 진보시키고 싶었습니다. 나는 제트폭격기를 조종하고 싶었습니다. 나는 세계 여행을 하고 싶었습니다. 나는 사랑을 원했습니다. 나는 더 이상 혼돈스러운 세상에 살기를 거절합니다.
>
> 추신. 나는 최고의 자동차 디자이너, 게임 개발자가 되고 싶었습니다.

이 편지에는 S의 말이 빨라지고 많아지는 특성, 우울감, 절망감, 무한한 과대함 등이 드러나 있다.

경조증과 조증은 장애의 정도로 구분이 가능하지만, 조증과 정신증적 조증, 분열-정동 조증과 정신분열증 사이의 감별 시에는 어려움이 많다. 엄밀히 말해 그러한 장애들을 구분하기 위한 객관적인 기준은 없는 실정이다. 사고장애의 정도 또는 슈나이더의 일급 증상, 정신증적 증상과 일치하는 기분(최소한 조증 병적 상태 중에) 등과 같은 고전적인 기준들은 정신분열병과 조증을 구별하는 데 신뢰감을 주지 못한다.

따라서 임상가는 청소년기에 첫 정신증적 붕괴를 진단할 때 주의해야 한다. 외견상 많은 모습이 정신분열병과 비슷하기 때문이다. 다음은 양극성장애 진단 시 도움이 되는 과거력, 징후 그리고 증상들이다.

- **공존병리**: ADHD, 품행장애, 약물남용, 경계선 성격장애, 불안장애 등
- **정신상태 검사를 진행하는 동안 고양된 기분의 증거**
- **과장된 자신감의 증거**: 어떤 아동은 그들이 특별한 힘을 가지고 있다고 느낀다. 그들은 슈퍼맨이나 베트맨 같은 영웅의 업적을 수행하기를 원한다.
- **판단의 장애**: 경조증과 조증상태는 항상 판단장애를 포함한다. 비정상적인 성적 활동 및 기타 충동적인 행동들을 공통적으로 보인다.
- **기분 조절장애**: 공통적으로 이런 아동들은 대부분 만성적인 우울증 과거력이 있다. 침울함과 과민함은 공통적으로 나타난다. 이런 아동은 강렬하게 장기적으로 떼쓰는 행동을 보이고 분노 조절의 어려움이 있다. 그들은 자주 폭력적이고 공격적이며, 자살시도나 자해를 하기도 한다. 청소년 전기에 보이는 심각한 정신운동 속도 지체는 양극성장애의 전조증상이다.
- **양극성장애 가족력**: 기분장애의 가족력, 특히 양극성장애 가족력은 진단적 가능성을 암시한다.
- **언어 압박(pressured speech)과 빠른 사고**
- **정신운동 속도 항진**: 이런 아동들은 과잉활동적이고 안절부절못하며 매우 충동적이어서 ADHD 아동들처럼 보인다. 수면 욕구가 부족하고 에너지 수준이 높은 것도 관련된 증상이다.

- **정신증적 증상**: 정신증적 증상이 공통적이다. 종종 명령조의 환청이 나타난다. 정신증적 우울증이 공통적으로 나타난다. 우울증이 일찍 나타나면 날수록 정신증적 증상이 있을 가능성이 높다.

4) 반항적 행동 평가 면접

반항적인 아동들은 임상가에게 커다란 도전이다. 진단적, 치료적 동맹의 기초를 세우는 데에 있어서 특히 그렇다. 반항적인 아동들은 면접 시 불만에 가득차고, 말하기를 거부하며, 반항적이고, 비협조적인 태도로 임한다. 반항적 아동들은 권력자에게 지나치게 예민하고, 아무리 작은 자극의 지각에도 반항적이며, 공격적인 행동을 보일 수 있기 때문에 임상가는 아동의 공격적이고 반항적인 행동을 자극하는 것을 피해야 한다. 말하기를 거부하는 것이나 반항적인 함구증은 임상가에게 분노 반응을 유발할 수 있다.

임상가는 환아와 진솔한 관계를 통해 아동이 부드러워질 수 있게 해야 한다. 반항적인 아동은 대개 임상가와 힘겨루기를 하는데 만일 임상가가 아동이 쳐 놓은 덫에 빠지거나 아동의 협조를 끌어내지 못하고 면담하려는 노력을 포기한다면 아동이 승리하게 되는 것이다. 공공연하게 비협조적이고 반항적인 아동을 대면할 때 임상가는 충고를 하고 뭔가 생색을 내기 위해 역성을 들고자 하는 유혹에 빠지기도 한다. 이러한 전략은 항상 피해야 한다. 다음 사례는 이런 문제들의 일부를 다루고 있다.

사례 | Y는 12세 소년으로 집과 학교에서 공격적인 행동을 보여서 평가 의뢰되었다. 그는 집에서 동생과 자주 싸웠고 엄마에게는 대들고 험담하며 말을 듣지 않고 자극하였다. 병원에 내원하기 전날 밤, Y는 엄마에게 도망쳐 버리겠다고 협박하며 자살해 버리겠다고 했다. Y의 어머니는 Y가 6개월 전부터 더 과민해졌다고 보고했다. Y가 매일 엄마와 그의 형제들에게 화를

낸다고 보고했다. Y는 4년 전에 우울장애 치료를 받은 적이 있었다.

Y는 면담실에 들어왔을 때 우울해 보였다. 그는 임상가에게 반항적인 모습을 보였는데 면담은 아래와 같이 진행되었다.

임상가: 왜 평가를 받으러 오게 된 것 같아?

Y: (신경질적인 방식으로 반응하면서) 가서 우리 엄마한테 물어봐요.

임상가: 학교에서 무슨 문제가 있었니?

Y: 싸움이요.

임상가: 정학당해 본 적 있니?

Y: 두 번이요.

임상가: 퇴학당한 적이 있는지 궁금하구나.

Y: 없어요.

임상가: 예전에 어떤 식으로 싸웠는데?

Y: (반항적으로 소리 지르면서) 그건 사적인 문제예요! 멍청한 선생 같으니라고…….

(아동이 일부 질문에 대답하기 시작했기 때문에 임상가는 처음 질문을 반복하였다.)

임상가: 집에서 무슨 문제가 있니?

Y: 동생이랑 싸우고 엄마한테 대드는 거요.

임상가: 현재 집에서 누구와 같이 사니?

Y: 엄마와 형, 동생이요.

임상가: 아빠는 계시니?

Y: 감옥에 있어요.

임상가: 왜 감옥에 계시니?

Y: 사적인 문제예요. (임상가에게 반항적인 태도를 취한다.)

임상가: 아빠를 만나 본 적이 있니?

Y: 없어요.

임상가: 아빠가 너한테 편지 쓴 적 있니?

Y: (슬프게) 없어요. (그의 얼굴은 의기소침해졌으며 책상에 머리를 기댔다.)

임상가: 슬퍼 보이는구나.

(Y는 고개를 끄덕였지만 아무 말도 하지 않았다. 그는 이번에도 책상에 머리를 대고 있었다.)

임상가: 울어 본 적 있니?

(Y는 다시 고개를 끄덕였다.)

그때쯤 Y의 태도는 부드러워졌고 면담이 연장되어도 잘 따를 수 있을 것 같아 보였다. 면담이 끝날 즈음에 Y는 보다 고무되었고 덜 반항적으로 보였다. 임상가는 Y를 향해 긍정적인 감정을 느꼈고 공감을 하게 되었다. 임상가는 Y의 지속적인 반항과 의사진행 방해에도 불구하고 면담을 지속했다. 임상가는 단호하지만 상냥하게 대하면서, 자극하는 그의 행동에 반응하지 않았다.

반항적인 행동은 우울장애, 정신증적 장애 및 ADHD와 공존한다. 반항적인 행동은 품행장애 아동들에게서 두드러지게 나타난다. 심각하게 반항적인 행동은 인지적 결함, 제한된 문제해결 기술 그리고 기타 신경심리학적 장애와 자기애적 특징이 있는 아동들에게 흔하다. 반항적인 아동들은 학대 과거력과 비일관된 양육 경험, 가족 폭력이나 부모의 이혼 등의 과거력이 종종 있다.

반항적인 아동을 다룰 때 생산적인 접근과 비생산적인 접근은 다음과 같다.

① 생산적인 접근

- 있는 그대로 수용하는 방식으로 아동에게 접근하라.
- 따뜻함과 자부심을 보여 주어라.
- 자기 조절법을 훈련하고 목소리 톤에 주의하라.

- 긍정적이고 확신에 찬 목소리 톤을 사용하라.
- 문제에 초점을 맞추고 아동에게는 초점을 맞추지 마라.
- 아동의 협조를 구하라.
- 문제해결 과정에 아동을 참여시켜라.
- 문제를 해결하려는 아동의 시도를 칭찬하라.
- 즐거움과 유머를 사용하라.
- 아동이 친사회적 행동을 보이면 반드시 칭찬하라.
- 아동의 문제를 확실하게 할 수 있도록 도와주어라.
- 아동이 스트레스의 근원을 언어화하도록 도와주어라.
- 아동이 통제력을 다시 획득할 수 있도록 도와주어라.
- 아동이 체면을 지킬 수 있는 기회를 주어라.
- 아동의 강점과 아동에 대한 긍정적인 기대를 강조하라.
- 아동이 행동의 결과를 알 수 있도록 하라.
- 한계를 설정하고 일관적으로 적용하라.
- '지금-여기'를 강조하라.
- 아동이 스스로 자신이 한 경험을 언어화하도록 도와줘라.
- 역할 바꾸기를 사용하라(아동이 자신의 경험을 언어화하도록 도와줌).

② 비생산적인 접근법

- 과도하게 직면시키는 것
- 힘겨루기에 참여하는 것
- 위협적이거나 협박적인 자세를 취하는 것
- 아동을 무시하는 것
- 과장하거나 생색내는 것
- 문제를 개인화하는 것
- 이전의 실수를 상기시키는 것
- 아동에게 굴욕감을 느끼게 하는 것

반항적인 아동을 다룰 때는 간결하게 핵심적인 문제를 다루어 주어야 한다. 임상가는 항복하지도 말고 포기하지도 말아야 한다.

3 아동 학대

이 장에서는 단순히 내현화 혹은 외현화 증상으로 분류하기 어려운 범주인 학대 증상들에 대해 논의할 것이다.

1) 학대 증상의 평가 면접

학대당한 아동의 임상적 평가는 우선적으로 학대로 인한 심리적인 결과를 확인하는 것이다. 평가 면접의 주된 목표는 학대의 영향, 즉 아동의 발달과정과 심리적 기능, 가족의 학대로 인해 야기된 결과들을 평가하는 것이다. 이를 통해 아동과 가족에 대한 광범위한 평가를 수행하고 정확한 정신과적 진단과 포괄적인 치료 계획을 정교화하는 것이 그 목적이다.

법적 평가에서는 사실 확인에 특히 주의를 기울여야 한다. 아동 학대 조사 시 사실을 확인하는 것은 매우 어렵다. 잠재적인 성적 학대의 정보를 알아내기 위해 해부학적으로 정밀한 인형을 사용하는 것 또한 논쟁이 따르는 일이다. 이러한 인형은 언어적 · 인지적 · 정서적 발달이 미성숙한 아동들에게 의사소통과 기억을 도와주는 보조물 역할을 할 수는 있다. 하지만 성적 학대를 당했다고 여겨지는 아동의 평가에 해부학적 인형을 사용하는 것이 해부학적으로 정밀하게 만들어지지 않은 인형을 사용하는 것과 비교해서 더 효과적이지는 않았다는 보고도 있다.

Benedek과 Schetky(1987)는 성적 학대가 있었는지 확인하지 않고 아동에 대한 치료를 시작해서는 안 된다고 경고하였다. 이들은 포괄적인 심리 평가가 중요하다고 보았으며, 아동과 가족에 대해 광범위한 정신과적 평가를 수행하고 이와 병행하여 학교, 다른 가족들, 이외 관련자들로부터 광범위한 확인 작업을 할 필요가 있음을 강조하였다. 임상가는 아동이 말한 내용과 과거력에 똑같이 주의를 기울여야만 한다. "임상가는 과거 사실을 캐내려는 탐정이 되어서는 안 되고, 아동이 말한 내용과 과거 사실을 흐려 놓아서도 안 된다."

(1) 아동 학대 면접의 기본 원칙

- 공개되지 않는 장소에서 면담을 시행하라.
- 비공식적이고 신뢰감을 주는 분위기를 유지하라.
- 아동을 믿어 주어라(혹은 적어도 아동의 보고를 액면 그대로 받아들여라).
- 아동에게 그가 잘못한 것은 하나도 없으며 계속 지지해 줄 것이라고 안심시켜라.
- 공포나 충격, 아동이나 부모를 비난하는 것과 같은 부정적인 반응을 보이지 말라.
- 아동의 비언어적인 단서에 민감해져라.
- 아동의 말이 모호할 경우 분명하게 설명해 달라고 요청하라.
- 아동이 이해하는 언어를 사용하라.
- 신체 부분이나 성적 행동에 대한 아동의 용어를 사용하되, 아동이 그러한 용어를 정의하도록 하라.
- 아동에게 답변을 암시해서는 안 되며, 대답을 강요하거나 캐묻는 것을 피하라.
- 당신이 해당 기관에 보고해야만 한다는 사실이 명백해지면, 아동에게 왜 그런 보고가 필요한지에 대해 분명하고 이해될 수 있는 이유를 설명하라.
- 아동에게 당신과의 면담을 부모에게 비밀로 하라고 제안하지 말라.

• 면담 내용과 아동이 밝힌 진술, 보고된 것과 관련하여 당신이 이후 어떤 행동을 취했는지를 분명하게 기록해 두어라.

2) 학대당한 아동의 면담에서 특히 고려할 사항

임상가는 학대 상황을 다룰 때 자신의 법적 책임을 항상 염두에 두어야 한다. 즉, 임상가에게는 학대(학대의 의심도)를 관련 기관에 보고할 의무가 있다. 학대당했을지 모르는 아동과 면담할 때 임상가는 유도 질문을 하지 않도록 특별히 주의해야 하지만 때로는 유도 질문이 불가피하므로, 임상가는 그러한 질문들이 편향된 정보 수집을 초래하지 않는지 유념해야 한다.

면담 시 치료적 동맹의 형성이 특히 중요하다. 치료적 동맹을 통해 아동은 더 많은 신뢰감과 편안함을 느끼고, 아동이 민감하고 비밀스러운 문제에 대해 이야기하면서 보일 수 있는 방어적 태도와 걱정이 감소된다.

"신체적으로나 성적으로 학대당한 경험이 있니?"와 같은 질문은 피하는 것이 좋은데, 아이는 이미 학대 경험에 대해 발설해서는 안 된다는 이야기를 들었거나 가족들을 보호해야 한다는 의무감을 가지고 있을 수 있기 때문이다. 아동이 얼마나 많은 훈계를 받았는지 탐색하는 것으로 평가를 시작해야만 한다. 다음과 같은 질문들이 유용하다.

"네가 뭔가 잘못을 했을 때 부모님이 어떻게 훈계하시니?" "맞아 본 적 있니?" "벌 받아 본 적 있니?" "아버지나 어머니가 너를 야단치시다가 자제력을 잃고 크게 화내신 적이 있니? 그때 어떻게 행동하셨니?" "누가 너를 벨트로 묶은 적 있니?" "방망이나 채찍으로 맞아 본 적 있니?"

임상가가 이런 질문을 할 때는 신체적인 처벌에 관한 문화적 차이에 민감할 필요가 있다.

성적 학대와 같은 보다 민감한 탐색은 다음과 같은 질문들로 시작할 수 있다.

"누가 만져서는 안 되는 곳을 만진 적이 있니? 어디였니? 언제 그 일이 있었니? 누군가에게 말했니? 엄마에게 말했니?"

만약 아동이 이 질문에 대해 "아니요."라고 대답한다면 임상가는 아동에게 부모에게 얘기할 수 없었던 이유가 있었는지 물어보아야 한다. 만약 아동이 '불결한' 일을 당했다고 모호하게 보고한다면 임상가는 무슨 일이 있었는지 상세히 말해 보도록 격려해야 한다. 그러나 대답을 암시하거나 답을 유도하는 질문을 하지 않도록 특히 주의해야 한다. 임상가는 아동이 이야기한 사건을 반드시 아동이 사용한 단어들로 기록해야 한다. 즉, 아동 고유의 언어와 표현을 사용해야 한다.

성적 학대를 당한 대부분의 아동은 학대 가해자로부터 이 일을 얘기하지 말라고 위협당하는 경우가 많다. 이들은 종종 학대 사실을 폭로하면 자신이나 가족에게 끔찍한 일(죽음을 포함하는)이 벌어질 것이라는 말을 듣게 된다. 임상가는 아동이 그 사실을 폭로할 경우 대가가 따를지 모른다는 두려움을 가지고 있다는 점을 기억해야 한다. 임상가가 아동의 두려움을 공감적으로 이해해야만 아동을 안심시킬 수 있다. 아동이 학대 사실을 밝힐 때, 임상가는 아동에게 그런 일이 일어났을 때 남들에게 말하지 말라는 말도 흔히 듣게 된다는 것을 알고 있다고 말해 줄 수도 있다. 그런 후에 가해자가 어떻게 위협했는지 말해 달라고 요청할 수 있다. 임상가는 아동의 두려움과 그가 예상하고 있는 보복에 대해 안심시켜 주어야 한다. 아동이 외상후스트레스장애(PTSD) 증상을 보이는 경우, 보복에 대한 두려움이 정신증적인 수준에 이를 수도 있다. 필요하다면 임상가는 아동이 안전하게 보호받을 것이며, 폭로에 따르는 어떠한 결과도 피할 수 있도록 가능한 모든 노력을 다할 것이라고 안심시켜 주어야 한다. 아동의 안전이 보장받을 수 없다거나 외상으로 인한 충격이 지속될 것으로 생각되면, 아동을 일시적으로 안전한 환경에 수용해야 한다.

아동에 대한 어떠한 형태의 심리적인 조종이나 감언이설, 압력도 절대 금해야 한다. 외상적인 사건을 기억해 내라는 임상가의 압력은 아동이 이야기를 꾸며 내는 것을 조장할 수도 있기 때문이다.

3) 학대당한 아동의 진실성 평가

외상적인 사건을 기억하는 아동의 능력은 다양할 수 있다. 어떤 기억은 명확할 수 있고 어떤 기억은 불분명할 수 있다. 즉, 어떤 기억은 확인될 수 있지만 어떤 기억은 그렇지 못할 수 있다. 임상가는 아동이 털어놓은 이야기를 액면 그대로 수용하는 것에 대한 도덕적, 법적 함의를 염두에 두고 있어야 한다. 따라서 임상가는 신중을 기하여 아동이 보고한 내용의 진실성을 입증하려고 시도해야 한다. 사실로 간주되었으나 실제로는 아동의 상상의 산물인 자료가 가족 구성원에 대한 고발이나 소송의 근거가 될 수 있다는 점을 과소평가해서는 안 된다. 아동은 그들이 경험한 적이 없는 일들을 '기억' 할 수도 있다. Terr(1991)는 "만약 아동이 어떠한 암시를 받게 된다면, 이러한 부정확한 암시가 기억으로 바뀔 수 있다."고 언급했다.

아동 보고의 진실성이 우려될 때 임상가는 자신이 하는 질문의 유형에 특히 주의해야만 한다. 유도질문은 항상 피해야 한다. 임상가는 아동이 사용하는 것과 같은 언어를 사용해야만 한다. 즉, 임상가는 아동이 사용한 단어와 표현이 부정확하고 부적절하게 들리더라도 아동이 사용한 것과 같은 단어와 표현을 사용해서 질문해야 한다. 다른 단어로 표현하는 것은 아동이 말한 의미를 바꿀 수도 있다. 다음의 사례는 임상가가 이러한 원칙을 지켜야 하는 상황을 잘 보여 준다.

사례 | 14세 여중생인 A는 자신이 21세 남자에게 강간을 당했다고 주장하였다. 그 남자가 자신에게 한 일에 대해 묘사하면서 A는 그가 자신을 "범했다."고 말했다. 이를 설명해 달라고 하자 그녀는 그 남자가 "끝까지 갔다."고 표현했다. A는 그 남자가 '그의 것'을 자기 안에 넣었다고 말했다. A는 이 사건에 대해 말해 달라고 요청받을 때마다 일관적인 이야기를 보고하였다. 이는 진실된 이야기와 모순되지 않았다. 임상가는 A가 '삽입

했다'는 말을 한다고 이해했지만 그의 표현을 고쳐 주지는 않았다. 임상가는 '그의 것'이 '성기'를 의미한다고 이해했지만 이 역시 고쳐 주지 않았다. 대신에 임상가는 A에게 '범했다'와 '그의 것'의 의미를 설명해 달라고 요청했다.

외국 연구에 따르면 성적 학대로 고소된 사례의 90% 정도가 사실이었다고 한다. 따라서 일차적으로는 아동, 청소년의 그러한 주장이 진실일 수 있다고 가정해야 한다. Bernet(1993)은 성적 학대에 대한 허위 진술을 하게 되는 기제들을 세 가지로 구분하였다. 첫째는 부모나 다른 어른들이 허위 진술을 하고 이를 아동에게 강요하는 경우다. 부모는 아동의 중성적인 행동을 나쁜 것으로 부풀려 아동에게 자신의 해석을 받아들이게 만들 수 있다. 혹은 불안한 부모들은 임상가가 아동의 문제에 대해 제공한 설명을 수용하지 않고, 성적 학대에서 기인하는 것이라 결론 내릴 수 있다. 드문 경우에 부모가 편집증적이고 매우 혼란되어 있으며 세상 및 아동에 대한 왜곡된 지각을 가지고 있을 경우, 아동은 부모와 같은 망상을 공유하게 될 수 있다. 두 번째는 허위 진술이 의식적이거나 고의적인 것이 아니라 아동의 정신적 기제에 일차적으로 기인한 경우다. 아동은 공상과 현실을 혼동할 수 있고, 정신증적 증상으로 인해 성적 활동에 대한 망상을 보일 수 있다. 또한 아동은 자신이 실제로 경험한 것이 아니라 사건들에 대해 질문을 받으면서 진술이나 이야기를 꾸며 낼 수 있는데, 이를 작화라 한다. 마지막으로는 허위 진술이 흔히 의식적이고 고의라고 여겨지는 아동의 정신기제에 일차적으로 기인한 경우다. 아동, 청소년들은 가끔 거짓말이 자신이 처한 상황을 다루는 가장 좋은 방법이라고 생각하여 거짓된 진술을 하기도 하며, 자신의 이익을 위해 고의적으로 체계적인 거짓말을 꾸며 내기도 한다. 작화와 거짓말은 모순되는 증거에 직면하게 되었을 때 개인이 반응하는 방식에 있어서 다르다. 작화하는 아동, 청소년은 자신의 이야기를 고집하지만, 거짓 논리를 말하는 경우에는 이야기를 벗어나서 다른 내용으로 옮아 간다.

4) 학대 경험이 발달에 미치는 영향

학대당한 아동들은 정신병리를 발달시키기 쉽고, 또래관계에서 그리고 그 이후에는 배우자와 자녀들과의 관계에서 학대적인 행동을 반복하기 쉽다. Cicchetti와 Toth(1995)는 학대적인 경험이 기본적인 심리적 기능의 발달을 혼란시키거나 방해하는 특정한 기제에 대해 기술하였다. 이러한 발달적 일탈은 이후에 정신병리가 발병하고 유지되는 데 기여할 수 있다.

신체적 및 성적 학대 경험에 의해 야기되는 발달적 혼란은 다음과 같다.

- 정서 조절의 문제(예: 좌절에 대한 낮은 인내력, 분노 조절의 문제)
- 애착 문제(예: 회피적, 저항적, 와해된 애착 유형)
- 자기 체계의 결함(부정적 자기개념, 낮은 자기존중감)
- 지지적인 또래관계 형성의 문제(사회적 능력의 발달을 저해하고 또래와의 상호작용에서 신체적, 언어적으로 공격적인 행동을 조장함)
- 학교 부적응(사회인지 능력의 손상 및 제한된 학업 성취로 인해 이차적으로 학교 부적응 문제를 보임)

임상가는 학대당한 아동에게서 다양한 정신병리 증상들을 관찰하게 된다. 성적 학대를 당한 아동과 청소년들에게 흔히 발견되는 정신과적 장애는 다음과 같다(Green, 1993).

- PTSD를 포함하는 불안장애
- 우울증과 자살 행위
- 해리 및 전환 증상들
- 성적 행동에서의 문제
- 물질 남용

- 경계선 성격장애
- 다중 인격장애
- 성기능장애
- 성범죄

5) 해리 증상

해리성장애는 심각한 아동 학대에서 자주 보일 수 있지만, 이러한 장애가 정확하게 진단되지 않을 때가 있다. 해리성장애가 의심되는 아동의 평가 시에 임상가는 아동이 멍해지거나 시간의 흐름을 놓치는 것, 실생활에서 벌어지는 일들과 분리되는 것과 같은 행동이 있는지 탐색해야 한다. 임상가는 아동에게 다음과 같이 물어볼 수 있다.

"네 머릿속이나 상상 속에 너무 고통스러울 때 갈 수 있는 장소, 아니면 특별히 편안함을 느낄 수 있는 장소가 있니?"

임상가는 이인증, 몸을 빠져나가는 것 같은 경험, 외부의 힘에 의해 통제당하는 것 같은 느낌에 대해서도 물어보아야 한다.

해리 증상 평가 시 또 한 가지 중요한 부분은 기억장애, 즉 중요한 개인사나 가족사를 회상하지 못하는 것 그리고 둔주상태의 경험이다. 신체화 증상, 가성 발작, 자기학대 혹은 자해 행동도 해리상태의 지표가 될 수 있다. 조숙한 성적 행동도 마찬가지다. 해리성장애를 보다 명백하게 시사하는 것은 아동이 다른 이름을 사용하거나 둘 이상의 사람이 된 것 같은 주관적인 경험, 무엇에 홀린 것 같은 느낌이나 자신을 낯설게 느끼는 것 등을 암시하는 행동들이다.

해리 증상을 보이는 학대당한 아동에게 탐색해 보아야 하는 또 다른 문제는 '상상 속의 친구'나 환청의 존재 여부다. 이러한 환청은 위로나 조언을 해 주기도 하고, 명령이나 협박을 하는 등 다양한 특성을 갖는다. 이러한 지각적 경험을 다른 정신증적 상태, 환상놀이, 꾀병과 감별하는 것은 임상가에게 매우 어려운 도전이 될 수 있다. 임상가가 이러한 경험들을 감별할 수 있는 유일한 방법은 포괄적으로 민감하게 질문을 하고, 부가적인 정보를 수집하며, 다양한 평가 기법(예를 들면, 글쓰기나 그림)이나 심리학적 평가와 같은 절차를 이용하는 것이다.

4 자 살

아동 및 청소년의 자살 행동은 국가적으로 염려되는 문제다. 자살 행동의 위험성은 청소년들에서 유의미하게 증가하고 있다. 자살은 미국 아동과 청소년들의 세 번째 사망 원인이며(미국 질병통제 및 예방센터, 2002), 2004년 10월 미국 조지 부시 대통령은 최초로 청소년자살방지법안을 가결한 바 있다. 한국 청소년들의 자살률도 급증하는 추세다. 2007 통계청자료에 따르면 한국 청소년 자살률은 청소년 사망에서 두 번째 높은 사망원인이 되고 있으며, OECD 국가 중 1위다. 따라서 자살 위험이 높은 청소년들을 조속히 발견하여 도움을 주는 것이 시급한 문제다. 이 장에서는 아동, 청소년 자살 위험 평가를 위한 실제적인 지침을 제공할 것이다.

1) 자살 위험 요인, 문제를 가속화시키는 요인과 경고의 징후

아동, 청소년 자살은 많은 잠재적인 위험 요인들을 포함하는 복잡한 현상이다(Kalafat & Lazarus, 2002). 미래의 행동을 예측하는 데 있어 가장 좋은 예측변인은 과거의 행동이므로, 자살시도를 가장 잘 예언할 수 있는 요인은 바로 이전의 자살시도 과거력이라 할 수 있다(Miller & DuPaul, 1996). 자살한 아동 및 청소년들의 90% 이상이 하나 이상의 정신장애로 고통받았다는 보고도 있다. 예를 들어, 자살에 성공한 아동, 청소년들을 분석해 보면 여성이 더 자주 우울증을 경험하고 있었고, 남성은 우울증과 더불어 물질 남용, 품행장애와 같은 충동통제장애들을 가지고 있었다(Shaffer et al., 1996). 알코올 및 물질 남용은 충동적인 자살 행동을 증가시킬 수 있다는 점에서 특히 우려된다.

가족력과 환경적 요인들도 중요하게 고려해야 한다. 이는 대부분의 아동 및 청소년 자살에서 치명적인 위험 요인이다. 집에 소형 화기나 치명적인 약물(알약)이 있으면 특히 자살에 성공할 위험이 크게 증가한다. 자살한 가족력 및 자살한 사람을 개인적으로 알고 있는 것도 추가적인 위험 요인이 된다. 자살하려는 청소년들은 유명인이나 지역사회에 널리 알려진 다른 중요한 인물의 자살에도 영향을 받을 수 있다. 이혼이나 부모 자녀 간의 갈등과 같은 가족 문제가 자살의 위험성을 증가시킬 수 있다. 자살에 관한 웹사이트나 인터넷 자살 '대화방'에 접속하는 것도 자살 위험을 높인다. 잠재적인 자살 위험 요인들은 다음과 같다.

① 개인적인 위험 요인
- 이전의 자살시도
- 현재의 자살 생각이나 계획
- 정신장애들—특히 기분장애(예: 주요 우울증, 기분부전장애, 양극성장애)와 품행장애, 18세 이상의 경우 성격 장애, 특히 경계선 성격장애
- 공존하는 알코올 및 물질 남용 장애
- 무망감과 무력감
- 충동적이거나 공격적인 행동을 보이는 경우
- 사회적 고립, 다른 사람들로부터 단절되어 있다는 느낌
- 효과적이지 못한 대처 기세와 부적절한 문제해결 기술들

② 가족 및 환경적 위험 요인
- 접근 가능한 치명적인 방법

- 가까운 사람의 자살을 접한 적이 있거나 자살 가족력이 있는 경우
- 개인적이거나 대중매체를 통한 접촉, 유명 인사나 또래들의 자살
- 정신건강 문제에 대한 치료를 적절히 받지 못하는 경우

2) 스트레스 사건

자살의 위험은 대인관계에서 상실 경험과 같은 급성적인 스트레스 사건과 더불어 우울, 약물남용 그리고 접근이 용이한 치명적 자살 수단 같은 만성적 위험 요인들이 함께 있을 때 더욱 증가된다(Gould & Kramer, 2001; Lieberman & Davis, 2002). 스트레스 사건들은 청소년들에게 자살 행동을 촉발시킬 가능성이 높다. 특정한 스트레스 사건이 단독으로 자살을 예언하지는 않지만, 자살의 위험은 스트레스 사건의 수와 그 정서적 강도가 증가할 때 높아진다. 다음은 아동, 청소년들에게 자살 위험을 증가시킬 수 있는 스트레스 사건들이다.

- 친구와 헤어지거나 이성친구와의 말다툼
- 대학에 떨어지는 것
- 또래들의 괴롭힘 혹은 희생양이 되는 것
- 권위자와의 문제
- 사랑하는 사람이나 중요한 사람의 사망
- 가족 구성원 간의 갈등
- 학교 성적에 대한 좌절감
- 학교 시험 기간 동안에 부모의 높은 요구 수준
- 원치 않은 임신
- 사망한 친구나 사랑하는 사람의 기일
- 심각한 신체적 질병

3) 자살을 경고하는 신호

심각하게 자살을 생각하는 대부분의 사람에서는 자살 징후가 보이거나 경고 신호가 보인다. 아동과 청소년들은 전형적으로 스스로 치료를 받으러 오지 않기 때문에 가능한 한 빨리 자살 행동의 경고 신호를 인식하는 것이 더욱 중요하다.

유서는 자살하겠다는 위협과 마찬가지로 항상 심각하게 간주해야 한다. 때때로 위협은 직접적이거나("죽고 싶다." "나는 자살할 것이다.") 혹은 간접적인("내가 없으면 가족들이 더 편해질 거야.") '도와달라는 외침' 이다. 자살하려는 청소년들은 친구들이나 다른 사람들에게 명확하게 자살시도 계획을 알릴 수도 있고 넌지시 알릴 수도 있다. 그들은 치명적인 자살 수단에 대해 갑자기 많은 관심을 보일 수도 있고 그런 수단에 어떻게 접근할 것인지를 말하기도 한다. 자살을 준비하는 행동에는 자기 소유물을 나눠 주는 것, 작별 인사, 물건들을 순서대로 정리하는 것 등이 포함될 수 있다. 갑작스러운 행동 변화는 친구나 가족들로부터 철회행동을 보이고 위축되는 것, 많이 슬퍼하거나 무감동해지는 것, 부정적인 감정이 평온함으로 갑자기 전환되는 것 등의 형태로 나타날 수 있다. 잠을 자지 않거나 너무 많이 자는 것, 갑작스러운 체중 변화, 개인 위생이 불량해지는 것도 포함될 수 있다.

죽음이나 자살과 관련한 주제에 몰두해 있는 것은 그림이나 일기, 시, 대화 등에 나타날 수 있다. 자살하려는 일부 청소년들은 죽음, 자살, 폭력에 대한 주제를 다루고 자살할 방법을 소개하는 인터넷 사이트에 자주 들어가기도 한다. 알코올이나 약물 사용은 자살의 중요한 위험요인일 뿐만 아니라, 사용량이 늘거나 남용한다면 경고 신호가 될 수 있다. 청소년 자살의 경고 신호들은 다음과 같다

- 유서
- 자살하겠다는 위협
- 자살 계획/방법/수단에 접근
- 최후의 준비를 하는 것
- 행동, 교우관계, 성격의 갑작스러운 변화
- 수면 습관이나 개인 위생의 변화
- 죽음과 자살에 관한 인터넷 사이트에 몰두
- 이전에는 중요했거나 즐겨했던 활동들에 대한 흥미 감소
- 알코올이나 약물의 남용이나 과용

상술하였듯이 자살을 가장 잘 예측하는 것은 이전의 자살시도다. 어떤 한 가지 위험 요인이나 스트레스 사건, 경고 신호 단독으로는 자살 행동을 정확하게 예측하지 못한다. 더욱이 어떤 청소년들은 다중적인 위험 요인들이나 경고 신호를 보이고도 자살시도를 하지 않을 수도 있다. 자살시도를 정확히 예언하는 것은 매우 어렵다. 하지만 면담과 다른 평가 절차를 적절히 이용한다면 자살 위험이 높은 청소년들을 파악하는 데 도움이 될 수 있다.

4) 자살 위험의 평가

(1) 아동 및 청소년 면담

아동이나 청소년들과 개별적으로 임상 면담을 실시하는 것이 자살 위험 평가에서 가장 중요한 부분이다. 자살할지 모르는 청소년과 면담을 하는 것은 임상가와 피면담자 모두에게 스트레스가 되고 불안을 야기하는 경험일 수 있다. 따라서 구조화된 면담 절차를 따르는 것이 자살 위험 평가에 대한 불안감을 감소시켜 줄 수 있다.

청소년과 자살의 가능성에 대해 면담할 때 임상가는 평정심을 유지하고

배려하는 마음을 전달하면서도 다소 사무적인 방식으로 진행하는 것이 중요하다(Poland, 1995). 다음은 자살 위험을 평가하기 위해 청소년들을 면담할 때 반드시 포함해야 하는 질문들이다.

- 면담에 의뢰된 자살 경고 신호가 무엇이었나?
- 자살에 대해 생각한 적이 있는가?
- 이전에 자해한 적이 있는가?
- 현재 자살시도 계획을 갖고 있는가?
- 누군가에게 자살 계획에 대해 말한 적 있는가?
- 자신의 죽음에 대한 다른 사람들의 반응을 상상한 적이 있는가?
- 죽음은 돌이킬 수 없다는 것을 이해하고 있는가?
- 최후의 준비를 한 적이 있는가?
- 자살하려고 계획한 방법은 무엇인가? 그 수단이 얼마나 접근 가능한가?
- 사회적 지지 체계(예: 부모, 다른 어른들, 상담자, 친구들)는 어떠한가?
- 자살을 막는 요인이라고 지각하는 것이 무엇인가?

위의 질문들 모두가 중요하게 다루어져야 하지만 자살 위험을 가장 심각하게 시사하는 것은 이전의 자살시도, 명백한 계획과 방법, 치명적인 수단에의 접근 용이성 그리고 최후의 준비를 하는 것 등을 포함한다.

자살을 깊이 생각하고 있는 청소년은 전형적으로 높은 수준의 주관적 불편감과 정서적 혼란을 경험한다. 하지만 그를 진심으로 염려하고 존중해 주며 공감적으로 대해 준다면 대개는 면담에 개방적이고 정직하게 응한다. Poland(1989)는 면담 과정에 대해 다음과 같은 지침을 제공하였다.

- 자살 수단의 치명성을 평가하고 행동의 원인을 밝히기 위한 정보를 차분하게 수집하라.
- 경청하고, 감정을 반영해 주며, 비판단적인 태도를 보이고, 문제를 축

소하지 않는 태도를 견지하라.
- 염려와 지지 그리고 신뢰감을 전달하는 한편, 대처방안을 생각할 수 있도록 격려하라.
- 청소년의 가치와 이전의 대처 기술들을 강조하라
- 희망적으로 대하라.
- 자살과 물질 남용에 대한 청소년과 그의 가족들의 과거력을 수집하라.
- 자살의 대안적 행동을 강조하라.
- 자살사고나 행동을 비밀로 하겠다는 어떠한 약속도 해서는 안 된다. 비밀보장의 한계와, 그를 도울 수 있도록 부모나 보호자에게 자살 위험을 알리는 것이 청소년에게 최선인 이유에 대해 설명하라.
- 자살 위험이 높은 청소년을 혼자 두지 말라.
- 또래들로부터 지지적인 협력을 구하라.
- 지역사회 자원을 활용하라.
- 청소년에게 그를 돕기 위해 취하게 될 단계들을 설명하라.

(2) 교사와 부모/양육자 면담

교사와 부모/양육자들은 종종 자신이 돌보고 있는 아동, 청소년들이 자살 행동을 보일 위험이 높음을 인식하지 못한다. 교사 및 부모 면담을 병행한다면 임상가가 아동, 청소년 면담을 통해 파악한 내용을 다양한 환경 및 맥락에 걸쳐 검증하는 데 효과적일 수 있다.

① 교사를 대상으로 한 자살 위험에 관한 질문
- 학생이 학업에서 주된 변화를 보인 적이 있나요?
- 행동적, 정서적인 변화를 보인 적이 있나요?
- 학생이 학교에서 어떤 문제를 보인 적이 있나요? 어떤 문제였나요?
- 학생이 우울해 보이거나 적개심 혹은 분노를 보인 적이 있나요?
- 학생이 언어적으로나 행동적으로 또는 상징적으로(글이나 이야기에서)

자살하겠다고 위협하거나 죽음과 관련된 말을 표현한 적이 있나요?

② 부모를 대상으로 한 자살 위험에 관한 질문

- 자녀 혹은 가족의 생활에서 최근 심각한 변화가 있었던 적이 있나요? (만일 그렇다면) 자녀의 반응이 어떠했나요?
- 자녀가 최근에 심리적 문제를 보인 적이 있나요?
- 자녀가 최근에 상실 경험을 한 적이 있나요?
- 자녀가 생활의 어떤 영역에서든 어려움을 경험한 적이 있나요?
- 자녀가 최근에 매우 자기비판적이거나, 아니면 부모나 교사가 매우 비판적이라고 느끼는 것 같아 보이나요?
- 자녀가 죽음이나 죽는 것에 대해 말을 한 적이 있나요?
- 지난 몇 달간 자녀의 기분이나 행동에 어떠한 변화가 있었나요?
- 자녀가 이전에 자살하겠다고 말을 하거나 자살시도를 한 적이 있나요? 어떤 식으로든 자해를 한 적이 있나요?
- 당신을 포함해서 가족들이 자살하겠다고 말하거나 자살시도를 한 적이 있나요?
- 당신은 최근 몇 달 동안 자녀에게 어떻게 행동하셨나요?(예: 화내기, 자포자기하기, 공감적으로 반응하기)

5) 자살 위험이 높은 청소년들에 대한 즉각적인 개입

자살 위험이 높은 청소년의 경우에는 그가 생각하고 있는 자살의 수단이 얼마나 치명적인지를 평가하고 그러한 계획을 실행하지 못하도록 하는 행동을 조속히 취하는 것이 중요하다. 면담을 통해 자살 위험이 중등도 수준에서 심각한 수준으로 높다고 판단되면 즉각적인 보호 조치를 취해야 한다.

(1) 비밀보장 규칙을 어기기

첫 단계는 청소년에게 임상가가 자살사고나 자살시도를 보고해야 할 의무가 있음을 알리는 것이다. 이는 아동, 청소년 면담에서 비밀보장 규칙을 어기는 것이다. 따라서 면담을 시작할 때에는 항상 청소년이 자기 자신이나 남을 해칠 계획이 있을 경우 혹은 학대받거나 그러한 위험에 처해 있거나 다른 사람에 의해 다칠 가능성이 있다고 의심될 경우에는 반드시 다른 사람들에게 그 사실을 알려야 한다는 비밀보장의 한계에 대해 말해 주는 것이 필요하다. 중등도에서 높은 수준의 자살 위험을 보이는 청소년들에게는 면담의 끝에 이르러 임상가가 즉각적인 보호를 제공하기 위해 어떤 절차를 취할 것인지를 명확하게 설명해 주어야 한다. 자살 위험을 누구에게 알릴 것인지를 묻고, 가능하다면 앞으로 취할 단계들에서 청소년의 협조를 구한다. 자살 위험이 높은 청소년을 감독받지 못하거나 안전하지 못한 환경(화장실을 포함해서)에 혼자 두어서는 절대로 안 된다.

(2) 부모에게 알리기

부모(혹은 다른 법적 보호자)에게 알리는 것은 필수적인 단계다. 자살 위험이 높은 경우 즉각적으로 부모에게 알리고 자녀를 병원에 입원시키도록 조언한다. 청소년의 자살 위험이 높은데도 부모가 비협조적이거나 위험성을 부인한다면, 임상가는 청소년에게 도움이 되는 행동을 하기 위해 지역의 법적 기관이나 아동보호 서비스에 협조를 구할 수 있다.

(3) 자살 수단에 접근하지 못하도록 하기

'자살로부터 안전하게끔' 하는 것이 자살 위험이 있는 모든 청소년에게 필수적이다. 이는 독극물, 약물, 칼 그리고 기타 자해에 이용될 수 있는 대상을 비롯한 치명적인 수단을 없애는 것을 의미한다. 인터넷에 접속할 수 있는 것도 또 다른 환경적 위험이므로 자살 위험이 높은 경우에 부모는 자녀의 인터넷 사용을 주의 깊게 감독해야 하며, 특히 청소년이 죽음이나 병적인 주제를 다루거나, 자살 게임이나 폭력적인 게임 혹은 자살이나 폭력적 범행 방법을 가르치는 웹사이트에 접속하는지 주시해야 한다.

(4) 자살하지 않겠다고 계약하기

자살 위험이 높은 청소년들에게는 어떠한 자살시도나 자해 행동을 하지 않겠다는 약속을 하거나 계약서를 작성하는 것이 좋다. 자살시도를 하는 대신 도움을 구하겠다는 계약을 언어적으로나 서면으로 할 수 있다. 서면상의 계약을 공식적인 용지에 쓸 경우 청소년들은 이를 더욱 중요하게 받아들인다. 이 계약서에는 위기가 발생했을 때 연락할 사람의 이름과 전화번호 혹은 휴대폰 번호가 기입되어 있어야 한다. 또한 청소년이 위기 상황을 다루기 위해 취할 수 있는 대안적인 행동이 기술되어 있어야 한다. 청소년이 그런 약속이나 계약을 하기를 거부하는 것은 자살 위험이 높음을 경고하는 신호일 수 있으며, 이러한 경우에는 반드시 입원과 같은 추가적인 보호 조치가 요구될 수 있다.

5 청소년기 문제

1) 알코올과 약물

청소년기는 확실히 실험적인 시기다. 많은 젊은이가 술이나 약물을 시험해 본다. 물질 사용을 단지 시험해 보는 것과 물질 남용 및 의존을 구분하는 것이 중요하다. Sattler(1998)는 물질 사용의 다섯 단계를 기술하였다. 호기심이나 모험, 또래의 압력으로 시험해 보는 것, 또래집단의 수용을 받기 위해 사회적으로 사용하는 것, 정서와 행동을 조종하기 위해 도구적으로 사용하는 것, 남용으로 이어질 수 있는 습관적인 사용 그리고 마지막으로 의존으로 이어지는 강박적인 사용과 중독이다. 청소년들의 물질 사용의 심각성을 평가할 때에는 이러한 진행적인 단계를 염두에 두는 것이 좋다.

DSM-IV에 따르면 물질 남용 장애는 물질을 사용함으로써 '내성의 징후나 금단 증상이 없더라도 임상적으로 중요한 손상이나 고통'이 초래될 때 진단할 수 있다. 물질 의존은 물질 사용이 임상적으로 중요한 손상과 내성의 징후 혹은 금단 증상을 초래할 때 진단된다. 내성은 개인이 원하는 효과를 얻기 위해 물질 사용을 늘려야 하거나 같은 용량의 물질을 사용하면 원하는 효과가 줄어든다고 경험할 때 분명하게 드러난다. 금단 증상은 약물의 종류에 따라 다양하다. DSM-IV는 물질 의존을 물질 남용보다 더 심각한 것으로 간주한다.

임상적 면담에서 알코올과 약물 사용을 선별하는 것이 중요하다. 〈표 5-2〉에는 담배와 알코올 사용, 일반적인 약물 사용을 포괄하는 몇 가지 개방

| 표 5-2 | 알코올과 약물 사용에 대한 질문의 예

- 담배를 피우거나 씹어 본 적 있니?
- (그렇다면) 얼마나 자주 하니?

- 맥주나 와인, 소주를 마셔 본 적이 있니?
- (그렇다면) 언제 그리고 얼마나 자주 마시니?

- 술 마시고 취해 본 적 있니?
- (그렇다면) 언제 그리고 얼마나 자주 취하니?
- 너에게 알코올 문제가 있는 것 같니?
- 알코올 문제 때문에 도움이나 치료를 받아 본 적 있니?
- 지금 알코올 문제에 대한 도움이나 치료를 받고 싶니?

- 약물을 사용해 본 적/약물에 취해 본 적 있니?
- (그렇다면) 언제 그리고 얼마나 자주 그러니?
- 어떤 약물이니?
- 너에게 약물 문제가 있는 것 같니?
- 약물 문제 때문에 도움이나 치료를 받아 본 적 있니?
- 지금 약물 문제에 대한 도움이나 치료를 받고 싶니?

형 질문들이 소개되어 있다. 청소년이 약물을 사용한다고 보고하면, 약물을 사용하는 빈도와 그 때문에 문제가 생긴 적이 없었는지 알아보기 위해 추가적으로 면밀하게 조사해야만 한다. 청소년이 약물남용이나 의존 가능성을 시사할 만큼 빈번하게 사용하고 있다고 보고한다면 이를 변화시킬 마음이 있는지, 도움을 청하거나 치료받을 준비가 되어 있는지 평가하도록 한다. 예를 들어, 임상가는 청소년에게 누군가의 도움이나 치료를 받아 본 적이 있는지, 지금 도움이나 치료를 원하는지 물어볼 수 있다. 청소년이 심각한 알코올 혹은 약물 문제를 갖고 있다고 의심된다면, 그의 물질 사용에 관해 더 심도 깊은 면담을 하고자 할 수 있다.

2) 반사회적 행동과 법적 문제

청소년들에게 물질 사용에 대해 물어보는 것과 더불어 법적 문제를 일으킬 수 있는 반사회적 행동을 선별하는 것이 중요하다. 임상적 면담의 다른 부분에서, 예를 들어 친구나 가족과 하는 활동에 대해 논의하면서 자연스럽게 그런 문제를 물어볼 수 있는 기회가 있을 것이다. 임상가는 법적인 문제를 일으킬 수 있는 활동에 대해 조사하면서 그러한 논의를 이어갈 수 있다. 면담 앞부분에서 그런 질문을 할 기회가 없었다면 〈표 5-3〉에 제시된 대로 법적인 문제나 패거리로 하는 일들에 대해 직접적으로 물어볼 수 있다.

품행장애 연구자들은 반사회적 행동의 두 가지 발달 경로를 기술하였다. 한 양상은 공격적 및 반사회적인 행동을 일찌감치(6세 이하) 보이기 시작하는 것으로, 아동의 기질 및 문제가 많은 부모-자녀 관계와 밀접한 관련이 있는 것으로 보인다. 두 번째 양상은 청소년기에 뒤늦게 반사회적 행동을 보이기 시작하는 것으로, 거칠고 비행을 저지르는 또래들과 관련된다(McMahon & Estes, 1997; Moffit, 1993). 공격적이고 반사회적인 행동을 일찍부터 보이기 시작하는 아동들은 성인기까지 지속되는 심각한 문제를 갖는 경향이 있다. 이러한 양상의 행동을 변화시키는 데에는 초기에 개입하는

| 표 5-3 | 법적 문제에 대한 질문의 예

- 법이나 경찰과 관련해서 문제가 생겼던 적이 있니?
- (그렇다면) 어떤 문제였니?
- 법/경찰 관련 문제가 생겼을 때 어떻게 됐니?

- 오토바이 사고를 낸 적이 있니?
- (그렇다면) 어떤 사고였니?

- 어떤 집단/패거리에 속해 있니?
- (그렇다면) 그 집단에 대해 말해 줄 수 있니?
- 너희 집단이 법이나 경찰과 관련된 문제를 겪은 적이 있니?

것이 중요하다. 그러나 나이 들어서 반사회적 행동을 보이기 시작한 청소년들은 이러한 양상을 성인기까지 지속적으로 보일 수도 있고 그렇지 않을 수도 있다. 많은 부분이 청소년들이 반사회적인 행동에 대한 대가로 어떤 결과를 경험하는가에 달려 있다. 만약 그들이 체포되고 형사상 사법체계로 들어간다면 예후가 나쁠 것이다. 그러나 그들이 치료 프로그램이나 법원 선도 프로그램에 들어간다면 행동 방향을 변화시킬 수 있다. 예를 들어, 문제-해결 훈련과 다중체계적 치료 프로그램은 반사회적인 청소년들에게 가망성 있는 결과를 보여 주었다(Henggeler & Lee, 2003; Kazdin, 2003).

3) 연애

이성에 대한 성적인 감정의 증가는 확실히 청소년들의 생활에 활기차고 흥미로운 측면을 더해 줄 수 있다. 누군가에게 매력을 느끼고 친밀한 관계로 발전시키는 것은 성장할 수 있는 기회가 된다. 그러나 이른 나이에 성적 활동을 시작하고 많은 성적 파트너를 만나는 것은 청소년들에게 성적으로 전염되는 각종 질환들과 십대 임신의 위험성을 증가시킨다. 성적 활동을 일찍 시작하는 것은 소녀들이 강제적인 성관계와 착취를 당하게 할 위험성을 증가시키기도 한다.

임상적 면담에서 성생활에 대해 물어보는 것은 많은 청소년을 불편하게 할 수 있다. 청소년과 성적 활동에 대해 논의하는 것은 민감할 수 있으며, 어떤 부모나 학교 관계자에게는 금기시되기조차 하는 주제다. 예를 들어, 어떤 부모는 임상적 면담에서 아동과의 면담에 성에 대한 질문이 포함되어 있는지 노골적으로 물어보기도 한다. 어떤 학교에서는 학생과 성생활에 대해 논의하는 것에 대한 방침을 세우기도 한다. 청소년이나 어른들이 걱정을 할 경우에는 그런 주제를 얘기하려는 목적을 설명하는 것이 중요하다. 예를 들어, 임상가가 청소년의 사회적 상호작용에 대해 좀 더 알고, 안전하지 못한 성관계의 위험이 있는지를 알기 위해 물어보고 싶다고 설명할 수 있다.

〈표 5-4〉는 면담자가 연애, 성생활에 대해 물어볼 수 있는 질문들을 열거하고 있다. 이는 단지 선별 질문으로서 고안된 것이다. 각각의 피면담자에게 질문이 적당한가에 대해서는 스스로 판단한다. 어떤 경우에는 면담자와 피면담자의 성별 역시 고려해야만 한다. 예를 들어, 남성 면담자가 소녀에게 성생활에 대해 물어보는 것은, 특히 성적 학대 경험이 있는지 의심할 만한 이유가 있는 경우에 적절하지 않을 수 있다. 그렇게 민감한 질문을 할 때에는 중립적이고 전문적인 태도로 질문하고, 일어날 수 있는 당황스러운 일들을 다룰 준비가 되어 있어야 한다. 청소년의 사생활을 침해하지 않는 범위에서 위험을 평가하기에 충분한 질문만을 하고, 당신의 질문이 개인적인 관심으로 오해되지 않도록 하는 것에도 주의해야 한다. 만약 청

| 표 5-4 | 연애에 대한 질문의 예

- 부모님이 네 친구들에 대해 어떻게 생각하시는 것 같니?
- 데이트하거나 클럽 같은 곳에 가니?
- 데이트하거나 클럽에 가는 게 어떠니?
- 남자친구/여자친구가 있니?
- 여자친구/남자친구와 성관계를 해 본 적 있니?
- 안전한 성관계에 대해 얼마나 알고 있니?

소년이 현재 계속되고 있는 학대나 곧 일어날 학대의 위험을 의심하게 하는 내용을 보고한다면, 비밀보장을 깨뜨리고 앞부분에서 논의한 대로 법적인 보고 요건들을 따라야 한다. 청소년에게 이러한 요구사항에 대해 알려 주고 면담 초반에 말했던 비밀보장의 한계를 상기시켜야 한다.

4) 청소년과의 비밀보장 문제

알코올이나 약물을 사용하고 있거나 불법적인 행위를 저지른 청소년은 말썽이 생길까 봐 그런 문제에 대해 보고하기를 주저할 수 있다. 다른 사람이 그들에 대해 알게 될까 봐 난처하거나 두려워서 성적인 활동에 대해 논의하고 싶어 하지 않을 수도 있다. 그런 경우 비밀보장이 중대한 쟁점이 되는 것으로 보인다. 당신은 비밀보장 문제를 다루기 위해 이러한 주제의 임상면담을 시작하기 전에 당신의 윤리적, 전문적 책임을 신중하게 고려해야만 한다. 또한 면담을 시작하면서 비밀보장의 한계에 대해 명료하게 말해야만 한다. 앞의 장들에서 논의되었듯이 윤리적, 법적인 기준은 자신이나 다른 사람을 해치거나 위험하게 할 가능성, 아동 학대를 의심할 만한 이유가 있을 경우 비밀보장을 깨뜨릴 것을 요구한다.

한 가지 접근 방법은 청소년에게 당신이 그들의 부모나 보호자에게 물질 사용이나 불법 행위에 대한 사실을 보고할 것이라고 사전에 알려 주는 것이다. 임상가는 건강에 위험이 되거나 착취 혹은 학대의 위험을 증가시키는 위험한 성적 활동을 보고할 수도 있다. 이러한 문제가 주된 의뢰사유이거나 특정 치료 프로그램을 위한 평가의 초점일 경우에는 보고하는 것이 필수적이다. 예를 들어, 어떤 클리닉과 치료 프로그램에서는 청소년에게 물질 남용이나 불법 행위에 대한 정보를 부모와 임상가가 공유하는 것을 허락한다고 서명할 것을 요구하기도 한다. 이러한 방법을 취한다면 임상가는 청소년이 그런 문제를 부인할 위험을 무릅써야 한다. 따라서 일찌감치 치료적 동맹을 형성하고 면담과 평가의 목적을 분명하게 설명하는 것이 중요하다.

다른 경우 청소년이 문제의 심각성을 인정하고 적절한 치료를 수락하도록 돕기 위해 물질 사용이나 불법행위에 대한 비밀을 유지하기로 선택할 수도 있다. 어떠한 경우든 당신은 청소년과 물질 사용 혹은 불법행위에 대해 면담하기에 앞서 비밀보장의 한계를 다루는 분명한 전략을 가져야만 한다.

참고문헌

신민섭(2003). 그림을 통한 아동의 진단과 이해(증보판). 서울: 학지사.

조수철, 신민섭(2006). 소아정신병리의 진단과 평가. 서울: 학지사.

Ambrosini, P. J. (2000). Historical development and present status of the Schedule for Affective Disorders and Schizophrenia for School-Age Children (K-SADS). *J Am Acad Child Adolesc Psychiatry, 39*(1), 49-58.

Achenbach, T. M. (1995). Clinical data systems: rating scales and interview. In R. Michels, A. M. Cooper, & S. B. Guze et al. (Eds.), *Psychiatry* (revised edition, Vol. 2, pp. 1-14). Philadelphia, PA, Lippincott-Raven.

Akiskal. H. S., & Akiskal K. (1994). Mental status examination; the art and science of the clinical interview. In M. Hersen & S. M. Turner (Eds.), *Diagnostic Interviewing* (2nd edition, pp. 25-51). New York, Plenum.

Akiskal, H. S. (1995). Toward a temperament-based approach to depression: implications for neurobiologic research. *Adv Biochem Psychopharmacol, 49*, 99-112.

American Psychiatric Association (1987). *Diagnostic and Statistical Manual of Mental Disorders* (3rd edition, Revised). Washington, DC, American Psychiatric Association.

American Psychiatric Association (1994). *Diagnostic and Statistical Manual of Mental Disorders* (4th edition). Washington, DC, American Psychiatric Association.

Anderson, F. S. (2001). No matter how hard I try, I can't get through to you!!: Dissociated affect in a stalled enactment. In J. Petrucelli & C. Stuart (Eds.), *Hungers and Compulsions: Contemporary Perspectives in the Psychoanalytic Treatment of Eating Disorders and Addictions.* Northvale, N.J.: Jason Aronson.

Angold A., & Costello, E. J. (2000). The Child and Adolescent Psychiatric Assessment (CAPA). *J Am Acad Child Adolesc Psychiatry, 39*, 39-48.

Angold, A. (1994). Clinical interviewing with children and adolescents. In M. Rutter, E. Taylor, & L. Hersov (Eds.), *Child and Adolescent Psychiatry: Modern Approaches* (pp. 51-63). Oxford, England, Blackwell Scientific.

Barkley, R. A. (2006). *Attention-deficit hyperactivity disorder: A handbook for diagnosis and treatment* (3rd ed.). New York: Guilford.

Benedek, E. P., & Schetky, D. (1987). Problems in validating allegations of sexual abuse; part 2: clinical evaluation. *J Am Acad Child Adolesc Psychiatry, 26,* 916-921.

Bernet, W. (1993). False statements and the differential diagnosis of abuse allegations. *J Am Acad Child Adolesc Psychiatry, 32,* 903-910.

Bernstein, G., Borchardt, C., & Perwien, A. R. (1996). Anxiety disorders in children and adolescents: a review of the past 10years. *J Am Acad Child Adolesc Psychiatry, 35,* 1110-1119.

Bierman, K. L. (2004). *Peer rejection: Developmental processes and intervention strategies.* Guilford Press: New York.

Bierman, K. L., & Welsh, J. A. (1997). Social relationship deficits. In E. J. Mash & L. G. Terdal (Eds.), *Assessment of childhood disorders* (3rd ed., pp. 328-365). NY: Guilford Press.

Black B., & Uhde T. W. (1995). Psychiatric characteristics of children with elective mutism: a pilot study. *J Am Acad Child Adolesc Psychiatry, 34,* 847-862.

Bowden, C. L., & Rhodes, L. J. (1996). Mania in children and adolescents: recognition and treatment. *Psychiatr Ann, 26,* 430-434.

Bowring, M. A., & Kovacs, M. (1992). Difficulties in diagnosing manic disorders among children and adolescents. *J Am Acad Child Adolesc Psychiatry 31,* 611-614.

Brazelton, T. B. (1973). Neonatal Behavioral Assessment. National Spastic Society Monographs. *Clinics in Developmental Medicine 50.* London, William Heinemann & Sons. (Distributed in the United States by JB Lippincott Co, Philadelphia)

Brown, G. W., & Rutter, M (1996). The measurements of family activities and relationships: a methodological study. *Human Relations, 19,* 241-263.

Brown, G. W., & Rutter, M. (1996). The reliability and validity of measures of family life and relationships in families containing a psychiatric patient. *Soc Psychiatry, 1,* 38-53.

Buck, G. H., Bursuck, W. D., Polloway, E. A., Nelson, J., Jayanthi, M., & Whitehouse, F. A. (1996). Homework-related communication problems: Perspectives of special educators. *Journal of Emotional and Behavioral Disorders, 4,* 105-113.

Buss, D. M., & Reeve, H. K. (2003). Evolutionary psychology and developmental dynamics. *Psychological Bulletin, 129,* 848-853.

Cantwell, D. P. (1996). Attention Deficit Disorder: a review of the past 10 years. *J Am Acad Child Adolesc Psychiatry, 35,* 978-987.

Cepeda, C. (2009). *Clinical Manual for the Psychiatric Interview of Children and*

Adolescents. American Psychiatric Publishing Inc.

Cicchetti, D., & Toth, S. L. (1995). A developmental psychopathology perspective on child abuse and neglect. *J Am Acad Child Adolesc Psychiatry, 34,* 541-565.

Coie, J. D., Dodge, K. A., & Kupersmidt, J. B. (1990). Peer group behavior and social status. In S. R. Asher & J. D. Coie (Eds.), *Peer rejection in childhood.* New York: Cambridge University Press.

Cooper, H., Lindsay, J. J., Nye, B., & Greathouse, S. (1998). Relationships among attitudes about homework, amount of homework assigned and completed, and student achievement. *Journal of Educational Psychology, 90*(1), 70-83.

Costello, A. J. (1996). *Structured interviewing, in Child and Adolescent Psychiatry: A Comprehensive Textbook* (pp. 457-464). Edited by Lewis M. Baltimore, M. D. Williams & Wilkins.

Cox, A., Hopkinson, K., & Rutter, M. (1981). Psychiatric interviewing techniques II; naturalistic study: eliciting factual information. *Brit J Psychiatry, 138,* 283-291.

Cox, A., Rutter, M., & Holbrook, D. (1981). Psychiatric interviewing techniques V; experimental study: eliciting factual information. *Brit J Psychiatry, 139,* 29-37.

Cummings, J. (1995). Neuropsychiatry: clinical assessment and approach to diagnosis. In H. I. Kaplan, B. J. Sadock, & M. D. Baltimore (Eds.), *Comprehensive Textbook of Psychiatry* (6th edition, Vol. 1, pp. 167-187). Williams & Wilkins.

Daniel, S., Power, T. J., Karustis, J. L., & Leff, S. S. (1999). *Parent mediated homework intervention for children with ADHD: Its impact on parent-child relationships and parenting stress. Apresentação na reunião anual da Association for the Advancement of Behavior Therapy.* Toronto, Ontário, Canadá. novembro de.

DeGangi, G., & Greenspan, S. I. (1989). *Test of Sensory Functions in Infants.* Los Angeles, CA, Western Psychology Services.

DeGangi, G., & Greenspan, S. I. (1988a). The development of sensory functioning in infants. *Journal of Physical and Occupational Therapy in Pediatrics, 8,* 21-33.

DeGangi, G., & Greenspan, S. I. (1988b). The measurement of sensory functioning in infants. *Journal of Physical and Occupational Therapy in Pediatrics, 8,* 1-21.

Doll, B. (1966). Prevalence of psychiatric disorders in children and youth: An agenda for advocacy by school psychology. *School Psychology Quarterly, 11*(1), 20-46.

Erikson, E. H. (1950). *Childhood and Society.* New York, Norton.

Freud, A. (1965). *Normality and Pathology in Childhood: Assessments of Development, in The Writings of Anna Freud, Vol. 6.* New York, International Universities Press.

Garbarino, J., & Scott, F. (1989). *What children can tell us.* San Francisco/London: Jossey Bass.

Geller, B., & Luby, J. (1997). Child and adolescent bipolar disorder: a review of the past

10 years. *J Am Acad Child Adolesc Psychiatry, 36*, 1168-1176.

Geller, B., & Luby, J. (1998). Mania in young children (letter). *J Am Acad Child Adolesc Psychiatry, 37*, 1005.

Gold, M. S. (2009. 8). Successful Treatment of Physicians with Addictions: Addiction Impairs More Physicians Than Any Other Disease. *Psychiatric Times, 26*(9), 1-8.

Goodyer, I. M. (1992). Depression in childhood and adolescence. In Paykel E. S. (Ed.), *Handbook of Affective Disorders* (2nd edition, pp. 585-600). New York, Guilford.

Gould, M. S., & Kramer, R. A. (2001). *Youth suicide prevention. Suicide and Life-Threatening Behavior, 31*(Suppl.), 6-31

Green, A. (1993). Child sexual abuse: immediate and long-term effects and interventions. *J Am Acad Child Adolesc Psychiatry 32*, 890-902.

Greenspan, S. I. (1975). *A Consideration of Some Learning Variables in the Context of Psychoanalytic Theory: Toward a Psychoanalytic Learning Perspective* (Psychological Issues Monograph 33.) New York, International Universities Press.

Greenspan, S. I. (1991). *Emotional and Developmental Disorders of Infancy and Early Childhood: Clinical Assessment and Treatment.* Madison, CT, International Universities Press.

Greenspan, S. I. (1979). *Intelligence and Adaptation: An Integration of Psychoanalytic and Piagetian Developmental Psychology* (Psychological Issues Monograph 47/48). New York, International Universities Press.

Greenspan, S. I. (1981). *Psychopathology and Adaptation in Infancy and Early Childhood: Principles of Clinical Diagnosis and Preventive Intervention.* New York, International Universties Press.

Greenspan, S. I. (1989). *The Development of the Ego: Implications for Personality Theory, Psychopathology, and the Psychotherapeutic Process.* Madison, CT, International Universities Press.

Greenspan, S. I., & Greenspan, N. T. (1991). *The Clinical Interview of the Child* (2nd ed.). APA Press, Washington DC.

Gutstein, S. E. (1991). Adolescent suicide: the loss of reconciliation. In F. Walsh & M. McGoldrick (Eds.), *Living Beyond Loss and Death in the Family.* New York, WW Norton.

Harris, J. C. (1995). *Developmental Neuropsychiatry; Assessment, Diagnosis, and Treatment of Developmental Disorders, Vol 2.* Oxford, England, Oxford University Press.

Hechtman, L. (1999). ADHD and bipolar disorder. *The ADHD Report 7*, 1-3.

Henggeler, S. W., & Lee, T. (2003). Multisystemic treatment of serious clinical problems.

In A. E. Kazdin & J. R. Weisz (Eds.), *Evidence-based psychotherapies for children and adolescents.* New York: Guilford Press.

Henker, B., Whalen, K. C., & O' Neil, R. (1995). Worldly and workaday worries: Contemporary concerns of children and young adolescents. *Journal of Abnormal Child Psychology, 26,* 685-702.

Hollander, E., & Benzaquen, S. D. (1996). Is there a distinct ODC spectrum? *International Journal of Neuropsychiaric Medicine, 1,* 17-26.

Hopkinson, K., Cox, A., & Rutter, M. (1981). Psychiatric interviewing techniques, III: naturalistic study: eliciting feelings. *Br J Psychiatry 138,* 406-415.

Hughes, J., & Baker, D. B. (1990). *The clinical child interview.* New York: Guilford Press.

Jacob, T., & Johnson, S. L. (2001). Sequential interactions in the parent-child communications of depressed fathers and depressed mothers. *Journal of Family Psychology, 15,* 38-52.

Judd, F. K., & Burrows, G. D. (1992). *Anxiety disorders and their relationship to depression.* In E. S. Paykel (Ed.), *Handbook of Affective Disorders* (2nd edition, pp. 77-87). New York, Guilford.

Kalafat, J., & Lazarus, P. J. (2002). Suicide prevention in schools. In S. E. Brock, P. J. Lazarus, & S. R. Jimerson (Eds.), *Best practices in school crisis prevention and intervention* (pp. 211-223). Bethesda, MD: National Association of School Psychologists.

Katz, P. (1990). The first few minutes: the engagement of the difficult adolescent. *Adolescent Psychiatry 17,* 69-81.

Kazdin, A. E. (2003). Problem-solving skills training and parent management training for conduct disorder. In A. E. Kazdin & J. R. Weisz (Eds.), *Evidence-based psychotherapies for children and adolescents* (pp. 241-262). New York: Guilford Press.

Keith, T. Z., & DeGraff, M. (1997). Homework. In G. Bear, K. Minke, & A. Thomas (Eds.), *Children' s Needs II: Development, Problems, and Alternatives* (pp. 477-487). Washington, D.C.: The National Association of School Psychologists.

Kohlberg, L. (1976). Moral Stages and Moralization: The Cognitive-Developmental Approach. In Thomas Lickona (Ed.), *Moral Development and Behavior.* Holt, Rinehart and Winston Hughes, J., & Baker, D. B.

Lee, J. F., & Pruitt, K. W. (1979). Homework assignments: Classroom games or teaching tools? *The Clearing House, 53,* 31-35.

Leon, R. L. (1982). *Psychiatric Interviewing: A Primer.* New York, Elsevier North-Holland.

Lewis. M. (1994). Borderline disorders in children. *Child Adolesc Psychiatry Clin North Am, 3,* 31-42.

Lieberman, R., & Davis, J. M. (2002). Suicide Intervention. In S. E. Brock, P. Lazarus, J., & Jimerson, S. R. (Eds.), *Best Practices in school crisis prevention and intervention* (pp. 531-551). Bethesda, MD: National Association of School Psychologists.

Lion, J. R. (1987). Clinical assessment of violent patients. In L H. Roth (Ed.), *Clinical Treatment of the Violent Person* (pp. 1-19). New York, Guilford.

Loeber, R., & Hay, D. F. (1994). *Developmental approaches to aggression and conduct problems; development through life* (pp. 488-451). Edited by Rutter M. & Hay D. F. Oxford, England, Blackwell Scientific.

Mahler, M. S., Pine, F., & Bergman, A. (1975). The Psychological Birth of the Human Infant. *Symbiosis and Individuation.* New York, Basic Bookds.

Muris, P., Meesters, C., Merckelbach, H., Sermon, A., & Zwakhalen, S. (1998). Worry in normal children. *Journal of the American Academy of Child & Adolescent Psychiatry, 37*(7), 703-710.

McConaughy, S. H., & Achenbach T. M. (2001). *Manual for the Semistructured Clinical Interview for Children and Adolescents.* University of Vermont, Burlington.

McConaughy, S. H. (2005). *Clinical Interviews for Children and Adolescents.* Lieberman & Cowan.

McMahon, R. J., & Estes, A. M. (1997). Conduct problems. In E. J. Mash & R. A. Barkley (Eds.), *Assessment of childhood disorders* (3rd edition). New York: Guilford.

McMahon, R. R., & Forehand, R. L. (2003). *Helping the noncompliant child.* New York: The Guilford Press.

McMahon, R. J., & Estes, A. M. (1997). Conduct problems. In E. J. Mash & L. G. Terdal (Eds.), *Assessment of Childhood Disorders* (3rd edition, pp. 130-193). New York: Guilford Press.

Merrell, K. W. (2001). *Helping students overcome depression and anxiety: A practical guide.* New York, NY: The Guilford Press.

Merrell, K. W., & Boelter, E. (2001). An investigation of relationships between social behavior and ADHD in children and youth: Construct validity of the Home and Community Behavior Scales. *Journal of Emotional and Behavioral Disorders, 9,* 260-269.

Miller, D. N., & Dupaul, G. J. (1996). School-based prevention of adolescent suicide: issues, obstacles, and recommendations for practice. *Journal of Emotional and Behavioral Disorders, 4*(4), 221-230.

Moffitt, T. E. (1993). Adolescence-limited and lifecourse persistent antisocial behavior: A developmental taxonomy. *Psychological Review, 100,* 674-701.

Morrison, J., & Anders, T. F. (2001). *Interviewing Children and Adolescents. Skills and Straregies for Effective DSM-IV Diagnosis.* The Guilford Press, New York/London.

Mrazk, D. A., Mrazk, P., & Klinnert, M. (1995). Clinical assessment of parenting. *J Am Acad Child Adolesc Psychioatry, 34,* 272-282.

Nagera, H. (1966). Early Childhood Disturbances. *The Infantile Neurosis and the Adult Disturbances.* New York, International Universities Press.

Nurcombe, B. (1996). Malpractice In M. Lewis & M. D. Baltimore (Eds.), *Child and Adolescent Psychiatry: A Comprehensive Textbook* (pp. 1134-1145). Williams & Wikins.

O'Brien, J. D. (1992). Children with attention-deficit hyperactivity disorder and their parents. In J. D. O'Brien, D. J. Pilowsky, & O. W. Lewis (Eds.), *Psychotherapies with Children and Adolescents* (pp 109-124). Washington, DC. American Psychiatric Press.

Parker, J. G., & Asher, S. R. (1993). Friendship and friendship quality in middle childhood: Links with group acceptance and feelings of loneliness and social dissatisfaction. *Developmental Psychology, 29,* 611-621.

Parker, J. G., & Asher, S. R. (1993). Friendship and friendship quality in middle childhood: Links with peer group acceptance and feelings of loneliness and social dissatisfaction. *Developmental Psychology, 29,* 611-621.

Parker, J. G., Rubin, K., Price, J. M., & DeRosier, M. E. (1995). Peer relationships, child development, and adjustment: A developmental psychopathology perspective. In D. Cicchetti & D. J. Cohen (Eds.), *Developmental psychopathology: Risk, disorder and adaptation* (pp. 96-161). New York: Wiley.

Patterson, D. J. (1985). The fine structure of Opalina ranarum (family Opalinidae): opalinid phylogeny and classification. *Protistologica, 21,* 413-428. (appeared 1986)

Pfeffer, C. (1986). The suicidal child. In C. Preffer (Ed.), *The Evaluation of Childhood Suicidal Risk by Clinical Interview* (pp. 173-192). New York, Guilford.

Piaget, J. (1969). *The Psychology of the Child.* New York, Basic Books.

Pliszka, S. (1999). Bipolar disorder and ADHD; comments on current controversy. *The ADHD Report, 7,* 9-11.

Poland, S., & Lieberman, R. (2002). Best practice in suicide intervention. In A. Thomas & J. Grimes (Eds.), *Best practices in school psychology-iv, volume 2* (pp. 1151-1166). Bethesda: National Association of School Psychologists.

Power, T. J., Karustis, J. L., & Habboushe, D. F. (2001). *Homework success for children with ADHD: A family-school intervention program.* New York: Guilford Press.

Preffer, C. (1991). Attempted suicide in children and adolescents: causes and management. In M. Lewis & M. D. Baltimore (Eds.), *Child and Adolescent Psychiatry: A Comprehensive Textbook* (1st edition, pp. 664-672). Williams & Wikins.

Reisman, J. M., & Ribordy, S. (1993). *Principles of Psychotherapy With Children* (2nd edition). New York, Lexington Books.

Rubin, K. H., & Stewart, S. L. (1996). *Social withdrawal* (pp. 277-307). Edited by E. J. Mash & R. A. Barkley. New York: Guilford Press.

Sattler, J. M. (1998). *Clinical and forensic interviewing of children and families: Guidelines for the mental health, education, pediatric, and child maltreatment fields.* San Diego: Jerome M. Sattler, Publisher, Inc.

Senay, E. C. (1997). Diagnostic interview and mental status examination. In J. H. Lowinson, P. Ruiz, & R. B. Millman et al. (Eds.), *Substance Abuse: A Comprehensive Textbook* (3rd edition, pp. 365-367). Baltimore, MD, Williams & Wilkins.

Shaffer, D., Fisher, P., & Dulcan, M. K. et al. (1996). The NIMH Diagnostic Interview Schedule for Children Version 2.3 (DISC-2.3): description, acceptability, prevalence rates and performance in the MECA study. *J Am Acad Child Adolesc Psychiatry, 35,* 865-887.

Terr, L. C. (1991). Childhood Trauma: An Overview and Outline. *Am J Psychiatry, 148,* 10-20.

Turner, S. M., Beidel, D. C., Borden, J. W., Stanley, M. A., & Jacob, R. G. (1991). Social phobia: Axis I and Axis II correlates. *J Abnorm Psychol, 100, 102-106.*

Vasey, M. W., & Daleiden, E. L. (1994) Worry in children. In G. C. L. Davey & F. Tallis (Eds.), *Worrying: Perspective, on theory, assessment, and treatment* (pp. 185-207). Chichester, England: Wiley.

Willams, D. T. Pleak, R., Hanesian, H. (1987) Neuropaychiatric disorders of childhood and adolescence. In R. E. Halles & S. C. Yudoqsky (Eds.), *Textbook of Neuropaychiaty* (pp. 365-383). Washington DC APA.

Winnicott, D. W(1971): *Therapeutic Consultations in Child Psychiatry.* New York, Basic Bookds.

Young, J. G., Leven, L., Ludman, W. et al. (1990). Interviewing children and adolescents. In B. D. Garfinkel, G. A. Carlson, & E. Weller (Eds.), *Psychiatric Disorders in Children and Adolescents* (pp. 443-468). Philadelphia, PA, WB Saunders.

Youngstrom, E. A., Findling, R. L., & Calabrese, J. R. (2003). Who are the comorbid adolescents? Agreement between psychiatric diagnosis, youth, parent, and teacher report. *Journal of Abnormal Child Psychology, 31,* 231-245.

찾아보기

저자 소개

조수철

서울대학교 의과대학 졸업
서울대학교 대학원 의학박사(정신과학전공)
미국 예일대학교 소아연구센터 연수 · 교환교수 역임
서울대학교병원 신경정신과 과장 역임
대한신경정신의학회 이사장 역임
현 서울대학교병원 소아청소년정신과 교수

| 주요 저서 및 역서 |

소아정신약물학(서울대학교 출판부, 1999)
황금가지 이펙트(역, 황금가지, 1999)
주의력결핍 · 과잉운동장애(서울대학교 출판부, 2001)
소아정신병리의 진단과 평가(공저, 학지사, 2005)
틱장애(서울대학교 출판부, 2005)
천재성과 마음(공역, 학지사, 2007)
뇌를 알면 공부가 쉬워져요(효리원, 2008)
엄마는 주치의(경향미디어, 2009)
인간의 발달과 생존(학지사, 2010) 외 다수

| 논문 |

유아자폐증, 주의력결핍 · 과잉운동장애, 틱장애, 소아기 불안장애, 소아기 우울증, 야뇨증, 행동장애, 소아기 정신분열병에 관한 논문 140여 편

신민섭

서울대학교 생활과학대학 소비자아동학과 졸업(심리학부전공)
서울대학교 대학원 심리학과 임상심리학석사
연세대학교 대학원 심리학과 임상심리학박사
미국 일리노이 대학교 소아정신과 방문 연구원 역임
미국 하버드 대학교 장기연수 방문교수 역임
네덜란드 프리헤 대학교 신경심리학과 방문교수 역임
현 서울대학교 의과대학 정신과 교수
한국심리학회산하 소아청소년 심리치료연구회 회장
한국 임상심리학회 교육이사
대한 정신사회재활협회 부이사장
한국 임상심리학회 부회장
한국 임상심리학회 수련위원장
한국 심리학회 부회장

| 주요 저서 및 역서 |

그림을 통한 아동의 진단과 이해(증보판, 학지사, 2003)
사랑 중독증(역서, 학지사, 2005)
영화 속의 청소년(서울대학교출판부, 2006)
스트룹 아동 색상-단어 검사(학지사 심리검사 연구소, 2007)
아동 색 선로 검사(학지사 심리검사 연구소, 2007)
한국판 학습장애 평가 척도(학지사 심리검사 연구소, 2007)
강박증의 인지치료(역서, 학지사, 2008)
행동치료의 거장 조셉 월피(역서, 학지사, 2008)
레이-오스테리스 복합도형검사 한국판 발달적 채점체계(마인드프레스, 2009) 외 다수

김붕년

서울대학교 의과대학 졸업
서울대학교 대학원 의학박사(정신과학전공)
서울대학교병원 소아정신과 분과장 역임
서울시 소아청소년 광역정신보건센터 센터장 역임
국가 청소년위원회 성문화분과 및 인터넷중독-매체분과 위원 역임
교육인적자원부/교육과학기술부 학교건강위원회 위원 및 학교보건자문위원 역임
보건복지부 중앙정신보건 사업지원단 소아청소년 분과장 역임
한국 마음-두뇌-교육 협회 총무이사 역임
현 서울대학교병원 소아청소년정신과 부교수
Australia Queensland Brain Institute (QBI) 방문교수

| 주요 저서 및 역서 |

천재성과 마음(공역, 학지사, 2008)
강박증의 통합적 이해(공저, 학지사, 2009)

김재원

서울대학교 의과대학 졸업
서울대학교 대학원 의학박사(정신과학전공)
서울 중구 정신보건센터장 역임
대한신경정신의학회 학술위원 역임
현 서울대학교병원 소아청소년정신과 조교수
서울시 소아청소년 정신보건센터 운영위원, 자문위원
대한신경정신의학회 총무간사
대한소아청소년정신의학회 학교건강위원
대한소아청소년정신의학회 학술위원

| 주요 저서 및 역서 |

천재성과 마음(공역, 학지사, 2008)

아동 · 청소년 임상 면담

2010년 10월 20일 1판 1쇄 발행
2023년 6월 10일 1판 7쇄 발행

지은이 • 조수철 · 신민섭 · 김붕년 · 김재원
펴낸이 • 김 진 환
펴낸곳 • (주) 학지사
04031 서울특별시 마포구 양화로 15길 20 마인드월드빌딩 5층
대표전화 • 02) 330-5114 팩스 • 02) 324-2345
등록번호 • 제313-2006-000265호
홈페이지 • http://www.hakjisa.co.kr
페이스북 • https://www.facebook.com/hakjisabook

ISBN 978-89-6330-543-1 93180

정가 **20,000원**

저자와의 협약으로 인지는 생략합니다.
파본은 구입처에서 교환하여 드립니다.